U0716989

中國思想史資料叢刊

焚書 續焚書

〔明〕李贄 著

中華書局

圖書在版編目(CIP)數據

焚書　續焚書/(明)李贄著. —2 版. —北京:中華書局,2009.8(2025.4 重印)
(中國思想史資料叢刊)
ISBN 978-7-101-06881-8

Ⅰ.焚…　Ⅱ.李…　Ⅲ.古典哲學-中國-明代
Ⅳ.B248.911

中國版本圖書館 CIP 數據核字(2009)第 131044 號

封面設計:周　玉
責任印製:陳麗娜

中國思想史資料叢刊
焚書　續焚書
〔明〕李　贄　著
*
中華書局出版發行
(北京市豐臺區太平橋西里 38 號　100073)
http://www.zhbc.com.cn
E-mail:zhbc@zhbc.com.cn
北京新華印刷有限公司印刷
*
850×1168 毫米 1/32・13⅞印張・2 插頁・275 千字
1975 年 1 月第 1 版　2009 年 8 月第 2 版
2025 年 4 月第 7 次印刷
印數:114601-115100 册　定價:56.00 元

ISBN 978-7-101-06881-8

再版説明

《焚書》和《續焚書》是明代思想家李贄的重要著作。李贄（一五二七——一六〇二年）號卓吾，福建泉州人。做過二十餘年小官，後來從事著述和講學。他不滿當時大地主、大官僚的腐朽統治，抨擊道學，非孔反儒，屢遭迫害，最後被加以「敢倡亂道，惑世誣民」的罪名，逮捕入獄，死在獄中。他的著作雖被明、清統治者嚴令禁燬，但大部分仍然流傳下來。

《焚書》、《續焚書》是李贄的詩文集，收録了他所寫的書信、雜著、史論、詩歌等，也選入了他的其他著作中少量的文章。在《藏書》中，李贄主要是通過對歷史人物的評價表達其歷史觀，而《焚書》和《續焚書》則更多地把批判的鋒芒直接指向所謂「近世學者」即道學家。其中有不少尖鋭潑辣、富有戰鬭性的書信、雜文等，和道學家展開了激烈的辯論。還有一些和朋友論學的書信、文章，較多地表達了李贄的哲學思想。兩書還反映了李贄一生特別是後期生活和寫作的基本情況。李贄知道這些「蓄極積久，勢不能遏」的離經叛道之作，必然會引起地主階級當權派和道學家的恐懼和仇恨，他説：「所言頗切近世學者膏肓，既中其痼疾，則必欲殺我矣，故欲焚之。」所以取名《焚書》。

《焚書》在李贄生前刊行不止一次，但後來遭到禁燬。現在流傳的《焚書》是李贄死後由別人重編刊行的，有些地方被人删改過。《續焚書》最早刻於明萬曆四十六年，即李贄死後十六年。一九六〇年和一九六一年，中華書局曾分別予以校點出版。這次用中華書局整理本修訂重印，其中《焚書》有少數地方根據明人顧大韶編的《李温陵集》作了校改和增補。

一九七四年五月

焚書

自序

自有書四種：一曰藏書，上下數千年是非，未易肉眼視也，故欲藏之，言當藏於山中以待後世子雲也。一曰焚書，則答知己書問，所言頗切近世學者膏肓，既中其痼疾，則必欲殺我矣，故欲焚之，言當焚而棄之，不可留也。焚書之後又有別錄，名爲老苦，雖同是焚書，而另爲卷目，則欲焚者焚此矣。獨說書四十四篇，眞爲可喜，發聖言之精蘊，闡日用之平常，可使讀者一過目便知入聖之無難，出世之非假也。信如傳註，則是欲入而閉之門，非以誘人，實以絕人矣，烏乎可！其爲說，原於看朋友作時文，故說書亦佑時文，然不佑者故多也。

今既刻說書，故再焚書亦刻，再藏書中一二論著亦刻，焚者不復焚，藏者不復藏矣。或曰：「誠如是，不宜復名焚書也，不幾於名之不可言，言之不顧行乎？」噫噫！余安能知，子又安能知。夫欲焚者，謂其逆人之耳也；欲刻者，謂其入人之心也。逆耳者必殺，是可懼也。然余年六十四矣，倘一入人之心，則知我者或庶幾乎！余幸其庶幾也，故刻之。

卓吾老子題湖上之聚佛樓

李氏焚書序

李宏甫自集其與朋游書札，並答問論議諸文，而名曰焚書，自謂其書可焚也。宏甫快口直腸，目空一世，憤激過甚，不顧人有忤者。然猶慮人必忤而託言於焚，亦可悲矣！乃卒以筆舌殺身，誅求者竟以其所著付之烈焰，抑何虐也，豈遂成其讖乎！宋元豐間，禁長公之筆墨，家藏墨妙，抄割殆盡，見者若祟。不踰時而徵求鼎沸，斷管殘瀋，等於吉光片羽。焚不焚，何關於宏甫，且宏甫又何嘗利人之不焚以爲重者？今焚後而宏甫之傳乃愈廣。然則此書之焚，其布之有火浣哉！宏甫嘗以是刻商之於余，其語具載此中。余幸而後死，目擊廢興，故識此於其端云。澹園竑。

李溫陵傳

袁中道

李溫陵者，名載贄。少舉孝廉，以道遠，不再上公車，爲校官，徘徊郎署間。後爲姚安太守。公爲人中燠外冷，丰骨稜稜。性甚卞急，好面折人過，士非參其神契者不與言。强力任性，不强其意之所不欲。初未知學，有道學先生語之曰：「公怖死否？」公曰：「死矣，安得不怖。」曰：「公旣怖死，何不學道？學道所以免生死也。」公曰：「有是哉！」遂潛心道妙。久之自有所契，超於語言文字之表，諸執筌蹄者了不能及。爲守，法令淸簡，不言而治。每至伽藍，判了公事，坐堂皇上，或寘名僧其間，簿書有隙，卽與參論虛玄。人皆怪之，公亦不顧。祿俸之外，了無長物，陸績鬱林之石，任昉桃花之米，無以過也。久之，厭圭組，遂入鷄足山閱龍藏不出。御史劉維奇其節，疏令致仕以歸。

初與楚黃安耿子庸善，罷郡遂不歸。曰：「我老矣，得一二勝友，終日晤言以遣餘日，卽爲至快，何必故鄉也。」遂攜妻女客黃安。中年得數男，皆不育。體素癯，澹於聲色，又癖潔，惡近婦人，故雖無子，不置妾婢。後妻女欲歸，趣歸之。自稱「流寓客子」。旣無家累，又斷俗緣，參求乘理，極其超悟，剔膚見骨，迥絕理路。出爲議論，皆爲刀劍上事，獅子迸乳，香象絕流，發詠孤高，少有酬其機者。

子庸死，子庸之兄天臺公惜其超脫，恐子姪效之，有遺棄之病，數至箴切。公遂至麻城龍潭湖上，與僧無念、周友山、丘坦之、楊定見聚，閉門下鍵，日以讀書爲事。性愛掃地，數人縛帚不給。衿裙浣洗，極其鮮潔，拭面拂身，有同水淫。不喜俗客，客不獲辭而至，但一交手，卽令之遠坐，嫌其臭穢。其忻賞者，鎮日言笑，意所不契，寂無一語。滑稽排調，衝口而發，既能解頤，亦可刺骨。所讀書皆鈔寫爲善本，東國之祕語，西方之靈文，離騷、馬、班之篇，陶、謝、柳、杜之詩，下至稗官小說之奇，宋元名人之曲，雪籐丹筆，逐字讎校，肌襞理分，時出新意。其爲文不阡不陌，攄其胸中之獨見，精光凜凜，不可迫視。詩不多作，大有神境。亦喜作書，每研墨伸楮，則解衣大叫，作兔起鶻落之狀。其得意者亦甚可愛，瘦勁險絶，鐵腕萬鈞，骨稜稜紙上。一日惡頭癢，倦於梳櫛，遂去其髮，獨存鬢鬚。公氣既激昂，行復詭異，斥異端者日益側目。與耿公往復辯論，每一札，累累萬言，發道學之隱情，風雨江波，讀之者高其識，欽其才，畏其筆，始有以幻語聞當事，當事者逐之。

於時左轄劉公東星迎公武昌，舍蓋公之堂。自後屢歸屢游：劉公迎之沁水，梅中丞迎之雲中，而焦公弱侯迎之秣陵。無何，復歸麻城。時又有以幻語聞當事，當事者又誤信而逐之，火其蘭若，而馬御史經綸遂躬迎之於北通州。又會當事者欲刊異端以正文體，疏論之。遣金吾緹騎逮公。

初公病，病中復定所作易因，其名曰九正易因。常曰：「我得九正易因成，死快矣。」易因成，病轉甚。至是逮者至，邸舍怱怱，公以問馬公。馬公曰：「衞士至。」公力疾起，行數步，大聲曰：「是爲我也。爲我取門片來！」遂臥其上，疾呼曰：「速行！我罪人也，不宜留。」馬公願從。公曰：「逐臣不入城，制也。且君有老父在。」馬公曰：「朝廷以先生爲妖人，我藏妖人者也。死則俱死耳。終不令先生往而己獨留。」馬公卒同行。至通州城外，都門之牘尼馬公行者紛至，其僕數十人，奉其父命，泣留之。馬公不聽，竟與公偕。明日，大金吾讞，侍者掖而入，臥於堦上。金吾曰：「若何以妄著書？」公曰：「罪人著書甚多，具在，於聖教有益無損。」大金吾笑其崛强，獄竟無所寘詞，大略止回籍耳。久之旨不下，公於獄舍中作詩讀書自如。一日，呼侍者薙髮。侍者去，遂持刀自割其喉，氣不絕者兩日。侍者問：「和尚痛否？」以指書其手曰：「不痛。」又問曰：「和尚何自割？」書曰：「七十老翁何所求！」遂絕。時馬公以事緩，歸覲其父，至是聞而傷之，曰：「吾護持不謹，以致於斯也。傷哉！」乃歸其骸於通，爲之大治冢墓，營佛刹云。

公素不愛著書。初與耿公辯論之語，多爲掌記者所錄，遂裒之爲焚書。後以時義詮聖賢深旨，爲說書。最後理其先所詮次之史，焦公等刻之於南京，是爲藏書。蓋公於誦讀之暇，尤愛讀史，於古人作用之妙，大有所窺。以爲世道安危治亂之機，捷於呼吸，微於縷黍。世之小人旣僥倖喪人之國，而世之君子理障太多，名心太重，護惜太甚，爲格套局面所拘，不知古人清淨無爲、行所無事之旨，與藏身忍垢、委曲周旋之用。使君子不能以用小人，而小人得以制君子。故往往明而不晦，激而不平，以至於亂。而世儒觀古人之跡，又概繩以一切之法，不能虛心平氣，求短於長，見瑕於瑜，好不知惡，惡不知美。至於今，接響傳聲，其觀場逐隊之見，已入人之骨髓而不可破。於是上下數千年之間，別出手眼，凡古所稱爲大君子者，有時攻其所短；而所稱爲小人不足齒者，有時不沒其所長。其意大抵在於黜虛文，求實用；舍皮毛，見神骨；去浮理，揣人情。卽矯枉之過，不無偏有重輕，而舍其批駁謔笑之語，細心讀之，其破的中窾之處，大有補於世道人心。而人遂以爲得罪於名教，比之毀聖叛道，則已過矣。

昔馬遷、班固各以意見爲史：馬遷先黃、老後六經，退處士進游俠，當時非之；而班固亦排守節，鄙正直。後世鑑二史之弊，汰其意見，一一歸之醇正，然二家之書若揭日月，而唐、宋之史讀不終篇，而已兀然作欠伸狀，何也？豈非以獨見之處，卽其精光之不可磨滅者歟！且夫今之言汪洋自恣，莫如莊子，然未有因讀莊子而汪洋自恣者也，卽汪洋自恣之人，又未必讀莊子也。今之言天性刻薄，莫如韓子，然未有因讀韓子而天性刻薄者也，卽天性刻薄之人，亦未必讀韓子也。自有此二書以來，讀莊子者撮其勝韻，超然名利之外者，代不乏人，讀申、韓之書，得其信賞必罰者，亦足以强主而尊朝廷。卽醇正如諸葛，亦手寫之以進後主，何嘗以意見少駁，遂盡廢之哉！

夫六經洙泗之書，粱肉也。世之食粱肉太多者，亦能留滯而成痞，故治者以大黃蜀豆瀉其積穢，然後脾胃復而無病。九賓之筵，鷄豚羊魚相繼而進。至於海錯，若江瑤柱之屬，弊吻裂舌，而人思一快朵頤。則謂公之書爲消積導滯之書可；謂世間一種珍奇，不可無一不可有二之書亦可。特其出之也太早，故觀者之成心不化，而指摘生焉。

然而窮公之所以罹禍，又不自書中來也。大都公之爲人，眞有不可知者：本絕意仕進人也，而專談用世之略，謂天下事決非好名小儒之所能爲。本屏絕聲色，視情慾如糞土人也，而愛憐光景，於花月兒女之情狀亦極其賞玩，若借以文其寂寞。本狷潔自厲，操若冰霜人也，而深惡枯清自矜，刻薄瑣細者，謂其害必在子孫。本息機忘世，槁木死灰人也，而於古之忠臣義士、俠兒劍客，存亡雅誼，生死交情，讀其遺事，爲之咋指砍案，投袂而起，泣淚橫流，痛哭滂沱而不自禁。若夫骨堅金石，氣薄雲天；言有觸而必吐，意無往而不伸；排搨勝己，跌宕王公。孔文舉調魏武若稚子，嵇叔夜視鍾會如奴隸。鳥巢可覆，不改其鳳味；鸞翮可鎩，不馴其龍性。斯所由焚芝鋤蕙，銜刀若盧者也。嗟乎！才太高，氣太豪，不能埋照溷俗，卒就囹圄，慚柳下而愧孫登，可惜也夫！可戒也夫！

公晚年讀易，著書曰九正易因。意者公於易大有得，舍亢入謙，而今遂老矣逝矣！公所表章之書，若陽明先生年譜，及龍谿語錄，其類多不可悉記云。

或問袁中道曰：「公之於溫陵也學之否？」予曰：「雖好之，不學之也。其人不能學者有五，不願學者有三。公爲士居官，清節凜凜，而吾輩隨來輒受，操同中人，一不能學也。公不入季女之室，不登冶童之牀，而吾輩不斷情慾，未絕孌寵，二不能學也。公深入至道，見其大者，而吾輩株守文字，不得玄旨，三不能學也。公自少至老，惟知讀書，而吾輩汩沒塵緣，不親韋編，四不能學也。公直氣勁節，不爲人屈，而吾輩膽力怯弱，隨人俯仰，五不能學也。若好剛使氣，快意恩讎，意所不可，動筆之書，不願學者一矣。既已離仕而隱，卽宜遁迹入山，而乃徘徊人世，禍逐名起，不願學者二矣。急乘緩戒，細行不修，任情適口，鸞刀狼藉，不願學者三矣。夫其所不能學者，將終身不能學；而其所不願學者，斷斷乎其不學之矣。故曰雖好之，不學之也。若夫幻人之談，謂其既已髡髮，仍冠進賢，八十之年，不忘欲想者，有是哉！所謂蟾蜍擲糞，自其口出者也。」

目錄

卷一

書答

卷二

書答

卷三

雜述

卷四

雜述

卷五

讀史

卷六

四言長篇

五七言長篇

五言八句

七言八句

李氏焚書跋（黄節）

增補一

增補二

焚書卷一

書答

答周西巖

天下無一人不生知，無一物不生知，亦無一刻不生知者，但自不知耳，然又未嘗不可使之知也。惟是土木瓦石不可使知者，以其無情，難告語也；賢智愚不肖不可使知者，以其有情，難告語也。除是二種，則雖牛馬驢駝等，當其深愁痛苦之時，無不可告以生知，語以佛乘也。

據渠見處，恰似有人生知，又有人不生知。生知者便是佛，非生知者未便是佛。我不識渠半生以前所作所爲，皆是誰主張乎？不幾於日用而不知乎？不知尙可，更自謂目前不敢冒認作佛。既目前無佛，他日又安得有佛也？若他日作佛時，佛方眞有，則今日不作佛時，佛又何處去也？或有或無，自是識心分別，妄爲有無，非汝佛有有有無也明矣。

且既自謂不能成佛矣，亦可自謂此生不能成人乎？吾不知何以自立於天地之間也。既無以自立，則無以自安。無以自安，則在家無以安家，在鄉無以安鄉，在朝廷無以安朝廷。吾又不知何以度日，何以面於人也。吾恐縱謙讓，決不肯自謂我不成人也審矣。

既成人矣，又何佛不成，而更等待他日乎？天下寧有人外之佛，佛外之人乎？若必待仕宦婚嫁事畢然後學佛，則是成佛必待無事，是事有礙於佛也；有事未得作佛，是佛無益於事也。佛無益於事，成佛何爲乎？事有礙於佛，佛亦不中用矣，豈不深可笑哉？纔等待，便千萬億劫，可畏也夫！

答周若莊

明德本也，親民末也。故曰「物有本末」，又曰「自天子以至於庶人，壹是皆以修身爲本」。苟不明德以修其身，是本亂而求末之治，胡可得也。人之至厚者莫如身，苟不能明德以修身，則所厚者薄，無所不薄，而謂所薄者厚，無是理也。故曰「未之有也」。今之談者，乃舍明德而直言親民，何哉？不幾於舍本而圖末，薄所厚而欲厚所薄乎！意者親民卽明德事耶！吾之德既明，然後推其所有者以明明德於天下，此大人成己、成物之道所當如是，非謂親民然後可以明吾之明德之謂也！

且明德者吾之所本有，明明德於天下者，亦非强人之所本無。故又示之曰「在止於至善」而已。無善無惡，是謂至善，於此而知所止，則明明德之能事畢矣。由是而推其餘者以及於人，於以親民，不亦易易乎！故終篇更不言民如何親，而但曰明德；更不言德如何明，而但曰止至善；不曰善如何止，而但曰知止；不曰止如何知，而直曰格物以致其知而已。所格者何物？所致者何知？蓋格物則自無物，無物則自無知。故既知所止，則所知亦止；苟所知未止，亦未爲知止也。故知止其所不知，斯致矣。予觀大學如此詳悉開示，無非以德未易明，止未易知，故又贊之曰：「人能知止，則常寂而常定也，至靜而無欲也，安安而不遷也，百慮而一致也。」今之談者，切己自反，果能常寂而常定乎？至靜而無欲乎？安固而不搖乎？百慮而致之一乎？是未可知耳。奈之何遽以知止自許，明德自任，而欲上同於大人親民之學也！然則顏子終身以好學稱，曾子終身以守約名，而竟不敢言及親民事者，果皆非耶，果皆偏而不全之學耶！

世固有終其身覓良師友，親近善知識，而卒不得收寧止之功者，亦多有之，況未嘗一日親近善知識而遂以善知識自任，可乎！

與焦弱侯

人猶水也，豪傑猶巨魚也。欲求巨魚，必須異水；欲求豪傑，必須異人。此的然之理也。今夫井，非不清潔也，味非不甘美也，日用飲食非不切切於人，若不可缺以旦夕也。然持任公之釣者，則未嘗井焉之之矣。何也？以井不生魚也。欲求三寸之魚，亦了不可得矣。

今夫海，未嘗清潔也，未嘗甘旨也。然非萬斛之舟不可入，非生長於海者不可以履於海。蓋能活人，亦能殺人，能富人，亦能貧人。其不可恃之以爲安，倚之以爲常也明矣。然而鵾鵬化焉，蛟龍藏焉，萬寶之都，而吞舟之魚所樂而遊遨也。彼但一開口，而百丈風帆並流以入，曾無所於礙，則其腹中固已江、漢若矣。此其爲物，豈豫且之所能制，網罟之所能牽耶！自生自死，自去自來，水族千億，惟有驚怪長太息而已，而況人未之見乎！

余家泉海，海邊人謂余言：「有大魚入港，潮去不得去。呼集數十百人，持刀斧，直上魚背，恣意砍割，連數十百石，是魚猶恬然如故也。俄而潮至，復乘之而去矣。」然此猶其小者也。乘潮入港，港可容身，則茲魚亦苦不大也。余有友莫姓者，住雷海之濱，同官滇中，親爲我言：「有大魚如山，初視，猶以爲雲若霧也。中午霧盡收，果見一山在海中，連亙若太行，自東徙西，直至半月日乃休。」則是魚也，其長又奚啻三千餘里者哉！

嗟乎！豪傑之士，亦若此焉爾矣。今若索豪士於鄉人皆好之中，是猶釣魚於井也，胡可得也！則其人可謂智者歟！何也？豪傑之士決非鄉人之所好，而鄉人之中亦決不生豪傑。古今賢聖皆豪傑爲之，非豪傑而能爲聖賢者，自古無之矣。今日夜汲汲，欲與天下之豪傑共爲賢聖，而乃索豪傑於鄉人，則非但失却豪傑，亦且失却賢聖之路矣。所謂北轅而南其轍，亦又安可得也！吾見其人決非豪傑，亦決非有爲聖賢之眞志者。何也？若是眞豪傑，決無有不識豪傑之人；若是眞志要爲聖賢，決無有不知賢聖之路者。尙安有坐井釣魚之理也！

答鄧石陽

穿衣吃飯，卽是人倫物理；除却穿衣吃飯，無倫物矣。世間種種皆衣與飯類耳，故舉衣與飯而世間種種自然在其中，非衣飯之外更有所謂種種絕與百姓不相同者也。學者只宜於倫物上識眞空，不當於倫物上辨倫物。故曰：「明於庶物，察於人倫。」於倫物上加明察，則可以達本而識眞源；否則只在倫物上計較忖度，終無自得之日矣。支離、易簡之辨，正在於此。明察得眞空，則爲由仁義行；不明察，則爲行仁義，入於支離而不自覺矣。可不愼乎！

昨者復書「眞空」十六字，已說得無滲漏矣，今復爲註解以請正何如？所謂「空不用空」者，謂是太虛空之性，本非人之所能空也。若人能空之，則不得謂之太虛空矣，有何奇妙，而欲學者專以見性爲極則也耶！所謂「終不能空」者，謂若容得一毫人力，便是塞了一分眞空，塞了一分眞空，便是染了一點塵垢。此一點塵垢便是千劫繫驢之橛，永不能出離矣，可不畏乎！世間蕩平大路，千人共由，萬人共履，我在此，兄亦在此，合邑上下俱在此。若自生分別，則反不如百姓日用矣。幸裁之！

弟老矣，作筆草草，甚非其意。兄倘有志易簡之理，不顧虛生此一番，則弟雖吐肝膽之血以相究證，亦所甚願；如依舊橫此見解，不復以生死爲念，千萬勿勞賜教也！

又答石陽太守

兄所教者正朱夫子之學，非虞廷精一之學也。精則一，一則不二，不二則平；一則精，精則不疏，不疏則實。如渠老所見甚的確，非虛也，正眞實地位也；所造甚平易，非高也，正平等境界也。蓋親得趙老之傳者。雖其東西南北，終身馳逐於外，不免遺棄之病，亦其迹耳，獨不有所以迹者乎？迹則人人殊，有如面然。面則千萬其人，亦千萬其面矣。人果有千萬者乎？渠惟知其人之無千萬也，是以謂之知本也，是以謂之一也；又知其面之不容不千萬而一聽其自千自萬也，是以謂之至一也，是以謂之大同也。

如其迹，則渠老之不同於大老，亦猶大老之不同於心老，心老之不同於陽明老也。若其人，則安有數老之別哉！知數老之不容分別，此數老之學所以能繼千聖之絕，而同歸於「一以貫之」之旨也。若概其面之不同而遂疑其人之有異，因疑其人之有異而遂疑其學之不同，則過矣！渠正充然滿腹也，而我以畫餅不充疑之；渠正安穩在彼岸也，而我以虛浮無歸宿病之。是急人之急而不自急其急，故弟亦願兄之加三思也。

使兄之學眞以朱子者爲是，而以精一之傳爲非是，則弟更何說乎？若猶有疑於朱子，而尚未究於精一之宗，則兄於此當有不容以已者在。今據我二人論之：兄精切於人倫物理之間，一步不肯放過；我則從容於禮法之外，務以老而自佚。其不同者如此。兄試靜聽而細觀之：我二人同乎，不同乎？一乎，不一乎？若以不同看我，以不一看我，誤矣。

但得一，萬事畢，更無有許多物事及虛實高下等見解也。到此則誠意爲眞誠意，致知爲眞致知，格物爲眞格物。說誠意亦可，說致知亦可，說格物亦可。何如？何如？我二人老矣，彼此同心，務共證盟千萬古事業，勿徒爲泛泛會聚也！

答李見羅先生

昔在京師時，多承諸公接引，而承先生接引尤勤。發蒙啓蔽，時或未省，而退實沉思。既久，稍通解耳。師友深恩，永矢不忘，非敢佞也。年來衰老非故矣，每念才弱質單，獨力難就，恐遂爲門下鄙棄，故往往極意參尋，多方選勝，冀或有以贊我者，而詎意學者之病又盡與某相類耶！但知爲人，不知爲己；惟務好名，不肯務實。夫某既如此矣，又復與此人處，是相隨而入於陷穽也。

「無名，天地之始」，誰其能念之！以故閉戶却掃，怡然獨坐。或時飽後，散步涼天，箕踞行遊，出從二三年少，聽彼俚歌，聆此笑語，謔弄片時，亦足供醒脾之用，可以省却枳木丸子矣。及其飽悶已過，情景適可，則仍舊如前鎖門獨坐而讀我書也。其縱跡如此，豈誠避人哉！若樂於避人，則山林而已矣，不城郭而居也，故土而可矣，不以他鄉遊也。公其以我爲誠然否？然則此道也，非果有夕死之大懼，朝聞之眞志，聰明蓋世，剛健篤生，卓然不爲千聖所搖奪者，未可遽以與我共學此也。蓋必其人至聰至明，至剛至健，而又逼之以夕死，急之以朝聞，乃能退就實地，不驚不震，安穩而踞坐之耳。區區世名，且視爲浼己也，肯耽之乎？

向時尙有賤累，今皆發回原籍，獨身在耳。太和之遊，未便卜期。年老力艱，非大得所不敢出門戶。且山水以人爲重，未有人而千里尋山水者也。閒適之餘，著述頗有，嘗自謂當藏名山，以俟後世子雲。今者有公，則不啻玄晏先生也。計卽呈覽，未便以覆酒甕，其如無力繕寫何！

飄然一身，獨往何難。從此東西南北，信無不可，但不肯入公府耳。此一點名心，終難脫卻，然亦不須脫却也。世間人以此謂爲學者不少矣。由此觀之，求一眞好名者，舉世亦無，則某之閉戶又宜矣。

答焦漪園

承諭，李氏藏書，謹抄錄一通，專人呈覽。年來有書三種，惟此一種繫千百年是非，人更八百，簡帙亦繁，計不止二千葉矣。更有一種，專與朋輩往來談佛乘者，名曰李氏焚書，大抵多因緣語、忿激語，不比尋常套語。恐覽者或生怪憾，故名曰焚書，言其當焚而棄之也。見在者百有餘紙，陸續則不可知，今姑未暇錄上。又一種則因學士等不明題中大旨，乘便寫數句貽之，積久成帙，名曰李氏說書，中間亦甚可觀。如得數年未死，將語、孟逐節發明，亦快人也。惟藏書宜閉祕之，而喜其論著稍可，亦欲與知音者一談，是以呈去也。其中人數既多，不盡妥當，則晉書、唐書、宋史之罪，非余責也。

竊以魏、晉諸人標致殊甚，一經穢筆，反不標致。眞英雄子，畫作疲輭漢矣；眞風流名世者，畫作俗士；眞啖名不濟事客，畫作褒衣大冠，以堂堂巍巍自負。豈不眞可笑！因知范曄尚爲人傑，後漢尚有可觀。今不敢謂此書諸傳皆已妥當，但以其是非堪爲前人出氣而已，斷斷然不宜使俗士見之。望兄細閱一過，如以爲無害，則題數句於前，發出編次本意可矣，不願他人作半句文字於其間也。何也？今世想未有知卓吾子者也。然此亦惟兄斟酌行之。弟既處遠，勢難遙度，但不至取怒於人，又不至汚辱此書，卽爲愛我。中間差譌甚多，須細細一番乃可。若論著則不可改易，此吾精神心術所繫，法家傳爰之書，未易言也。

本欲與上人偕往，面承指教，聞白下荒甚，恐途次有警，稍待麥熟，或可買舟來矣。生平慕西湖佳勝，便於舟航，且去白下密邇。又今世俗子與一切假道學，共以異端目我，我謂不如遂爲異端，免彼等以虛名加我，何如？夫我既已出家矣，特餘此種種耳，又何惜此種種而不以成此名耶！或一會兄而往，或不及會，皆不可知，第早晚有人往白下報曰，「西湖上有一白鬚老而無髮者」，必我也夫！必我也夫！從此未涅槃之日，皆以閱藏爲事，不復以儒書爲意也。

前書所云鄧和尚者果何似？第一機卽是第二機，月泉和尚以婢爲夫人也。第一機不是第二機，豁渠和尚以爲眞有第二月在天上也。此二老宿，果致虛極而守靜篤者乎？何也？蓋惟其知實之爲虛，是以虛不極；惟其知動之卽靜，是以靜不篤。此是何等境界，而可以推測擬議之哉！故曰「億則屢中」，非不屢中也，而億焉則其害深矣。夫惟聖人不億，不億故不中，不中則幾焉。何時聚首合并，共證斯事。潘雪松聞已行取，三經解刻在金華，當必有相遺。遺者多，則分我一二部。我於南華已無稿矣，當時特爲要删太繁，故於隆寒病中不四五日塗抹之。老子解亦以九日成，蓋爲蘇註未愜，故就原本添改數行。心經提綱則爲友人寫心經畢，尚餘一幅，遂續墨而塡之，以還其人。皆草草了事，欲以自娱，不意遂成木災也！若藏書則眞實可喜。潘新安何如人乎？既已行取，便當居言路作諍臣矣，不肖何以受知此老也。其信我如是，豈眞心以我爲可信乎，抑亦從兄口頭，便相隨順信我也？若不待取給他人口頭便能自着眼睛，索我於牝牡驪黄之外，知卓吾子之爲世外人也，則當今人才，必不能逃於潘氏藻鑑之外，可以稱具眼矣。

復丘若泰

丘書云：「僕謂丹陽實病。」柳塘云：「何有於病？且要反身默識。識默耶，識病耶？此時若纖念不起，方寸皆空，當是丹陽，但不得及此境界耳。」

苦海有八，病其一也。既有此身，卽有此海；既有此病，卽有此苦。丹陽安得而與人異耶！人知病之苦，不知樂之苦——樂者苦之因，樂極則苦生矣。人知病之苦，不知病之樂——苦者樂之因，苦極則樂至矣。苦樂相乘，是輪迴種；因苦得樂，是因緣法。丹陽雖上仙，安能棄輪迴，舍因緣，自脱於人世苦海之外耶？但未嘗不與人同之中，而自然不與人同者，以行糧素具，路頭素明也。此時正在病，只一心護病，豈容更有别念乎？豈容一毫默識工夫參於其間乎？是乃眞第一念也，是乃眞無二念也；是乃眞空也，是乃眞纖念不起，方寸皆空之實境也。非謂必如何空之而後可至丹陽境界也。若要如何，便非實際，便不空矣。

復鄧石陽

昨承教言，對使裁謝，尚有未盡，謹復錄而上之。蓋老丈專爲上上人說，恐其過高，或有遺棄之病；弟則眞爲下下人說，恐其沉溺而不能出，如今之所謂出家兒者，衹知有持鉢餬口事耳。然世間惟下下人最多，所謂滔滔者天下皆是也。若夫上上人，則舉世絶少，非直少也，蓋絶無之矣。如弟者，滔滔皆是人也。彼其絶無者，舉世既無之矣，又何說焉。

年來每深嘆憾，光陰去矣，而一官三十餘年，未嘗分毫爲國出力，徒竊俸餘以自潤。既幸雙親歸土，弟妹七人婚嫁各畢。各幸而不缺衣食，各生兒孫。獨余連生四男三女，惟留一女在耳。而年逼耳順，體素羸弱，以爲弟姪已滿目，可以無歉矣，遂自安慰焉。蓋所謂欲之而不能，非能之而自不欲也。惟此一件人生大事未能明了，心下時時煩懣，故遂棄官入楚，事善知識以求少得。蓋皆陷溺之久，老而始覺，絶未曾自棄於人倫之外者。

平生師友散在四方，不下十百，盡是仕宦忠烈丈夫，如兄輩等耳。弟初不敢以彼等爲徇人，彼等亦不以我爲絶世，各務以自得而已矣。故相期甚遠，而形迹頓遺。願作聖者師聖，願爲佛者宗佛。不問在家出家，人知與否，隨其資性，一任進道，故得相與共爲學耳。然則所取於渠者，豈取其棄人倫哉，取其志道也。中間大略不過曰：「其爲人倔强難化如此。始焉不肯低頭，而終也遂爾稟服師事。」因其難化，故料其必能得道，又因其得道，而復喜其不負倔强初志。如此而已。然天下之倔强而不得道者多矣，若其不得道，則雖倔强何益，雖出家何用。雖至于斷臂燃身，亦祇爲喪身失命之夫耳，竟何補也！故苟有志於道，則在家可也，孔、孟不在家乎？出家可也，釋伽佛不出家乎？今之學佛者，非學其棄淨飯王之位而苦行於雪山之中也，學其能成佛之道而已。今之學孔子者，非學其能在家也，學其能成孔子之道而已。若以在家者爲是，則今之在家學聖者多矣，而成聖者其誰耶？若以出家爲非，則今之非釋氏者亦不少矣，而終不敢謂其非佛，又何也？然則學佛者，要於成佛爾矣。渠既學佛矣，又何說乎？

承示云，趙老與胡氏書，極詆渠之非曰：「雲水瓢笠之中，作此乞播登壟之態。」覽教至此，不覺泫然！斯言毒害，實刺我心，我與彼得無盡墮其中而不自知者乎？當時胡氏必以致仕爲高品，輕功名富貴爲善學者，故此老痛責渠之非以曉之，所謂言不怒，則聽者不入是也。今夫人人盡知求富貴利達者之爲乞播矣，而孰知雲水瓢笠之衆，皆乞播耶！使胡氏思之，得無知斯道之大，而不專在於輕功名富貴之間乎？然使趙老而別與溺於富貴功名之人言之，則又不如此矣。所謂因病發藥，因時治病，不得一概，此道之所以爲大也。吾謂趙老眞聖人也。渠當終身依歸，而奈何其遽舍之而遠去耶！然要之各從所好，不可以我之意而必渠之同此意也。獨念乞播之辱，心實恥之，而卒不得免者何居？意者或借聞見以爲聰明，或藉耳目以爲心腹歟！或憑册籍以爲斷案，或依孔、佛以爲泰山歟！有一於此，我乃齊人，又安能笑彼渠也。此弟之所痛而苦也。兄其何以教之？

承諭欲弟便毀此文，此實無不可，但不必耳。何也？人各有心，不能皆合。喜者自喜，不喜者自然不喜；欲覽者覽，欲毀者毀，各不相礙，此學之所以爲妙也。若以喜者爲是，而必欲兄丈之同喜；兄又以毀者爲是，而復責弟之不毀。則是各見其是，各私其學，學斯僻矣。抑豈以此言爲有累於趙老乎？夫趙老何人也，巍巍泰山，學貫千古，乃一和尚能累之，則亦無貴於趙老矣。夫惟陳相倍師，而後陳良之學始顯；惟西河之人疑子夏於夫子，而後夫子之道益尊。然則趙老固非人之所能累也。若曰吾爲渠，惜其以倍師之故，頓爲後世咦耳，則渠已絕棄人世，逃儒歸佛，陷於大戮而不自愛惜矣，吾又何愛惜之有焉？吾以爲渠之學若果非，則當以此暴其惡於天下後世，而與天下後世共改之；若果是，則當以此顯其教於天下後世，而與天下後世共爲之。此仁人君子之用心，所以爲大同也。且觀世之人，孰能不避名色而讀異端之書者乎？堂堂天朝行頒四書、五經於天下，欲其幼而學，壯而行，以博高爵重祿，顯榮家世，不然者，有黜有罰如此其詳明也，然猶有束書而不肯讀者，況佛教乎？佛教且然，況鄧和尚之語乎？況居士數句文字乎？吾恐雖欲拱手以奉之，彼卽置而棄之矣，而何必代之毀與棄也。弟謂兄聖人之資也，且又聖人之徒也。弟異端者流也，本無足道者也。自朱夫子以至今日，以老、佛爲異端，相襲而排擯之者，不知其幾百年矣。弟非不知，而敢以直犯衆怒者，不得已也，老而怕死也。且國家以六經取士，而有三藏之收；以六藝教人，而又有戒壇之設：則亦未嘗以出家爲禁矣。則如渠者，固國家之所不棄，而兄乃以爲棄耶？

屢承接引之勤，苟非木石，能不動念。然謂弟欲使天下之人皆棄功名妻子而後從事於學，果若是，是爲大蠹，弟不如是之愚也。然斯言也，吾謂兄亦太早計矣，非但未卵而求時夜者也。夫渠生長於內江矣，今觀內江之人，更有一人效渠之爲者乎？吾謂卽使朝廷出令，前鼎鑊而後白刃，驅而之出家，彼寧有守其妻孥以死者耳，必不顧也。而謂一鄧和尚能變易天下之人乎？一無緊要居士，能以幾句閒言語，能使天下人盡棄妻子功名，以從事於佛學乎？蓋千古絕無之事，千萬勿煩杞慮也。吾謂眞正能接趙老之脈者，意者或有待於兄耳。異日者，必有端的同門，能共推尊老丈，以爲師門顏、閔。區區異端之徒，自救不暇，安能並驅爭先也？則此鄙陋之語，勿毁之亦可。

然我又嘗推念之矣。夫黃面老瞿曇，少而出家者也，李耳厭薄衰周，亦遂西遊不返，老而後出家者也，獨孔子老在家耳。然終身周流，不暇暖席，則在家時亦無幾矣。妻旣卒矣，獨一子耳，更不聞其再娶誰女也，又更不聞其復有幾房妾媵也，則於室家之情，亦太微矣。當時列國之主，盡知禮遇夫子，然而夫子不仕也，最久者三月而已，不曰「接淅而行」，則曰「明日遂行」，則於功名之念，亦太輕矣。居常不知叔梁紇葬處，乃葬其母於五父之衢，然後得合葬於防焉，則於掃墓之禮，亦太簡矣。豈三聖人於此，顧爲輕於功名妻子哉？恐亦未免遺棄之病哉！然則渠上人之罪過，亦未能遽定也。

然以余斷之，上人之罪不在於後日之不歸家，而在於其初之輕於出家也。何也？一出家卽棄父母矣。所貴於有子者，謂其臨老得力耳。蓋人旣老，便自有許多疾病。苟有子，則老來得力，病困時得力，卧床難移動時得力，奉侍湯藥時得力，五內分割、痛苦難忍時得力，臨終嗚咽、分付訣別、聲氣垂絕時得力。若此時不得力，則與無子等矣，又何在於奔喪守禮，以爲他人之觀乎？往往見今世學道聖人，先覺士大夫，或父母八十有餘，猶聞拜疾趨，全不念風中之燭，滅在俄頃。無他，急功名而忘其親也。此之不責，而反責彼出家兒，是爲大惑，足稱顛倒見矣。

吁吁！二十餘年傾蓋之友，六七十歲皓皤之夫，萬里相逢，聚首他縣，誓吐肝膽，盡脫皮膚。苟一毫衷赤不盡，尚有纖芥爲名作誑之語，青霄白日，照耀我心。便當永墮無間，萬劫爲驢，與兄騎乘。此今日所以報答百泉上知己之感也。縱兄有憾，我終不敢有怨。

復周南士

公壯年雄才，抱璞未試者也。如僕本無才可用，故自不宜於用，豈誠與雲與鶴相類者哉？感媿甚矣！夫世間惟才不易得，故曰「才難」。若無其才而虛有其名，如殷中軍以竹馬之好，欲與大司馬抗衡，以自附於王、謝，是爲不自忖度，則僕無是矣。僕惟早自揣量，故毅然告退。又性剛不能委蛇，性疎稍好靜僻，以此日就鹿豕，羣無賴，蓋適所宜。如公大才，際明世，正宜藏蓄待時，爲時出力也。

古有之矣：有大才而不見用於世者。世既不能用，而亦不求用，退而與無才者等，不使無才者疑，有才者忌。所謂容貌若愚，深藏若虛，老聃是也。今觀渭濱之叟，年八十矣，猶把釣持竿不顧也。使八十而死，或不死而不遇西伯獵於渭，縱遇西伯而西伯不尊以爲師，敬養之以爲老，有子若發不武，不能善承父志，太公雖百萬韜略，不用也。此皆所謂善藏其用者也。

若夫嚴子陵、陳希夷，汲汲欲用之矣，而有必用之心，無必用之形，故被裘墮驢，終名隱士。雖不遯心，而能遯迹；雖不見用才，亦見隱才矣。黃、老而下，可多見耶！又若有大用之才，而能委曲以求其必用，時不必明良，道不論泰否，與世浮沉，因時升降，而用常在我，卒亦舍我不用而不可得，則管夷吾輩是也。此其最高矣乎！

若乃切切焉以求用，又不能委曲以濟其用，操一己之繩墨，持前王之規矩，以方枘欲入圓鑿，此豈用世才哉！徒負却切切欲用本心矣。吾儒是也。幸而見幾明決，不俟終日，得勇退之道焉。然削迹伐木，餓陳畏匡，其得免者亦幸耳，非勝算也。公今親遭明時，抱和璧，如前數子，皆所熟厭，當必有契詣者，僕特崖略之以俟擇耳。不然，欲用而不能委曲以濟其用，此儒之所以卒爲天下後世非笑也。

答鄧明府

何公死，不關江陵事。江陵爲司業時，何公只與朋輩同往一會言耳。言雖不中，而殺之之心無有也。及何公出而獨向朋輩道「此人有欲飛不得」之云，蓋直不滿之耳。何公聞之，遂有「此人必當國，當國必殺我」等語。則以何公平生自許太過，不意精神反爲江陵所攝，於是憮然便有懼色，蓋皆英雄莫肯相下之實，所謂兩雄不並立於世者，此等心腸是也。自後江陵亦記不得何公，而何公終日有江陵在念。

偶攻江陵者，首吉安人，江陵遂怨吉安，日與吉安縉紳爲仇。然亦未嘗仇何公者，以何公不足仇也，特何公自爲仇耳。何也？以何公「必爲首相，必殺我」之語，已傳播於吉安及四方久矣。至是欲承奉江陵者，憾無有緣，聞是，誰不甘心何公者乎？殺一布衣，本無難事，而可以取快江陵之胸腹，則又何憚而不敢爲也？故巡撫緝訪之於前，而繼者踵其步。方其緝解至湖廣也，湖廣密進揭帖於江陵。江陵曰：「此事何須來問，輕則決罰，重則發遣已矣。」及差人出閣門，應城李義河遂授以意曰：「此江陵本意也，特不欲自發之耳。」吁吁！江陵何人也，膽如天大，而肯姑息此哉！應城之情狀可知矣。應城於何公，素有論學之忤，其殺之之心自有。又其時勢焰薰灼，人之事應城者如事江陵，則何公雖欲不死，又安可得耶！

江陵此事甚錯，其原起於憾吉安人，而必欲殺吉安人爲尤錯。今日俱爲談往事矣！然何公布衣之傑也，故有殺身之禍，江陵宰相之傑也，故有身後之辱。不論其敗而論其成，不追其跡而原其心，不責其過而賞其功，則二老者皆吾師也。非與世之局瑣取容，埋頭顧影，竊取聖人之名以自蓋其貪位固寵之私者比也。是以復並論之，以裁正於大方焉。所論甚見中蘊，可爲何公出氣，恐猶未察江陵初心，故爾贅及。

答耿中丞

昨承教言，深中狂愚之病。夫以率性之眞，推而擴之，與天下爲公，乃謂之道。既欲與斯世斯民共由之，則其範圍曲成之功大矣。「學其可無術歟」，此公至言也，此公所得於孔子而深信之以爲家法者也。僕又何言之哉！然此乃孔氏之言也，非我也。夫天生一人，自有一人之用，不待取給於孔子而後足也。若必待取足於孔子，則千古以前無孔子，終不得爲人乎？故爲願學孔子之說者，乃孟子之所以止於孟子，僕方痛憾其非夫，而公謂我願之歟？

且孔子未嘗教人之學孔子也。使孔子而教人以學孔子，何以顏淵問仁，而曰「爲仁由己」而不由人也歟哉！何以曰「古之學者爲己」，又曰「君子求諸己」也歟哉！惟其由己，故諸子自不必問仁於孔子；惟其爲己，故孔子自無學術以授門人。是無人無己之學也。無己，故學莫先於克己；無人，故教惟在於因人。試舉一二言之。如仲弓，居敬行簡人也，而問仁焉，夫子直指之曰敬恕而已。雍也聰明，故悟焉而請事。司馬牛遭兄弟之難，常懷憂懼，是謹言愼行人也，而問仁焉，夫子亦直指之曰「其言也訒」而已。牛也不聰，故疑焉而反以爲未足。由此觀之，孔子亦何嘗教人之學孔子也哉！夫孔子未嘗教人之學孔子，而學孔子者務舍己而必以孔子爲學，雖公亦必以爲眞可笑矣。

夫惟孔子未嘗以孔子教人學，故其得志也，必不以身爲教於天下。是故聖人在上，萬物得所，有由然也。夫天下之人得所也久矣，所以不得所者，貪暴者擾之，而「仁者」害之也。「仁者」以天下之失所也而憂之，而汲汲焉欲貽之以得所之域。於是有德禮以格其心，有政刑以縶其四體，而人始大失所矣。

夫天下之民物衆矣，若必欲其皆如吾之條理，則天地亦且不能。是故寒能折膠，而不能折朝市之人；熱能伏金，而不能伏競奔之子。何也？富貴利達所以厚吾天生之五官，其勢然也。是故聖人順之，順之則安之矣。是故貪財者與之以祿，趨勢者與之以爵，强有力者與之以權，能者稱事而官，愞者夾持而使。有德者隆之虛位，但取具瞻；高才者處以重任，不問出入。各從所好，各騁所長，無一人之不中用。何其事之易也？雖欲飾詐以投其好，我自無好之可投；雖欲掩醜以著其美，我自無醜之可掩。何其說之難也？是非眞能明明德於天下，而坐致太平者歟！是非眞能不見一絲作爲之迹，而自享心逸日休之效者歟！然則孔氏之學術亦妙矣，則雖謂孔子有學有術以教人亦可也。然則無學無術者，其兹孔子之學術歟！

公既深信而篤行之，則雖謂公自己之學術亦可也，但不必人人皆如公耳。故凡公之所爲自善，所用自廣，所學自當，僕自敬公，不必僕之似公也。公自當愛僕，不必公之賢於僕也。則公此行　人人有彈冠之慶矣；否則同者少而異者多，賢者少而愚不肖者多，天下果何時而太平乎哉！

又答耿中丞

心之所欲爲者，耳更不必聞於人之言，非不欲聞，自不聞也。若欲不聞，孰若不爲。此兩者從公決之而已。且世間好事甚多，又安能一一盡爲之耶？

且夫吾身之所繫於天下者大也。古之君子，平居暇日，非但不能過人，亦且無以及人。一旦有大故，平居暇日表表焉欲以自見者，舉千億莫敢當前，獨此君子焉，稍出其緒餘者以整頓之，功成而衆不知，則其過於人也遠矣。譬之龍泉、太阿，非斬蛟斷犀，不輕試也。蓋小試則無味，小用則無餘，他日所就，皆可知矣。

阿世之語，市井之談耳，何足復道之哉！然渠之所以知公者，其責望亦自頗厚。渠以人之相知，貴於知心，苟四海之內有知我者，則一鍾子足矣，不在多也。以今觀公，實未足爲渠之知己。夫渠欲與公相從於形骸之外，而公乃索之於形骸之內，嘵嘵焉欲以口舌辯說渠之是非，以爲足以厚相知，而答責望於我者之深意，則大謬矣！

夫世人之是非，其不足爲渠之輕重也審矣。且渠初未嘗以世人之是非爲一己之是非也。若以是非爲是非，渠之行事，斷必不如此矣。此尤其至易明焉者也。蓋渠之學主乎出世，故每每直行而無諱；

今公之學既主於用世，則尤宜韜藏固閉而深居。迹相反而意相成，以此厚之，不亦可乎？因公言之，故爾及之。然是亦曉曉者，知其無益也。

與楊定見

此事大不可。世間是非紛然，人在是非場中，安能免也。於是非上加起買好遠怨等事，此亦細人常態，不足怪也。古人以眞情與人，卒至自陷者，不知多少，祗有一笑爲無事耳。

今彼講是非，而我又與之講是非，講之不已，至於爭辯。人之聽者，反不以其初之講是非者爲可厭，而反厭彼爭辯是非者矣。此事昭然，但迷在其中而不覺耳。既惡人講是非矣，吾又自講是非。講之不已，至於爭，爭不已，至於失聲，失聲不已，至於爲讎。失聲則損氣，多講則損身，爲讎則失親，其不便宜甚矣。人生世間，一點便宜亦自不知求，豈得爲智乎？

且我以信義與人交，已是不智矣，而又責人之背信背義，是不智上更加不智，愚上加愚，雖稍知愛身者不爲，而我可爲之乎？雖稍知便宜者必笑，而可坐令人笑我乎？此等去處，我素犯之，但能時時自反而克之，不肯讓便宜以與人也。千萬一笑，則當下安妥，精神復完，胸次復舊開爽。且不論讀書作舉業事，只一場安穩睡覺，便屬自己受用矣。此大可嘆事，大可恥事，彼所爭與誣者，反不見可嘆可恥也。

復京中友朋

來教云：「無求飽，無求安。此心無所繫著，卽便是學。」註云：「心有在而不暇及，若別有學在，非也。就有道則精神相感，此心自正，若謂別出所知見相正，淺矣。」又云：「『苟志於仁矣，無惡也。』惡當作去聲，卽侯明撻記，第欲並生，讒說殄行，猶不憤疾於頑。可見自古聖賢，原無惡也。曰『舉直錯諸枉』，錯非舍棄之，蓋錯置之錯也。卽諸枉者亦要錯置之，使之得所，未忍終棄也。又曰『大學之道，在明明德，在親民。』只此一親字，便是孔門學脈。能親便是生機。些子意思，人人俱有，但知體取，就是保任之擴充之耳。」來示如此，敢以實對。

夫曰安飽不求，非其性與人殊也。人生世間，惟有學問一事，故時敏以求之，自不知安飽耳，非有心於不求也。若無時敏之學，而徒用心於安飽之間，則僞矣。既時敏於學，則自不得不愼於言。何也？吾之學未曾到手，則何敢言，亦非有意愼密其間，而故謹言以要譽於人也。今之敢爲大言，便偃然高坐其上，必欲爲人之師者，皆不敏事之故耳。

夫惟眞實敏事之人，豈但言不敢出，食不知飽，居不知安而已，自然奔走四方，求有道以就正。有道者，好學而自有得，大事到手之人也。此事雖大，而路徑萬千，有頓入者，有漸入者。漸者雖迂遠費力，猶可望以深造；若北行而南其轍，入海而上太行，則何益矣！此事猶可，但無益耳，未有害也。苟一入邪途，豈非求益反損，所謂「非徒無益而又害之」者乎？是以不敢不就正也。如此就正，方謂好學，方能得道，方是大事到手，方謂不負時敏之勤矣。

如此，則我能明明德。既能明德，則自然親民。如向日四方有道，爲我所就正者，我既眞切向道，彼決無有厭惡之理，決無不相親愛之事，決無不吐肝露膽與我共證明之意。何者？明明德者，自然之用固如是也。非認此爲題目，爲學脈，而作意以爲之也。今無明明德之功，而遽曰親民，是未立而欲行，未走而欲飛，且使聖人「明明德」喫緊一言，全爲虛說矣。故苟志於仁，則自無厭惡。何者？天下之人，本與仁者一般，聖人不曾高，衆人不曾低，自不容有惡耳。所以有惡者，惡鄉愿之亂德，惡久假之不歸，名爲好學而實不好學者耳。若世間之人，聖人與仁人胡爲而惡之哉！蓋已至於仁，則自然無厭惡；已能明德，則自能親民。皆自然而然，不容思勉，此聖學之所以爲妙也。故曰「學不厭，知也，教不倦，仁也」，「性之德也，合內外之道也，故時措之宜也」。何等自然，何等不容已。今人把「不厭」「不倦」做題目，在手裏做，安能做得成，安能眞不厭不倦也！

聖人只教人爲學耳，實能好學，則自然到此。若不肯學，而但言「不厭」「不倦」，則孔門諸子，當盡能學之矣，何以獨稱顏子爲好學也耶？既稱顏子爲好學不厭，而不曾說顏子爲教不倦者，可知明德親民，教立而道行，獨有孔子能任之，雖顏子不敢當乎此矣。今人未明德而便親民，未能不厭而先學不倦，未能愼言以敏於事，而自謂得道，肆口妄言之不恥，未能一日就有道以求正，而便以有道自居，欲以引正於人人。吾誠不知其何說也。

故未明德者，便不可說親民；未能至仁者，便不可說無厭惡。故曰「毋友不如己者」。以此愼交，猶恐有便辟之友，善柔之友，故曰「賜也日損」，以其悅與不若己者友耳。如之何其可以妄親而自處於不聞過之地也乎？故欲敏事而自明己德，須如顏子終身以孔子爲依歸，庶無失身之悔，而得好學之實。若其他弟子，則不免學夫子之不厭而已，學夫子之不倦而已，畢竟不知夫子之所學爲何物，自己之所當有事者爲何事。雖同師聖人，而卒無得焉者，豈非以此之故歟！吁，當夫子時，而其及門之徒，已如此矣。何怪於今！何怪於今！吁！是亦余之過望也，深可惡也。

又答京友

善與惡對，猶陰與陽對，柔與剛對，男與女對。蓋有兩則有對。既有兩矣，其勢不得不立虛假之名以分別之，如張三、李四之類是也。若謂張三是人，而李四非人，可歟？

不但是也，均此一人也，初生則有乳名，稍長則有正名，既冠而字，又有别號，是一人而三四名稱之矣。然稱其名則以爲犯諱，故長者咸諱其名而稱字，同輩則以字爲嫌而稱號，是以號爲非名也。若以爲非名，則不特號爲非名，字亦非名，諱亦非名。自此人初生，未嘗有名字夾帶將來矣，胡爲乎而有許多名？又胡爲乎而有可名與不可名之别也？若直曰名而已，則諱固名也，字亦名也，號亦名也，與此人原不相干也，又胡爲而諱，胡爲而不諱也乎？

甚矣，世人之迷也。然猶可委曰號之稱美，而名或不美焉耳。然朱晦翁之號不美矣，朱熹之名美矣。熹者光明之稱，而晦者晦昧不明之象，朱子自謙之號也。今者稱晦菴則學者皆喜，若稱之曰朱熹，則必甚怒而按劍矣。是稱其至美者則以爲諱，而舉其不美者反以爲喜。是不欲朱子美而欲朱子不美也，豈不亦顛倒之甚歟！

近世又且以號爲諱，而直稱曰翁曰老矣。夫使翁而可以尊人，則曰爺曰爹，亦可以尊人也。若以爲爺者奴隸之稱，則今之子稱爹，孫稱爺者，非奴隸也。爺之極爲翁，爹之極爲老，稱翁稱老者，非奴隸事，獨非兒孫事乎？又胡爲而舉世皆與我爲兒孫也耶？近世稍知反古者，至或同儕相與呼字，以爲不俗。吁！若眞不俗，稱字固不俗，稱號亦未嘗俗也，蓋直曰名之而已，又何爲乎獨不可同於俗也？吾以謂稱爹與爺亦無不可也。

由是觀之，則所謂善與惡之名，率若此矣。蓋惟志於仁者，然後無惡之可名，此蓋自善惡未分之前言之耳。此時善且無有，何有於惡也耶！噫！非苟志於仁者，其孰能知之？苟者誠也，仁者生之理也。學者欲知無惡乎？其如志仁之學，吾未之見也歟哉！

復宋太守

千聖同心，至言無二。紙上陳語皆千聖苦心苦口，爲後賢後人。但隨機說法，有大小二乘，以待上下二根。苟是上士，則當究明聖人上語；若甘爲下士，只作世間完人，則不但孔聖以及上古經籍爲當服膺不失，雖近世有識名士一言一句，皆有切於身心，皆不可以陳語目之也。且無徵不信久矣，苟不取陳語以相證，恐聽者益以駭愕，故凡論說，必據經引傳，亦不得已焉耳。今據經則以爲陳語，漫出胸臆則以爲無當，則言者亦難矣。凡言者，言乎其不得不言者也。爲自己本分上事未見親切，故取陳語以自考驗，庶幾合符，非有閒心事、閒工夫，欲替古人擔憂也。古人往矣，自無憂可擔，所以有憂者，謂於古人上乘之談，未見有契合處，是以日夜焦心，見朋友則共討論。若只作一世完人，則千古格言盡足受用，半字無得說矣。所以但相見便相訂證者，以心志頗大，不甘爲一世人士也。兄若恕其罪而取其心，則弟猶得免於罪責；如以爲大言不慚，貢高矜己，則終將緘默，亦容易耳。

答耿中丞論淡

世人白晝寐語，公獨於寐中作白晝語，可謂常惺惺矣。「周子禮於此淨業，亦見得分數明，但不知滌磨刷滌」之云，果何所指也。

夫古之聖人，蓋嘗用滌刷之功矣。但所謂滌磨者，乃滌磨其意識；所謂刷滌者，乃刷滌其聞見。若當下意識不行，聞見不立，則此皆爲寐語，但有纖毫，便不是淡，非常惺惺法也。蓋必不厭，然後可以語淡。故曰「君子之道，淡而不厭」。若苟有所忻羨，則必有所厭舍，非淡也。又惟淡則自然不厭，故曰「我學不厭」。若以不厭爲學的，而務學之以至於不厭，則終不免有厭時矣，非淡也，非虞廷精一之旨也。蓋精則一，一則純；不精則不一，不一則雜，雜則不淡矣。

由此觀之，淡豈可以易言乎？是以古之聖人，終其身於問學之場焉，講習討論，心解力行，以至於寢食俱廢者，爲淡也。淡又非可以智力求，淡又非可以有心得，而其所以不得者有故矣。蓋世之君子，厭常者必喜新，而惡異者則又不樂語怪。不知人能放開眼目，固無尋常而不奇怪，亦無奇怪而不尋常也。經世之外，寧別有出世之方乎？出世之旨，豈復有外於經世之事乎？故達人宏識，一見虞廷揖讓，便與三盃酒齊觀；巍巍堯、舜事業，便與太虛空浮雲並壽。無他故也，其見大也。見大故心泰，心泰故無不足。既無不足矣，而又何羨耶。若祇以平日之所飫聞習見者爲平常，而以其罕聞驟見者爲怪異，則怪異平常便是兩事，經世出世便是兩心。勳、華之盛，揖遜之隆，比之三家村裏甕牖酒人，眞不啻幾千萬里矣。雖欲淡，得歟？雖欲「無然歆羨」，又將能歟？此無他，其見小也。

顧公更不必論湔磨刷滌之功，而惟直言問學開大之益；更不必慮虛見積習之深，而惟切究師友淵源之自。則康節所謂「玄酒味方淡，大音聲正希」者，當自得之，不期淡而自淡矣，不亦庶乎契公作人之微旨，而不謬爲「常惺惺」語也耶！

答劉憲長

自孔子後，學孔子者便以師道自任，未曾一日爲人弟子，便去終身爲人之師，以爲此乃孔子家法，不如是不成孔子也。不知一爲人師，便只有我教人，無人肯來教我矣。且孔子而前，豈無聖人，要皆遭際明時，得位行志。其不遇者，如太公八十已前，傅說版築之先，使不遇文王、高宗，終身渭濱老叟，巖穴胥靡之徒而已，夫誰知之。彼蓋亦不求人知也。直至孔子而始有師生之名，非孔子樂爲人之師也，亦以逼迫不過。如關令尹之遇老子，攔住當關，不肯放出，不得已而後授以五千言文字耳。但老子畢竟西遊，不知去向。惟孔子隨順世間，周遊既廣，及門漸多，又得天生聰明顏子與之辯論。東西遨遊既無好興，有賢弟子亦足暢懷，遂成師弟名目，亦偶然也。然顏子沒而好學遂亡，則雖有弟子之名，亦無有弟子之實矣。

弟每笑此等輩，是以情願終身爲人弟子，不肯一日爲人師父。茲承遠使童子前來出家，弟謂剃髮未易，且令觀政數時，果發願心，然後落髮未晚。縱不落髮，亦自不妨，在彼在此，可以任意，不必立定跟脚也。蓋生死事大，非辦鐵石心腸，未易輕造。如果眞怕生死，在家出家等，無有異。目今巍冠博帶，多少肉身菩薩在於世上，何有棄家去髮，然後成佛事乎？如弟不才，資質魯鈍，又性僻嬾，倦於應酬，故托此以逃，非爲眞實究竟當如是也。如丈樸實英發，非再來菩薩而何？若果必待功成名遂，乃去整頓手脚，晚矣。今不必論他人，卽今友山見在西川，他何曾以做官做佛爲兩事哉？得則頓同諸佛，不理會則當面錯過，但不宜以空談爲事耳。

答周友山

所諭豈不是，第各人各自有過活物件。以酒爲樂者，以酒爲生，如某是也。以色爲樂者，以色爲命，如某是也。至如種種，或以博弈，或以妻子，或以功業，或以文章，或以富貴，隨其一件，皆可度日。獨余不知何說，專以良友爲生。故有之則樂，舍之則憂，甚者馳神於數千里之外。明知不可必得，而神思奔逸，不可得而制也。此豈非天之所獨苦耶！

無念已往南京，庵中甚清氣。楚倜回，雖不曾相會，然覺有動移處，所憾不得細細商榷一番。彼此俱老矣，縣中一月間報赴閻王之召者遂至四五人，年皆未滿五十，令我驚憂，又不免重爲楚倜老子憂也。蓋今之道學，亦未有勝似楚倜老者。叔臺想必過家，過家必到舊縣，則得相聚也。

答周柳塘

伏中微洩，秋候自當清泰。弟苦不小洩，是以火盛，無之奈何。樓下僅容喘息，念上天降虐，祇爲大地人作惡，故重譴之，若不勉受酷責，是愈重上帝之怒。有飯喫而受熱，比空腹受熱者何如？以此思之，故雖熱不覺熱也。且天災時行，人亦難逃，人人亦自有過活良法。所謂君子用智，小人用力，强者有搬運之能，弱者有就食之策，自然生出許多計智。最下者無力無策，又自有身任父母之憂者大爲設法區處，非我輩並生並育之民所能與謀也。蓋自有受命治水之禹，承命教稼之稷，自然當任己饑己溺之事，救焚拯溺之憂，我輩安能代大匠斲哉！我輩惟是各親其親，各友其友。各自有親友，各自相告訴，各各盡心量力相救助。若非吾親友，非吾所能謀，亦非吾所宜謀也。何也？願外之思，出位之謂也。

與耿司寇告別

新邑明睿，唯公家二三子姪，可以語上。可與言而不與之言，失人，此則不肖之罪也。其餘諸年少或聰明未啓，或志向未專，所謂不可與言而與之言則爲失言，此則僕無是矣。雖然，寧可失言，不可失人。失言猶可，失人豈可乎哉！蓋人才自古爲難也。夫以人才難得如此，苟幸一得焉，而又失之，豈不憾哉！

嗟夫！顏子沒而未聞好學，在夫子時，固已苦於人之難得矣，況今日乎！是以求之七十子之中而不得，乃求之於三千之衆；求之三千而不得，乃不得已焉周流四方以求之。既而求之上下四方而卒無得也，於是動歸予之嘆曰：「歸歟歸歟！吾黨小子，亦有可裁者。」其切切焉唯恐失人如此，以是知中行眞不可以必得也。狂者不蹈故襲，不踐往跡，見識高矣，所謂如鳳凰翔於千仞之上，誰能當之，而不信凡鳥之平常，與己均同於物類。是以見雖高而不實，不實則不中行矣。狷者行一不義，殺一不辜而得天下不爲，如夷、齊之倫，其守定矣，所謂虎豹在山，百獸震恐，誰敢犯之，而不信凡走之皆獸。是以守雖定而不虛，不虛則不中行矣。是故曾點終於狂而不實，而曾參信道之後，遂能以中虛而不易終身之定守者，則夫子來歸而後得斯人也。不然，豈不以失此人爲憾乎哉！

若夫賊德之鄉愿，則雖過門而不欲其入室，蓋拒絕之深矣，而肯遽以人類視之哉！而今事不得已，亦且與鄉愿爲侶，方且盡忠告之誠，欲以納之於道，其爲所讎疾，無足怪也，失言故耳。雖然，失言亦何害乎，所患惟恐失人耳。苟萬分一有失人之悔，則終身抱痛，死且不瞑目矣。蓋論好人極好相處，則鄉愿爲第一；論載道而承千聖絕學，則舍狂狷將何之乎？

公今宦遊半天下矣，兩京又人物之淵，左顧右盼，招提接引，亦曾得斯人乎？抑求之而未得也，抑亦未嘗求之者歟？抑求而得者皆非狂狷之士，縱有狂者，終以不實見棄；而清如伯夷，反以行之似廉潔者當之也？審如此，則公終不免有失人之悔矣。

夫夷、齊就養於西伯，而不忍幸生於武王。父爲西伯，則千里就食，而甘爲門下之客，以其能服事殷也。子爲周王，則寧餓死而不肯一食其土之薇，爲其以暴易暴也。曾元之告曾子曰：「夫子之病亟矣，幸而至於旦，更易之！」曾子曰：「君子之愛人以德，世人之愛人也以姑息。吾何求哉！吾得正而斃焉，斯已矣。」元起易簀，反席未安而沒。此與伯夷餓死何異，而可遂以鄉愿之廉潔當之也？故學道而非此輩，終不可以得道；傳道而非此輩，終不可以語道。有狂狷而不聞道者有之，未有非狂狷而能聞道者也。

僕今將告別矣，復致意于狂狷與失人、失言之輕重者，亦謂惟此可以少答萬一爾。賤眷思歸，不得不遣；僕則行遊四方，效古人之求友。蓋孔子求友之勝己者，欲以傳道，所謂智過於師，方堪傳授是也。

吾輩求友之勝己者，欲以證道，所謂三上洞山，九到投子是也。

此來一番承教，方可稱眞講學，方可稱眞朋友。公不知何故而必欲教我，我亦不知何故而必欲求教於公，方可稱是不容已眞機，自有莫知其然而然者矣。

答耿司寇

嗟夫！朋友道絶久矣。余嘗謬謂千古有君臣，無朋友，豈過論歟！夫君猶龍也，下有逆鱗，犯者必死，然而以死諫者相踵也。何也？死而博死諫之名，則志士亦願爲之，況未必死而遂有巨福耶？避害之心不足以勝其名利之心，以故犯害而不顧，況無其害而且有大利乎！若夫朋友則不然：幸而入，則分毫無我益；不幸而不相入，則小者必爭，大者爲仇。何心老至以此殺身，身殺而名又不成，此其昭昭可鑑也。故余謂千古無朋友者，謂無利也。是以犯顏敢諫之士，恆見於君臣之際，而絶不聞之朋友之間。今者何幸而見僕之於公耶！是可貴也。又何幸而得公之教僕耶！眞可羡也。快哉怡哉！居然復見愢愢切切景象矣。然則豈惟公愛依倣孔子，僕亦未嘗不願依倣之也。

惟公之所不容已者，在於汎愛人，而不欲其擇人；我之所不容已者，在於爲吾道得人，而不欲輕以與人：微覺不同耳。公之所不容已者，乃人生十五歲以前弟子職諸篇入孝出弟等事；我之所不容已者，乃十五成人以後爲大人明大學，欲去明明德於天下等事。公之所不容已者博，而惟在於痛癢之末；我之所不容已者專，而惟直收吾開眼之功。公之所不容已者，多雨露之滋潤，是故不請而自至，如村學訓蒙師然，以故取效寡而用力艱；我之所不容已者，多霜雪之凜冽，是故必待價而後沽，又如大將用兵，直先擒王，以故用力少而奏功大。雖各各手段不同，然其爲不容已之本心一也。心苟一矣，則公不容已之論，固可以相忘於無言矣。若謂公之不容已者爲是，我之不容已者爲非；公之不容已者是聖學，我之不容已者是異學：則吾不能知之矣。公之不容已者是知其不可以已，而必欲其不已者，爲眞不容已；我之不容已者是不知其不容已，而自然不容已者，非孔聖人之不容已：則吾又不能知之矣。恐公於此，尙有執己自是之病在。恐未可遽以人皆悅之，而遂自以爲是，而遽非人之不是也。恐未可遽以在邦必聞，而遂居之不疑，而遂以人盡異學，通非孔、孟之正脈笑之也。我謂公之不容已處若果是，則世人之不容已處總皆是；若世人之不容已處誠未是，則公之不容已處亦未必是也。此又我之眞不容已處耳。未知是否，幸一教焉！

試觀公之行事，殊無甚異於人者。人盡如此，我亦如此，公亦如此。自朝至暮，自有知識以至今日，均之耕田而求食，買地而求種，架屋而求安，讀書而求科第，居官而求尊顯，博求風水以求福蔭子孫。種種日用，皆爲自己身家計慮，無一釐爲人謀者。及乎開口談學，便說爾爲自己，我爲他人；爾爲自私，我欲利他；我憐東家之饑矣，又思西家之寒難可忍也；某等肯上門教人矣，是孔、孟之志也，某等不肯會人，是自私自利之徒也；某行雖不謹，而肯與人爲善，某等行雖端謹，而好以佛法害人。以此而觀，所講者未必公之所行，所行者又公之所不講，其與言顧行、行顧言何異乎？以是謂爲孔聖之訓可乎？翻思此等，反不如市井小夫，身履是事，口便說是事，作生意者但說生意，力田作者但說力田。鑿鑿有味，眞有德之言，令人聽之忘厭倦矣。

夫孔子所云言顧行者，何也？彼自謂於子臣弟友之道有未能，蓋眞未之能，非假謙也。人生世間，惟是此四者終身用之，安有盡期。若謂我能，則自止而不復有進矣。聖人知此最難盡，故自謂未能。已實未能，則說我不能，是言顧其行也。說我未能，實是不能，是行顧其言也。故爲慥慥，故爲有恆，故爲主忠信，故爲毋自欺，故爲眞聖人耳。不似今人全不知己之未能，而務以此四者責人敎人。所求於人者重，而所自任者輕，人其肯信之乎？

聖人不責人之必能，是以人人皆可以爲聖。故陽明先生曰：「滿街皆聖人。」佛氏亦曰：「卽心卽佛，人人是佛。」夫惟人人之皆聖人也，是以聖人無別不容已道理可以示人也，故曰：「予欲無言。」夫惟人人之皆佛也，是以佛未嘗度衆生也。無衆生相，安有人相；無道理相，安有我相。無我相，故能舍己；無人相，故能從人。非强之也，以親見人人之皆佛而善與人同故也。善既與人同，何獨於我而有善乎？人與我既同此善，何有一人之善而不可取乎？故曰「自耕稼陶漁以至爲帝，無非取諸人者」。後人推而誦之曰：卽此取人爲善，便自與人爲善矣。舜初未嘗有欲與人爲善之心也，使舜先存與善之心以取人，則其取善也必不誠。人心至神，亦遂不之與，舜亦必不能以與之矣。舜惟終身知善之在人，吾惟取之而已。耕稼陶漁之人既無不可取，則千聖萬賢之善，獨不可取乎？又何必專學孔子而後爲正脈也。

夫人既無不可取之善，則我自無善可與，無道可言矣。然則子禮不許講學之談，亦太苦心矣，安在其爲挫抑柳老，而必欲爲柳老伸屈，爲柳老遮護至此乎？又安見其爲子禮之口過，而又欲爲子禮掩蓋之耶？公之用心，亦太瑣細矣！既已長篇大篇書行世間，又令別人勿傳，是何背戾也？反覆詳玩，公之用心，亦太不直矣！且子禮未嘗自認以爲己過，縱有過，渠亦不自蓋覆，而公乃反爲之覆，此誠何心也？古之君子，其過也如日月之食，人皆見而又皆仰；今之君子，豈徒順之，而又爲之辭。公其以爲何如乎？柳老平生正坐冥然寂然，不以介懷，故不長進，公獨以爲柳老誇，又何也？豈公有所憾於柳老而不欲其長進耶？然則子禮之愛柳老者心髓，公之愛柳老者皮膚，又不言可知矣。柳老於子禮爲兄，渠之兄弟尚多也，而獨注意於柳老；柳老又不在仕途，又不與之鄰舍與田，無可爭者。其不爲毁柳老以成其私，又可知矣。既無半點私意，則所云者純是一片赤心，公固聰明，何獨昧此乎？縱子禮之言不是，則當爲子禮惜，而不當爲柳老憂。若子禮之言是，則當爲柳老惜，固宜將此平日自負孔聖正脈，不容已眞機，直爲柳老委曲開導。柳老惟知敬信公者也，所言未必不入也。今若此，則何益於柳老，柳老又何貴於與公相知哉！然則子禮口過之稱，亦爲無可奈何，姑爲是言以逭責耳。設使柳老之所造已深，未易窺見，則公當大爲柳老喜，而又不必患其介意矣。何也？遯世不見知而不悔，此學的也。衆人不知我之學，則吾爲賢人矣，此可喜也。賢人不知我之學，則我爲聖人矣，又不愈可喜乎？聖人不知我之學，則吾爲神人矣，尤不愈可喜乎？當時知孔子者唯顔子，雖子貢之徒亦不之知，此眞所以爲孔子耳，又安在乎必於子禮之知之也？又安見其爲挫抑柳老，使劉金吾諸公輩輕視我等也耶？我謂不患人之輕視我等，我等正自輕視耳。區區護名，何時遮蓋得完耶？

且吾聞金吾亦人傑也，公切切焉欲其講學，是何主意？豈以公之行履，有加於金吾耶？若有加，幸一一示我，我亦看得見也。若不能有加，而欲彼彼就我講此無益之虚談，是又何説也？吾恐不足以誑三尺之童子，而可以誑豪傑之士哉！然則孔子之講學非歟？孔子直謂聖愚一律，不容加損，所謂麒麟與凡獸並走，凡鳥與鳳凰齊飛，皆同類也。所謂萬物皆吾同體是也。而獨有出類之學，唯孔子知之，故孟子言之有味耳。然究其所以出類者，則在於巧中焉，巧處又不可容力。今不於不可用力處參究，而唯欲於致力處着脚，則已失孔、孟不傳之祕矣。此爲何等事，而又可輕以與人談耶？

公聞此言，必以爲異端人只宜以訓蒙爲事，而但借「明明德」以爲題目可矣，何必說此虛無寂滅之教，以眩惑人耶？夫所謂仙佛與儒，皆其名耳。孔子知人之好名也，故以名教誘之；大雄氏知人之怕死，故以死懼之；老氏知人之貪生也，故以長生引之：皆不得已權立名色以化誘後人，非眞實也。唯顏子知之，故曰夫子善誘。今某之行事，有一不與公同者乎？亦好做官，亦好富貴，亦有妻孥，亦有廬舍，亦有朋友，亦會賓客，公豈能勝我乎？何爲乎公獨有學可講，獨有許多不容已處也？我既與公一同，則一切棄人倫、離妻室、削髮披緇等語，公亦可以相忘於無言矣。何也？僕未嘗有一件不與公同也，但公爲大官耳。學問豈因大官長乎？學問如因大官長，則孔、孟當不敢開口矣。

且東廓先生，非公所得而擬也。東廓先生專發揮陽明先生「良知」之旨，以繼往開來爲己任，其妙處全在不避惡名以救同類之急，公其能此乎？我知公詳矣，公其再勿說謊也！須如東廓先生，方可說是眞不容已。近時唯龍谿先生足以繼之，近谿先生稍能繼之。公繼東廓先生，終不得也。何也？名心太重也，回護太多也。實多惡也，而專談志仁無惡；實偏私所好也，而專談汎愛博愛；實執定己見也，而專談不可自是。公看近谿有此乎？龍谿有此乎？況東廓哉！此非强爲爾也，諸老皆實實見得善與人同，不容分別故耳。既無分別，又何惡乎？公今種種分別如此，舉世道學無有當公心者，雖以心齋先生亦在雜種不入公彀率矣，況其他乎！其同時所喜者，僅僅胡廬山耳。麻城周柳塘、新邑吳少虞，只此二公爲特出，則公之取善亦太狹矣，何以能明明德於天下也？

我非不知敬順公之爲美也，以「齊人莫如我敬王」也。亦非不知順公則公必愛我，公既愛我則合縣士民俱禮敬我，吳少虞亦必敬我，官吏師生人等俱來敬我，何等好過日子，何等快活。但以衆人俱來敬我，終不如公一人獨知敬我；公一人敬我，終不如公之自敬也。

吁！公果能自敬，則余何說乎！自敬伊何？戒謹不覩，恐懼不聞，毋自欺，求自慊，愼其獨。孔聖人之自敬者蓋如此。若不能自敬，而能敬人，未之有也。所謂本亂而求末之治，無是理也。故曰「壹是皆以修身爲本」。此正脈也，此至易至簡之學，守約施博之道，故曰「君子之守，修其身而天下平」，又曰「人人親其親、長其長而天下平」，又曰「上老老而民興孝」，更不言如何去平天下，但只道修身二字而已。孔門之教，如此而已，吾不知何處更有不容已之說也。

公勿以修身爲易，明明德爲不難，恐人便不肯用工夫也。實實欲明明德者，工夫正好艱難，在埋頭二三十年，尚未得到手，如何可說無工夫也？龍谿先生年至九十，自二十歲爲學，又得明師，所探討者盡天下書，所求正者盡四方人，到末年方得實詣，可謂無工夫乎？公但用自己工夫，勿愁人無工夫用也。有志者自然來共學，無志者雖與之談何益。近谿先生從幼聞道，一第十年乃官，至今七十二歲，猶歷涉江湖各處訪人，豈專爲傳法計歟！蓋亦有不容已者。彼其一生好名，近來稍知藏名之法，歷江右、兩浙、姑蘇以至秣陵，無一道學不去參訪，雖弟子之求師，未有若彼之切者，可謂致了良知，更無工夫乎？然則公第用起工夫耳，儒家書儘足參詳，不必別觀釋典也。解釋文字，終難契入；執定己見，終難空空；耘人之田，終荒家穡。願公無以芻蕘陶漁之見而棄忽之也。古人甚好察此言耳。

名乃錮身之鎖，聞近老一路無一人相知信者。柳塘初在家時，讀其書便十分相信，到南昌則七分，至建昌又減二分，則得五分耳。及乎到南京，雖求一分相信，亦無有矣。柳塘之徒曾子，雖有一二分相信，大概亦多驚訝。焦弱侯自謂聰明特達，方子及亦以豪傑自負，皆棄置大法師不理會之矣。乃知眞具隻眼者，舉世絕少，而坐令近老受遯世不見知之妙用也。至矣，近老之善藏其用也。曾子回，對我言曰：「近老無知者，唯先生一人知之。」吁！我若不知近老，則近老有何用乎！惟我一人知之足矣，何用多知乎！多知卽不中用，猶是近名之累，曷足貴歟！故曰「知我者希，則我貴矣」。吾不甘近老之太尊貴也。近老於生，豈同調乎，正爾似公舉動耳。乃生深信之，何也？五臺與生稍相似，公又謂五臺公心熱，僕心太冷。吁！何其相馬於牝牡驪黃之間也！

展轉千百言，略不識忌諱，又家貧無代書者，執筆草草，絕不成句；又不敢縱筆作大字，恐重取怒於公。書完，遂封上。極知當重病數十日矣，蓋賤體尚未甚平，此勞遂難當。但得公一二相信，卽刻死塡溝壑，亦甚甘願。公思僕此等何心也？僕佛學也，豈欲與公爭名乎，抑爭官乎？皆無之矣。公儻不信僕，試以僕此意質之五臺，以爲何如？以五臺公所信也。若以五臺亦佛學，試以問之近谿老何如？

公又云「前者二鳥賦原爲子禮而發，不爲公也」。夫二鳥賦若專爲子禮而發，是何待子禮之厚，而視不肖之薄也！生非護惜人也，但能攻發吾之過惡，便是吾之師。吾求公施大鑪錘久矣。物不經鍛鍊，終難成器；人不得切琢，終不成人。吾來求友，非求名也；吾來求道，非求聲稱也。公其勿重爲我蓋覆可焉！我不喜吾之無過而喜吾過之在人，我不患吾之有過而患吾過之不顯。此佛說也，非魔說也；此確論也，非戲論也。公試虚其心以觀之，何如？

每思公之所以執迷不返者，其病在多欲。古人無他巧妙，直以寡欲爲養心之功，誠有味也。公今既宗孔子矣，又欲兼通諸聖之長；又欲淸，又欲任，又欲和。既于聖人之所以繼往開來者，無日夜而不發揮，又于世人之所以光前裕後者，無時刻而不繫念。又以世人之念爲俗念，又欲時時蓋覆，只單顯出繼往開來不容已本心以示于人。分明貪高位厚祿之足以尊顯也，三品二品之足以褒寵父祖二親也，此公之眞不容已處也，是正念也。却回護之曰：「我爲堯、舜君民而出也，吾以先知先覺自任而出也。」是又欲蓋覆此欲也，非公不容已之眞本心也。且此又是伊尹志，非孔子志也。孔、孟之志，公豈不聞之乎！孔、孟之志曰：「故將大有爲之君，必有所不召之臣，欲有謀焉則就之，其尊德樂道不如是，不足與有爲也。」是以魯繆公無人乎子思之側，則不能安子思。孔、孟之家法，其自重如此，其重道也又如此。公法仲尼者，何獨于此而不法，而必以法伊尹爲也！豈以此非孔聖人之眞不容已處乎？吾謂孔、孟當此時若徒隨行逐隊，旅進旅退，以繼崇階，則寧終身空室陋巷窮餓而不悔矣。此顏子之善學孔子處也。

不特是也。分明憾克明好超脱不肯注意生孫，却回護之曰：「吾家子姪好超脱，不以嗣續爲念。」乃又錯怪李卓老曰：「因他超脱，不以嗣續爲重，故兒效之耳。」吁吁！生子生孫何事也，乃亦效人乎！且超脫又不當生子乎！卽兒好超脫，故未有孫，而公不超脫者也，何故不見多男子乎？我連生四子俱不育，老來無力，故以命自安，實未嘗超脫也。

又不特是也。分明憾克明好超脫，不肯注意舉子業，却回護之曰：「吾家子姪好超脫，不肯著實盡平常分內事。」乃又錯怪李卓老曰：「因他超脫，不以功名爲重，故害我家兒子。」吁吁！卓吾自二十九歲做官以至五十三歲乃休，何曾有半點超脫也！克明年年去北京進場，功名何曾輕乎！時運未至，渠亦未嘗不堅忍以俟。而翁性急，乃歸咎於舉業之不工，是而翁欲心太急也。世間工此者何限，必皆一一中選，一一早中，則李、杜文章不當見遺，而我與公亦不可以僥倖目之矣。

夫所謂超脫者，如淵明之徒，官既懶做，家事又懶治，乃可耳。今公自謂不超脫者固能理家；而克明之超脫者亦未嘗棄家不理也，又何可以超脫憾之也！卽能超脫足追陶公，我能爲公致賀，不必憾也。此皆多欲之故，故致背戾，故致錯亂，故致昏蔽如此耳。且克明何如人也，筋骨如鐵，而肯效顰學步從人脚跟走乎！卽依人便是優人，亦不得謂之克明矣。故使克明卽不中舉，卽不中進士，卽不作大官，亦當爲天地間有數奇品，超類絕倫，而可以公眼前蹊徑限之歟？

吳少虞曾對我言曰：「楚倥放肆無忌憚，皆爾教之。」我曰：「安得此無天理之談乎？」吳曰：「雖然，非爾亦由爾，故放肆方穩妥也。」吁吁！楚倥何曾放肆乎？且彼乃吾師，吾惟知師之而已。渠眼空四海，而又肯隨人脚跟走乎？苟如此，亦不得謂之楚倥矣。大抵吳之一言一動，皆自公來，若出自公意，公亦太乖張矣。縱不具隻眼，獨可無眼乎！吾謂公且虛心以聽賤子一言，勿蹉跎誤了一生也。如欲專爲光前裕後事，吾知公必不甘，吾知公決兼爲繼往開來之事者也。一身而二任，雖孔聖必不能。故鯉死則死矣，顏死則慟焉，妻出更不復再娶，鯉死更不聞再買妾以求復生子。無他，爲重道也；爲道既重，則其他自不入念矣。公于此亦可遽以超脱病之乎！

然吾觀公，實未嘗有傳道之意，實未嘗有重道之念。自公倡道以來，誰是接公道柄者乎？他處我不知，新邑是誰繼公之眞脈者乎？面從而背違，身教自相與遵守，言教則半句不曾奉行之矣。以故，我絶不欲與此間人相接，他亦自不與我接。何者？我無可趨之勢故耳。吁吁！爲師者忘其奔走承奉而來也，乃直任之而不辭曰，「吾道德之所感召也」；爲弟子者亦忘其爲趨勢附熱而至也，乃久假而不歸曰，「吾師道也，吾友德也」。吁！以此爲學道，卽稍稍有志向者，亦不願與之交，況如僕哉！其杜門不出，非簡亢也，非絶人逃世也；若欲逃世，則入山之深矣。麻城去公稍遠，人又頗多，公之言教亦頗未及，故其中亦自有眞人稍可相與處耳。雖上智之資未可卽得，然箇箇與語，自然不俗。黃陂祝先生舊曾屢會之于白下，生初謂此人質實可與共學，特氣骨太弱耳。近會方知其能不昧自心，雖非肝膽盡露者，亦可謂能吐肝膽者矣。使其稍加健猛，亦足承載此事，願公加意培植之也。

聞麻城新選邑侯初到，柳塘因之欲議立會，請父母爲會主。余謂父母愛民，自有本分事，日夜不得閒空，何必另標門戶，使合縣分黨也？與會者爲賢，則不與會者爲不肖矣。使人人有不肖之嫌，是我輩起之也。且父母在，誰不願入會乎？既願入會，則入會者必多不肖；既多不肖，則賢者必不肯來：是此會專爲會不肖也。豈爲會之初意則然哉，其勢不得不至此耳。況爲會何益于父母，徒使小人乘此紛擾縣公。縣公賢則處置自妙，然猶未免分費精神，使之不得專理民事；設使聰明未必過人，則此會郎爲斷性命之刀斧矣，有仁心者肯爲此乎！蓋縣公若果以性命爲重，則能自求師尋友，不必我代之勞苦矣。何也？我思我學道時，正是高閣老、楊吏部、高禮部諸公禁忌之時，此時絶無有會，亦絶無有開口説此件者。我時欲此件切，自然尋得朋友，自能會了許多不言之師，安在必立會而後爲學乎！此事易曉，乃柳塘亦不知，何也？若謂柳塘之道，舉縣門生無有一個接得者，今欲趁此傳與縣公，則宜自將此道指點縣公，亦不宜將此不得悟入者盡數招集以亂聰聽也。若謂縣公得道，柳塘欲聞，則柳塘自與之商證可矣。且縣公有道，縣公自不容已，自能取人會人，亦不必我代之主赤幟也。反覆思惟，總是名心牽引，不得不顛倒耳。

答鄧明府

某偶爾遊方之外，略示形骸虚幻於人世如此，且因以逃名避譴於一時所謂賢聖大人者。茲承過辱，勤懇慰諭，雖眞肉骨不啻矣，何能謝，第日者奉教，尚有未盡請益者，謹略陳之。

夫舜之好察邇言者，余以爲非至聖則不能察，非不自聖則亦不能察也。已至於聖，則自能知衆言之非邇，無一邇言而非眞聖人之言者。無一邇言而非眞聖人之言，則天下無一人而不是眞聖人之人明矣。非强爲也，彼蓋曾實用知人之功，而眞見本來面目無人故也；實從事爲我之學，而親見本來面目無我故也。本來無我，故本來無聖，本來無聖，又安得見己之爲聖人，而天下之人之非聖人耶？本來無人，則本來無邇，本來無邇，又安見邇言之不可察，而更有聖人之言之可以察也耶？故曰「自耕稼陶漁，無非取諸人者」。居深山之中，木石居而鹿豕遊，而所聞皆善言，所見皆善行也。此豈强爲，法如是故。今試就生一人論之。

生猲獢人也，所相與處，至無幾也。間或見一二同參從入無門，不免生菩提心，就此百姓日用處提撕一番。如好貨，如好色，如勤學，如進取，如多積金寶，如多買田宅爲子孫謀，博求風水爲兒孫福蔭，凡世間一切治生產業等事，皆其所共好而共習，共知而共言者，是眞邇言也。於此果能反而求之，頓得此心，頓見一切賢聖佛祖大機大用，識得本來面目，則無始曠劫未明大事，當下了畢。此余之實證實得處也，而皆自於好察邇言得之。故不識諱忌，時時提唱此語。而令師反以我爲害人，誑誘他後生小子，深痛惡我。不知他之所謂後生小子，卽我之後生小子也，我又安忍害之。但我之所好察者，百姓日用之邇言也。則我亦與百姓同其邇言者，而奈何令師之不好察也？

生言及此，非自當於大舜也，亦以不自見聖，而能見人人之皆聖人者與舜同也；不知其言之爲邇，而能好察此邇言者與舜同也。今試就正於門下：門下果以與舜同其好察者是乎，不與舜同其好察者是乎？自然好察者是乎，强以爲邇言之中必有至理，然後從而加意以察之者爲是乎？愚以爲强而好察者，或可强於一時，必不免敗缺於終身；可勉强於衆人之前，必不免敗露於余一人之後也。此豈余好求勝而務欲令師之必余察也哉！蓋此正舜、跖之分，利與善之間，至甚可畏而至甚不可以不察也。旣繫友朋性命，眞切甚於肉骨，容能自已而一任其不知察乎？俗人不知，謬謂生於令師有所言說，非公聰明，孰能遽信余之衷赤也哉！

然此好察邇言，原是要緊之事，亦原是最難之事。何者？能好察則得本心，然非實得本心者決必不能好察。故愚每每大言曰：「如今海內無人。」正謂此也。所以無人者，以世之學者但知欲做無我無人工夫，而不知原來無我無人，自不容做也。若有做作，卽有安排，便不能久，不免流入欺己欺人不能誠意之病。欲其自得，終無日矣。然愚雖以此好察日望於令師，亦豈敢遂以此好察邇言取必於令師也哉！但念令師於此，未可遽以爲害人，使人反笑令師耳。何也？若以爲害人，則孔子「仁者人也」之說，孟氏「仁人心也」之說，達磨西來單傳直指諸說，皆爲欺世誣人，作誑語以惑亂天下後世矣。尚安得有周、程，尚安得有陽明、心齋、大洲諸先生及六祖、馬祖、臨濟諸佛祖事耶？是以不得不爲法辨耳。千語萬語，只是一語；千辯萬辯，不出一辯。恐令師或未能察，故因此附發於大智之前，冀有方便或爲我轉致之耳。

且愚之所好察者，邇言也。而吾身之所履者，則不貪財也，不好色也，不居權勢也，不患失得也，不遺居積於後人也，不求風水以圖福蔭也。言雖邇而所爲復不邇者何居？愚以爲此特世之人不知學問者以爲不邇耳，自大道觀之，則皆邇也；未曾問學者以爲邇耳，自大道視之，則皆不邇也。然則人人各自有一種方便法門，既不俟取法於余矣；況萬物並育，原不相害者，而謂余能害之可歟？

吾且以邇言證之：凡今之人，自生至老，自一家以至萬家，自一國以至天下，凡邇言中事，孰待教而後行乎？趨利避害，人人同心。是謂天成，是謂衆巧，邇言之所以爲妙也。大舜之所以好察而爲古今之大智也。今令師之所以自爲者，未嘗有一釐自背於邇言；而所以詔學者，則必曰專志道德，無求功名，不可貪位慕祿也，不可患得患失也，不可貪貨貪色，多買寵妾田宅爲子孫業也。視一切邇言，皆如毒藥利刃，非但不好察之矣。審如是，其誰聽之？若曰：「我亦知世之人惟邇言是躭，必不我聽也；但爲人宗師，不得不如此立論以教人耳。」果如此自不妨，古昔皆然，皆以此教導愚人，免使法堂草加深三尺耳矣，但不應昧却此心，便說我害人也。世間未有以大舜望人，而乃以爲害人者也；以大舜事令師，而乃以爲慢令師者也。此皆至邇至淺至易曉之言，想令師必然聽察，第此時作惡已深，未便翻然若江河決耳。故敢直望門下，惟門下大力，自能握此旋轉機權也。若曰：「居士向日儒服而强談佛，今居佛國矣，又强談儒。」則於令師當絕望矣。

復周柳塘

弟早知兄不敢以此忠告進耿老也。弟向自通箚，此直試兄耳。乃知平生聚友講學之舉，遷善去惡之訓，亦太欺人矣。欺人卽自欺，更何說乎！夫彼專談無善無惡之學，我則以無善無惡待之；若於彼前而又談遷善去惡事，則我爲無眼人矣。彼專談遷善去惡之學者，我則以遷善去惡望之；若於彼前而不責以遷善去惡事，則我亦爲無眼人矣。世間學者原有此二種，弟安得不以此二種應之也耶！惟是一等無緊要人，一言之失不過自失，一行之差不過自差，於世無與，可勿論也。若特地出來，要扶綱常，立人極，繼往古，開羣蒙，有如許擔荷，則一言之失，乃四海之所觀聽，一行之謬，乃後生小子輩之所效尤，豈易放過乎？

如弟豈特於世上爲無要緊人，息焉游焉，直與草木同腐，故自視其身亦遂爲朽敗不堪復用之器，任狂恣意，誠不足責也。若如二老，自負何如，關繫何如，而可輕耶！弟是以效孔門之忠告，竊前賢之善道，卑善柔之賤態，附直諒之後列，直欲以完名全節付二老，故遂不自知其犯於不可則止之科耳。雖然，二老何如人耶，夫以我一無要緊之人，我二老猶時時以遷善改過望之，況如耿老，而猶不可以遷善去惡之說進乎？而安敢以不可則止之戒事二老也。

偶有匡廬之興，且小樓不堪熱毒，亦可因以避暑。秋涼歸來，與兄當大講，務欲成就世間要緊漢矣。

寄答耿大中丞

觀二公論學，一者說得好聽，而未必皆其所能行；一者說得未見好聽，而皆其所能行。非但己能行，亦衆人之所能行也。己能行而後言，是謂先行其言；己未能行而先言，則謂言不顧行。吾從其能行者而已，吾從衆人之所能行者而已。

夫知己之可能，又知人之皆可能，是己之善與人同也，是無己而非人也，而何己之不能舍？既知人之可能，又知己之皆可能，是人之善與己同也，是無人而非己也，而何人之不可從？此無人無己之學，參贊位育之實，扶世立教之原，蓋眞有見於善與人同之極故也。今不知善與人同之學，而徒慕舍己從人之名，是有意於舍己也。有意舍己，卽是有己；有意從人，卽是有人。況未能舍己而徒言舍己以教人乎？若眞能舍己，則二公皆當舍矣。今皆不能舍己以相從，又何日夜切切以舍己言也？敎人以舍己，而自不能舍，則所云舍己從人者妄也，非大舜舍己從人之謂也。言舍己者，可以反而思矣。

眞舍己者，不見有己。不見有己，則無己可舍。無己可舍，故曰舍己。所以然者，學先知己故也。眞從人者，不見有人。不見有人，則無人可從。無人可從，故曰從人。所以然者，學先知人故也。今不知己而但言舍己，不知人而但言從人，毋怪其執吝不舍，堅拒不從，而又日夜言舍己從人以欺人也。人其可欺乎？徒自欺耳。毋他，扶世立教之念爲之祟也。扶世立教之念，先知先覺之任爲之先也。先知先覺之任，好臣所教之心爲之驅也。以故終日言扶世，而未嘗扶得一時，其與未嘗以扶世爲己任者等耳。終日言立教，未嘗教得一人，其與未嘗以立教爲己任者均焉。此可恥之大者，所謂「恥其言而過其行」者非耶！所謂「不恥不若人何若人有」者又非耶！

吾謂欲得扶世，須如海剛峯之憫世，方可稱眞扶世人矣。欲得立教，須如嚴寅所之宅身，方可稱眞立教人矣。然二老有扶世立教之實，而絕口不道扶世立教之言；雖絕口不道扶世立教之言，人亦未嘗不以扶世立教之實歸之。今無其實，而自高其名，可乎？

且所謂扶世立教，參贊位育者，雖聾瞽侏跛亦能之，則仲子之言，既已契於心矣，縱能扶得世教，成得參贊位育，亦不過能侏跛聾瞽之所共能者，有何奇巧而必欲以爲天下之重而任之耶！若不信侏跛聾瞽之能參贊位育，而別求所謂參贊位育以勝之，以爲今之學道者皆自私自利而不知此，則亦不得謂之參贊位育矣。是一己之位育參贊也，聖人不如是也。

焚書卷二

書答

與莊純夫

日在到，知葬事畢，可喜可喜！人生一世，如此而已。相聚四十餘年，情境甚熟，亦猶作客幷州既多時，自同故鄉，難遽離割也。夫婦之際，恩情尤甚，非但枕席之私，亦以辛勤拮据，有內助之益。若平日有如賓之敬，齊眉之誠，孝友忠信，損己利人，勝似今世稱學道者，徒有名而無實，則臨別尤難割捨也。何也？情愛之中兼有婦行婦功婦言婦德，更令人思念耳，爾岳母黃宜人是矣。獨有講學一事不信人言，稍稍可憾，餘則皆今人所未有也。我雖鐵石作肝，能不慨然！況臨老各天，不及永訣耶！已矣！已矣！

自聞訃後，無一夜不入夢，但俱不知是死。豈眞到此乎？抑吾念之，魂自相招也？想他平生謹慎，必不輕履僧堂。然僧堂一到亦有何妨。要之皆未脫灑耳。既單有魂靈，何男何女，何遠何近，何拘何礙！若猶如舊日拘礙不通，則終無出頭之期矣。卽此魂靈猶在，便知此身不死，自然無所拘礙，而更自作拘礙，可乎？卽此無拘無礙，便是西方淨土，極樂世界，更無別有西方世界也。

純夫可以此書焚告爾岳母之靈，俾知此意。勿貪托生之樂，一處胎中，便有隔陰之昏；勿貪人天之供，一生天上，便受供養，頓忘卻前生自由自在夙念。報盡業現，還來六趣，無有窮時矣。爾岳母平日爲人如此，決生天上無疑。須記吾語，莫忘卻，雖在天上，時時不忘記取，等我壽終之時，一來迎接，則轉轉相依，可以無錯矣。或暫寄念佛場中，尤妙。或見我平生交遊，我平日所敬愛者，與相歸依，以待我至亦可。幸勿貪受胎，再托生也。純夫千萬焚香化紙錢，苦讀三五遍，對靈叮囑，明白誦說，則宜人自能知之。

復焦弱侯

冲菴方履南京任，南北中外，尚未知稅駕之處，而約我於明月樓。舍穩便，就跋涉，株守空山，爲侍郎守院，則亦安用李卓老爲哉！計且住此，與無念、鳳里、近城數公朝夕龍湖之上，所望兄長盡心供職。弟嘗謂世間有三等人，致使世間不得太平，皆由兩頭照管。第一等，怕居官束縛，而心中又舍不得官。既苦其外，又苦其內。此其人頗高，而其心最苦，直至舍了官方得自在，弟等是也。又有一等，本爲富貴，而外矯詞以爲不願，實欲托此以爲榮身之梯，又兼采道德仁義之事以自蓋。此其人身心俱勞，無足言者。獨有一等，怕作官便舍官，喜作官便作官；喜講學便講學，不喜講學便不肯講學。此一等人心身俱泰，手足輕安，既無兩頭照顧之患，又無掩蓋表揚之醜，故可稱也。趙文肅先生云：「我這箇嘴，張子這箇臉，也做了閣老，始信萬事有前定。只得心閒一日，便是便宜一日。」世間功名富貴，與夫道德性命，何曾束縛人，人自束縛耳。

有出門如見大賓篇說書，附往請教。大抵聖言切實有用，不是空頭，若如說者，則安用聖言爲耶！世間講學諸書，明快透髓，自古至今未有如龍谿先生者。弟舊收得頗全，今俱爲人取去。諸朋友中讀經既難，讀大慧法語又難，惟讀龍谿先生書無不喜者。以此知先生之功在天下後世不淺矣。楊復所心如穀種論，及惠迪從逆作，是大作家，論首三五翻，透徹明甚，可惜末後作道理不稱耳。然今人要未能作此。今之學者，官重於名，名重於學，以學起名，以名起官，循環相生，而卒歸重於官。使學不足以起名，名不足以起官，則視棄名如敝箒矣。無怪乎有志者多不肯學，多以我輩爲眞光棍也。於此有恥，則羞惡之心自在。今於言不顧行處不知羞惡，而惡人作耍，所謂不能三年喪而小功是察是也。悲夫！

近有不患人之不己知患不知人說書一篇。世間人誰不說我能知人，然夫子獨以爲患，而帝堯獨以爲難，則世間自說能知人者，皆妄也。於問學上親切，則能知人，能知人則能自知。是知人爲自知之要務，故曰「我知言」，又曰「不知言，無以知人」也。於用世上親切不虛，則自能知人，能知人則由於能自知。是自知爲知人之要務，故曰「知人則哲，能官人」。堯、舜之知而不偏物，急先務也。先務者，親賢之謂也。親賢者，知賢之謂也。自古明君賢相，孰不欲得賢而親之，而卒所親者皆不賢，則以不知其人之爲不賢而妄以爲賢而親之也。故又曰「不知其人可乎」。知人則不失人，不失人則天下安矣。此堯之所難，夫子大聖人之所深患者，而世人乃易視之。嗚呼！亦何其猖狂不思之甚也！況乎以一時之喜怒，一人之愛憎，而欲視天下高蹈遠引之士，混俗和光之徒，皮毛臭穢之夫，如周丘其人者哉！故得位非難，立位最難。若但取一概順己之侶，尊己之輩，則天下之士不來矣。今誦詩讀書者有矣，果知人論世否也！平日視孟軻若不足心服，及至臨時，恐未能如彼「尚論」切實可用也。極知世之學者以我此言爲妄誕逆耳，然逆耳不受，將未免復蹈同心商證故轍矣，則亦安用此大官以誑朝廷，欺天下士爲哉！毒藥利病，刮骨刺血，非大勇如關雲長者不能受也，不可以自負孔子、孟軻者而顧不如一關義勇武安王者也。

蘇長公何如人，故其文章自然驚天動地。世人不知，祇以文章稱之，不知文章直彼餘事耳，世未有其人不能卓立而能文章垂不朽者。弟於全刻抄出作四册，俱世人所未取。世人所取者，世人所知耳，亦長公俯就世人而作也。至其眞洪鐘大呂，大扣大鳴，小扣小應，俱繫精神髓骨所在，弟今盡數錄出，時一披閱，心事宛然，如對長公披襟面語。憾不得再寫一部，呈去請教爾。倘印出，令學生子置在案頭，初場二場三場畢具矣。

龍谿先生全刻，千萬記心遺我！若近谿先生刻，不足觀也。蓋近谿語錄須領悟者乃能觀於言語之外，不然，未免反加繩束，非如王先生字字皆解脫門，既得者讀之足以印心，未得者讀之足以證入也。

又與焦弱侯

鄭子玄者，丘長孺父子之文會友也。文雖不如其父子，而質實有恥，不肯講學，亦可喜，故喜之。蓋彼全不會親見顏、曾、思、孟，又不會親見周、程、張、朱，但見今之講周、程、張、朱者，以爲周、程、張、朱實實如是爾也，故恥而不肯講。不講雖是過，然使學者恥而不講，以爲周、程、張、朱卒如是而止，則今之講周、程、張、朱者可誅也。彼以爲周、程、張、朱者皆口談道德而心存高官，志在巨富；既已得高官巨富矣，仍講道德，說仁義自若也；又從而嘵嘵然語人曰：「我欲厲俗而風世。」彼謂敗俗傷世者，莫甚於講周、程、張、朱者也，是以益不信。不信故不講。然則不講亦未爲過矣。

黄生過此，聞其自京師往長蘆抽豐，復跟長蘆長官别赴新任。至九江，遇一顯者，乃舍舊從新，隨轉而北，衝風冒寒，不顧年老生死。既到麻城，見我言曰：「我欲遊嵩、少，彼顯者亦欲遊嵩、少，拉我同行，是以至此。然顯者俟我於城中，勢不能一宿。回日當復道此，道此則多聚三五日而别，兹卒卒誠難割捨云。」其言如此，其情何如？我揣其中實爲林汝寧好一口食難割捨耳。然林汝寧向者三任，彼無一任不往，往必滿載而歸，兹尚未厭足，如餓狗思想隔日屎，乃敢欺我以爲遊嵩、少。夫以遊嵩、少藏林汝寧之抽豐來嗛我；又恐林汝寧之疑其爲再尋己也，復以捨不得李卓老，當再來訪李卓老，以嗛林汝寧：名利兩得，身行俱全。我與林汝寧幾皆在其術中而不悟矣，可不謂巧乎！今之道學，何以異此！

由此觀之，今之所謂聖人者，其與今之所謂山人者一也，特有幸不幸之異耳。幸而能詩，則自稱曰山人；不幸而不能詩，則辭却山人而以聖人名。幸而能講良知，則自稱曰聖人；不幸而不能講良知，則謝却聖人而以山人稱。展轉反覆，以欺世獲利，名爲山人而心同商賈，口談道德而志在穿窬。夫名山人而心商賈，既已可鄙矣，乃反掩抽豐而顯嵩、少，謂人可得而欺焉，尤可鄙也！今之講道德性命者，皆遊嵩、少者也；今之患得患失，志於高官重祿，好田宅，美風水，以爲子孫蔭者，皆其託名於林汝寧，以爲舍不得李卓老者也。然則鄭子玄之不肯講學，信乎其不足怪矣。

且商賈亦何可鄙之有？挾數萬之貲，經風濤之險，受辱於關吏，忍詬於市易，辛勤萬狀，所挾者重，所得者末。然必交結於卿大夫之門，然後可以收其利而遠其害，安能傲然而坐於公卿大夫之上哉！今山人者，名之爲商賈，則其實不持一文；稱之爲山人，則非公卿之門不履，故可賤耳。雖然，我寧無有是乎？然安知我無商賈之行之心，而釋迦其衣以欺世而盜名也耶？有則幸爲我加誅，我不護痛也。雖然，若其患得而又患失，買田宅，求風水等事，決知免矣。

復鄧鼎石

杜甫非耒陽之賢，則不免於大水之厄；相如非臨邛，則程鄭、卓王孫輩當以糞壤視之矣。勢到逼迫時，一粒一金一青目，便高增十倍價，理勢然也。第此時此際大難爲區處耳。謹謝！謹謝！

焦心勞思，雖知情不容已，然亦無可如何，祇得盡吾力之所能爲者。聞長沙、衡、永間大熟，襄、漢亦好。但得官爲糴本，付託得人，不拘上流下流，或麥或米，令慣糴上戶各齎銀兩，前去出產地面糴買，流水不絕，運到水次。官復定爲平價，貧民來糴者，不拘銀數多少，少者雖至二錢三錢亦與方便。但有銀到，卽流水收銀給票，令其自赴水次搬取。出糴者有利則樂於趨事，而糴本自然不失；貧民來轉糴者旣有糧有米，有穀有麥，亦自然不慌矣。至於給票發穀之間，簡便周至，使人不阻不滯，則自有仁慈父母在。且當此際，便一分，實受一分賜，其感戴父母，又自不同也。

僕謂在今日，其所當爲，與所得爲，所急急爲者，不過如此。若曰「救荒無奇策」，此則俗儒之妄談，何可聽哉！世間何事不可處，何時不可救乎？堯無九年水，以有救水之奇策也。湯無七年旱，以有救旱之奇策也。彼謂蓄積多而備先具者，特言其豫備之一事耳，非臨時救之之策也。惟是世人無才無術，或有才術矣，又恐利害及身，百般趨避，故亦遂因循不理，安坐待斃。然雖自謂不能，而未敢遽謂人皆不能也。獨有一等俗儒，已所不能爲者，便謂人決不能爲，而又敢倡爲大言曰：「救荒無奇策。」嗚呼！斯言出而阻天下之救荒者，必此人也。然則俗儒之爲天下虐，其毒豈不甚哉！

寄答京友

「才難，不其然乎！」今人盡知才難，盡能言才難，然竟不知才之難，才到面前竟不知愛，幸而知愛，竟不見有若己有者，不啻若自其己出者。嗚呼！無望之矣！

舉春秋之天下，無有一人能惜聖人之才者，故聖人特發此嘆，而深羡於唐、虞之隆也。然則才固難矣，猶時時有之；而惜才者則千古未見其人焉。孔子惜才矣，又知人之才矣，而不當其位。入齊而知晏平仲，居鄭而知鄭子產，聞吳有季子，直往觀其葬，其惜才也如此，使其得志，肯使之湮滅而不見哉！然則孔子之嘆才難，非直嘆才難也，直嘆惜才者之難也；以爲生才甚難，甚不可不愛惜也。

夫才有巨細。有巨才矣，而不得一第，則無憑，雖惜才，其如之何！幸而登上第，有憑據，可藉手以薦之矣，而年已過時，則雖才如張襄陽，亦安知聽者不以過時而遂棄，其受薦者又安知其不以既老而自懈乎！

夫凡有大才者，其可以小知處必寡，其瑕疵處必多，非眞具眼者與之言必不信。當此數者，則雖大才又安所施乎？故非自己德望過人，才學冠世，爲當事者所倚信，未易使人信而用之也。

與曾中野

昨見公，令我兩箇月心事頓然冰消凍解也。乃知向之勸我者，祇爲我添油熾薪耳。而公絕無一語，勤渠之意愈覺有加，故我不覺心醉矣。已矣已矣，自今以往，不復與柳老爲怨矣。

夫世間是與不是，亦何常之有，乃羣公勸我者不曾於是非之外有所發明，而欲我藏其宿怒，以外爲好合，是以險側小人事我也。苟得面交，即口蜜腹劍，皆不顧之矣，以故，所是愈堅而愈不可解耳。善乎朱仲晦之言曰：「隱者多是帶性負氣之人。」僕隱者也，負氣人也。路見不平，尚欲拔刀相助，況親當其事哉！然其實乃癡人也，皆爲鬼所迷者也，苟不遇良朋勝友，其迷何時返乎？以此思勝己之友一日不可離也。

嗟乎！楚倥既逝，而切骨之談罔聞；友山日疎，而苦口之言不至。僕之迷久矣，何特今日也耶。自今已矣，不復與柳老爲怨矣。且兩人皆六十四歲矣，縱多壽考，決不復有六十四年在人世上明矣。如僕者，非但月化，亦且日衰，其能久乎！死期已逼，而豪氣尚在，可笑也已！

與曾繼泉

聞公欲薙髮，此甚不可。公有妻妾田宅，且未有子。未有子，則妻妾田宅何所寄託；有妻妾田宅，則無故割棄，非但不仁，亦甚不義也。果生死道念眞切，在家方便，尤勝出家萬倍。今試問公果能持鉢沿門丐食乎？果能窮餓數日，不求一餐於人乎？若皆不能，而猶靠田作過活，則在家修行，不更方便乎？

我當初學道，非但有妻室，亦且爲宰官，奔走四方，往來數萬里，但覺學問日日得力耳。後因寓楚，欲親就良師友，而賤眷苦不肯留，故令小壻小女送之歸。然有親女外甥等朝夕伏侍，居官俸餘又以盡數交與，只留我一身在外，則我黃宜人雖然回歸，我實不用牽掛，以故我得安心寓此，與朋友嬉遊也。其所以落髮者，則因家中閒雜人等時時望我歸去，又時時不遠千里來迫我，以俗事强我，故我剃髮以示不歸，俗事亦決然不肯與理也。又此間無見識人多以異端目我，故我遂爲異端以成彼豎子之名。兼此數者，陡然去髮，非其心也。實則以年紀老大，不多時居人世故耳。

如公壯年，正好生子，正好做人，正好向上。且田地不多，家業不大，又正好過日子，不似大富貴人，家計滿目，無半點閒空也。何必落髮出家，然後學道乎？我非落髮出家始學道也。千萬記取！

答劉方伯書

此事如饑渴然：饑定思食，渴定思飲。夫天下曷嘗有不思食飲之人哉！其所以不思食飲者有故矣：病在雜食也。今觀大地衆生，誰不犯是雜食病者。雜食謂何？見小而欲速也，所見在形骸之內，而形骸之外則不見也，所欲在數十世之久，而萬億世數則不欲也。

夫功名富貴，大地衆生所以奉此七尺之身者也，是形骸以內物也，其急宜也。是故終其身役役焉勞此心以奉此身，直至百歲而後止。是百歲之食飲也，凡在百歲之內者所共饑渴而求也。而不知止者猶笑之曰：「是奚足哉！男兒須爲子孫立不拔之基，安可以身死而遂止乎？」於是卜宅而求諸陽，卜地而求諸陰，務圖吉地以覆蔭後人，是又數十世之食飲也。凡貪此數十世之食飲者所共饑渴而求也。故或積德於冥冥，或施報於昭昭，其用心至繁至密，其爲類至賾至衆。然皆貪此一口無窮茶飯以貽後人耳。而賢者又笑之曰：「此安能久！此又安足云！且夫形骸外矣。勞其心以事形骸，智者不爲也，況復勞其形骸，以爲兒孫作牛馬乎？男兒生世，要當立不朽之名。」是啖名者也。名既其所食啖之物，則饑渴以求之，亦自無所不至矣。不知名雖長久，要與天壤相敝者也，天地有盡，則此名亦盡，安得久乎？而達者又笑之曰：「名與身孰親？夫役此心以奉此身，已謂之愚矣，況役此心以求身外之名乎？」然則名不親於身審矣，而乃謂「疾沒世而名不稱」者，又何說也？蓋衆人之病病在好利，賢者之病病在好名，苟不以名誘之，則其言不入。夫惟漸次導之，使令歸實，歸實之後，名亦無有，故曰「夫子善誘」。然顏氏沒而能知夫子之善誘者亡矣，故顏子沒而夫子善誘之術遂窮。

吁！大地衆生惟其見小而欲速，故其所食飲者盡若此止矣，而達者其誰乎？而欲其思孔、顏之食飲者，不亦難乎？故愚謂千載而下，雖有孔子出而善誘之，亦必不能易其所饑渴，以就吾之食飲也。計惟有自飽自歌，自飲自舞而已。況如生者，方外托身，離羣逃世，而敢呶呶嘵嘵，不知自止，以犯非徒無益而且有禍之戒乎！然則今之自以爲孔子而欲誘人使從我者，可笑也。何也？孔子已不能得之於顏子之外也，其誰與饑渴之懷，以與我共食飲乎此也耶！縱滿盤堆積，極山海之羞，盡龍鳳之髓，跪而獻納，必遭怒遣而訶斥矣。縱或假相承奉，聊一舉筯，卽吐噦隨之矣。何者？原非其所飲食之物，自不宜招呼而求以與之共也。然則生孔子之後者，講學終無益矣，雖欲不落髮出家，求方外之友以爲伴侶，又可得耶！然則生乎今之世，果終莫與共食飲也歟？誠終莫與共食飲也已！

答莊純夫書

學問須時時拈掇，乃時時受用，縱無人講，亦須去尋人講。蓋日講則日新，非爲人也，乃專專爲己也。龍谿、近谿二大老可以觀矣。渠豈不知此事無巧法耶！佛祖眞仙，大率沒身於此不衰也。今人不知，皆以好度人目之，卽差却題目矣。

與周友山書

不肖株守黄、麻一十二年矣，近日方得一覽黄鶴之勝，尚未眺晴川，遊九峯也，卽蒙憂世者有左道惑衆之逐。弟反覆思之，平生實未曾會得一人，不知所惑何人也。然左道之稱，弟實不能逃焉。何也？孤居日久，善言罔聞，兼以衰朽，怖死念深，或恐犯此耳。不意憂世者乃肯垂大慈悲教我如此也！卽日加冠畜髮，復完本來面目，二三侍者，人與圓帽一頂，全不見有僧相矣。如此服善從教，不知可逭左道之誅否？想仲尼不爲已甚，諸公遵守孔門家法，決知從寬發落，許其改過自新無疑。然事勢難料，情理不常，若守其禁約，不肯輕恕，務欲窮之於其所往，則大地皆其禁域，又安所逃死乎！弟於此進退維谷，將欲「明日遂行」，則故舊難捨；將遂「微服過宋」，則司城貞子未生。兄高明爲我商之如何？

然弟之改過實出本心，蓋一向以貪佛之故，不自知其陷於左道，非明知故犯者比也。既係誤犯，則情理可恕；既肯速改，則更宜加奬，供其饋食，又不但直赦其過誤已也。倘肯如此，弟當托兄先容，納拜大宗師門下，從頭指示孔門「親民」學術，庶幾行年六十有五，猶知六十四歲之非乎！

又與周友山書

承教塔事甚是，但念我既無眷屬之樂，又無朋友之樂，煢然孤獨，無與晤語，只有一塔墓室可以厝骸，可以娛老，幸隨我意，勿見阻也！至于轉身之後，或遂爲登臨之會，或遂爲讀書之所，或遂爲瓦礫之場，則非智者所能逆爲之圖矣。

古人所見至高，只是合下見得甚近，不能爲子子孫孫萬年圖謀也。汾陽之宅爲寺，馬燧之第爲園，可遂謂二老無見識乎？以禹之神智如此，八年勤勞如此，功德在民如此，而不能料其孫太康遂爲羿所篡而失天下，則雖智之大且神者，亦只如此已矣。

元世祖初平江南，問劉秉忠曰：「自古無不敗之家，無不亡之國。朕之天下後當何人得之？」秉忠對曰：「西方之人得之。」及後定都燕京，築城掘地，得一石匣，開視，乃一匣紅頭蟲，復詔問秉忠。秉忠對曰：「異日得陛下天下者，卽此物也。」

由此觀之，世祖方得天下，而卽問失天下之日；秉忠亦不以失天下爲不祥，侃然致對。視亡若存，眞英雄豪傑，誠不同於時哉！秉忠自幼爲僧，世祖至大都見之，乃以釋服相從軍旅間，末年始就冠服，爲元朝開國元老，非偶然也。

我塔事無經營之苦，又無抄化之勞，聽其自至，任其同力，只依我規制耳。想兄聞此，必無疑矣。

與焦漪園

弟今又居武昌矣。江漢之上，獨自遨遊，道之難行，已可知也；「歸歟」之歎，豈得已耶！然老人無歸，以朋友爲歸，不知今者當歸何所歟！漢陽城中尙有論說到此者，若武昌則往來絕跡，而況譚學！寫至此，一字一淚，不知當向何人道，當與何人讀，想當照舊薙髮歸山去矣！

與劉晉川書

昨約其人來接，其人竟不來，是以不敢獨自闖入衙門，恐人疑我無因自至，必有所干與也。今日暇否？暇則當堂遣人迎我，使衙門中人，盡知彼我相求，只有性命一事可矣。緣我平生素履未能取信於人，不得不謹防其謗我者，非尊貴相也。

與友朋書

顧虎頭雖不通問學，而具隻眼，是以可嘉；周公瑾既通學問，又具隻眼，是以尤可嘉也。二公皆盛有識見，有才料，有膽氣，智仁勇三事皆備。周善藏，非萬全不發，故人但見其巧於善刀，而不見其能於遊刃。顧善發，然發而人不見，故人但見其能於遊刃，而不見其巧於善刀。周收斂之意多，平生唯知爲己，以故相知少而其情似寡，然一相知而膠漆難並矣。顧發揚意多，平生惟不私己，以故相愛甚博而其情似不專。然情之所專，愛固不能分也。何也？以皆具隻眼也。吾謂二公者，皆能知人而不爲知所眩，能愛人而不爲愛所蔽，能用人而不爲人所用者也。周裝聾作啞，得老子之體，是故與之語淸淨寧一之化，無爲自然之用，如以石投水，不相逆也。所謂不動聲色而措天下于泰山之安者，此等是也，最上一乘之人也，何可得也！顧託孤寄命，有君子之風，是故半夜叩門，必不肯以親爲解，而況肩鉅任大，扶危持顚，肯相辜負哉！是國家大可倚仗人也，抑又何可得也！顧通州人，周麻城人。

答劉晉川書

弟年近古稀矣，單身行遊，只爲死期日逼，閻君鐵棒難支，且生世之苦目擊又已如此，使我學道之念轉轉急迫也。旣學道不得不資先覺，資先覺不得不遊四方，遊四方不得不獨自而受孤苦。何者？眷屬徒有家鄉之念，童僕俱有妻兒之思，與我不同志也。志不同則難留，是以盡遣之歸，非我不願有親隨，樂于獨自孤苦也。爲道日急，雖孤苦亦自甘之，蓋孤苦日短而極樂世界日長矣。久已欲往南北二都爲有道之就，二都朋友亦日望我。近聞二都朋友又勝矣。承示吳中丞札，知其愛我甚。然顧通州雖愛我，人品亦我所師，但通州實未嘗以生死爲念也。此間又有友山，又有公家父子，則舍此何之乎？今須友山北上，公別轉，乃往南都一遊。七十之年，有友我者，便當安心度日，以與之友，似又不必奔馳而自投苦海矣。吳中丞雖好意，弟謂不如分我俸資，使我蓋得一所禪室於武昌城下。草草奉笑，可即以此轉致之。

別劉肖川書

「大」字，公要藥也。不大則自身不能庇，而能庇人乎？且未有丈夫漢不能庇人而終身受庇於人者也。大人者，庇人者也；小人者，庇於人者也。凡大人見識力量與衆不同者，皆從庇人而生，日充日長，日長日昌。若徒蔭於人，則終其身無有見識力量之日矣。今之人皆受庇於人者也，初不知有庇人事也。居家則庇蔭於父母，居官則庇蔭於官長，立朝則求庇蔭於宰臣，爲邊帥則求庇蔭於中官，爲聖賢則求庇蔭於孔、孟，爲文章則求庇蔭於班、馬，種種自視，莫不皆自以爲男兒，而其實則皆孩子而不知也。豪傑凡民之分，只從庇人與庇於人處識取。

答友人書

或曰：「李卓吾謂暴怒是學，不亦異乎！」有友答曰：「卓老斷不說暴怒是學，當說暴怒是性也。」或曰：「發而皆中節方是性，豈有暴怒是性之理！」曰：「怒亦是未發中有的。」

吁吁！夫謂暴怒是性，是誣性也；謂暴怒是學，是誣學也。既不是學，又不是性，吾眞不知從何處而來也，或待因緣而來乎？每見世人欺天罔人之徒，便欲手刃直取其首，豈特暴哉！縱遭反噬，亦所甘心，雖死不悔，暴何足云！然使其復見光明正大之夫，言行相顧之士，怒又不知向何處去，喜又不知從何處來矣。則雖謂吾暴怒可也，謂吾不遷怒亦可也。

答以女人學道爲見短書

昨聞大教，謂婦人見短，不堪學道。誠然哉！誠然哉！夫婦人不出閫域，而男子則桑弧蓬矢以射四方，見有長短，不待言也。但所謂短見者，謂所見不出閨閣之間；而遠見者則深察乎昭曠之原也。短見者只見得百年之內，或近而子孫，又近而一身而已；遠見則超於形骸之外，出乎死生之表，極於百千萬億劫不可算數譬喩之域是已。短見者祇聽得街談巷議，市井小兒之語；而遠見則能深畏乎大人，不敢侮於聖言，更不惑於流俗憎愛之口也。余竊謂欲論見之長短者當如此，不可止以婦人之見爲見短也。故謂人有男女則可，謂見有男女豈可乎？謂見有長短則可，謂男子之見盡長，女人之見盡短，又豈可乎？設使女人其身而男子其見，樂聞正論而知俗語之不足聽，樂學出世而知浮世之不足戀，則恐當世男子視之，皆當羞愧流汗，不敢出聲矣。此蓋孔聖人所以周流天下，欲庶幾一遇而不可得者，今反視之爲短見之人，不亦冤乎！冤不冤與此人何與，但恐傍觀者醜耳。

自今觀之：邑姜以一婦人而足九人之數，不妨其與周、召、太公之流並列爲十亂；文母以一聖女而正二南之風，不嫌其與散宜生、太顛之輩並稱爲四友。彼區區者特世間法，一時太平之業耳，猶然不敢以男女分別，短長異視，而況學出世道，欲爲釋迦老佛、孔聖人朝聞夕死之人乎？此等若使閭巷小人聞之，盡當責以闚觀之見，索以利女之貞，而以文母、邑姜爲罪人矣，豈不冤甚也哉！故凡自負遠見之士，須不爲大人君子所笑，而莫汲汲欲爲市井小兒所喜可也。若欲爲市井小兒所喜，則亦市井小兒而已矣。其爲遠見乎，短見乎，當自辨也。余謂此等遠見女子，正人家吉祥善瑞，非數百年積德未易生也。

夫薛濤蜀產也，元微之聞之，故求出使西川，與之相見。濤因走筆作四友贊以答其意，微之果大服。夫微之，貞元傑匠也，豈易服人者哉！吁！一文才如濤者，猶能使人傾千里慕之，況持黃面老子之道以行遊斯世，苟得出世之人，有不心服者乎？未之有也。不聞龐公之事乎？龐公，爾楚之衡陽人也，與其婦龐婆、女靈照同師馬祖，求出世道，卒致先後化去，作出世人，爲今古快事。願公師其遠見可也。若曰「待吾與市井小兒輩商之」，則吾不能知矣。

復耿侗老書

世人厭平常而喜新奇，不知言天下之至新奇，莫過於平常也。日月常而千古常新，布帛菽粟常而寒能煖，饑能飽，又何其奇也！是新奇正在於平常，世人不察，反於平常之外覓新奇，是豈得謂之新奇乎？蜀之仙姑是已。衆人咸謂其能知未來過去事，爭神怪之。夫過去則余已知之矣，何待他說；未來則不必知，又何用他說耶！故曰「智者不惑」。不惑於新奇，以其不憂於未來之禍害也。故又曰「仁者不憂」。不憂禍於未來，則自不求先知於幻說而爲新奇所惑矣。此非眞能見利不趨，見害不避，如夫子所云「志士不忘在溝壑，勇士不忘喪其元，志士仁人無求生以害仁，有殺身以成仁」，孰能當之。故又曰「勇者不懼」。夫合智仁勇三德而後能不厭於平常，不惑於新奇，則世人之欲知未來，而以蜀仙爲奇且新，又何足怪也。何也？不智故也。不智故不仁，故無勇，而智實爲之先矣。

與李惟清

昨領教，深覺有益，因知公之所造已到聲聞佛矣。青州夫子之鄉，居常未曾聞有佛號，陡然劇談至此，眞令人歡悅無量。

蒙勸諭同皈西方，甚善。但僕以西方是阿彌陀佛道場，是他一佛世界，若願生彼世界者，卽是他家兒孫。既是他家兒孫，卽得暫免輪廻，不爲一切天堂地獄諸趣所攝是的。彼上上品化生者，便是他家至親兒孫，得近佛光，得聞佛語，至美矣。若上品之中，離佛稍遠，上品之下，見面亦難，況中品與下品乎。是以雖生彼，亦有退墮者，以佛又難見，世間俗念又易起，一起世間念卽墮矣。是以不患不生彼，正患生彼而不肯住彼耳。此又欲生西方者之所當知也。若僕則到處爲客，不願爲主，隨處生發，無定生處。既爲客，卽無常住之理，是以但可行遊西方，而以西方佛爲暫時主人足矣，非若公等發願生彼，甘爲彼家兒孫之比也。

且佛之世界亦甚多。但有世界，卽便有佛；但有佛，卽便是我行遊之處，爲客之場。佛常爲主，而我常爲客，此又吾因果之最著者也。故欲知僕千萬億劫之果者，觀僕今日之因卽可知也。是故或時與西方佛坐談，或時與十方佛共語，或客維摩淨土，或客祇洹精舍，或遊方丈、蓬萊，或到龍宮海藏。天堂有佛，即赴天堂；地獄有佛，即赴地獄。何必拘拘如白樂天之專往兜率內院，天台智者永明壽禪師之專一求生西方乎？此不肖之志也。非薄西方而不生也，以西方特可以當吾今日之大同耳。若公自當生彼，何必相拘。

所諭禁殺生事，即當如命戒殺。又謂僕性氣重者，此則僕膏肓之疾，從今聞教，即有瘳矣。第亦未可全戒，未可全瘳。若全戒全瘳，即不得入阿修羅之域，與毒龍魔王等爲侶矣。

與明因

世上人總無甚差別，唯學出世法，非出格丈夫不能。今我等既爲出格丈夫之事，而欲世人知我信我，不亦惑乎！既不知我，不信我，又與之辯，其爲惑益甚。若我則直爲無可奈何，只爲汝等欲學出世法者或爲魔所撓亂，不得自在，故不得不出頭作魔王以驅逐之，若汝等何足與辯耶！況此等皆非同住同食飲之輩，我爲出世人，光彩不到他頭上，我不爲出世人，羞辱不到他頭上，如何敢來與我理論！對面唾出，亦自不妨，願始終堅心此件大事。釋迦佛出家時，淨飯王是其親爺，亦自不理，況他人哉！成佛是何事，作佛是何等人，而可以世間情量爲之。

與焦弱侯

兄所見者向年之卓吾耳，不知今日之卓吾固天淵之懸也。兄所喜者亦向日之卓吾耳，不知向日之卓吾甚是卑弱，若果以向日之卓吾爲可喜，則必以今日之卓吾爲可悲矣。夫向之卓吾且如彼，今日之卓吾又何以卒能如此也，此其故可知矣。人但知古亭之人時時憎我，而不知實時時成我。古人比之美疢藥石，弟今實親領之矣。

聞有欲殺我者，得兄分剖乃止。此自感德，然弟則以爲生在中國而不得中國半箇知我之人，反不如出塞行行，死爲胡地之白骨也。兄胡必勸我復反龍湖乎？龍湖未是我死所，有勝我之友，又眞能知我者，乃我死所也。嗟嗟！以鄧豁渠八十之老，尙能忍死於保定慵夫之手，而不肯一食趙大洲之禾，況卓吾子哉！與其不得朋友而死，則牢獄之死，戰場之死，固甘如飴也，兄何必救我也？死猶聞俠骨之香，死猶有烈士之名，豈龍湖之死所可比耶！大抵不肯死於妻孥之手者，必其決志欲死於朋友之手者也，此情理之易見者也。唯世無朋友，是以雖易見而卒不見耳。我豈貪風水之人耶！我豈坐枯禪，圖寂滅，專一爲守屍鬼之人耶！何必龍湖而後可死，認定龍湖以爲塚舍也！

更可笑者：一生學孔子，不知孔夫子道德之重自然足以庇蔭後人，乃謂孔林風水之好足以庇蔭孔子，則是孔子反不如孔林矣。不知孔子教澤之遠自然遍及三千七十，以至萬萬世之同守斯文一脈者，乃學其講道學，聚徒衆，收門生，以博名高，圖富貴，不知孔子何嘗爲求富貴而聚徒黨乎？貧賤如此，患難如此，至不得已又欲浮海，又欲居九夷，而弟子歡然從之，不但餓陳、蔡，被匡圍，乃見相隨不捨也。若如今人，一日無官則弟子離矣，一日無財則弟子散矣，心悅誠服其誰乎？非無心悅誠服之人也，無可以使人心悅誠服之師也。若果有之，我願爲之死，莫勸我回龍湖也！

與弱侯

客生曾對我言：「我與公大略相同，但我事過便過，公則認眞耳。」余時甚愧其言，以謂「世間戲場耳，戲文演得好和歹，一時總散，何必太認眞乎。然性氣帶得來是箇不知討便宜的人，可奈何！時時得近左右，時時得聞此言，庶可漸消此不自愛重之積習也。」余時之答客生者如此。今兄之認眞，未免與僕同病，故敢遂以此說進。

蘇長公云：「世俗俚語亦有可取之處：處貧賤易，處富貴難；安勞苦易，安閒散難；忍痛易，忍癢難。」余又見乩筆亦有甚說得好者：「樂中有憂，憂中有樂。」夫當樂時，衆人方以爲樂，而至人獨以爲憂；正當憂時，衆人皆以爲憂，而至人乃以爲樂。此非反人情之常也，蓋禍福常相倚伏，惟至人眞見倚伏之機，故寧處憂而不肯處樂。人見以爲愚，而不知至人得此微權，是以終身常樂而不憂耳，所謂落便宜處得便宜是也。又乩筆云：「樂時方樂，憂時方憂。」此世間一切庸俗人態耳，非大賢事也。僕以謂「樂時方樂，憂時方憂」，此八箇字，說透世人心髓矣。世人所以敢相侮者，以我正樂此樂也，若知我正憂此樂，則彼亦悔矣。此自古至人所以獨操上人之柄，不使權柄落在他人手者，兄倘以爲然否？

僕何如人，敢吐舌於兄之傍乎？聊有一管之窺，是以不覺潦倒如許。

與方伯雨柬

去年詹孝廉過湖，接公手教，乃知公大孝人也。以先公之故，猶能記憶老朽於龍湖之上，感念！汪本鈳道公講學，又道公好學。然好學可也，好講學則不可也，好講之於口尤不可也。知公非口講者，是以敢張言之。本鈳與公同經，欲得公爲之講習，此講卽有益後學，不妨講矣。呵凍草草。

與楊定見

世人之我愛者，非愛我爲官也，非愛我爲和尚也，愛我也。世人之欲我殺者，非敢殺官也，非敢殺和尚也，殺我也。我無可愛，則我直爲無可愛之人耳，彼愛我者何妨乎！我不可殺，則我自當受天不殺之祐，殺我者不亦勞乎！然則我之加冠，非慮人之殺和尚而冠之也。侗老原是長者，但未免偏聽。故一切飲食耿氏之門者，不欲侗老與我如初，猶朝夕在武昌倡爲無根言語，本欲甚我之過，而不知反以彰我之名。恐此老不知，終始爲此輩敗壞，須速達此意於古愚兄弟。不然或生他變，而令侗老坐受主使之名，爲耿氏累甚不少也。小人之流不可密邇，自古若是，特恨此老不覺，恐至覺時，噬臍又無及。此書覽訖，即封寄友山，仍書一紙專寄古愚兄弟。

與楊鳳里

醫生不必來，爾亦不必來，我已分付取行李先歸矣。我痢尚未止，其勢必至十月初間方敢出門。到此時，可令道來取箇的信。塔屋既當時胡亂做，如今獨不可胡亂居乎？世間人有家小、田宅、祿位、名壽、子孫、牛馬、猪羊、鷄犬等，性命非一，自宜十分穩當。我僧家清高出塵之士，不見山寺盡在絕頂白雲層乎？我只有一副老骨，不怕朽也，可依我規制速爲之！

又與楊鳳里

行李已至湖上，一途無雨，可謂順利矣。我湖上屋低處就低處做，高處就高處做，可省十分氣力，亦又方便。低處作佛殿等屋，以塑佛聚僧，我塔屋獨獨一座，高出雲表，又像西方妙喜世界矣。我回，只主張衆人念佛，專修西方，不許一個閒說嘴。曾繼泉可移住大樓下，懷捷令上大樓歇宿。

與梅衡湘答書二首附

承示繫單于之頸，僕謂今日之頸不在夷狄而在中國。中國有作梗者，朝廷之上自有公等諸賢聖在，卽日可繫也。若外夷，則外之耳。外之爲言，非繫之也。惟漢時冒頓最盛強，與漢結怨最深。白登之辱，嫚書之辱，中行說之辱，嫁以公主，納之歲幣，與宋之獻納何殊也！故賈誼慨然任之，然文帝猶以爲生事擾民，不聽賈生之策，況今日四夷效順如此哉！若我邊彼邊各相戕伐，則邊境常態，萬古如一，何足掛齒牙耶！

附衡湘答書

「佛高一尺，魔高一丈」。昔人此言，只要人知有佛卽有魔，如形之有影，聲之有響，必然不相離者。知其必然，便不因而生恐怖心，生退悔心矣。世但有魔而不佛者，未有佛而不魔者。人患不佛耳，毋患魔也。不佛而魔，宜佛以消之；佛而魔，愈見其佛也。佛左右有四天王八金剛，各執刀劍寶杵擁護，無非爲魔，終不若山鬼伎倆有限，老僧不答無窮也。自古英雄豪傑欲建一功，立一節，尚且屈恥忍辱以就其事，況欲成此一段大事耶！

又

丘長孺書來，云翁有老態，令人茫然。楨之於翁，雖心向之而未交一言，何可老也。及問家人，殊不爾。又讀翁扇頭細書，乃知復轉精健耳。目病一月，未大愈，急索焚書讀之，笑語人曰：「如此老者，若與之有隙，只宜捧之蓮花座上，朝夕率大衆禮拜以消折其福；不宜妄意挫抑，反增其聲價也！

復麻城人書

謂身在是之外則可，謂身在非之外卽不可，蓋皆是見得恐有非於我，而後不敢爲耳。謂身在害之外則可，謂身在利之外卽不可，蓋皆是見得無所利於我，而後不肯爲耳。如此說話，方爲正當，非漫語矣。

今之好飮者，動以高陽酒徒自擬，公知高陽之所以爲高陽乎？若是眞正高陽，能使西夏叛卒不敢逞，能使叛卒一起卽撲滅，不至勞民動衆，不必損兵費糧，無地無兵，無處無糧，亦不必以兵寡糧少爲憂，必待募兵於他方，借糧於外境也。此爲眞正高陽酒徒矣。方亞夫之擊吳、楚也，將兵至洛陽，得劇孟，大喜曰："吳、楚舉大事而不得劇孟，吾知其無能爲矣。"一箇博徒有何烜赫，能使眞將軍得之如得數千萬雄兵猛將然？然得三十萬猛將強兵，終不如得一劇孟，而吳、楚失之，其亡便可計日。是謂眞正高陽酒徒矣。是以周侯情願爲之執盃而控馬首也。漢淮陰費千金覓生左車，得卽東嚮坐，西嚮侍，師事之。以此見眞正高陽酒徒之能知人下士，識才尊賢又如此，故吾以爲眞正高陽酒徒可敬也。彼蓋眞知此輩之爲天下寶，又知此輩之爲天下無價寶也，是以深寶惜之。縱然涓滴不入口，亦當以高陽酒徒目之矣。

曾聞李邢州之飮許趙州云："白眼風塵一酒巵，吾徒猶足傲當時。城中年少空相慕，說着高陽總不知。"此詩俗子輩視之便有褒貶，吾以爲皆實語也，情可哀也。漫書到此，似太無謂，然亦因公言發起耳，非爲公也。

時有麻城人舊最相愛，後兩年不寄一書，偶寄書便自謂高陽酒徒，貪盃無暇，是以久曠。又自謂置身于利害是非之外，故不欲問我于利害是非之內。其尊己卑人甚矣。吁！果若所云，豈不爲余之良朋勝友哉！然其怕利害是非之實如此，則其沉溺利害是非爲何如者，乃敢大言欺余。時聞靈、夏兵變，因發憤感歎于高陽，遂有「二十分識」與「因記往事」之說。設早聞有梅監軍之命，亦慰喜而不發憤矣。

與河南吳中丞書

僕自祿仕以來，未嘗一日獲罪於法禁；自爲下僚以來，未嘗一日獲罪於上官。雖到處時與上官迕，然上官終不以我爲迕己者，念我職雖卑而能自立也。自知參禪以來，不敢一日觸犯于師長；自四十歲以至今日，不敢一日觸犯于友朋。雖時時與師友有諍有講，然師友總不以我爲嫌者，知我無諍心也，彼此各求以自得也。邇居武昌，甚得劉晉老之力。昨冬獲讀與晉老書，欲僕速離武昌，甚感遠地惓惓至意。茲因晉老經過之便，謹付焚書四册，蓋新刻也。稍能發人道心，故附請教。

答陸思山

承教方知西事，然倭奴水寇，不足爲慮，蓋此輩舍舟無能爲也。特中原有奸者，多引結之以肆其狠貪之欲，實非眞奸雄也，特爲高麗垂涎耳。諸老素食厚祿，抱負不少，卓異屢薦，自必能博此蜂蠆，似不必代爲之慮矣。晉老此時想當抵任。此老胸中甚有奇抱，然亦不見有半箇奇偉卓絕之士在其肺腑之間，則亦比今之食祿者聰明忠信，可敬而已。舍公練熟素養，置之家食，吾不知天下事誠付何人料理之也！些小變態，便倉惶失措，大抵今古一局耳，今日眞令人益思張江陵也。熱甚，寸絲不掛，故不敢出門。

與周友山

晉老初別，尚未覺別，別後眞不堪矣。來示云云，然弟生平未嘗見有與我綢繆者，但不見我觸犯之過，免其積怒，卽爲幸事，安得綢繆也！劉晉老似稍綢繆矣，然皆以觸犯致之。以觸犯致綢繆，此亦可也，然不可有二也。

與友山

疏中「且負知己」四字，甚妙。惟不負知己，故生殺不計，況毁譽榮辱得喪之小者哉！江陵，兄知己也，何忍負之以自取名耶？不聞康德涵之救李獻吉乎：但得脫獻吉於獄，卽終身廢棄，受劉瑾黨誣而不悔，則以獻吉知己也。士爲知己死，死且甘焉，又何有于廢棄歟！但此語只可對死江陵與活溫陵道耳，持以語朝士，未有不笑我說謊者。今惟無江陵其人，故西夏叛卒至今負固，壯哉梅公之疏請也，莫謂秦遂無人也！令師想必因其弟高遷抵家，又因克念自省回去，大有醒悟，不復與我計較矣。我於初八夜，夢見與侗老聚，顔甚歡悅。我亦全然忘記近事，只覺如初時一般，談說終日。此夢又不是思憶，若出思憶，卽當略記近事，安得全無影響也。我想日月定有復圓之日，圓日卽不見有蝕時迹矣。果如此，卽老漢有福，大是幸事，自當復回龍湖，約兄同至天臺無疑也。若此老終始執拗，未能脫然，我亦不管，我只有盡我道理而已。諺曰：「寃讎可解不可結。」渠縱不解，我當自有以解之。劉伯倫有言：「雞肋不足以當尊拳」，其人遂笑而止。吾知此老終當爲我一笑而止也。世事如此，若似可慮，然在今日實爲極盛之時，向中之日，而二三叛卒爲梗，廟堂專閫竟無石畫，是則深可愧者！兄可安坐圍碁，收租築室，自爲長計耶？

寄京友書

弟今秋苦痢，一疾幾廢矣。乃知有身是苦，佛祖上仙所以孜孜學道，雖百般富貴，至於上登轉輪聖王之位，終不足以易其一盼者，以爲此分段之身禍患甚大，雖轉輪聖王不能自解免也。故窮苦極勞以求之。不然，佛乃是世間一箇極拙極癡人矣，舍此富貴好日子不會受用，而乃十二年雪山，一麻一麥，坐令烏鵲巢其頂乎？想必有至富至貴，世間無一物可比尚者，故竭盡此生性命以圖之。在世間顧目前者視之，似極癡拙，佛不癡拙也。今之學者不必言矣。中有最號眞切者，猶終日皇皇計利避害，離實絕根，以寶重此大患之身，是尚得爲學道人乎？坡仙集我有披削旁註在內，每開看便自歡喜，是我一件快心却疾之書，今已無底本矣，千萬交付深有來還我！大凡我書皆爲求以快樂自己，非爲人也。

與焦弱侯書

昨聞步清涼，瞻拜一拂鄭先生之祠，知一拂，兄之鄉先哲前賢也。一拂自少至老讀書此山寺，後之人思慕遺風，祠而祀之。今兄亦讀書寺中，祠既廢而復立，不亦宜乎！歸來讀江寧初志，又知一拂於余，其先同爲光州固始人氏，唐末隨王審知入閩，遂爲閩人，則余於先生爲兩地同鄉，是亦余之鄉先哲前賢也。且不獨爲兄有，而亦不必爲兄羡矣。一拜祠下，便有清風，雖曰閒步以往，反使余載璧而還，誰謂昨日之步竟是閒步乎？余實於此有榮耀焉！

夫先生王半山門下高士也，受知最深，其平日敬信半山亦實切至，蓋其心俱以民瘼爲急，國儲爲念。但半山過於自信，反以憂民愛國之實心，翻成毒民誤國之大害。先生切於目擊，乃不顧死亡誅滅之大禍，必欲成吾吳、越同舟之本心，卒以流離竄逐，年至八十，然後老此山寺。故余以爲一拂先生可敬也。若但以其一拂而已，此不過鄉黨自好者之所歆羨，誰其肯以是而羨先生乎？今天下之平久矣，中下之士肥甘是急，全不知一拂爲何物，無可言者。其中上士砥礪名行，一毫不敢自離於繩墨，而遂忘却鹽梅相濟之大義，則其視先生爲何如哉！余以爲一拂先生眞可敬也。余之景行先哲，其以是哉！

今先生之祠既廢而復立，吾知兄之敬先生者亦必以是矣，斷然不專專爲一拂故也。吾鄉有九我先生者，其於先哲尤切景仰，其於愛民憂國一念尤獨惓惓，使其知有一拂先生祠堂在此淸涼間，慨然感懷，亦必以是，惜其未有以告之耳。聞之鄰近故老，猶能道一拂先生事，而舊祠故址廢莫能考，則以當時無有記之者，記之者非兄與九我先生歟？先賢者，後賢之所資以模範；後賢者，先賢之所賴以表章。立碑于左，大書姓字，吾知兄與九老不能讓矣。吁！名垂萬世，可讓也哉！

復士龍悲二母吟

楊氏族孫，乃近從兄議，繼嗣楊虛遊先生之子之後，非繼嗣李翰峰先生之後也。非翰峰之後，安得住翰峰之宅？繼楊姓而住李宅，非其義矣。楊氏族孫又是近議立爲虛遊先生之子之後，亦非是立爲李翰峰先生守節之妹之後也。非翰峰之妹之後，又安得朝夕李氏之宅，而以服事翰峰先生守節之妹爲辭也？繼楊虛遊先生之子之後，而使服事翰峰先生守節之妹于李氏之門，尤非義矣。雖欲不竊穃强取節妹衣食之餘，不可得矣。交搆是非，誣加翰峰先生嗣孫以不孝罪逆惡名，又其勢之所必至矣。是使之爭也，我輩之罪也，亦非楊氏族孫之罪也。幸公虛心以聽，務以翰峰先生爲念，翰峰在日，與公第一相愛，如僕旁人耳，僕知公必念之極矣。念翰峰則必念及其守節之妻顧氏，念及其守節之妹李氏，又念及其嗣孫無疑矣。

夫翰峰合族無一人可承繼者，僅有安人顧氏生一女爾。翰峰先生沒而後招壻姓張者，入贅其家，生兩兒，長養成全，皆安人顧氏與其妹李氏鞠育提抱之力也。見今娶妻生子，改姓李，以奉翰峰先生香火矣。而壻與女又皆不幸早世，故兩節婦咸以此孫朝夕奉養爲安，而此孫亦藉以成立。弱侯與公等所處如此，蓋不過爲翰峰先生念，故弱侯又以其女所生女妻之也。近聞此孫不愛讀書，稍失色養于二大母，此則雙節平日姑息太過，以致公之不說，而二大母實未嘗不說之也。僕以公果念翰峰舊雅，只宜擇師教之，時時勤加考省，乃爲正當。若遽爲此兒孫病而別有區處，皆不是眞能念翰峰矣。

夫翰峰之妹，一嫁卽寡，仍歸李家。翰峰在日，使與其嫂顧氏同居南北兩京，相隨不離；翰峰沒後，顧氏亦寡，以故仍與寡嫂同居。計二老母前後同居已四十餘年，李氏妹又旌表著節，翕然稱聲於白門之下矣。近耿中丞又以「雙節」懸其廬，二母相安，爲日已久，當不以此孫失孝敬而遂欲從楊氏族孫以去也。此言大爲李節婦誣矣，稍有知者決不宜信，而況於公。大抵楊氏族孫貧甚，或同居，或時來往，未免垂涎李節婦衣簪之餘，不知此皆李翰峰先生家物，楊家安得有也。且節婦尙在，尙不可缺乎？若皆爲此族孫取去，李節婦一日在世，又復靠誰乎？種種誣謗，盡從此生。唯楊歸楊，李歸李，絕不相干，乃爲妥當。

復晉川翁書

往來經過者頌聲不輟，焦弱侯蓋屢談之矣。天下無不可爲之時，以翁當其任，自然大爲士民倚重，世道恃賴，但貴如常處之，勿作些見識也。果有大力量，自然默默斡旋，人受其賜而不知。若未可動，未可信，決須忍耐以須時。易之蠱曰：「幹母之蠱，不可貞。」言雖幹蠱，而不可用正道，用正道必致相忤，雖欲幹辦母事而不可得也。又曰：「幹父用譽。」而夫子傳之曰：「幹父用譽，承以德也。」言父所爲皆破家亡身之事，而子欲幹之，反稱譽其父，反以父爲有德，如所云「母氏聖善，我無令人」者。如是則父親喜悅，自然入其子孝敬之中，變蠱成治無難矣。倘其父終不肯變，亦只得隨順其間，相幾而動。夫臣子之於君親，一理也。天下之財皆其財，多用些亦不妨；天下民皆其民，多虐用些亦只得忍受。但有大賢在其間，必有調停之術，不至已甚足矣。只可調停於下，斷不可拂逆於上。叔臺相見，一誦疏稿，大快人！大快人！只此足矣，再不可多事也。陽明先生與楊邃菴書極可玩，幸置座右！

書晉川翁壽卷後

此余丙申中坪上筆也，今又四載矣，復見此於白下。覽物思仁壽，意與之爲無窮。公今暫出至淮上，淮上何足煩公耶！然非公亦竟不可。夫世固未嘗無才也，然亦不多才。唯不多才，故見才尤宜愛惜，而可令公臥理淮上耶！在公雖視中外如一，但居中制外，選賢擇才，使布列有位，以輔主安民，則居中爲便。吾見公之入矣，入卽持此卷以請教當道。今天下多事如此，將何以輔佐聖主，擇才圖治？當事者皆公信友，吾知公決不難於一言也，是又余之所以爲公壽也。余以昨戊戌初夏至，今又一載矣。時事如棋，轉眼不同，公當繫念。

會期小啓

會期之不可改，猶號令之不可反，軍令之不可二也。故重會期，是重道也，是重友也。重友以故重會，重會以故重會期。僕所以屢推辭而不欲會者，正謂其無重道重友之人耳。若重道，則何事更重於道會也耶！故有事則請假不往可也，不可因一人而遂廢衆會也，況可遽改會期乎？若欲會照舊是十六，莫曰「衆人皆未必以會爲重，雖改以就我亦無妨」。噫！此何事也！衆人皆然，我獨不敢，亦望庶幾有以友朋爲重，以會爲重者。今我亦如此，何以望衆人之重道乎？我實不敢以爲然，故以請教。

與友人書

古聖之言，今人多錯會，是以不能以人治人，非恕也，非絜矩也。試舉一二言之。

夫堯明知朱之嚚訟也，故不傳以位；而心實痛之，故又未嘗不封之以國。夫子明知鯉之癡頑也，故不傳以道；而心實痛之，故又未嘗不教以禮與詩。又明知詩禮之言終不可入，然終不以不入而遂已，亦終不以不入而遽强。以此知聖人之眞能愛子矣。乃孟氏謂舜之喜象非僞喜，則僕實未敢以謂然。夫舜明知象之欲己殺也，然非眞心喜象則不可以解象之毒，縱象之毒終不可解，然舍喜象無別解之法矣。故其喜象是僞也；其主意必欲喜象以得象之喜是眞也，非僞也。若如軻言，則是舜不知象之殺己，是不智也；知其欲殺己而喜之，是喜殺也，是不誠也。是堯不知朱之嚚訟，孔不知鯉之癡頑也，不明甚矣。故僕謂舜爲僞喜，非過也。以其情其勢，雖欲不僞喜而不可得也，以中者養不中，才者養不才，其道當如是也。養者，養其體膚，飲食衣服宮室之而已也。如堯之於朱，舜之於象，孔之於伯魚，但使之得所養而已也。此聖人所以爲眞能愛子與悌弟也。此其一也。

又觀古之狂者，孟氏以爲是其爲人志大言大而已。解者以爲志大故動以古人自期，言大故行與言或不相掩。如此，則狂者當無比數於天下矣，有何足貴而故思念之甚乎？蓋狂者下視古人，高視一身，以爲古人雖高，其跡往矣，何必踐彼跡爲也。是謂志大。以故放言高論，凡其身之所不能爲，與其所不敢爲者，亦率意妄言之。是謂大言。固宜其行之不掩耳。何也？其情其勢自不能以相掩故也。夫人生在天地間，既與人同生，又安能與人獨異。是以往往徒能言之以自快耳，大言之以貢高耳，亂言之以憤世耳。渠見世之桎梏已甚，卑鄙可厭，益以肆其狂言。觀者見其狂，遂指以爲猛虎毒蛇，相率而遠去之。渠見其狂言之得行也，則益以自幸，而唯恐其言之不狂矣。唯聖人視之若無有也，故彼以其狂言嚇人而吾聽之若不聞，則其狂將自歇矣。故唯聖人能醫狂病。觀其可子桑，友原壤，雖臨喪而歌，非但言之，且行之而自不掩，聖人絕不以爲異也。是千古能醫狂病者，莫聖人若也。故不見其狂，則狂病自息。又愛其狂，思其狂，稱之爲善人，望之以中行，則其狂可以成章，可以入室。僕之所謂夫子之愛狂者此也。蓋唯世間一等狂漢，乃能不掩於行。不掩者，不遮掩以自蓋也，非行不掩其言之謂也。

若夫不中不才子弟，只可養，不可棄，只可順，不可逆。逆則相反，順則相成。是爲千古要言。今人皆未知聖人之心者，是以不可齊家治國平天下，以成栽培傾覆之常理。

復顧沖菴翁書

某非負心人也，況公蓋世人豪；四海之內，凡有目能視，有足能行，有手能供奉，無不願奔走追陪，藉一顧以爲重，歸依以終老也，況於不肖某哉！公於此可以信其心矣。自隱天中山以來，再卜龍湖，絕類逃虚近二十載，豈所願哉！求師訪友，未嘗置懷，而第一念實在通海，但老人出門大難，詎謂公猶惓惓念之耶！適病暑，侵侵晏寂，一接翰誨，頓起矣。

又書

昔趙景眞年十四，不遠數千里佯狂出走，訪叔夜於山陽，而其家竟不知去向，天下至今傳以爲奇。某自幼讀之，絕不以爲奇也。以爲四海求友，男兒常事，何奇之有。乃今視之，雖欲不謂之奇不得矣。向在龍湖，尚有長江一帶爲我限隔，今居白下，只隔江耳。往來十餘月矣，而竟不能至，或一日而三四度發心，或一月而六七度欲發。可知發心容易，親到實難，山陽之事未易當也。豈凡百盡然，不特此耶；抑少時或可勉强，乃至壯或不如少，老又決不如壯耶；抑景眞若至今在，亦竟不能也？計不出春三月矣。先此報言，決不敢食。

又書使通州詩後

某奉別公近二十年矣，別後不復一致書問，而公念某猶昔也。推食解衣，至今猶然。然則某爲小人，公爲君子，已可知矣。方某之居哀牢也，盡棄交遊，獨身萬里，戚戚無歡，誰是諒我者？其並時諸上官，又誰是不惡我者？非公則某爲滇中人，終不復出矣。夫公提我於萬里之外，而自忘其身之爲上，故某亦因以獲事公於青雲之上，而自忘其身之爲下也。則豈偶然之故哉！

嗟嗟！公天人也，而世莫知；公大人也，而世亦莫知。夫公爲天人而世莫知，猶未害也；公爲一世大人，而世人不知，世人又將何賴耶？目今倭奴屯結釜山，自謂十年生聚，十年訓練，可以安坐而制朝鮮矣。今者援之，中、邊皆空，海陸並運，八年未已，公獨鼇釣通海，視等鄉鄰，不一引手投足，又何其忍耶！非公能忍，世人固已忍舍公也。此非仇公，亦非仇國，未知公之爲大人耳。誠知公之爲大人也，卽欲舍公，其又奚肯？

既已爲詩四章，遂幷述其語於此，亦以見某與公原非偶者。

附顧沖老送行序（顧養謙）

顧沖老贈姚安守溫陵李先生致仕去滇序云：

溫陵李先生爲姚安府且三年，大治，懇乞致其仕去。

初先生以南京刑部尙書郎來守姚安，難萬里，不欲攜其家，其室人强從之。蓋先生居常遊，每適意輒留，不肯歸，故其室人患之，而强與偕行至姚安。無何卽欲去，不得遂，乃强留。然先生爲姚安，一切持簡易，任自然，務以德化人，不賈世俗能聲。其爲人汪洋停蓄，深博無涯涘，人莫得其端倪，而其見先生也不言而意自消。自僚屬、士民、胥隸、夷酋，無不化先生者，而先生無有也。此所謂無事而事事，無爲而無不爲者耶。

謙之備員洱海也，先生守姚安已年餘，每與先生談，輒夜分不忍別去，而自是先生不復言去矣。萬曆八年庚辰之春，謙以入賀當行。是時，先生歷官且三年滿矣，少需之，得上其績，且加恩或上遷。而侍御劉公方按楚雄，先生一日謝簿書，封府庫，攜其家，去姚安而來楚雄，乞侍御公一言以去。侍御公曰：「姚安守，賢者也。賢者而去之，吾不忍——非所以爲國，不可以爲風，吾不敢以爲言。即欲去，不兩月所爲上其績而以榮名終也，不其無恨於李君乎？」先生曰：「非其任而居之，是曠官也，贄不敢也。需滿以倖恩，是貪榮也，贄不爲也。名聲聞於朝矣而去之，是釣名也，贄不能也。去即去耳，何能顧其他？」而兩臺皆勿許。於是先生還其家姚安，而走大理之雞足。雞足者，滇西名山也。兩臺知其意已決，不可留，乃爲請於朝，得致其仕。

命下之日，謙方出都門還趨滇，恐不及一晤先生而別也，乃至楚之常、武而程程物色之。至貴竹而知先生尚留滇中遨遊山水間，未言歸，歸當以明年春，則甚喜。或謂謙曰：「李姚安始求去時，唯恐不一日去，今又何遲遲也？何謂哉！」謙曰：「李先生之去，去其官耳。去其官矣，何地而非家，又何迫迫於溫陵者爲？且溫陵又無先生之家。」及至滇，而先生果欲便家滇中，則以其室人晝夜涕泣請，將歸楚之黃安。蓋先生女若壻皆在黃安依耿先生以居，故其室人第願得歸黃安云。先生別號曰卓吾居士。卓吾居士別有傳，不具述，述其所以去滇者如此。

先生之行，取道西蜀，將穿三峽，覽瞿塘、灧澦之勝，而時時過訪其相知故人，則願先生無復留，攜其家人一意達黃安，使其母子得相共，終初念，而後東西南北，唯吾所適，不亦可乎？先生曰：「諾。」

遂行。

復澹然大士

易經未三絕，今史方伊始，非三冬二夏未易就緒，計必至明夏四五月乃可。過暑毒，卽回龍湖矣。回湖唯有主張淨土，督課西方公案，更不作小學生鑽故紙事也。參禪事大，量非根器淺弱者所能擔。今時人最高者唯有好名，無眞實爲生死苦惱怕欲求出脫也。日過一日，壯者老，少者壯，而老者又欲死矣。出來不覺就是四年，祇是怕死在方上，侍者不敢棄我屍，必欲裝棺材赴土中埋爾。今幸未死，然病苦亦漸多，當知去死亦不遠，但得回湖上葬於塔屋，卽是幸事，不須勸我，我自然來也。來湖上化，則湖上卽我歸成之地，子子孫孫道場是依，未可謂龍湖蕞爾之地非西方極樂淨土矣。

爲黄安二上人三首

大孝一首

黄安上人爲有慈母孀居在堂，念無以報母，乃割肉出血，書寫願文，對佛自誓，欲以此生成道，報答母慈。以爲溫凊雖孝，終是小孝，未足以報答吾母也。卽使勉强勤學，成就功名以致褒崇，亦是榮耀他人耳目，未可以拔吾慈母於苦海也。唯有勤精進，成佛道，庶可藉此以報答耳。若以吾家孔夫子報父報母之事觀之，則雖武周繼述之大孝，不覺眇乎小矣。今觀吾夫子之父母，至於今有耿光，則些小功名眞不足以成吾報母之業也。上人刺血書願，其志蓋如此而不敢筆之於文，則其志亦可悲矣！故余代書其意，以告諸同事云。

余初見上人時，上人尚攻舉子業，初亦曾以落髮出家事告余，余甚不然之。今年過此，乃禿然一無髮之僧，余一見之，不免驚訝，然亦知其有眞志矣。是以不敢顯言，但時時略示微意於語言之間，而上人心實志堅，終不可以說辭諍也。今復如此，則眞出家兒矣，他人可得比耶！因嘆古人稱學道全要英靈漢子，如上人非眞英靈漢子乎？當時陽明先生門徒遍天下，獨有心齋爲最英靈。心齋本一灶丁也，目不識一丁，聞人讀書，便自悟性，徑往江西見王都堂，欲與之辯質所悟。此尚以朋友往也，後自知其不如，乃從而卒業焉。故心齋亦得聞聖人之道，此其氣骨爲何如者！心齋之後爲徐波石，爲顏山農。山農以布衣講學，雄視一世而遭誣陷；波石以布政使請兵督戰而死廣南。雲龍風虎，各從其類，然哉！蓋心齋眞英雄，故其徒亦英雄也。波石之後爲趙大洲，大洲之後爲鄧豁渠；山農之後爲羅近谿，爲何心隱，心隱之後爲錢懷蘇，爲程後臺：一代高似一代。所謂大海不宿死屍，龍門不點破額，豈不信乎！心隱以布衣出頭倡道而遭橫死；近谿雖得免於難，然亦幸耳，卒以一官不見容於張太岳。蓋英雄之士，不可免於世而可以進於道。今上人以此進道，又誰能先之乎？故稱之曰大孝。

眞師二首

黃安二上人到此，時時言及師友之重。懷林曰：「據和尚平日所言師友，覺又是一樣者。」余謂師友原是一樣，有兩樣耶？但世人不知友之卽師，乃以四拜受業者謂之師；又不知師之卽友，徒以結交親密者謂之友。夫使友而不可以四拜受業也，則必不可以與之友矣；師而不可以心腹告語也，則亦不可以事之爲師矣。古人知朋友所係之重，故特加師字於友之上，以見所友無不可師者，若不可師，卽不可友。

大概言之，總不過友之一字而已，故言友則師在其中矣。若此二上人，是友而卽師者也。其師兄常恐師弟之牽於情而不能擺脱也，則攜之遠出以堅固其道心；其師弟亦知師兄之眞愛己也，遂同之遠出而對佛以發其弘願。此以師兄爲友，亦以師兄爲師者也，非友而師者乎？其師弟恐師兄徒知皈依西方而不知自性西方也，故常述其師稱讚鄧豁渠之語於師兄之前；其師兄亦知師弟之託意婉也，亦信念佛卽參禪，而不可以徒爲念佛之計。此以師弟爲友，亦以師弟爲師者也，又非友而師者乎？故吾謂二上人方可稱眞師友矣。若泛泛然羣聚，何益耶，寧知師友之爲重耶！

故吾因此時時論及鄧豁渠，又推豁渠師友之所自。二上人喜甚，以爲我雖忝爲豁渠之孫，而竟不知豁渠之所自，今得先生開示，宛然如在豁渠師祖之旁，又因以得聞陽明、心齋先生之所以授受，其快活無量何如也！今但不聞先生師友所在耳。余謂學無常師，「夫子焉不學」，雖在今日不免爲套語，其實亦是實語。吾雖不曾四拜受業一箇人以爲師，亦不曾以四拜傳受一箇人以爲友，然比世人之時時四拜人，與時時受人四拜者，眞不可同日而語也。我問此受四拜人，此受四拜人非聾卽啞，莫我告也。我又遍問此四拜於人者，此四拜於人者亦非聾卽啞，不知所以我告也。然則師之不在四拜明矣。然孰知吾心中時時四拜百拜，屈指不能舉其多，沙數不能喻其衆乎？吾何以言吾師友於二上人之前哉！

失言三首

余初會二上人時，見其念佛精勤，遂敍吾生平好高好潔之說以請教之。今相處日久，二上人之高潔比余當十百千倍，則高潔之説爲不當矣。蓋高潔之說，以對世之委靡溷濁者則爲應病之藥。余觀世人恒無眞志，要不過落在委靡渾濁之中，是故口是心非，言淸行濁，了不見有好高好潔之實，而又反以高潔爲余病，是以痛切而深念之。若二上人者，豈宜以高潔之說進乎？對高潔人談高潔，已爲止沸益薪，況高潔十倍哉！是余蠢也。「過猶不及」，孔夫子言之詳矣。委靡渾濁而不進者，不及者也；好爲高潔而不止者，大過者也：皆道之所不載也。二上人只宜如是而已矣。如是念佛，如是修行，如是持戒，如是可久，如是可大，如是自然登蓮臺而證眞乘，成佛果，不可再多事也。念佛時但去念佛，欲見慈母時但去見慈母，不必矯情，不必逆性，不必昧心，不必抑志，直心而動，是爲眞佛。故念佛亦可，莫太高潔可矣。

復李漸老書

數千里外山澤無告之老，翁皆得而時時衣食之，則翁之祿，豈但仁九族，惠親友已哉！感德多矣，報施未也，可如何！承諭煩惱心，山野雖孤獨，亦時時有之。卽此衣食之賜，旣深以爲喜，則缺衣少食之煩惱不言可知已。身猶其易者，等而上之，有國則煩惱一國，有家則煩惱一家，無家則煩惱一身，所任愈輕，則煩惱愈減。然則煩惱之增減，唯隨所任之重輕耳，世固未聞有少煩惱之人也，唯無身乃可免矣。老子云：「若吾無身，更有何患？」無身則自無患，無患則自無惱。吁！安得聞出世之旨，以免此後有之身哉！翁幸有以教之！此又山澤癯老晚年之第一煩惱處也。

焚書卷三

雜述

卓吾論略滇中作

孔若谷曰：吾猶及見卓吾居士，能論其大略云。

居士別號非一，卓吾特其一號耳。卓又不一，居士自稱曰卓，載在仕籍者曰篤，雖其鄉之人，亦或言篤，或言卓，不一也。居士曰：「卓與篤，吾土音一也，故鄉人不辨而兩稱之。」余曰：「此易矣，但得五千絲付鐵匠衕衕梓人，改正矣。」居士笑曰：「有是乎？子欲吾以有用易無用乎？且夫卓固我也，篤亦我也。稱我以『卓』，我未能也；稱我以『篤』，亦未能也。余安在以未能易未能乎？」故至於今並稱卓、篤焉。

居士生大明嘉靖丁亥之歲，時維陽月，得全數焉。生而母太宜人徐氏沒，幼而孤，莫知所長。長七歲，隨父白齋公讀書歌詩，習禮文。年十二，試老農老圃論。居士曰：「吾時已知樊遲之問，在荷蕢丈人間。然而上大人丘乙已不忍也，故曰『小人哉，樊須也』。則可知矣。」論成，遂爲同學所稱。衆謂「白齋公有子矣」。居士曰：「吾時雖幼，早已知如此臆說未足爲吾大人有子賀，且彼賀意亦太鄙淺不合於理。

彼謂吾利口能言，至長大或能作文詞，博奪人間富若貴，以救賤貧耳，不知吾大人不爲也。吾大人何如人哉？身長七尺，目不苟視，雖至貧，輒時時脱吾董母太宜人簪珥以急朋友之婚，吾董母不禁也。此豈可以世俗胸腹窺測而預賀之哉！」

稍長，復憒憒，讀傳註不省，不能契朱夫子深心。因自怪，欲棄置不事。而閒甚，無以消歲日，乃嘆曰：「此直戲耳。但剽竊得濫目足矣，主司豈一一能通孔聖精蕴者耶！」因取時文尖新可愛玩者，日誦數篇，臨場得五百。題旨下，但作繕寫謄錄生，卽高中矣。居士曰：「吾此倖不可再僥也。且吾父老，弟妹婚嫁各及時。」遂就祿，迎養其父，婚嫁弟妹各畢。居士曰：「吾初意乞一官，得江南便地，不意走共城萬里，反遺父憂。雖然，共城，宋李之才宦遊地也，有邵堯夫安樂窩在焉。堯夫居洛，不遠千里就之才問道。吾父子儻亦聞道於此，雖萬里可也。且聞邵氏苦志參學，晚而有得，乃歸洛，始婚娶，亦既四十矣。使其不聞道，則終身不娶也。余年二十九而喪長子，且甚戚。夫不戚戚於道之謀，而惟情是念，視康節不益愧乎！」安樂窩在蘇門山百泉之上。居士生於泉，泉爲溫陵禪師福地。居士謂「吾溫陵人，當號溫陵居士」。至是日遊遨百泉之上，曰：「吾泉而生，又泉而官，泉於吾有夙緣哉！」故自謂百泉人，又號百泉居士云。在百泉五載，落落竟不聞道，卒遷南雍以去。

數月，聞白齋公沒，守制東歸。時倭夷竊肆，海上所在兵燹。居士間關夜行晝伏，餘六月方抵家。抵家又不暇試孝子事，墨衰率其弟若姪，晝夜登陴擊柝爲城守備。城下矢石交，米斗斛十千無糴處。居士家口零三十，幾無以自活。三年服闋，盡室入京，蓋庶幾欲以免難云。

居京邸十閱月，不得缺，囊垂盡，乃假館受徒。館復十餘月，乃得缺，稱國子先生，如舊官。未幾，竹軒大父訃又至。是日也，居士次男亦以病卒於京邸。余聞之，嘆曰：「嗟嗟！人生豈不苦，誰謂仕宦樂。仕宦若居士，不乃更苦耶！」弔之。入門，見居士無異也。居士曰：「吾有一言，與子商之：吾先曾大父大母歿五十多年矣，所以未歸土者，爲貧不能求葬地；又重違俗，恐取不孝譏。夫爲人子孫者，以安親爲孝，未聞以卜吉自衞暴露爲孝也。天道神明，吾恐決不肯留吉地以與不孝之人，吾不孝罪莫贖矣。此歸，必令三世依土。權置家室於河內，分賻金一半買田耕作自食，余以半歸，卽可得也。第恐室人不從耳。我入不聽，請子繼之！」居士入，反覆與語。黄宜人曰：「此非不是，但吾母老，孀居守我，我今幸在此，猶朝夕泣憶我，雙眼盲矣。若見我不歸，必死。」語未終，淚下如雨。居士正色不顧，宜人亦知終不能迕也，收淚改容謝曰：「好好！第見吾母，道尋常無恙，莫太愁憶，他日自見吾也。勉行襄事，我不歸，亦不敢怨。」遂收拾行李托室買田種作如其願。

時有權墨吏嚇富人財不遂，假借漕河名色，盡徹泉源入漕，不許留半滴溝洫間。居士時相見，雖竭情代請，不許。計自以數畝請，必可許也。居士曰：「嗟哉，天乎！吾安忍坐視全邑萬頃，而令余數畝灌溉豐收哉！縱與必不受，肯求之！」遂歸。歲果大荒，居士所置田僅收數斛稗。長女隨艱難日久，食稗如食粟。二女三女遂不能下咽，因病相繼夭死。老媪有告者曰：「人盡饑，官欲發粟。聞其來者爲鄧石陽推官，與居士舊，可一請。」宜人曰：「婦人無外事，不可。且彼若有舊，又何待請耶！」鄧君果撥己俸二星，并馳書與僚長各二兩者二至，宜人以半糴粟，半買花紡爲布。三年衣食無缺，鄧君之力也。居士曰：

「吾時過家葬畢，幸了三世業緣，無宦意矣。回首天涯，不勝萬里妻孥之想，乃復抵共城。入門見室家，歡甚。問二女，又知歸未數月俱不育矣。」此時黄宜人淚相隨在目睫間，見居士色變，乃作禮，問葬事，及其母安樂。居士曰：「是夕也，吾與室人秉燭相對，眞如夢寐矣。乃知婦人勢逼情眞，吾故矯情鎮之，到此方覺屐齒之折也！」

至京，補禮部司務。人或謂居士曰：「司務之窮，窮於國子，雖子能堪忍，獨不聞『焉往而不得貧賤』語乎？」蓋譏其不知止也。居士曰：「吾所謂窮，非世窮也。窮莫窮於不聞道，樂莫樂於安汝止。吾十年餘奔走南北，祇爲家事，全忘却温陵、百泉安樂之想矣。吾聞京師人士所都，蓋將訪而學焉。」人曰：「子性太窄，常自見過，亦時時見他人過，苟聞道，當自宏闊。」居士曰：「然，余實窄。」遂以宏父自命，故又爲宏父居士焉。

居士五載春官，潛心道妙，憾不得起白齋公於九原，故其思白齋公也益甚，又自號思齋居士。一日告我曰：「子知我久，我死請以誌囑。」雖然，余若死於朋友之手，一聽朋友所爲；若死於道路，必以水火葬，決不以我骨貽累他方也。墓誌可不作，作傳其可。」余應曰：「余何足以知居士哉！他年有顧虎頭知居士矣。」遂著論論其大略。後余遊四方，不見居士者久之，故自金陵已後，皆不撰述。或曰：「居士死於白下。」或曰：「尚在滇南未死也。」

論政篇爲羅姚州作

先是楊東淇爲郡，南充陳君實守是州，與別駕張馬平、博士陳名山皆卓然一時，可謂盛矣。今三十餘年，而君來爲川守，余與周君、張君各以次先後並至。諸父老有從旁竊嘆者曰：「此豈有似於曩時也乎？何其濟濟尤盛也！」未幾，唐公下車，復爾相問，余乃驟張之曰：「此間官僚皆數十年而一再見者也，願公加意培植於上，勿生疑貳足矣。惟余知府一人不類。雖然，有多賢足以上人，爲余夾輔，雖不類，庸何傷！」唐公聞余言而壯之。是春，兩臺復命，君與諸君俱蒙禮待，雖余不類，亦竊濫及，前年之言殆合矣。余固因彙次其語以爲君與諸君賀，而獨言余之不類者以質於君焉。蓋余嘗聞於有道者而深有惑於「因性牖民」之說焉。

夫道者，路也，不止一途；性者，心所生也，亦非止一種已也。有仕於土者，乃以身之所經歷者而欲人之同往，以己之所種藝者而欲人之同灌溉。是以有方之治而馭無方之民也，不亦昧於理歟！且夫君子之治，本諸身者也；至人之治，因乎人者也。本諸身者取必於己，因乎人者恆順於民，其治效固已異矣。夫人之與己不相若也。有諸己矣，而望人之同有；無諸己矣，而望人之同無。此其心非不恕也，然此乃一身之有無也，而非通於天下之有無也，而欲爲一切有無之法以整齊之，惑也。於是有條教之繁，有刑法之施，而民日以多事矣。其智而賢者，相率而歸吾之教，而愚不肖則遠矣。於是有旌別淑慝之令，而君子小人從此分矣。豈非別白太甚，而導之使爭乎？至人則不然：因其政不易其俗，順其性不拂其能。聞見熟矣，不欲求知新於耳目，恐其未寤而驚也。動止安矣，不欲重之以桎梏，恐其縶而顛且仆也。

今余之治郡也，取善太恕，而疾惡也過嚴。夫取善太恕，似矣，而疾人之惡，安知己之無惡乎？其於反身之治且未之能也，況望其能因性以牖民乎？余是以益懼不類，而切倚仗於君也。吾聞君生長劍門，既壯而仕，經太華，而獨覩昭曠於衡嶽之巔，其中豈無至人可遇而不可求者歟！君談說及此乎？不然，何以兩宰疲邑，一判衡州，而民誦之至今也。意者君其或有所遇焉，則余言爲贅；如其不然，則余之所聞于有道者詳矣，君其果有當于心乎？否也？夫君而果有當于心也，則余雖不類，庸何傷乎！

何心隱論

何心隱，卽梁汝元也。余不識何心隱，又何以知梁汝元哉！姑以心隱論之。

世之論心隱者，高之者有三，其不滿之者亦有三。高心隱者曰：「凡世之人靡不自厚其生，公獨不肯治生。公家世饒財者也，公獨棄置不事，而直欲與一世賢聖共生於天地之間。是公之所以厚其生者與世異也。人莫不畏死，公獨不畏，而直欲博一死以成名。以爲人盡死也，百憂愴心，萬事瘁形，以至五內分裂，求死不得者皆是也。人殺鬼殺，寧差別乎。且斷頭則死，斷腸則死，孰快；百藥成毒，一毒而藥，孰毒；烈烈亦死，泯泯亦死，孰烈。公固審之熟矣，宜公之不畏死也。」

其又高之者曰：「公誦法孔子者也。世之法孔子者，法孔子之易法者耳。孔子之道，其難在以天下爲家而不有其家，以羣賢爲命而不以田宅爲命。故能爲出類拔萃之人，爲首出庶物之人，爲魯國之儒一人，天下之儒一人，萬世之儒一人也。公既獨爲其難者，則其首出於人者以是，其首見怒於人者亦以是矣。公烏得免死哉！削跡伐木，絕陳畏匡，孔聖之幾死者亦屢，其不死者幸也。幸而不死，人必以爲得正而斃矣；不幸而死，獨不曰『仁人志士，有殺身以成仁』者乎？死得其死，公又何辭也！然則公非畏死也？非不畏死也，任之而已矣。且夫公既如是而生矣，又安得不如是而死乎？彼謂公欲求死以成名者非也，死則死矣，此有何名而公欲死之歟？」

其又高之者曰：「公獨來獨往，自我無前者也。然則仲尼雖聖，效之則爲顰，學之則爲步醜婦之賤態，公不爾爲也。公以爲世人聞吾之爲，則反以爲大怪，無不欲起而殺我者，而不知孔子已先爲之矣。吾故援孔子以爲法，則可免入室而操戈。然而賢者疑之，不賢者害之，同志終鮮，而公亦竟不幸爲道以死也。夫忠孝節義，世之所以死也，以有其名也，所謂死有重於泰山者是也，未聞有爲道而死者。道本無名，何以死爲？公今已死矣，吾恐一死而遂湮滅無聞也。今觀其時武昌上下，人幾數萬，無一人識公者，無不知公之爲冤也。方其揭榜通衢，列公罪狀，聚而觀者咸指其誣，至有噓呼叱咤不欲觀焉者，則當日之人心可知矣。由祁門而江西，又由江西而南安而湖廣，沿途三千餘里，其不識公之面而知公之心者，三千餘里皆然也。非惟得罪於張相者有所憾於張相而云然，雖其深相信以爲大有功於社稷者，亦猶然以此舉爲非是，而咸謂殺公以媚張相者之爲非人也。則斯道之在人心，眞如日月星辰，不可以蓋覆矣。雖公之死無名可名，而人心如是，則斯道之爲也，孰能遏之！然公豈誠不畏死者！時無張子房，誰爲活項伯？時無魯朱家，誰爲脫季布？吾又因是而益信談道者之假也。由今而觀，彼其含怒稱寃者，皆其未嘗識面之夫；其坐視公之死，反從而下石者，則盡其聚徒講學之人。然則匹夫無假，故不能掩其本心；談道無眞，故必欲剗其出類：又可知矣。夫惟世無眞談道者，故公死而斯文遂喪。公之死顧不重耶！而豈直泰山氏之比哉！」此三者，皆世之賢人君子，猶能與匹夫同其眞者之所以高心隱也。

其病心隱者曰：「人倫有五，公舍其四，而獨置身于師友賢聖之間，則偏枯不可以爲訓。與上閒閒，與下侃侃，委蛇之道也，公獨危言危行，自貽厥咎，則明哲不可以保身。且夫道本人性，學貴平易。繩人以太難，則畔者必衆；責人於道路，則居者不安；聚人以貨財，則貪者競起；亡固其自取矣。」此三者，又世之學者之所以爲心隱病也。

吾以爲此無足論矣。此不過世之庸夫俗子，衣食是耽，身口是急，全不知道爲何物，學爲何事者，而敢妄肆譏詆，則又安足置之齒頰間耶！獨所謂高心隱者，似亦近之，而尚不能無過焉。然余未嘗親覩其儀容，面聽其緒論，而窺所學之詳，而遽以爲過，抑亦未可。吾且以意論之，以俟世之萬一有知公者可乎？吾謂公以「見龍」自居者也，終日見而不知潛，則其勢必至于亢矣，其及也宜也。然亢亦龍也，非他物比也。龍而不亢，則上九爲虛位；位不可虛，則龍不容於不亢。公宜獨當此一爻者，則謂公爲上九之大人可也。是又余之所以論心隱也。

夫婦論因畜有感

夫婦，人之始也。有夫婦然後有父子，有父子然後有兄弟，有兄弟然後有上下。夫婦正，然後萬事無不出于正。夫婦之爲物始也如此。極而言之，天地一夫婦也，是故有天地然後有萬物。然則天下萬物皆生於兩，不生於一，明矣。而又謂一能生二，理能生氣，太極能生兩儀，何歟？夫厥初生人，惟是陰陽二氣，男女二命，初無所謂一與理也，而何太極之有。以今觀之，所謂一者果何物，所謂理者果何在，所謂太極者果何所指也？若謂二生于一，一又安從生也？一與二爲二，理與氣爲二，陰陽與太極爲二，太極與無極爲二。反覆窮詰，無不是二，又烏覩所謂一者，而遽爾妄言之哉！故吾究物始，而見夫婦之爲造端也。是故但言夫婦二者而已，更不言一，亦不言理。一尚不言，而況言無；無尚不言，而況言無無。何也？恐天下惑也。夫惟多言數窮，而反以滋人之惑，則不如相忘于無言，而但與天地人物共造端于夫婦之間，于焉食息，于焉語語已矣。易曰：「大哉乾元，萬物資始。至哉坤元，萬物資生。」資始資生，變化無窮。保合太和，各正性命。」夫性命之正，正于太和；太和之合，合于乾坤。乾爲夫，坤爲婦。故性命各正，自無有不正者。然則夫婦之所係爲何如，而可以如此也夫！可以如此也夫！

鬼神論

生民之什云：「厥初生民，時維姜嫄。生民如何？克禋克祀，以祓無子。履帝武敏歆，攸介攸止，載震載夙，載生載育，時維后稷。誕彌厥月，首生如達，不坼不副，無菑無害。以赫厥靈，上帝不寧，不康禋祀，居然生子。誕寘之隘巷，牛羊腓字之；誕寘之平林，會伐平林；誕寘之寒冰，鳥覆翼之。鳥乃去矣，后稷呱矣，實覃實訏，厥聲載路。」朱子曰：「姜嫄出祀郊禖，見大人跡而履其拇，遂欣欣然如有人道之感，於是有娠，乃周人所由以生之始也。周公制祀典，尊后稷以配天，故作此詩以推本其始生之祥。」由此觀之，后稷，鬼子也；周公而上，鬼孫也。周公非但不諱，且以爲至祥極瑞，歌詠於郊禘以享祀之，而自謂文子文孫焉。乃後世獨諱言鬼，何哉？非諱之也，未嘗通於幽明之故而知鬼神之情狀也。

子曰：「鬼神之爲德，其盛矣乎！使天下之人齋明盛服以承祭祀，洋洋乎如在其上，如在其左右。」「吾不與祭，如不祭。」「祭如在，祭神如神在。」夫子之敬鬼神如此。使其誣之以爲無，則將何所不至耶？小人之無忌憚，皆由於不敬鬼神，是以不能務民義以致昭事之勤，如臨女以祈陟降之饗。故又戒之曰：「務民之義，敬鬼神而遠之。」夫有鬼神而後有人，故鬼神不可以不敬；事人卽所以事鬼，故人道不可以不務。則凡數而瀆，求而媚，皆非敬之之道也。夫神道遠，人道邇。遠者敬而疎之，知其遠之近也，是故惟務民義而不敢求之於遠。近者親而務之，知其邇之可遠也，是故不事諂瀆，而惟致吾小心之翼翼。今之不敬鬼神者皆是也，而未見有一人之能遠鬼神者，何哉？楪蓍布卦，卜地選勝，擇日請時，務索之冥冥之中，以徼未涯之福，欲以遺所不知何人，其諂瀆甚矣。而猶故爲大言以誑人曰：「佛、老爲異端，鬼神乃淫祀。」慢侮不信，若靡有悔。一旦緩急，手脚忙亂，禱祀祈禳，則此等實先奔走，反甚於細民之敬鬼者，是可怪也！然則其不能遠鬼神者，乃皆其不能敬鬼神者也。若誠知鬼神之當敬，則其不能務民之事者鮮矣。

朱子曰：「天卽理也。」又曰：「鬼神者，二氣之良能。」夫以天爲理可也，而謂祭天所以祭理，可歟？以鬼神爲良能可也，而謂祭鬼神是祭良能，可歟？且夫理，人人同具，若必天子而後祭天地，則是必天子而後可以祭理也，凡爲臣庶人者，獨不得與於有理之祭，又豈可歟？然則理之爲理，亦大傷民財，勞民力，不若無理之爲愈矣。圓丘方澤之設，牲幣爵號之陳，大祀之典，亦太不經；駿奔執豆者，亦太無義矣。國之大事在祀，審如此，又安在其爲國之大事也？「我將我享，維羊維牛」，不太可惜乎？「鐘鼓喤喤，磬筦將將」，又安見其能「降福穰穰，懷柔百神，及河喬嶽」也？

周頌曰：「念茲皇祖，陟降庭止。」若衣服不神，則皇祖陟降，誰授之衣？昭事小心，儼然如在其上者，當從裸祖之形，文子文孫又安用對越爲也？商書曰：「茲予大享於先王，爾祖其從予享之。」周公之告太王、王季、文王曰：「乃元孫不若旦多才多藝，能事鬼神。」若非祖考之靈，赫然臨女，則爾祖我祖，眞同兒戲；金縢策祝，同符新室。上詆武王，下詆召、畢，近詆元孫，遠詆太王、王季、文王，「多材多藝」之云，眞矯誣也哉！

玄鳥之頌曰：「天命玄鳥，降而生商，宅殷土芒芒。古帝命武湯，正域彼四方。」又曰：「濬哲維商，長發其祥。」而朱子又解曰：「春分玄鳥降，有戎氏女簡狄，高辛氏之妃也，祈于郊禖，鳦遺卵，簡狄呑之而生契，其後遂爲有商氏而有天下。」嗚呼！周有天下，歷年八百，厚澤深仁，鬼之嗣也。商有天下，享祀六百，賢聖之王六七繼作，鳥之遺也。一則祖鳦，一則祖斂，後之君子，敬鬼可矣。

戰國論

余讀戰國策而知劉子政之陋也。夫春秋之後爲戰國。既爲戰國之時，則自有戰國之策。蓋與世推移，其道必爾。如此者非可以春秋之治治之也明矣，況三王之世歟！

五霸者，春秋之事也。夫五霸何以獨盛于春秋也？蓋是時周室旣衰，天子不能操禮樂征伐之權以號令諸侯，故諸侯有不令者，方伯、連帥率諸侯以討之，相與尊天子而協同盟，然後天下之勢復合于一。此如父母臥病不能事事，羣小搆爭，莫可禁阻，中有賢子自爲家督，遂起而身父母之任焉。是以名爲兄弟，而其實則父母也。雖若侵父母之權，而實父母賴之以安，兄弟賴之以和，左右童僕諸人賴之以立，則有勞於厥家大矣。管仲相桓，所謂首任其事者也。從此五霸迭興，更相雄長，夾輔王室，以藩屛周。

百足之蟲，遲遲復至二百四十餘年者，皆管仲之功，五霸之力也。諸侯又不能爲五霸之事者，於是有志在吞周，心圖混一，如齊宣之所欲爲者焉。晉氏爲三，呂氏爲田，諸侯亦莫之正也。則安得不遂爲戰國而致謀臣策士于千里之外哉！其勢不至混一，固不止矣。

劉子政當西漢之末造，慼王室之將燬，徒知羨三王之盛，而不知戰國之宜，其見固已左矣。彼鮑、吳者生于宋、元之季，聞見塞胸，仁義盈耳，區區褒貶，何足齒及！乃曾子固自負不少者也，咸謂其文章本于六經矣，乃譏向自信之不篤，邪說之當正，則亦不知六經爲何物，而但竊褒貶以繩世，則其視鮑與吳亦魯、衞之人矣。

兵食論

民之初生，若禽獸然：穴居而野處，拾草木之實以爲食。且又無爪牙以供搏噬，無羽毛以資翰蔽，其不爲禽獸啖食者鮮矣。夫天之生人，以其貴于物也，而反遺之食，則不如勿生，則其勢自不得不假物以爲用，而弓矢戈矛甲胄劍楯之設備矣。蓋有此生，則必有以養此生者，食也。有此身，則必有以衞此身者，兵也。食之急，故井田作；衞之急，故弓矢甲胄興。是甲胄弓矢，所以代爪牙毛羽之用，以疾驅虎豹犀象而遠之也。民之得安其居者，不以是歟！

夫子曰：「足食足兵，民信之矣。」夫爲人上而使民食足兵足，則其信而戴之也何惑焉。至於不得已猶寧死而不離者，則以上之兵食素足也。其曰「去食」「去兵」，非欲去也，不得已也。勢既出於不得已，則爲下者自不忍以其不得已之故，而遂不信於其上。而儒者反謂信重于兵食，則亦不達聖人立言之旨矣。然則兵之與食，果有二乎？曰：苟爲無兵，食固不可得而有也。然而兵者死地也，其名惡，而非是則無以自衞，其實美也。美者難見，而惡則非其所欲聞。惟下之人不欲聞，以故上之人亦不肯以出之於口，況三令而五申之耶！是故無事而教之兵，則謂時方無事，而奈何其擾我也。其誰曰以佚道使我，雖勞不怨乎？有事而調之兵，則謂時方多事，而奈何其殺我也。其誰曰以生道殺我，雖死不怨殺者乎？凡此皆矯誣之語，不過欲以粉飾王道耳。不知王者以道化民，其又能違道以干百姓之譽乎？要必有神而明之，使民宜之，不賞而自勸，不謀而同趨；嘿而成之，莫知其然：斯爲聖人篤恭不顯之至德矣。

夫三王之治，本於五帝，帝軒轅氏尙矣。軒轅氏之王也，七十戰而有天下，殺蚩尤于涿鹿之野，戰炎帝于阪泉之原，亦深苦衞生之難，而旣竭心思以維之矣。以爲民至愚也，而可以利誘；至神也，而不可以忠告。於是爲之井而八分之，使民咸知上之養我也。然蒐狩之禮不舉，得無有傷吾之苗稼者乎？且何以祭田祖而告成歲也？是故四時有田，則四時有祭；四時有祭，則四時有獵。是獵也，所以田也，故其名曰田獵焉。是故國未嘗有養兵之費，而家家收獲禽之功；上之人未嘗有治兵之名，而人人皆三驅之選。戈矛之利，甲冑之堅，不待上之與也。射疏及遠，手輕足便，不待上之試也。攻殺擊刺，童而習之，白首而不相代，不待上之操也。彼其視搏猛獸如搏田兔然，又何有於卽戎乎？是故入相友而出相呼，疾病相視，患難相守，不待上之教以人倫也。折中矩而旋中規，坐作進退，無不如志，不待上之教以禮也。歡忻讌樂，鼓舞不倦，不待耀之以旌旗，宣之以金鼓，獻俘授馘而後樂心生也。分而爲八家，布而爲八陣，其中爲中軍，八首八尾，同力相應，不待示之以六書，經之以算法，而後分數明也。此皆六藝之術，上之所以衞民之生者，然而聖人初未嘗教之以六藝也。文事武備，一齊具舉，又何待庠序之設，孝弟之申，如孟氏畫蛇添足之云乎？彼自十五歲以前，俱已熟試而閑習之矣，而實不知上之使也，以爲上者養我者也。至其家自爲戰，人自爲兵，禮樂以明，人倫以興，則至于今凡幾千年矣而不知，而況當時之民歟！

至矣！聖人鼓舞萬民之術也。蓋可使之由者同井之田，而不可使之知者則六藝之精、孝弟忠信之行也。儒者不察，以爲聖人皆於農隙以講武事。夫蒐苗獮狩，四時皆田，安知田隙？且自田耳，曷嘗以武名，曷嘗以武事講耶？范仲淹乃謂儒者自有名教，何事於兵。則已不知兵之急矣。張子厚復欲買田一方，自謂井田。則又不知井田爲何事，而徒慕古以爲名，祇益醜焉。商君知之，慨然請行，專務攻戰，而決之以信賞必罰，非不頓令秦彊，而車裂之慘，秦民莫哀。則以不可使知者而欲使之知，固不可也。故曰：「聖人之道，非以明民，將以愚之。魚不可以脫于淵，國之利器不可以示人。」至哉深乎！歷世寶之，太公望行之，管夷吾修之，柱下史明之。姬公而後，流而爲儒，紛紜制作，務以明民，瑣屑煩碎，信誓周章，而軒轅氏之政遂衰矣。

雜說

拜月、西廂，化工也；琵琶，畫工也。夫所謂畫工者，以其能奪天地之化工，而其孰知天地之無工乎？今夫天之所生，地之所長，百卉具在，人見而愛之矣，至覓其工，了不可得，豈其智固不能得之歟！要知造化無工，雖有神聖，亦不能識知化工之所在，而其誰能得之？由此觀之，畫工雖巧，已落二義矣。

文章之事，寸心千古，可悲也夫！

且吾聞之：追風逐電之足，決不在於牝牡驪黄之間；聲應氣求之夫，決不在於尋行數墨之士；風行水上之文，決不在於一字一句之奇。若夫結構之密，偶對之切；依於理道，合乎法度；首尾相應，虚實相生：種種禪病皆所以語文，而皆不可以語於天下之至文也。雜劇院本，遊戲之上乘也，西廂、拜月，何工之有！蓋工莫工於琵琶矣。彼高生者，固已殫其力之所能工，而極吾才於既竭。惟作者窮巧極工，不遺餘力，是故語盡而意亦盡，詞竭而味索然亦隨以竭。吾嘗攬琵琶而彈之矣：一彈而嘆，再彈而怨，三彈而向之怨嘆無復存者。此其故何耶？豈其似眞非眞，所以入人之心者不深耶！蓋雖工巧之極，其氣力限量只可達於皮膚骨血之間，則其感人僅僅如是，何足怪哉！西廂、拜月，乃不如是。意者宇宙之內，本自有如此可喜之人，如化工之於物，其工巧自不可思議爾。

且夫世之眞能文者，比其初皆非有意於爲文也。其胸中有如許無狀可怪之事，其喉間有如許欲吐而不敢吐之物，其口頭又時時有許多欲語而莫可所以告語之處，蓄極積久，勢不能遏。一旦見景生情，觸目興嘆；奪他人之酒杯，澆自己之壘塊；訴心中之不平，感數奇於千載。既已噴玉唾珠，昭回雲漢，爲章於天矣，遂亦自負，發狂大叫，流涕慟哭，不能自止。寧使見者聞者切齒咬牙，欲殺欲割，而終不忍藏於名山，投之水火。余覽斯記，想見其爲人，當其時必有大不得意於君臣朋友之間者，故借夫婦離合因緣以發其端。於是焉喜佳人之難得，羨張生之奇遇，比雲雨之翻覆，嘆今人之如土。其尤可笑者：小小風流一事耳，至比之張旭、張顛、羲之、獻之而又過之。堯夫云：「唐虞揖讓三杯酒，湯武征誅一局棋。」

夫征誅揖讓何等也，而以一杯一局覷之，至眇小矣！

嗚呼！今古豪傑，大抵皆然。小中見大，大中見小，舉一毛端建寶王刹，坐微塵裏轉大法輪。此自至理，非干戲論。倘爾不信，中庭月下，木落秋空，寂寞書齋，獨自無賴，試取琴心一彈再鼓，其無盡藏不可思議，工巧固可思也。嗚呼！若彼作者，吾安能見之歟！

童心說

龍洞山農敘西廂末語云：「知者勿謂我尚有童心可也。」夫童心者，眞心也。若以童心爲不可，是以眞心爲不可也。夫童心者，絕假純眞，最初一念之本心也。若失却童心，便失却眞心；失却眞心，便失却眞人。人而非眞，全不復有初矣。

童子者，人之初也；童心者，心之初也。夫心之初曷可失也！然童心胡然而遽失也？蓋方其始也，有聞見從耳目而入，而以爲主于其內而童心失。其長也，有道理從聞見而入，而以爲主于其內而童心失。其久也，道理聞見日以益多，則所知所覺日以益廣，於是焉又知美名之可好也，而務欲以揚之而童心失；知不美之名之可醜也，而務欲以掩之而童心失。夫道理聞見，皆自多讀書識義理而來也。古之聖人，曷嘗不讀書哉！然縱不讀書，童心固自在也，縱多讀書，亦以護此童心而使之勿失焉耳，非若學者反以多讀書識義理而反障之也。夫學者既以多讀書識義理障其童心矣，聖人又何用多著書立言以障學人爲耶？童心既障，於是發而爲言語，則言語不由衷；見而爲政事，則政事無根柢；著而爲文辭，則文辭不能達。非內含於章美也，非篤實生輝光也，欲求一句有德之言，卒不可得。所以者何？以童心既障，而以從外入者聞見道理爲之心也。

夫既以聞見道理爲心矣，則所言者皆聞見道理之言，非童心自出之言也。言雖工，於我何與，豈非以假人言假言，而事假事文假文乎？蓋其人既假，則無所不假矣。由是而以假言與假人言，則假人喜；以假事與假人道，則假人喜；以假文與假人談，則假人喜。無所不假，則無所不喜。滿場是假，矮人何辯也？然則雖有天下之至文，其湮滅于假人而不盡見于後世者，又豈少哉！何也？天下之至文，未有不出于童心焉者也。苟童心常存，則道理不行，聞見不立，無時不文，無人不文，無一樣創制體格文字而非文者。詩何必古選，文何必先秦。降而爲六朝，變而爲近體；又變而爲傳奇，變而爲院本，爲雜劇，爲西廂曲，爲水滸傳，爲今之舉子業，皆古今至文，不可得而時勢先後論也。故吾因是而有感于童心者之自文也，更說甚麽六經，更說甚麽語、孟乎？

夫六經、語、孟，非其史官過爲褒崇之詞，則其臣子極爲贊美之語。又不然，則其迂闊門徒，懵懂弟子，記憶師說，有頭無尾，得後遺前，隨其所見，筆之於書。後學不察，便謂出自聖人之口也，決定目之爲經矣，孰知其大半非聖人之言乎？縱出自聖人，要亦有爲而發，不過因病發藥，隨時處方，以救此一等懵懂弟子，迂闊門徒云耳。藥醫假病，方難定執，是豈可遽以爲萬世之至論乎？然則六經、語、孟，乃道學之口實，假人之淵藪也，斷斷乎其不可以語於童心之言明矣。嗚呼！吾又安得眞正大聖人童心未曾失者而與之一言文哉！

心經提綱

心經者，佛說心之徑要也。心本無有，而世人妄以爲有；亦無無，而學者執以爲無。有無分而能、所立，是自罣礙也，自恐怖也，自顚倒也，安得自在？獨不觀於自在菩薩乎？彼其智慧行深，旣到自在彼岸矣，斯時也，自然照見色、受、想、行、識五蘊皆空，本無生死可得，故能出離生死苦海，而度脫一切苦厄焉。此一經之總要也。下文重重說破，皆以明此，故遂呼而告之曰：舍利子，勿謂吾說空，便卽着空也！如我說色，不異於空也；如我說空，不異於色也。然但言不異，猶是二物有對，雖復合而爲一，猶存一也。其實我所說色，卽是說空，色之外無空矣；我所說空，卽是說色，空之外無色矣。非但無色，而亦無空，此眞空也，故又呼而告之曰：「舍利子，是諸法空相。」無空可名，何況更有生滅、垢淨、增減名相？是故色本不生，空本不滅；說色非垢，說空非淨；在色不增，在空不減。非億之也，空中原無是耳。是故五蘊皆空，無色、受、想、行、識也；六根皆空，無眼、耳、鼻、舌、身、意也；六塵皆空，無色、聲、香、味、觸、法也；十八界皆空，無眼界乃至無意識界也。以至生老病死，明與無明，四諦智證等，皆無所得。此自在菩薩智慧觀照到無所得之彼岸也。如此所得旣無，自然無罣礙恐怖與夫顚倒夢想矣，現視生死而究竟涅槃矣。豈惟菩薩，雖過去現在未來三世諸佛，亦以此智慧得到彼岸，共成無上正等正覺焉耳，則信乎盡大地衆生無有不是佛者。乃知此眞空妙智，是大神呪，是大明呪，是無上呪，是無等等呪，能出離生死苦海，度脫一切苦厄，眞實不虛也。然則空之難言也久矣。執色者泥色，說空者滯空，及至兩無所依，則又一切撥無因果。不信經中分明讚嘆空卽是色，更有何空；色卽是空，更有何色；無空無色，尙何有有無，於我罣礙而不得自在耶？然則觀者但以自家智慧時常觀照，則彼岸當自得之矣。菩薩豈異人哉，但能一觀照之焉耳。人人皆菩薩而不自見也，故言菩薩則人人一矣，無聖愚也。言三世諸佛則古今一矣，無先後也。奈之何可使由而不可使知者衆也？可使知則爲菩薩；不可使知則爲凡民，爲禽獸，爲木石，卒歸於泯泯爾矣！

四勿說

人所同者謂禮，我所獨者謂己。學者多執一己定見，而不能大同於俗，是以入於非禮也。非禮之禮，大人勿爲；眞己無己，有己卽克。此顏子之四勿也。是四勿也，卽四絕也，卽四無也，卽四不也。四絕者，絕意、絕必、絕固、絕我是也。四無者，無適、無莫、無可、無不可是也。四不者，中庸卒章所謂不見、不動、不言、不顯是也。顏子得之而不遷不貳，則卽勿而不；由之而勿視勿聽，則卽不而勿。此千古絕學，惟顏子足以當之。顏子沒而其學遂亡，故曰「未聞好學者」。雖曾子、孟子亦已不能得乎此矣，況濂、洛諸君子乎！未至乎此而輕易談四勿，多見其不知量也。聊且博爲註解，以質正諸君何如？蓋由中而出者謂之禮，從外而入者謂之非禮；從天降者謂之禮，從人得者謂之非禮；由不學、不慮、不思、不勉、不識、不知而至者謂之禮，由耳目聞見，心思測度，前言往行，彷彿比擬而至者謂之非禮。語言道斷，心行路絕，無蹊徑可尋，無塗轍可由，無藩衛可守，無界量可限，無扃鑰可啓，則於四勿也當不言而喻矣。未至乎此而輕談四勿，是以聖人謂之曰「不好學」。

虛實說

學道貴虛，任道貴實。虛以受善，實焉固執。不虛則所擇不精，不實則所執不固。虛而實，實而虛，眞虛眞實，眞實眞虛。此唯眞人能有之，非眞人則不能有也。非眞人亦自有虛實，但不可以語於眞人之虛實矣。故有似虛而其中眞不虛者，有似不虛而其中乃至虛者。有始虛而終實，始實而終虛者。又有衆人皆信以爲至虛，而君子獨不謂之虛，此其人犯虛怯之病。有衆人皆信以爲實，而君子獨不謂之實，此其人犯色取之症。眞僞不同，虛實異用，虛實之端，可勝言哉！且試言之。

何謂始虛而終實？此如人沒在大海之中，所望一救援耳。舵師憐之，以智慧眼，用無礙才，一舉而援之，可謂幸矣。然其人慶幸雖深，魂魄尚未完也。閉目禁口，終不敢出一語，經月累日，唯舵師是聽，抑何虛也！及到彼岸，攝衣先登，脚履實地，萬無一死矣，縱舵師復紿之曰：「此去尚有大海，須還上船，與爾俱載別岸，乃可行也。」吾知其人搖頭擺手，徑往直前，終不復舵師之是聽矣，抑又何實乎！所謂始虛而終實者如此。吁！千古賢聖，眞佛眞仙，大抵若此矣。

何謂始實而終虛？如張橫渠已爲關中夫子矣，非不實任先覺之重也，然一聞二程論易，而皐比永撤，遂不復坐。夾山和尚已登壇說法矣，非不實受法師之任也，然一見道吾拍手大笑，遂散衆而來，別求船子說法。此二等者，雖不免始實之差，而能獲終虛之益，蓋千古大有力量人，若不得道，吾不信也。

何謂衆人皆以爲實，而君子獨不謂之實？彼其於己實未敢自信也，特因信人而後信己耳。彼其於學實未嘗時習之而說也，特以易說之故，遂冒認以爲能說茲心耳。是故人皆悅之，則自以爲是。是其自是也，是於人之皆說也。在邦必聞，則居之不疑，是其不疑也，以其聞之於邦家也。設使不聞，則雖欲不疑，不可得矣。此其人寧有實得者耶？是可笑也。何謂衆人皆以爲至虚，而君子獨不謂之虚？彼其未嘗一日不與人爲善也，是以人皆謂之舜也，然不知其能舍己從人否也。未嘗一日不拜昌言也，是以人皆謂之禹也，然不知其能過門不入，呱呱弗子否也。蓋其始也，不過以虚受爲美德而爲之，其終也，習慣成僻，亦冒認以爲戰戰兢兢，臨深履薄，而安知其爲怯弱而不能自起者哉！

然則虚實之端，未易言也。非虚實之難言也，以眞虚眞實之難知也。故曰：「人不知而不愠。」夫人，衆人也。衆人不知，故可謂之君子。若衆人而知，則吾亦衆人而已，何足以爲君子。衆人不知，故可直任之而不愠。若君子而不知之，則又如之何而不愠也？是則大可懼也，雖欲勿愠，得乎？世間君子少而衆人多，則知我者少，不知我者多。固有舉世而無一知者，而唯顏子一人獨知之，所謂「遯世不見知而不悔」是也。夫唯遯世而不見知也，則雖有虚實之說，其誰聽之！

定林庵記

余不出山久矣。萬曆戊戌，從焦弱侯至白下，詣定林庵，而庵猶然無恙者，以定林在日素信愛於弱侯也。定林不受徒，今來住持者弱侯擇僧守之，實不知定林作何面目，則此庵第屬定林創建，名曰定林庵，不虚耶？定林創庵甫成，卽舍去之牛首，復創大華嚴閣，弱侯碑紀其事甚明也。閣甫成，又舍去之楚，訪余於天中山，而遂化於天中山，塔於天中山。馬伯時隱此山時，特置山居一所，度一僧，使專守其塔矣。今定林化去又十二年，余未死，又復來此，復得見定林庵。夫金陵多名刹，區區一定林庵安足爲輕重，而舊椽敗瓦，人不忍毁，則此庵雖小，實賴定林久存，名曰定林庵，豈虚耶！

夫定林，白下人也，自幼不茹葷血，又不娶，日隨其主周生赴講，蓋當時所謂周安其人者也。余未嘗見周生，但見周安隨楊君道南至京師。時李翰峰先生在京，告余曰："周安知學。子欲學，幸毋下視周安！"蓋周安本隨周生執巾屨之任，乃周生不力學，而周安供茶設饌，時時竊聽，或獨立簷端，或拱身柱側，不敧不倚，不退不倦，卒致斯道。又曰："周安以周生病故，而道南乃東南名士，終歲讀書破寺中，故周安復事道南。"夫以一周安，乃得身事道南，又得李先生嘆羨，弱侯信愛，則周安可知矣。後二年，余來金陵，獲接周安，而道南又不幸早死。周安因白弱侯曰："吾欲爲僧。夫吾迄歲山寺，只多此數莖髮，不剃何爲？"弱侯無以應，遂約余及管東溟諸公，送周安於雲松禪師披剃爲弟子，改法名曰定林。此定林之所由名也。弱侯又於館側別爲庵院，而余復書"定林庵"三字以匾之。此又定林庵之所由名也。

弱侯曰："庵存人亡，見庵若見其人矣。其人雖亡，其庵尚存；庵存則人亦存。雖然，人今已亡，庵亦安得獨存；惟有記庶幾可久。"余謂庵不足記也，定林之庵不可以不記也。今不記，恐後我而生者且不知定林爲何物，此庵爲何等矣。

夫從古以來，僧之有志行者亦多，獨定林哉！余獨怪其不辭卑賤，而有志於聖賢大道也。故曰："賤莫賤於不聞道。"定林自視其身爲何如者，故衆人卑之以爲賤，而定林不知也。今天下冠冕之士，儼然而登講帷，口談仁義，手揮麈尾，可謂尊且貴矣，而能自貴者誰歟！況其隨從於講次之末者歟！又況於僕廝之賤，鞭箠之輩，不以爲我勞，則必以爲無益於充囊飽腹，且相率攘袂而竊笑矣。肯俯首下心，歸禮窮士，日倚簷楹，欣樂而忘其身之賤，必欲爲聖人然後已者耶！古無有矣。是宜記，遂爲之記。不記庵，專記定林名庵之由。嗚呼！道不虛談，學務實效，則此定林庵眞不虛矣。

高潔說

余性好高，好高則倨傲而不能下。然所不能下者，不能下彼一等倚勢仗富之人耳；否則稍有片長寸善，雖隸卒人奴，無不拜也。余性好潔，好潔則狷隘而不能容。然所不能容者，不能容彼一等趨勢諂富之人耳；否則果有片善寸長，縱身爲大人王公，無不賓也。能下人，故其心虛；其心虛，故所取廣；所取廣，故其人愈高。然則言天下之能下人者，固言天下之極好高人者也。余之好高，不亦宜乎！能取人，必無遺人；無遺人，則無人不容；無人不容，則無不潔之行矣。然則言天下之能容人者，固言天下之極好潔人者也。余之好潔，不亦宜乎！

今世齷齪者皆以余狷隘而不能容，倨傲而不能下。謂余自至黃安，終日鎖門，而使方丹山有好個四方求友之譏。自住龍湖，雖不鎖門，然至門而不得見，或見而不接禮者，縱有一二加禮之人，亦不久卽厭棄。是世俗之論我如此也。殊不知我終日閉門，終日有欲見勝己之心也；終年獨坐，終年有不見知己之恨也。此難與爾輩道也！其頗說得話者，又以余無目而不能知人，故卒爲人所欺；偏愛而不公，故卒不能與人以終始。彼自謂離毛見皮，吹毛見孔，所論確矣。其實視世之齷齪者僅五十步，安足道耶！

夫空谷足音，見似人猶喜，而謂我不欲見人，有是理乎？第恐尙未似人耳，苟其略似人形，當卽下拜而忘其人之賤也，奔走而忘其人之貴也。是以往往見人之長而遂忘其短，非但忘其短也，方且隆禮而師事之，而況知吾之爲偏愛耶！何也？好友難遇，若非吾禮敬之至，師事之誠，則彼聰明才賢之士，又曷肯爲我友乎？必欲與之爲友，則不得不致吾禮數之隆。然天下之眞才眞聰明者實少也。往往吾盡敬事之誠，而彼聰明者有才者終非其眞，則其勢又不得而不與之疎。且不但不眞也，又且有姦邪焉，則其勢又不得而不日與之遠。是故衆人咸謂我爲無目耳。夫使我而果無目也，則必不能以終遠；使我而果偏愛不公也，則必護短以終身。故爲偏愛無目之論者，皆似之而非也。

今黄安二上人到此，人又必且以我爲偏愛矣。二上人其務與我始終之，無使我受無目之名可也。然二上人實知余之苦心也，實知余之孤單莫可告語也，實知余之求人甚於人之求余也。吾又非以二上人之才，實以二上人之德也；非以其聰明，實以其篤實也。故有德者必篤實，篤實者則必有德，二上人吾何患乎？二上人師事李壽庵，壽庵師事鄧豁渠。鄧豁渠志如金剛，膽如天大，學從心悟，智過於師，故所取之徒如其師，其徒孫如其徒。吾以是卜之，而知二上人之必能爲我出氣無疑也，故作好高好潔之說以貽之。

三蠢記

劉翼性峭直，好罵人。李百藥語人曰：「劉四雖復罵人，人亦不恨。」噫！若百藥者，可謂眞劉翼知己之人矣。

余性亦好罵人，人亦未嘗恨我。何也？以我口惡而心善，言惡而意善也。心善者欲人急於長進，意善者又恐其人之不肯急於長進也，是以知我而不恨也。然世人虽不我恨，亦終不與我親。若能不恨我，又能親我者，獨有楊定見一人耳。所以不恨而益親者又何也？蓋我愛富貴，是以愛人之求富貴也。愛貴則必讀書，而定見不肯讀書，故罵之；愛富則必治家，而定見不做人家，故罵之。罵人不去取富貴，何恨之有？然定見又實有可罵者：方我之困於鄂城也，定見冒犯暑雪，一年而三四至，則其氣骨果有過人者。我知其可以成就，故往往罵詈之不休耳。然其奈終不可變化何哉？不讀書，不勤學，不求生世之產，不事出世之謀，蓋有氣骨而無遠志，則亦愚人焉耳，不足道也。深有雖稍有向道之意，然亦不是直向上去之人，往往認定死語，以辛勤日用爲枷鎖，以富貴受用爲極安樂自在法門，則亦不免誤人自誤者。蓋定見有氣骨而欠靈利，深有稍靈利而無氣骨，同是山中一蠢物而已。

夫既與蠢物爲伍矣，只好將就隨順，度我殘年，猶爾責罵不已，則定見一蠢物也，深有一蠢物也，我又一蠢物也，豈不成三蠢乎？作三蠢記。

三叛記

時在中伏，晝日苦熱，夜間頗涼。湖水驟滿，望月初上，和風拂面，有客來伴，此正老子恥貽時也。楊胖平日好瞌睡，不知此夜何忽眼青，乃無上事，忻然而笑，驚蝴蝶之夢周，怪鐵杵之嗷廣。和尚不覺矍然開眼而問曰：「子何笑？」曰：「吾笑此時有三叛人，欲作傳而未果耳。」余謂三叛是誰？爾傳又欲如何作？胖曰：「楊道自幼跟我，今年二十五矣，見我功名未就，年紀又長，無故而逃，是一叛也。懷喜本是楊道一類人，幸得湖僧與之落髮，遂以此僧爲師，以深爲師祖。故深自有懷喜，東西遊行，咸以爲伴，飲食衣服，盡與喜同。今亦一旦棄之而去，託言入縣閉關誦經。夫縣城諠雜，豈閉關地耶？明是背祖，反揚言祖可以背李老去上黄柏，吾獨不可背之以閉關城下乎？雖祖涕泗交頤，再四苦留，亦不之顧，是三叛也。」余又問何者是三。不答但笑，蓋指祖也。

時有魚目子、東方生、卯酉客並在座。魚目子問曰：「虽是三叛，獨無輕重不同科乎？」東方生曰：「三者皆可死，有何輕重！蓋天下唯忘恩背義之人不可以比於夷狄禽獸，以夷狄禽獸尚知守義報恩也。既名爲叛，則一切無輕重皆殺！」魚目子曰：「深之罪不須再申明定奪矣，若喜受祖恩養日久，豈道所可同乎？使楊胖之待道有深萬一，則道亦必守死而不肯叛楊以去矣。二子人物雖同，要當以平日情意厚薄爲差，况道之靈利可使，猶有過喜者哉！故論人品則道爲上，喜居中，深乃最下；論如法則祖服上刑，喜次之，道又次之。此論不可易也。」東方生終不然其説，魚目子因與之反詰不已。東方生曰：「夫祖之痛喜，豈誠痛喜之聰明可以語道耶？抑痛喜之志氣果不同于凡僧耶？抑又以人品氣骨眞足以繼此段大事耶？同是道一樣人，特利其能飲食供奉己也，寢處枕席之足以備冬溫夏涼之快己也。彼以有利于己而痛之，此以能利于彼而受其痛。報者施者，卽時已畢，無餘剩矣，如今之傭工人是已，安得而使之不與道同科也？」

二子旣爭論不決，而楊又默默無言，於是卯酉客從旁持刀而立曰：「三者皆未可死，唯老和尚可死，速殺此老，貴圖天下太平！本等是一箇老實無志氣的，乃過而愛之，至比之汾陽，比之布袋。夫有大志而不知，無目者也。非有大志，而以愛大志之愛愛之，亦無目者也。是可殺也。長别人志氣，滅自己威風，不殺更又何待！」持刀直逼和尚。和尚跪而請曰：「此實正論，此實正論。且乞饒頭，免做無頭鬼！」嗚呼！昔既無目，今又無頭，人言禍不單行，諒哉！

忠義水滸傳序

太史公曰：「說難、孤憤，賢聖發憤之所作也。」由此觀之，古之賢聖，不憤則不作矣。不憤而作，譬如不寒而顫，不病而呻吟也，雖作何觀乎？水滸傳者，發憤之所作也。蓋自宋室不競，冠屨倒施，大賢處下，不肖處上。馴致夷狄處上，中原處下，一時君相猶然處堂燕鵲，納幣稱臣，甘心屈膝于犬羊已矣。施、羅二公身在元，心在宋；雖生元日，實憤宋事。是故憤二帝之北狩，則稱大破遼以洩其憤；憤南渡之苟安，則稱滅方臘以洩其憤。敢問洩憤者誰乎？則前日嘯聚水滸之强人也，欲不謂之忠義不可也。是故施、羅二公傳水滸而復以忠義名其傳焉。

夫忠義何以歸于水滸也？其故可知也。夫水滸之衆何以一一皆忠義也？所以致之者可知也。今夫小德役大德，小賢役大賢，理也。若以小賢役人，而以大賢役於人，其肯甘心服役而不恥乎？是猶以小力縛人，而使大力者縛於人，其肯束手就縛而不辭乎？其勢必至驅天下大力大賢而盡納之水滸矣。則謂水滸之衆，皆大力大賢有忠有義之人可也。然未有忠義如宋公明者也。今觀一百單八人者，同功同過，同死同生，其忠義之心，猶之乎宋公明也。獨宋公明者身居水滸之中，心在朝廷之上，一意招安，專圖報國，卒至于犯大難，成大功，服毒自縊，同死而不辭，則忠義之烈也！眞足以服一百單八人者之心，故能結義梁山，爲一百單八人之主。最後南征方臘，一百單八人者陣亡已過半矣；又智深坐化于六和，燕青涕泣而辭主，二童就計于「混江」。宋公明非不知也，以爲見幾明哲，不過小丈夫自完之計，決非忠于君義于友者所忍屑矣。是之謂宋公明也，是以謂之忠義也，傳其可無作歟！傳其可不讀歟！

故有國者不可以不讀，一讀此傳，則忠義不在水滸，而皆在於君側矣。賢宰相不可以不讀，一讀此傳，則忠義不在水滸，而皆在於朝廷矣。兵部掌軍國之樞，督府專閫外之寄，是又不可以不讀也，苟一日而讀此傳，則忠義不在水滸，而皆爲干城心腹之選矣。否則不在朝廷，不在君側，不在干城腹心，烏乎在？在水滸。此傳之所爲發憤矣。若夫好事者資其談柄，用兵者藉其謀畫，要以各見所長，烏睹所謂忠義者哉！

子由解老序

食之於飽，一也。南人食稻而甘，北人食黍而甘，此一南一北者未始相羨也。然使兩人者易地而食焉，則又未始相棄也。道之於孔、老，猶稻黍之於南北也，足乎此者，雖無羨於彼，而顧可棄之哉！何也？至飽者各足，而眞饑者無擇也。

蓋嘗北學而食於主人之家矣。天寒，大雨雪三日，絕糧七日，饑凍困踣，望主人而嚮往焉。主人憐我，炊黍餉我，信口大嚼，未暇辨也。撤案而後問曰：「豈稻粱也歟！奚其有此美也？」主人笑曰：「此黍稷也，與稻粱埒。且今之黍稷也，非有異於向之黍稷者也。惟甚饑，故甚美；惟甚美，故甚飽。子今以往，不作稻粱想，不作黍稷想矣。」

余聞之，慨然而嘆，使余之於道若今之望食，則孔、老暇擇乎！自此專治老子，而時獲子由老子解讀之。解老子者衆矣，而子由稱最。子由之引中庸曰：「喜怒哀樂之未發謂之中。」夫未發之中，萬物之奧，宋儒自明道以後，遞相傳授，每令門弟子看其氣象爲何如者也。子由乃獨得微言於殘篇斷簡之中，宜其善發老子之藴，使五千餘言爛然如皎日，學者斷斷乎不可以一日去手也。解成，示道全，當道全意；寄子瞻，又當子瞻意。今去子由五百餘年，不意復見此奇特。嗟夫！亦惟眞饑而後能得之也。

高同知獎勸序高係土官父祖作逆

余嘗語高子曰：「我國家統一寰宇，澤流區内，威制六合，不務廣地而地自廣，蓋秦皇所不能臣，漢武所不能服者，悉入版圖矣。若干羽之格，東漸西被，朔南暨及。以今視之，奚啻千百耶！然此人能言之矣，吾且言其設官分職以爲民極者，與子揚厲之可乎？

「夫滇南迤西，流土並建，文教敷洽，二百餘年矣。蓋上採前王封建之盛制，下不失後王郡縣之良規者也。夫前有封建，其德厚矣，而制未周；後有郡縣，其制美矣，而德未厚。惟是我朝，上下古今，俯仰六王，囊括幷包，倫制兼盡，功德盛隆，誠自生民以來之聖之所未有也。故余謂若我聖朝卜世卜年，豈特丕若有夏，勿替有殷，且兼成周有道之長，衍漢、唐、宋無疆之曆，萬億斯年，未有艾矣。此豈直爲小臣祝願之私哉！其根本盛者，其枝葉無窮，理固然耳。

「爾高氏之先，吾不知其詳矣。自爲内臣以來，我高皇帝憐其來歸而不忍遷之也，則使之仍有土之業；因其助順而不忍絶之也，則使之與於世及之典。又念其先世曾有功德於民，而吾兵初不血刃也，則授以大夫之秩，以延其子孫而隆其眷。夫當混一廓清之日，摧枯拉朽之際，謀臣猛將，屯集如雲，設使守漢、唐之故事，或因其來歸也，而待以不死，可若何？或因其效順也，而遂遷之內地，使不得食其故土之毛，可若何？雖其先或有功德，而沒世勿論也，其又若之何？故吾以爲我祖宗之恩德至厚也。

「且今之來此而爲郡守州正縣令者，豈易也哉！彼其讀書曾破萬卷，胸中兵甲亦且數十萬，積累勤矣。苟萬分一中選，亦必遲回郎署十餘年，跋涉山川萬餘里。視子之爵不甚加，而親戚墳墓則遠矣。然猶日惶惶焉以不得稱厥職是懼，一有愆尤，卽論斥隨之，與編戶等矣。其來遠，其去速，其得之甚難，而失之甚易也。如此回視吾子安步而行，乘馬而馳，足不下堂階，而終身逸樂，累世富貴不絕，未嘗稽顙厥廷，而子孫秩爵與流官埒。是可不知其故乎？

「且夫汗馬之功臣，其殊勳懋伐載在盟府，尙矣。乃其後嗣不類，或以驕奢毀敗，雖有八議，不少假借。外之衞所，其先世非與於拔城陷陣之勳，則未易以千戶賞，況萬戶乎。今其存者無幾矣。幸而存，非射命中，力搏虎，則不得以破格調；其平日非敬禮君子，愛恤軍人，則不可以久安；亦旣岌岌矣。惟土官不然。若有細誤，輒與蓋覆；若有微勞，輒恐後時。郡守言之監司，監司言之臺院，而賞格下矣。

「夫同一臣子，同一世官也，乃今以郡守則不得比，以衞所世官則不得比，以功臣之子孫則又不得比，其故何哉？蓋功臣之子孫，恐其恃功而驕也，則難制矣，故其法不得不詳，非故薄之也。若郡守，則節制此者也，非大賢不可；衞所世官，則擁衞此者也，非强有力知禮義亦不可：故宜其責之備耳。夫有擁衞以防其蔓，有節制以杜其始，則無事矣，故吾子得以安意肆志焉以世受有爵之榮，是其可不知恩乎？知恩則思報，思報則能謹守禮而重犯法，將與我國家相爲終始，無有窮時，其何幸如之！」

余既與高子時時作是語已。今年春，巡按劉公直指鐵驄，大敉羣吏，乃高子亦與獎賞。然則高子豈不亦賢哉！高子年幼質美，深沉有智，循循雅飭，有儒生之風焉。其務世其家以求克蓋前人者，尤可嘉也。於戲！余既直書獎語懸之高門，以爲高氏光寵矣，因同官之請，又仍次前語以賀之。其尚知恩報恩，以無棄余言，無負於我國家可也！

送鄭大姚序

昔者曹參以三尺劍佐漢祖平天下，及爲齊相，九年而齊國安集。嚴助謂汲長孺任職居官無以踰人，至出爲東海，而東海大治。今觀其所以治齊治東海者，實大不然。史稱汲黯戇，性倨少禮。初授爲滎陽令，不受，恥之；後爲東海，病臥閨閣内，歲餘不出。參日夜飲醇酒，不事事。吏舍日飲歌呼，參聞之，亦取酒張坐飲歌呼，與相應和。此豈有軌轍蹊徑哉！要何與於治而能令郡國以理也？

語曰：「其身正，不令而行。」「莊以蒞之。動之不以禮，未善也。」以余所聞，則二子者將不免以其不正之身，肆於民上。不莊不正，得罪名教甚矣。而卒爲漢名相，古之社稷臣者，何也？豈其所以致理者或自有在，彼一切觀美之具有不屑歟？抑苟可以成治，於此有不計歟？將民實自治，無容別有治之之方歟？是故恬焉以嬉，遨焉以遊，而民自理也？夫黃帝遠矣，雖老子之學，亦概乎其未之聞也。豈二子者或別有黃、老之術，未可以其畔於吾之教而非詆之歟？吾聞至道無爲，至治無聲，至教無言。雖賜也，亦自謂不可得聞矣，豈其於此實未有聞，而遂不知求之繩墨之外也？余甚疑焉，而未敢以告人。屬鄭君爲大姚令，乃以余平昔之所疑者質之。

夫大姚，滇下邑也，僻小而陋，吾知君久矣其不受也。觀君魁然其容，充然其氣，洞然不設城府。其與上大夫言，如對羣吏，處大庭如在燕私，偃倨似汲黯，酣暢似曹參。此豈儒者耳目所嘗睹記哉！君獨神色自若，飲啖不輟，醉後耳熱，或歌詩作大字以自娛，陶陶然若不以邑事爲意，而邑中亦自無事。嗟夫！君豈亦學黄、老而有得者耶！抑天資冥契，與道合眞，不自知其至於斯也！不然，將懼儒者竊笑而共指之矣，而寧能遽爾也耶！

吾與君相聚二載餘矣，亦知君之爲人矣，今其歸也，其有不得者乎？夫淵明辭彭澤而賦歸去，採菊東籬，有深意矣。刺史王弘，一旦二十千擲付酒家，可遂謂世無若人焉一知陶令之賢乎？阮嗣宗曠達不仕，聞步兵廚有酒，求爲校尉。君既恥爲令矣，縱有步兵之達，莫可告語，況望有知而大用君者，亦惟有歸去而已。行李蕭條，童僕無懽，直云窮矣，能無慟乎！如君作達，皆可勿恤也。君第行，吾爲君屈指而數之，計過家之期，正菊花之候，飲而無資，當必有白衣送酒如賢刺史王公者，能令君一醉爾也。

李中丞奏議序代作

傳曰：「識時務者在於俊傑。」夫時務亦易識耳，何以獨許俊傑爲也？且夫俊傑之生，世不常有，而事之當務，則一時不無，若必待俊傑而後識，則世之所謂時務皆非時務者歟？抑俊傑之所識者，必俊傑而後識，非俊傑則終不能識歟？吾是以知時務之大也。

奏議者，議一時之務而奏之朝廷，行之邦國，斷斷乎不容以時刻緩焉者也。奏議多矣，而唐獨稱陸宣公者，則以此公之學有本，其於人情物理，靡不周知，其言詞溫厚和平，深得告君之體，使人讀其言，便自心開目明，惟恐其言之易盡也。則眞所謂奏議矣，然亦不過德宗皇帝時一時之務耳。蓋德宗時既多艱，又好以猜忌爲聰明，故公宛曲及之，長短疾徐，務中其肯綮，以達乎膏肓，直欲窮之於其受病之處，蠹弊之源，令人主讀之，不覺不知入其中而不怒，則奏議之最也。若非德宗之時，則又烏用此哉？

漢有鼂、賈：鼂錯有論，賈誼有策。今觀誼之策，如改正朔，易服色，早輔教等，皆依倣周官而言之。此但可與俗儒道，安可向孝文神聖之主談也。然三表、五餌之策，推恩分王之策，以梁爲齊、趙、吳、楚之邊，剖淮南諸國以益梁而分王其子。梁地二千餘里，卒之滅七國者，梁王力也。孰謂洛陽年少通達國體，識時知務如此哉！至今讀其書，猶想見其爲人，欲不謂之千古之俊傑，不可得矣。若錯之論兵事，與夫募民徙邊，屯田塞下，削平七國等，皆一時急務，千載石畫，未可以成敗論人，妄生褒貶也。蓋時者如鷙鳥之趨時，務者如易子之交務，稍緩其時，不知其務則殆，孰謂時務可易言哉！其勢非天下之俊傑，固不能以識此矣。

宋人議論太多，雖謂之無奏議可也。然蘇文忠公實推陸忠宣奏議矣。今觀其上皇帝諸書與其他奏議，眞忠肝義膽，讀之自然慟哭流涕，又不待以痛哭流涕自言也。然亦在坡公時當務之急耳，過此而徽、欽，則無用矣。亦猶鼂、賈之言，只可對文、景、武三帝道耳，過此則時非其時，又易其務，不中用也。

余讀先賢奏議，其所以尚論之者如此。今得中丞李公奏議讀之，雖未知其於鼂、賈何如，然陸敬輿、蘇子瞻不能過也。故因書昔日之言以請教於公，公其信不妄否？如不妄，則願載之末簡。

言一也，有先行之言，有可行之言，又有當行之言。吾嘗以此三言者定君子之是非，而益以見立言者之難矣。

先行錄序代作

何謂先行之言？則夫子之告子貢是已。既已先行其言矣，安有言過其行之失乎？何謂可行之言？則易也，中庸也，皆是也。易曰：「以言乎遠則不禦」，是遠言皆可行也；「以言乎邇則靜而正」，是邇言皆可行也；「以言乎天地之間則備」，是天地之間之言皆可行也。中庸曰：「夫婦之不肖，可以能行焉。」夫夫婦能行，則愚不肖者自謂不及，賢智者自謂過之，皆不可得矣，其斯以爲可行之言乎？既曰可行之言，則言之千百世之上不爲先，行之千百世之下不爲後；則以言行合一，先後並時，雖聖人亦不能置先後于其間故也。

若夫當行之言，則雖今日言之，而明日有不當行之者，而況千百世之上下哉！不獨此也，舉一人而言，在仲由則爲當行，而在冉求則爲不當行矣，蓋時異勢殊，則言者變矣。故行隨事遷，則言焉人殊，安得據往行以爲典要，守前言以效尾生耶？是又當行之言不可以執一也。

夫當行而後言，非通于道者不能；可行而後言，非深于學者不能。若中丞李公，眞所謂通于道、深于學者也，故能潔己裕人，公恕並用，其言之而當行而可行者乎！乃今又幸而獲讀所爲從政集者，則又見其在朝在邑，處鄉處家，已往之蹟皆如是也，所謂先行其言者也。某是以知公之學，實學也，其政，實政也，謂之曰先行錄，不亦宜乎！然既先行其言矣，又何不當行之有？又何不可行之有？

時文後序代作

時文者，今時取士之文也，非古也。然以今視古，古固非今；由後觀今，今復爲古。故曰文章與時高下。高下者，權衡之謂也。權衡定乎一時，精光流于後世，曷可苟也！夫千古同倫，則千古同文，所不同者一時之制耳。故五言興，則四言爲古；唐律興，則五言又爲古。今之近體既以唐爲古，則知萬世而下當復以我爲唐無疑也，而況取士之文乎？彼謂時文可以取士，不可以行遠，非但不知文，亦且不知時矣。夫文不可以行遠而可以取士，未之有也。國家名臣輩出，道德功業，文章氣節，于今爛然，非時文之選歟？故棘闈三日之言，卽爲其人終身定論。苟行之不遠，必言之無文，不可選也。然則大中丞李公所選時文，要以期於行遠耳矣。吾願諸士留意觀之。

張橫渠易說序代作

橫渠先生與學者論易久矣，後見二程論易，乃謂其弟子曰：「二程深明易道，吾不如。」勇撤臯比，變易而從之，其勇也如此。吾謂先生卽此是易矣。昔人論易，每括之以三言：曰易簡而天下之理得。是易簡，一易也。又曰不易乎世。是不易，一易也。又曰變動不居，周流六虛，不可爲典要，惟變所適。是變易，又一易也。至簡故易，不易故深，變易故神。雖曰三言，其實一理。深則無有不神，神則無有不易矣。先生變易之速，易如反掌，何其神乎！故吾謂先生卽此是易矣。作易說序。

龍谿先生文錄抄序

龍谿王先生集共二十卷，無一卷不是談學之書；卷凡數十篇，無一篇不是論學之言。夫學問之道，一言可蔽，卷若積至二十，篇或累至數十，能無贅乎？然讀之忘倦，卷卷若不相襲，覽者唯恐易盡，何也？蓋先生學問融貫，溫故知新，若滄洲瀛海，根于心，發于言，自時出而不可窮，自然不厭而文且理也。而其誰能贅之歟！故余嘗謂先生此書，前無往古，今無將來，後有學者可以無復著書矣，蓋逆料其決不能條達明顯一過于斯也。而刻板貯于紹興官署，印行者少，人亦罕讀。又先生少壯至老，一味和柔，大同無我，無新奇可喜之行，故俗士亦多不悅先生之爲人，而又肯讀先生之書乎？學無眞志，皮相相矜，卒以自誤，雖先生萬語千言，亦且奈之何哉！

今春余偕焦弱侯放舟南邁，過滄洲，見何泰寧。泰寧視龍谿爲鄉先生，其平日厭飫先生之教爲深，熟讀先生之書已久矣，意欲復梓行之，以嘉惠山東、河北數十郡人士，卽索先生全集于弱侯所。弱侯載兩船書，一時何處覓索。泰寧乃約是秋專人來取，而命余圈點其尤精且要者，曰：「吾先刻其精者以誘之令讀，然後梓其全以付天下後世。夫先生之書，一字不可輕擲，不刻其全則有滄海遺珠之恨；然簡袠浩繁，將學者未覽先厭，又不免有束書不觀之歎。必先後兩梓，不惜所費，然後先生之教大行。蓋先生之學具在此書，若苟得其意，則一言可畢，何用二十卷；苟不肯讀，則終篇亦難，又何必二十卷也。但在我後人，不得不冀其如此而讀，如此而終篇，又如此而得意于一言之下也。」泰寧之言如此，其用意如之何？秋九月，滄洲使者持泰寧手札，果來索書白下。適余與弱侯咸在館。弱侯遂付書，又命余書數語述泰寧初志幷付之。計新春二三月余可以覽新刻矣。將見泰寧學問從此日新而不能已，斷斷乎其必有在于是！斷斷乎其必有在于是！

關王告文

惟神忠義貫金石，勇烈冠古今。方其鎮荆州，下襄陽也，虎視中原，奪老瞞之精魄，孫吳猶鼠，藐割據之英雄，目中無魏、吳久矣。使其不死，則其吞吳幷曹，豈但使魏欲徙都已哉！其不幸而不成混一之業，復卯金之鼎者，天也。然公雖死，而呂蒙小醜亦隨吐血亡矣。蓋公以正大之氣壓狐媚之孤，雖不逆料其詐，而呼風震霆，猶足破權奸之黨；駕霧鞭雷，猶足裂讒賊之肝。固宜其千秋萬祀，不問海內外足跡至與不至，無不仰公之爲烈。蓋至於今日，雖男婦老少，有識無識，無不拜公之像，畏公之靈，而知公之爲正直，儼然如在宇宙之間也。某等來守茲土，慕公如生，欲使君臣勸忠，朋友效義，固因對公之靈，復反覆而致意焉。彼不知者，謂秉燭達旦爲公大節。噫！此特硜硜小丈夫之所易爲，而以此頌公，公其享之乎？

李中谿先生告文

公從幼嗜學，到老不倦；人無微而不收，言無誕而不錄；誕言靡信，公意彌篤。蓋衆川合流，務欲以成其大；土石並砌，務欲以實其堅。是故大智若愚焉耳。公之向道，其篤也如此。平生祿入，盡歸梵宫；交際問遺，總資貧乞。六度所稱布施忍辱精進者，公誠有之。

李贄曰：公倜儻非常人也，某見其人，又聞其語矣。世廟時，駕幸承天，公爲荆州。惟時有司不能承宣德意，以致繂夫走渴，疫死無數。公先期市藥材，煮參蓍，令置水次，役無病者。後築堤障江，人感公，爭出力，至于今賴焉。夫其所市藥費，不過四五百金耳，而令全活者以萬計；又卒致其力築堤，爲荆人世世賴。公之仁心蓋若此矣。

公初第，由翰林出爲縣令，又由侍御史復出爲郡守。蓋慈祥愷悌，雖于人無不愛，然其剛毅正直之氣，終不可以非法屈撓，故未四十而掛冠以老。又能以其餘年肆力於問學，勇猛堅固，轉不退輪，爲海內賢豪驅先，非常人明矣。

余等或見而知，或聞而慕。今其死矣，云誰之依！地阻官羈，生蜀曷致？爲位而告，魂其聽之。且余等與公同道爲朋，生時何須識面；同氣相應，來時自遍十方。惟願我公照臨法會，降此華山，鐘鼓齊鳴，儼然其間。富貴榮名，無謂可樂，此但請客時一場筵席耳，薄暮則散去矣。生年滿百，未足爲壽，以今視昔，誠然一呼吸之間也。平昔文章，咸謂過人，不知愚者得之，徒增口業，智者比之，好音過耳，達人大觀，視之猶土苴也。「有子萬事足」，俗有是言也。不曰揚子雲法言，白樂天長慶，人至于今傳乎？使待嗣而後傳，則古今有子者何限也。須知孔子不以孔鯉傳，釋迦不以羅睺傳，老聃不以子宗傳，則公可以撫掌大笑矣。勿謂道家法力勝禪家，道家固不能離道而爲法也。勿謂服食長生可冀，公固不死矣，何用長生乎？勿謂灌頂陽神可出，公固精神在天矣，又何用勞神求出乎？公但直信本心，勿顧影，勿疑形，則道力固自在也，法力固自在也，神力亦自在也。

再致我公：爲我傳語李維明。維明者，白下人，名逢陽，別號翰峰，仕爲禮部郎。於贄爲同曹友，於沆爲同年友，皆同道雅相愛慕者。故幷設位，俾得與公會云。

聖代儒宗，人天法眼；白玉無瑕，黄金百鍊。今其沒矣，後將何仰！吾聞先生少遊陽明先生之門，既以一往而超詣；中升西河夫子之坐，遂至歿身而不替。要以朋來爲樂兮，不以不知而慍也，眞得乎不遷不貳之宗。正欲人知而信兮，不以未信而懈也，允符乎不厭不倦之理。蓋修身行道者將九十歲，而隨地雨法者已六十紀矣。以故四域之內，或皓首而執經；五陵之間，多繼世以傳業。遂令良知密藏，昭然揭日月而行中天；頓令洙、泗淵源，沛乎決江、河而達四海。非直斯文之未喪，實見吾道之大明。先生之功，於斯爲盛！

憶昔淮南兒孫布地，猗歟盛歟，不可及矣。今觀先生淵流更長，悠也久也，何可當哉！所怪學道者病在愛身而不愛道，是以不知前人付託之重，而徒爲自私自利之計；病在尊名而不尊己，是以不念兒孫陷溺之苦，而務爲遠嫌遠謗之圖。嗟夫！以此設心，是滅道也，非傳道也；是失己也，非成己也。先生其忍之乎？嗟我先生！唯以世人之聾瞽爲念，是故苟可以坐進此道，不敢解嘲也；唯以子孫之陷溺爲憂，是故同舟而遇風，則吳、越必相救，不自知其喪身而失命也。此先生付託之重所不能已也。此余小子所以一面先生而遂信其爲非常人也。雖生也晚，居非近，其所爲凝眸而注神，傾心而悚聽者，獨先生爾矣。先生今既沒矣，余小子將何仰乎？

嗟乎！「嘿而成之，存乎其人；不言而信，存乎德行。」先生以言教天下，而學者每呫嗶其語言，以爲先生之妙若斯也，而不知其糟粕也，先生不貴也。先生以行示天下，而學者每驚疑其所行，以爲先生之不妙若斯也，而不知其精神也，是先生之所重也。我思古人實未有如先生者也，故因聞先生之訃也，獨反覆而致意焉。先生神遊八極，道冠終古；夭壽不二，生死若一。吾知先生雖亡，故存者也。其必以我爲知言也夫！其必以我爲知先生也夫！

羅近谿先生告文

戊子冬月二十四日，南城羅先生之訃至矣，而先生之沒，實九月二日也。夫南城，一水間耳，往往至者不能十日餘，而先生之訃直至八十餘日而後得聞，何其緩也！豈龍湖處僻，往來者寡耶？而往來者非寡，直知先生者寡也？然吾聞先生之門，如仲尼而又過之，蓋不啻中分魯矣。其知先生者，宜若非寡。將實未聞好學者，以故雖及門，而終不知先生之所係於天下萬世者如此其甚重也耶？夫惟其視先生也不甚重，則其聞先生之訃也，自不容於不緩矣。余是以痛恨先生之沒，而益信先生之未可以死也。

有告我者曰：「先生欲以是九月朔辭世長往，故作別語以示多士。多士苦不忍先生別，於是先生復勉留一日與多士談，談竟矣，而後往耳。今先生往矣，無可奈何矣，於是多士始乃拭淚含哀，共梓先生別語以告四方之士。若曰得正而斃，吾師無忝曾參矣；扶杖逍遙，吾師不愧夫子矣。豈惟不惜死，又善吾死，吾師至是，眞有得矣。大爲其師喜，故欲梓而傳之。」

嗟乎！先生之壽七十而又四矣，其視仲尼有加矣。夫人生七十，古來所稀。壽躋古稀，雖恆人能不惜死，而謂先生惜死乎？何以不惜死爲先生喜也？且夫市井小兒，辛勤一世，贏得幾貫錢鈔，至無幾也。然及其將終也，已死而復甦，既瞑而復視，猶恐未得所托然者。使有托也，則亦甘心瞑目已矣。先生生平之謂何，顧此歷代衣鉢，竟不思欲置何地乎？其所爲勉留一日者何故？或者亦恐未得所托矣。

如使有托，雖不善死，亦善也。使未有托也，則雖善死，先生不善也，又何可以善死稱先生也？吾謂先生正當垂絕之際，欲慟不敢慟之時，思欲忍死一再見焉，而卒不可得者，千載而下，聞之猶堪斷腸，望之猶堪墮淚，此自是其至痛不可甘忍，而謂先生忍死而不惜可乎？蓋惜死莫甚於先生者，吾恐更有甚於多士之惜先生之死也。何也？天既喪予，予亦喪天；無父則望孤，無子而望絕矣，其爲可悲可痛皆一也。若如所云，則千聖之衣鉢，反不如庸夫之一貫。市井小兒猶不忍於無托也，而先生能忍之矣，又何以爲先生也！

方聞訃時，無念僧深有從旁贊曰：「宜卽爲位以告先生之靈。」余時蓋默不應云。既而臘至矣，歲又暮矣；既而改歲，復爲萬曆己丑，又元月，又二月，春又且分也。深有曰：「某自從公游，于今九年矣，每一聽公談，談必首及王先生也，以及先生。癸未之冬，王公訃至，公卽爲文告之，禮數加焉，不待詔也。憶公告某曰：『我於南都得見王先生者再，羅先生者一。及入滇，復於龍里得再見羅先生焉。』然此丁丑以前事也。自後無歲不讀二先生之書，無口不談二先生之腹。令某聽之，親切而有味，詳明而不可厭，使有善書者執管侍側，當疾呼手腕脫矣，當不止十紙百紙，雖千紙且有餘矣。今一何默默也？且丙戌之春，某將杖錫南遊，公又告某曰：『急宜上盱江見羅先生。』於時龍谿王先生死矣。戊子之夏，某復自南都來至，傳道羅先生有書欲抵南都，云『趁此大比之秋，四方士大和會，一入秣陵城，爲羣聚得朋計。』公卽爲書往焦弱侯所：『羅先生今兹來，愼勿更蹉過！恐此老老矣，後會難可再也。』既又時時物色諸盱江來者，稍道羅先生病。語病，又稍稍張皇矣。公告某曰：『先生既病，當不果南下矣，然先生實無甚病也。吾觀先生骨剛氣和，神完志定，勝似王先生。王先生尚享年八十六，先生卽不百歲，亦當九十，決不死也。』然某覘公，似疑羅先生病欲死者，而竟絕口不道羅先生死。試屢問之，第云『先生不死，先生決不死！』今羅先生實死矣，更默默何也。」

嗟乎！余默不應，不知所以應也。蓋余自聞先生訃來，似在夢寐中過日耳。乃知眞哀不哀，眞哭無涕，非虛言也。我今痛定思痛，回想前事，又似大可笑者。夫謂余不思先生耶？而余實思先生。謂余不知先生耶？而余實知先生深也。謂余不能言先生耶？而能言先生者實莫如余。乃竟口不言，心不思，筆不能下，雖余亦自不知其何說矣。豈所謂天喪予，予喪天；無父何怙，而子而望孤者耶？

今余亦既老矣，雖不曾親受業于先生之門，而願買田築室厝骸于先生之旁者，念無時而置也，而奈何遂聞先生死也！然惟其不曾受業于先生之門也，故亦不能遍友先生之門下士而知其孰爲先生上首弟子也。意者寧無其人，特恨未見之耳。言念先生束髮從師，舍身爲道；一上春官，蜚聲鎖院。而出世夙念，眞結肺腸；有道之思，恐孤師友。於是上下四方，靡足不聘，咨詢旣竭，步趨遂正。飲河知足，空手歸來。越又十年，歲當癸丑，乃對明庭，釋褐從政。公廷訟簡，委蛇樂多，口舌代鈇，論心無兢。胥徒令史，渾如其家。卽仕而學，不以仕廢；卽學稱仕，何必仕優。在朝如此，居方可知。自公既然，家食何如：堂前擊鼓，堂下唱歌；少長相隨，班荆共坐。此則先生七十四歲以前之日恆如此也。

若夫大江之南，長河之北，招提梵刹，巨浸名區，攜手同遊，在在成聚。百粵、東甌，羅施、鬼國，南越、閩越，滇越、騰越，窮髮鳥語，人跡罕至，而先生墨汁淋漓，周遍鄉縣矣。至若牧童樵豎，釣老漁翁，市井少年，公門將健，行商坐賈，織婦耕夫，窮履名儒，衣冠大盜，此但心至則受，不問所由也。況夫布衣韋帶，水宿巖棲，白面書生，青衿子弟，黄冠白羽，緇衣大士，搢紳先生，象笏朱履者哉！是以車轍所至，奔走逢迎，先生抵掌其間，坐而談笑。人望丰采，士樂簡易，解帶披襟，八風時至。有柳士師之寬和，而不見其不恭；有大雄氏之慈悲，而不聞其無當。同流合汙，狂簡斐然；良賈深藏，難識易見。居柔處下，非鄉愿也。汎愛容衆，眞平等也。力而至，巧而中，是以難及；大而化，聖而神，夫誰則知。蓋先生以是自度，亦以是度人。七十餘年之間，東西南北無虛地，雪夜花朝無虛日，賢愚老幼貧病貴富無虛人，矧伊及門若此其專且久，有不能得先生之傳者乎？吾不信也。

先生幸自慰意焉！余雖老，尚能驅馳，當不辭跋涉爲先生訪求門下士誰是眞實造詣得者。得卽焚香以告，以妥先生之靈曰：「余今而後，而知先生之可以死也，眞可以不惜死，眞非徒自善其死者之比也。」而余痛恨先生之死之心可以釋矣。若孔子之與魯君言也，直曰「今也則亡，未聞好學者也」。是謂無子而望絶也，先生不如是也。

祭無祀文代作

竊以生而爲人，不得所依，則不免凍餒而疾病作。是故聖帝明王知而重之，仁人君子見而矜之，於是設養濟之院，建義社之倉，以至鄰里鄉黨之相賙，車馬輕裘之共敝，皆聖帝明王所謂煢獨之哀，仁人君子之所以周急也。而後四海始免怨號之夫矣，而豈徒然也哉！死而爲鬼，不得所依，則誰爲享奠而疫癘作。是故聖帝明王哀而普度，仁人君子憐而設饗。於是乎上元必祭，中元必祭，以至清明之節，霜降之夕，無不有祭。蓋我太祖高皇帝之所諄切，更列聖而不敢替者，又不獨古聖昔王相循已也。而後天下始無幽愁之鬼矣，而豈無謂也哉！何也？聖帝明王與仁人君子，皆神人之主也。不有主，將何所控訴乎？又何以諧神人而協上帝，通幽明而承天休也？生人之無依者，又是何等？若文王所稱四民，其大概也。死人之無依者，又是何等？若我太祖高皇帝所錄死亡，至詳悉也。是故京則祭以上卿，郡則祭以大夫，邑則祭以百里之侯，至於鄉祭、里祭、村祭、社祭，以及十家之都，咸皆有祭。而唯官祭則必以城隍之神主之。前此一日，本官先行牒告，臨期詣壇躬請，祭畢，乃敢送神以歸而後妥焉。此豈無義而聖人爲之哉！此豈諂黷於無祀之鬼，空費牲幣以享無用，而太祖高皇帝肯爲之哉！

今茲萬曆丁酉之清明，是夕也，自京國郡國，以至窮鄉下里，莫敢不欽依令典，相隨赴壇而祭，或設位而祭矣。況我沁水坪上，仁人君子比屋可封，生人無依，尚仰衣食，鬼苟乏祀，能不望祭乎？所恨羈守一官，重違鄉井，幸茲讀禮先廬，念焄蒿之悽愴，因思親以及親，爲位北郭，請僧諷經，自今夕始矣。凡百無主鬼神，有飯一飽，無痛乏宗；有錢分授，無爭人我：是所願也。

抑余更有說焉：凡爲人必思出苦，更於苦中求樂；凡爲鬼必愁鬼趣，更於趣中望生乃可。若但得飽便足，得錢便歡，則志在錢飽耳，何時得離此苦趣耶？醉飽有時，幽愁長在，吾甚爲諸鬼慮之。竊聞阿彌陀經等，金剛經等，諸佛眞言等，衆僧爲爾宣言，再三再四，皆欲爾等度脫鬼倫，卽生人天，或趣佛乘，或皈西方者，誠可聽也，非但欲爾等一飽已也。又聞地藏王菩薩發願欲代一切地獄衆生之苦，此夕隨緣在會，有話須聽。又聞面然大士統領三千大千神鬼，與爾等相依日久，非不欲盡數超拔爾等，第亦無柰爾等自家不肯何耳。今爾等日夜守着大士，瞻仰地藏菩薩，可謂最得所主矣。幸時時聽其開導，毋終沉迷，則我此壇場，其爲諸鬼成聖成賢，生人生天之場，大非偶也。若是，則不但我坪上以及四境之無祀者所當敬聽，卽我宗親幷內外姻親，諸凡有人奉祀者，亦當聽信余言，必求早早度脫也。雖有祀與無祀不同，有嗣與無嗣不同，然無嗣者呼爲無祀之鬼，有嗣者亦呼爲有祀之鬼，總不出鬼域耳。總皆鬼也，我願一聽此言也。我若狂言無稽，面然大士必罰我，地藏王菩薩必罰我，諸佛諸大聖衆必罰我，諸古昔聖君賢相仁人君子必罰我。兼我太祖高皇帝，成祖文皇帝，以及列聖皆當罰我矣。不敢不敢，不虛不虛。謹告。

篁山碑文代作

篁山庵在江西饒州德興縣界萬山中，其來舊矣，而人莫知。山有靈氣。唐元和間，有張庵孫者修眞得道於此。迨勝國至元，里人胡一眞又於此山修眞得道去。相傳至今，山蓋有二眞人焉。嗣後山缺住持，庵院幾廢，失今不修，將不免爲瓦礫之場矣。一興一廢，理固常然；旣廢復興，寧獨無待。此僧眞空之所爲作也。

眞空少修戒律，行遊京師，從興聖禪師說戒。比還故里，纔到舟次，勿感異夢：彷然若見觀音大士指引入篁山修行者。歸而問人，人莫曉也。眞空遂發願：願此生必見大士乃已。撥草窮源，尋至其地，果見大士儼然在於廢院之中。眞空不覺進前拜禮，伏地大哭。於是復矢心誓天，務畢此生之力修整舊刹，復還故物。苦行齋心，戒律愈厲。居民長者感其至誠，協贊募化，小者輸木石，大者供糧米。未及數年而庵院鼎新，聖像金燦，朝鐘暮鼓，燈火熒煌。非但大士出現，僧衆有皈，且與山陬野叟、巖畔樵夫同依佛日，獲大光明。向之悶然莫曉其處者，今日共登道場，皆得同遊於淨土矣。向非眞空嚴持有素，則大士必不肯見夢以相招；又非發願勤渠，禮拜誠篤，則居民又安肯捐身割愛，以成就此大事乎？固知僧律之所係者重也。

佛說六波羅蜜，以布施爲第一，持戒爲第二。眞空之所以能勸修者，戒也；衆居士之所以布施者，爲其能持戒也。眞空守其第二，以獲其第一；而衆居士出其第一，以成其第二。可知持戒固重，而布施尤重也。布施者比持戒爲益重，所謂青於藍也。衆居士可以踴躍讚嘆，同登極樂之鄉矣，千千萬萬劫，寧復是此等鄉里之常人耶！持戒者寧爲第二，而使世人盡居第一布施波羅蜜極樂道場，所謂青出於藍也。僧眞空雖居衆人後，實居衆人前，蓋引人以皈西方，其功德益無比也，余是以益爲眞空喜也。向兩眞人已去，今戒眞人復繼之，千餘年間，成三眞人。然戒眞人念佛勤，皈依切，定生西方無疑。他日如見向者兩眞人，幸一招之，毋使其或迷於小道，則戒眞人之功德益溥矣。

茲因其不遠數千里乞言京師，欲將勒石以記，余以此得與西方之緣。戒眞人見今度余也，余其可以不記乎？若其中隨力散財之多寡，隨分出力之廣狹，興工於某年月，訖工於某時日，殿宇之宏敞，僧房之幽邃，以至齋堂廚舍井竈之散處，其中最肯協贊之僧衆，最肯竭力之檀越，各細書名實于碑之陰矣。

李生十交文

或問李生曰：「子好友，今兩年所矣，而不見子之交一人何？」曰：「此非若所知也。余交最廣，蓋舉一世之人，毋有如余之廣交者矣。余交有十。十交，則盡天下之交矣。」

「何謂十？其最切爲酒食之交，其次爲市井之交。如和氏交易平心，閔氏油價不二，汝交之，我亦交之，汝今久矣日用而不知也。其三爲遨遊之交，其次爲坐談之交。遨遊者，遠則資舟，近則譚笑，謔而不爲虐，僊而多奇中。雖未必其人何如，亦可以樂而忘返，去而見思矣。技能可人，則有若琴師、射士、棋局、畫工其人焉。術數相將，則有若天文、地理、星曆、占卜其人焉。其中達士高人，未可卽得，但其技精，則其神王，決非拘牽齷齪，卑卑瑣瑣之徒所能到也。聊以與之遊，不令人心神俱爽，賢於按籍索古，談道德，說仁義乎？以至文墨之交，骨肉之交，心膽之交，生死之交：所交不一人而足也。何可謂余無交？又何可遽以一人索余之交也哉？」

夫所交眞可以託生死者，余行遊天下二十多年，未之見也。若夫剖心析肝相信，意者其唯古亭周子禮乎！肉骨相親，期於無斁，余於死友李維明蓋庶幾焉。詩有李，書有文，是矣，然亦何必至是。苟能遊心於翰墨，蜚聲於文苑，能自馳騁，不落蹊徑，亦可玩適以共老也。唯是酒食之交，有則往，無則止不往。然亦必愛賢好客，貧而整，富而潔者，乃可往耳。愛客爲上，好賢次之，整而潔又次之。然是酒食也，最日用之第一義也。余唯酒食是需，飲食宴樂是困，則其人亦以飲食爲媒，而他可勿論之矣。故愛客可也，好賢可也，整而潔亦可也。無所不可，故無所不友。而況傾蓋交歡，飲水可肥，無所用媒者哉！已矣！故今直道飲食之事，以識余交遊之最切者。飲食之人，則人賤之，余願交汝，幸勿棄也。

自贊

其性褊急，其色矜高，其詞鄙俗，其心狂癡，其行率易，其交寡而面見親熱。其與人也，好求其過，而不悅其所長；其惡人也，既絶其人，又終身欲害其人。志在溫飽，而自謂伯夷、叔齊；質本齊人，而自謂飽道飫德。分明一介不與，而以有莘藉口；分明毫毛不拔，而謂楊朱賊仁。動與物迕，口與心違。其人如此，鄉人皆惡之矣。昔子貢問夫子曰："鄉人皆惡之何如？"子曰："未可也。"若居士，其可乎哉！

贊劉諧

有一道學，高屐大履，長袖闊帶，綱常之冠，人倫之衣，拾紙墨之一二，竊唇吻之三四，自謂眞仲尼之徒焉。時遇劉諧。劉諧者，聰明士，見而哂曰："是未知我仲尼兄也。"其人勃然作色而起曰："天不生仲尼，萬古如長夜。子何人者，敢呼仲尼而兄之？"劉諧曰："怪得羲皇以上聖人盡日燃紙燭而行也！"其人默然自止。然安知其言之至哉！李生聞而善曰："斯言也，簡而當，約而有餘，可以破疑網而昭中天矣。其言如此，其人可知也。蓋雖出於一時調笑之語，然其至者百世不能易。"

方竹圖卷文

昔之愛竹者，以愛故，稱之曰「君」。非謂其有似於有斐之君子而君之也，直怫悒無與誰語，以爲可以與我者唯竹耳，是故儻相約而謾相呼，不自知其至此也。或曰："王子以竹爲此君，則竹必以王子爲彼君矣。此君有方有圓，彼君亦有方有圓。圓者常有，而方者不常有。常不常異矣，而彼此君之，則其類同也，同則親矣。"然則王子非愛竹也，竹自愛王子耳。夫以王子其人，山川土石，一經顧盼，咸自生色，況此君哉！

且天地之間，凡物皆有神，況以此君虛中直上，而獨不神乎！傳曰：「士爲知己用，女爲悅己容。」此君亦然。彼其一遇王子，則疎節奇氣，自爾神王，平生挺直凌霜之操，盡成簫韶鸞鳳之音，而務欲以爲悅己者之容矣，彼又安能孑然獨立，窮年瑟瑟，長抱知己之恨乎？由此觀之，鶴飛翩翩，以王子晉也。紫芝燁燁，爲四皓饑也。寧獨是，龍馬負圖，洛龜呈瑞，儀於舜，鳴於文，獲於魯叟，物之愛人，自古而然矣，而其誰能堪之。

今之愛竹者，吾惑焉。彼其於王子，不類也，其視放傲不屑，至惡也，而唯愛其所愛之竹以似之。則雖愛竹，竹固不之愛矣。夫使若人而不爲竹所愛也，又何以愛竹爲也？以故余絕不愛夫若而人者之愛竹也。何也？以其似而不類也。然則石陽之愛竹也，類也，此愛彼君者也。石陽習靜廬山，山有方竹，石陽愛之，特繪而圖之，以方竹世不常有也。石陽將歸，難與余別，持是示余，何爲者哉？余謂子之此君已相隨入蜀去矣，何曾別。

書黄安二上人手册

出家者終不顧家，若出家而復顧家，則不必出家矣。出家爲何？爲求出世也。出世則與世隔，故能成出世事；出家則與家絕，故乃稱眞出家兒。今觀釋迦佛豈不是見身爲淨飯王之子，轉身卽居轉輪聖王之位乎？其爲富貴人家，孰與比也？內有耶輸女之賢爲之妻，又有羅睺羅之聰明爲之兒，一旦棄去，入窮山，忍饑凍，何爲而自苦乃爾也？爲求出世之事也。出世方能度世。夫此世間人，猶欲度之使成佛，況至親父母妻兒哉！故釋迦成道而諸人同證妙樂，其視保守一家之人何如耶？

人謂佛氏戒貪，我謂佛乃眞大貪者。唯所貪者大，故能一刀兩斷，不貪戀人世之樂也。非但釋迦，卽孔子亦然。孔子之於鯉，死也久矣，是孔子未嘗爲子牽也。鯉未死而鯉之母已卒，是孔子亦未嘗爲妻繫也。三桓薦之，而孔子不仕，非人不用孔子，乃孔子自不欲用也。視富貴如浮雲，唯與三千七十游行四方，西至晉，南走楚，日夜皇皇以求出世知己。是雖名爲在家，實終身出家者矣。故余謂釋迦佛辭家出家者也，孔夫子在家出家者也，非誕也。

今我自視聰明力量既遠不逮二老矣，而欲以悠悠之念證佛祖大事，多見其不自量也，上人又何爲而遠來乎？所幸雙親歸土，妻宜人黄氏又亡。雖有一女嫁與莊純夫，純夫亦是肯向前努力者。今黄安二上人來此，欲以求出世大事，余何以告之？第爲書釋迦事，又因其從幼業儒，復書孔子生平事以爲譬。欲其知往古，勉將來，以不負此初志而已也。

讀律膚說

淡則無味，直則無情。宛轉有態，則容冶而不雅；沉着可思，則神傷而易弱。欲淺不得，欲深不得。拘於律則爲律所制，是詩奴也，其失也卑，而五音不克諧；不受律則不成律，是詩魔也，其失也亢，而五音相奪倫。不克諧則無色，相奪倫則無聲。蓋聲色之來，發於情性，由乎自然，是可以牽合矯强而致乎？故自然發於情性，則自然止乎禮義，非情性之外復有禮義可止也。惟矯强乃失之，故以自然之爲美耳，又非於情性之外復有所謂自然而然也。故性格清徹者音調自然宣暢，性格舒徐者音調自然疏緩，曠達者自然浩蕩，雄邁者自然壯烈，沉鬱者自然悲酸，古怪者自然奇絕。有是格，便有是調，皆情性自然之謂也。莫不有情，莫不有性，而可以一律求之哉！然則所謂自然者，非有意爲自然而遂以爲自然也。若有意爲自然，則與矯强何異。故自然之道，未易言也。

焚書卷四

雜述

解經題

大佛頂者，至大而無外，故曰大；至高而莫能上，故曰頂。至大至高，唯佛爲然，故曰大佛頂也。夫自古自今，誰不從是大佛頂如如而來乎？但鮮有知其因者耳。能知其因，如是至大，如是至高，則佛頂在我矣。然何以謂之至大？以無大之可見，故曰至大也。何以謂之至高？以無高之可象，故曰至高也。不可見，不可象，非密而何？人唯不知其因甚密，故不能以密修，不能以密證，而欲其決了難矣。豈知此經爲了義之密經，此修爲證明之密修，此佛爲至大至高，不可見，不可象，密密之佛乎？此密密也，諸菩薩萬行悉從此中流出，無不可見，無不可象，非頑空無用之比也。是以謂之首楞嚴。首楞嚴者，唐言究竟堅固也。究竟堅固不壞，則無死無生，無了不了之人矣。

書決疑論前

經可解，不可解。解則通於意表，解則落於言詮。解則不執一定，不執一定卽是無定，無定則如走盤之珠，何所不可。解則執定一說，執定一說卽是死語，死語則如印印泥，欲以何用也？

此書千言萬語，只解得心經中「色卽是空，空卽是色」兩句經耳。經中又不曰「是故空中無色」乎？是故無色者衆色之母，衆色者無色之色，謂衆色卽是無色則可，謂衆色之外別無無色豈可哉！由此觀之，眞空者衆苦之母，衆苦者眞空之苦，謂眞空能生衆苦則可，謂眞空不能除滅衆苦又豈可哉！蓋旣能生衆苦，則必定能除滅衆苦無疑也。衆苦熾然生，而眞空未嘗生；衆苦卒然滅，而眞空未嘗滅。是以謂之極樂法界，證入此者，謂之自在菩薩耳。今以厭苦求樂者謂之三乘，則心經所云「照見五蘊皆空，度一切苦厄」，又云「能除一切苦，眞實不虛」者，皆誑語矣。

十法界以佛界與九界並稱，豈可卽以娑婆世界爲佛界，離此娑婆世界遂無佛界耶？故謂娑婆世界卽佛世界可也，謂佛世界不卽此娑婆世界亦可也。非厭苦，誰肯發心求樂？非喜於得樂，又誰肯發心以求極樂乎？極樂則自無樂，無樂則自無苦，無罣礙，無恐怖，無顚倒夢想。非有苦，有罣礙，有恐怖，有顚倒，而見以爲無也。非有智有得，而見以爲無得也。非有因有緣，有苦有集，有滅有道，而強以爲無苦、集、滅、道也。非有空有色，有眼耳鼻舌身意，而強以爲空中無色，無眼耳鼻舌身意也。故曰：「但有言說，皆無實義。」

夫經，言教也。聖人不得已而有言，故隨言隨掃，亦恐人執之耳。苟知凡所有相皆是虛妄，則願力慈悲尤相之大者，生死之甚者，而可藉之以爲安，執之以爲成佛之根本乎？凡有佛，卽便有願，卽便有慈悲。今但恐其不見佛耳，不患其無佛願，無慈悲心也。有佛而無慈悲大願者，我未之見也。故有佛，卽便有菩薩。佛是體，菩薩是用；佛是主人翁，菩薩是管家人；佛是聖天子，菩薩是百執事。誰能離得？若未見佛而徒興假慈悲，殆矣！

解經文

晦昧者，不明也。不明卽無明。世間有一種不明自己心地者，以爲吾之眞心如太虛空，無相可得，祇緣色想交雜，昏擾不寧，是以不空耳。必盡空諸所有，然後完吾無相之初，是爲空也。夫使空而可爲，又安得謂之眞空哉！縱然爲得空來，亦卽是掘地出土之空，如今之所共見太虛空耳，與眞空總無交涉也。夫其初也，本以晦昧不明之故而爲空；其旣也，反以爲空之故，益晦暗以不明。所謂晦暗，卽是晦昧，非有二也。然是眞空也，遇明白曉了之人，眞空卽在此明白之中，而眞空未始明白也。苟遇晦暗不明之者，眞空亦卽在此晦暗之中，而眞空未始晦暗也。故曰：「空晦暗中。」唯是吾心眞空，特地結起一朶晦暗不明之色，本欲爲空，而反爲色，是以空未及爲而色已暗結矣。故曰：「結暗爲色。」於是卽以吾晦暗不明之妄色，雜吾特地爲空之妄想，而身相宛然遂具，蓋吾此身原從色想交雜而後有也。

旣以妄色妄想相交雜而爲身，於是攀緣搖動之妄心日夕屯聚於身內，望塵奔逸之妄相日夕奔趣於身外，如衝波逐浪，無有停止，其爲昏擾擾相，殆不容以言語形狀之矣。是謂心相，非眞心也，而以相爲心可歎！是自迷也。旣迷爲心，則必決定以爲心在色身之內，必須空却諸擾擾相，而爲空之念復起矣。復從爲空結色雜想以成吾身，展轉受生，無有終極，皆成於爲空之一念，始於晦昧之無明故耳。夫旣迷爲心，是一迷也。復迷謬以爲吾之本心卽在色身之內，必須空却此等心相乃可。嗟嗟！心相其可空乎！是迷而又迷者也。故曰：「迷中倍人。」豈知吾之色身洎外而山河，遍而大地，並所見之太虛空等，皆是吾妙明眞心中一點物相耳。是皆心相自然，誰能空之耶？心相旣總是眞心中所現物，眞心豈果在色身之內耶？夫諸相總是吾眞心中一點物，卽浮漚總是大海中一點泡也。使大海可以空却一點泡，則眞心亦可以空却一點相矣，何自迷乎？

比類以觀，則晦昧爲空之迷惑，可破也已。且眞心旣已包却色身，洎一切山河虛空大地諸有爲相矣，則以相爲心，以心爲在色身之內，其迷惑又可破也。

念佛答問

小大相形，是續鷺短鶴之論也。天地與我同根，誰是勝我者；萬物與我爲一體，又誰是不如我者。我謂念佛卽是第一佛，更不容於念佛之外復覓第一義諦也。如謂念佛乃釋迦權宜接引之法，則所謂最上一乘者，亦均之爲權宜接引之言耳。古人謂佛有悟門，曾奈落在第二義，正仰山小釋迦吐心吐膽之語。後來中峯和尚謂學道眞有悟門，教人百計搜尋，是誤人也。故知此事在人眞實怕死與不耳。發念苟眞，則悟與不悟皆爲戲論，念佛參禪總歸大海，無容着脣吻處也。

征途與共後語

弱侯之言，蓋爲未得謂得者發耳。若方子及猶爲勇往之時，豈宜以此言進之哉！然吾聞學者未得謂得眞不少也，則卽進之以此言亦宜。夫世間功名富貴，最易埋沒人。余老矣，死在旦夕，猶不免近名之累，況當熱鬧之場，擦粉塗額以悅於人，而肯究心生死，視人世繁華極樂以爲極苦，不容加乎其身，余又安所求於世也？蓋生死念頭尚未萌動，故世間參禪學道之夫，亦只如此而止矣。則有鼻孔遼天者，亦足奇也，我願弱侯勿太責之備也。姑置勿論，且摘弱侯叙中語，以與侯商何如？

侯謂聲音之道可與禪通，似矣。而引伯牙以爲證，謂古不必圖譜，今不必碩師，傲然遂自信者，適足以爲笑，則余實不然之。夫伯牙於成連，可謂得師矣，按圖指授，可謂有譜有法，有古有今矣。伯牙何以終不得也？且使成連而果以圖譜碩師爲必不可已，則宜窮日夜以教之操，何可移之海濱無人之境，寂寞不見之地，直與世之矇者等，則又烏用成連先生爲也？此道又何與於海，而必之於海然後可得也？尤足怪矣！蓋成連有成連之音，雖成連不能授之於弟子；伯牙有伯牙之音，雖伯牙不能必得之於成連。所謂音在於是，偶觸而卽得者，不可以學人爲也。矇者唯未嘗學，故觸之卽契；伯牙唯學，故至於無所觸而後爲妙也。設伯牙不至於海，設至海而成連先生猶與之偕，亦終不能得矣。唯至於絕海之濱，空洞之野，渺無人跡，而後向之圖譜無存，指授無所，碩師無見，凡昔之一切可得而傳者，今皆不可復得矣，故乃自得之也。此其道蓋出于絲桐之表，指授之外者，而又烏用成連先生爲耶？然則學道者可知矣。明有所不見，一見影而知渠；聰有所不聞，一擊竹而成偈：大都皆然，何獨矇師之與伯牙耶？

吾願子及如矇師，弱侯如居海上者，於是焉敬以書其後，而題曰征途與共以歸之。與共者，與共學也。子及以純甫爲可與，故征途日與之共學。倘眞可與共，則願幷以此語與之可。

批下學上達語

「學以求達」，此語甚不當。旣說離下學無上達，則卽學卽達，卽下卽上，更無有求達之理矣，而復曰「求達」，何耶？然下學自是下學，上達自是上達，若卽下學便以爲上達，亦不可也。而乃曰「學以求達」，是果卽下學以求達耶，抑別有求達之學耶？若卽學求達，當如前詰；若別有求達之學，則剜肉作瘡，尤爲揠苗之甚矣。故程伯子曰：「洒掃應對，便是精義入神。」曰「便是」，則是卽學卽達也。然又曰：「人須是識其眞心。」夫眞心不可以識識，而可以學求乎？不可以學求，則又是離學而後有達也，故謂學以求達者非也。離學者亦非，卽學者亦非，然則夫子何自而上達乎，此顏子所以終身苦孔之達矣。不曰「卽學卽達」，不曰「離學而達」，亦不曰「學以求達」，而但曰「下學而上達」，何其意圓語圓，令人心領神會而自默識於言意之中也。今觀洒掃應對，雖下愚之人亦能之，唯不能達乎其上，是以謂之下學也，是以謂之百姓也，是以謂之鄙夫也，是以謂之凡民也，是以謂之但可使由也。至於精義入神，則自然上達矣。上達，則爲聰明聖智，達天德之人矣。是以謂之曰「形而上」也，謂之曰「可以語上」也，謂之曰「君子上達」也。雖顏子大賢，猶曰「未達一間」，曰「其殆庶幾」，况他人哉！則夫子之自謂莫我知，自謂惟天知者，信痛悼之極矣。蓋世之學者不是日用而不知，則便是見之爲仁智，而能上達者其誰也？夫學至上達，雖聖人有所不知，而凡民又可使知之乎？故曰：「吾有知乎哉。」雖聖人有所不能，而凡民又可使能之乎？故曰：「民鮮能久矣。」民之所以鮮能者，以中庸之不可能也，非棄之也。然則下學者，聖凡之所同。夫凡民既與聖人同其學矣，則謂滿街皆是聖人，何不可也？上達者，聖人之所獨，則凡見之爲仁智，與日用而不知者，總是不達，則總是凡民明矣。然則自顏子而下，皆凡民也。可畏也夫！先聖雖欲不慨嘆于由、賜之前可得耶？

書方伯雨册葉

楞嚴，唐言究竟堅固也。究竟堅固者是何物？此身非究竟不壞也，敗則歸土矣。此心非究竟不壞也，散則如風矣。聲名非究竟不壞也，天地數終，乾坤易位，古聖昔賢，載籍無存矣，名於何有，聲於何寄乎？切須記取此一着子：何物是堅固？何年當究竟？究竟堅固不壞是眞實語，是虛謬語？是誑人語，是不誑人語？若誑人，是佛自誑也，安能誑人。千萬參取！

讀若無母寄書

若無母書云：「我一年老一年，八歲守你，你既捨我出家也罷，而今又要遠去。你師當日出家，亦待終了父母，纔出家去。你今要遠去，等我死了還不遲。」若無答云：「近處住一毫也不曾替得母親。」母云：「三病兩痛自是方便，我自不欠掛你，你也安心，亦不欠掛我。兩不欠掛，彼此俱安。安處就是靜處，如何只要遠去以求靜耶？況秦蘇哥從買寺與你以來，待你亦不薄，你想道情，我想世情。世情過得，就是道情。莫說我年老，就你二小孩子亦當看顧他。你師昔日出家，遇荒年也顧兒子，必是他心打不過，纔如此做。設使不顧，使他流落不肖，爲人笑恥。當此之時，你要修靜，果動心耶，不動心耶？若不動心，未有此理；若要動心，又怕人笑，又只隱忍過日。似此不管而不動心，與今管他而動心，孰眞孰假，孰優孰劣？如此看來，今時管他，迹若動心，然中心安安妥妥，却是不動心；若不管他，迹若不動，然中心隱隱痛痛，却是動心。你試密查你心：安得他好，就是常住，就是金剛。如何只聽人言？只聽人言，不查你心，就是被境轉了。被境轉了，就是你不會安心處。你到不去住心地，只要去住境地。吾恐龍潭不静，要住金剛；金剛不静，更住何處耶？你終日要講道，我今日與你講心。你若不信，又且證之你師，如果在境，當住金剛；如果在心，當不必遠去矣。你心不静，莫説到金剛，縱到海外，益不静也。」

卓吾子讀而感曰：恭喜家有聖母，膝下有眞佛。夙夜有心師，所矢皆海潮音，所命皆心髓至言，顚撲不可破。回視我輩傍人隔靴搔癢之言，不中理也。又如説食示人，安能飽人，徒令傍人又笑傍人，而自不知恥也。反思向者與公數紙，皆是虚張聲勢，恐嚇愚人，與眞情實意何關乎！乞速投之水火，無令聖母看見，説我平生盡是説道理害人去也。又願若無張掛爾聖母所示一紙，時時令念佛學道人觀看，則人人皆曉然去念眞佛，不肯念假佛矣。能念眞佛，卽是眞彌陀，縱然不念一句「彌陀佛」，阿彌陀佛亦必接引。何也？念佛者必修行，孝則百行之先。若念佛名而孝行先缺，豈阿彌陀亦少孝行之佛乎？決無是理也。我以念假佛而求見阿彌陀佛，彼佛當初亦念何佛而成阿彌陀佛乎？必定亦只是尋常孝慈之人而已。言出至情，自然刺心，自然動人，自然令人痛哭，想若無必然與我同也，未有聞母此言而不痛哭者也。

耿楚倥先生傳

先生諱定理，字子庸，别號楚倥，諸學士所稱八先生是也。諸學士咸知有八先生，先生初不自知也。而此稱楚倥先生傳，何也？夫傳者，所以傳也。先生初不待傳，而此復爲傳以傳之，又何也？蓋先生初不待傳，而余實不容不爲先生傳者。按先生有德不耀，是不欲耀其德也；有才無官，是不欲官其才也。不耀德，斯成大德矣；不用才，始稱眞才矣。人又烏能爲先生傳乎？且先生始終以學道爲事者也。

雖學道，人亦不見其有學道之處，故終日口不論道，然目擊而道斯存也。所謂雖不濕衣，時時有潤者也。

莊純夫曾告我曰：「八先生云：『吾始事方湛一。湛一本不知學，而好虛名，故去之。最後得一切平實之旨於太湖，復能收視返聽，得黑漆無入無門之旨於心隱，乃始充然自足，深信而不復疑也。唯世人莫可告語者，故遂終身不談，唯與吾兄天臺先生講論於家庭之間而已。』故亦遂以天臺爲師，天臺亦自謂吾之問學雖有所契，然賴吾八弟之力爲多。子庸曾問天臺云：『學、庸、語、孟，雖同是論學之書，未審何語最切？』天臺云：『聖人人倫之至一語最切。』子庸謂終不若未發之中之一言也。」余當時聞之，似若兩件然者。夫人倫之至，卽未發之中，苟不知未發之中，則又安能至乎？蓋道至於中，斯至矣。故曰：「中庸其至矣乎。」又曰：「無聲無臭至矣。」

歲壬申，楚倥遊白下，余時懵然無知，而好談說。先生默默無言，但問余曰：「學貴自信，故曰『吾斯之未能信』。又怕自是，故又曰『自以爲是，不可與入堯、舜之道』。試看自信與自是有何分別？」余時驟應之曰：「自以爲是，故不可與入堯、舜之道；不自以爲是，亦不可與入堯、舜之道。」楚倥遂大笑而別，蓋深喜余之終可入道也。余自是而後，思念楚倥不置，又以未得見天臺爲恨。丁丑入滇，道經團風，遂舍舟登岸，直抵黃安見楚倥，並睹天臺，便有棄官留住之意。楚倥見余蕭然，勸余復入，余乃留吾女幷吾婿莊純夫于黃安，而因與之約曰：「待吾三年滿，收拾得正四品祿俸歸來爲居食計，卽與先生同登斯岸矣。」楚倥牢記吾言，教戒純夫學道甚緊；吾女吾婿，天臺先生亦一以己女己婿視之矣。

嗟嗟！余敢一日而忘天臺之恩乎！既三年，余果來歸，奈之何聚首未數載，天臺卽有內召，楚倥亦遂終天也！既已戚戚無懽，而天臺先生亦終守定「人倫之至」一語在心，時時恐余有遺棄之病；余亦守定「未發之中」一言，恐天臺或未窺物始，未察倫物之原。故往來論辯，未有休時，遂成扞格，直至今日耳。今幸天誘我衷，使余舍去「未發之中」，而天臺亦遂頓忘「人倫之至」。乃知學問之道，兩相舍則兩相從，兩相守則兩相病，勢固然也。兩舍則兩忘，兩忘則渾然一體，無復事矣。余是以不避老，不畏寒，直走黃安會天臺于山中。天臺聞余至，亦遂喜之若狂。志同道合，豈偶然耶！然使楚倥先生而在，則片言可以折獄，一言可以回天，又何至苦余十有餘年，彼此不化而後乃覺耶！設使未十年而余遂死，余終可以不化耶，余終可以不與天臺合耶！故至次日，遂同其子汝念往拜先生之墓，而先生之墓木拱矣。余既痛九原之不可作，故特爲此傳，而連書三紙以貽之：第一紙以呈天臺，志余喜也。第二紙付汝念、汝思，使告而焚之先生之墳，志余恨也。第三紙特寄子健于京，志余喜而且恨，恨而又喜也。蓋子健推愛兄之心以及我，可謂無所不至矣。故爲傳傳余意以告先生云。

敬少時多病，貪生無術，藉楚倥兄介紹，得受業于耿天臺先生之門。先生雖知余學沉于二氏，然愛余猶子也。繼因往來耿宅，得與李卓吾先生遊，心切師事之。兩先生以論道相左，今十餘年矣。敬居其間，不能贊一辭，口含黃蘗，能以氣向人乎？唯恨楚倥兄早逝耳。三日前，得楚倥長郎汝念書。汝念以送莊純夫到九江，專人馳書白下，報喜於余云：「兩先生已聚首，語甚歡契。」越三日，則爲十二月二十九，余初度辰也，得卓吾先生寄所著楚倥先生傳，述兩先生契合本末且悉。余讀之，不覺淚下曰：「兩先生大而化矣，乃適以今日至，豈非余更生辰耶，抑楚倥先生復作也！」因手書而梓之。板成，以付汝念及余婿汝思。周思敬跋。

附周友山爲僧明玉書法語（周思敬）

萬壽寺僧明玉，事溫陵李長者日久矣。長者本爲出世故來此，然世人方履人間世，日夜整頓人世事尚無休時，而暇求出世之旨以事出世之人乎？雖出家兒猶然，何況在家者。且長者性方行獨，身世孤單，生平不愛見俗人，聞俗語，以故身世益孤。唯愛讀書。讀書每見古忠臣烈士，輒自感慨流涕，故亦時時喜聞人世忠義事。不但以出世故來見長者，長者方喜之；若或有以眞正的實忠義事來告，長者亦無不喜也。是故明玉和尚喜以興福寺開山第一祖無用事告長者云：「興福寺，古刹也。無用，方僧也。無用遊方來至其寺，憫寺僧之衰殘，忿居民之侵害，持竹鎗連結果一十七條性命，然後走縣自明，詣獄請死。縣令憐之，欲爲出脫，無用不從，遂卽自刎。寺僧感其至性，能以身護法，以死衞衆，遂以此僧爲開山第一祖。至今直寺者守其規程，不敢少犯。」長者聞之，歡喜無量，叫明玉而言曰：「爾莫輕易說此僧也。此僧若在家，卽眞孝子矣；若在國，則眞忠臣矣；若在朋友，則眞義士矣；能肯學道參禪，則眞出世丈夫，爲天人師佛矣。可輕易也耶！蓋天地間只有此一副眞骨頭耳。不問在世出世，但有此，百事無不成辦也。」

明玉之告長者，幷長者之語明玉如此。今年春，明玉爲興福寺直歲僧來求法語于余，余因以得聞長者之語，遂語明玉曰：「卽此是法語矣，又何求乎？苟直歲僧聞此語，則能念祖德也，繼繼繩繩，山門不墜矣。苟合寺僧聞此語，則毋忘祖功也，歲歲年年，規程一如矣。況因此得聞長者之風，頓明出世大事乎？明玉可卽以此語登之于軸，懸之于直寺方丈之室，庶幾合寺僧衆，雲遊道侶，過而讀焉。或有眞正骨頭者，急來報我，我將攜以見長者，俾長者不至孤單也。」

題關公小像

古稱三傑，吾不曰蕭何、韓信、張良，而曰劉備、張飛、關公。古稱三友，吾不曰直、諒與多聞，而曰桃園三結義。嗚呼！唯義不朽，故天地同久，況公皈依三寶，於金仙氏爲護法伽藍，萬億斯年，作吾輩導師哉！某也四方行遊，敢曰以公爲逑。唯其義之，是以儀之；唯其尙之，是以像之。

三大士像議

觀世音像高一尺四寸，文殊像高一尺二寸，面俱向南，而意思實時時照觀世音。獨普賢像高一尺二寸，面正向如觀世音然，而趺坐磐石則如文殊。普賢與文殊二大菩薩所坐石崖，比觀世音坐俱稍下三四寸，俱相去一尺九寸。羅漢等像俱高六七寸，有行立起伏不同。觀音坐出石崖一尺三寸，文殊、普賢坐出石崖一尺一寸。別有玲瓏山石，覆罩其頂，俱出崖三尺四寸，直至橫斷崖遂止。高處直頂穿山穴，石崖自東來，至正中亦遂止。觀世音旁有善財執花奉獻。崖又稍斷，復起一陡崖，轉向正中坐，坐文殊師利。又自西斜向東，連生兩崖：一崖建塔，一崖坐普賢。卽此三坐。上方，迢遞逶迤，或隱或現，或續或絕，俱峻險古怪，則羅漢等往來其間。用心如意塑出，用上好顏料裝成，卽有賞；不則明告佛菩薩，卽汝罰也。

時有衆僧共見，曰：「崖上菩薩法身莫太小麽？」和尚曰：「只有山藏人，未有人包山。」後菩薩像出，和尚立視良久，教處士曰：「三大士總名菩薩，用處亦各不同。觀音表慈，須面帶慈容，有憐憫衆生沒在苦海之意。文殊表智，凡事以智爲先，智最初生，如少兒然，面可悅澤豐滿，若喜慰無盡者。普賢表行，須有辛勤之色，恰似諸行未能滿足其願。若知此意，則菩薩眞身自然出現，可使往來瞻仰者頓發菩提心矣。豈不大有功德哉！不但爾也，卽汝平生塑像以來一切欺天誑人之罪，皆得銷殞矣。」時有一僧對曰：「也要他先必有求懺悔之心乃可。」和尚呵之曰：「此等腐話再不須道！」處士金姓，眇一目，視瞻不甚便，而心實平穩可教。像之面目有些不平整，和尚每見，輒嘆以爲好，豈非以其人乎，抑所嘆在驪黃之外也？衆僧實不知故。因和尚歸方丈，卽指令改正。和尚大叫曰：「叫汝不必改，如何又添改也？」金處士牙顫手搖，卽答云：「非某甲意，諸人教戒某也。」林時亦在旁，代啓和尚曰：「比如菩薩鼻不對嘴，面不端正，亦可不改正乎？」和尚忻然笑曰：「爾等怎解此個道理，爾試定睛一看：當時未改動時，何等神氣，何等精采。但有神則自活動，便是善像佛菩薩者矣，何必添補令好看也。好看是形，世間庸俗人也。活動是神，出世間菩薩乘也。好看者，致飾於外，務以悅人，今之假名道學是也。活動者，眞意實心，自能照物，非可以肉眼取也。」

適居士楊定見攜寶石至，和尚呼侍者取水淨洗，因置一莖草於淨几之上，取石吸草，以辨眞不。蓋必眞，乃可以安佛菩薩面頂肉髻也。乃石竟不吸草。和尚乃覺曰：「寶石不吸腐草，磁石不引曲鍼，自古記之矣。快取一莖新草來投之！」一投卽吸。和尚喜甚，曰：「石果眞矣！此非我喜眞也，佛是一團眞者，故世有眞人，然後知有眞佛；有眞佛，故自然愛此眞人也。唯眞識眞，唯眞逼眞，唯眞念眞，宜哉！然則不但佛愛此眞石，我亦愛此眞石也。不但我愛此眞石，卽此一粒眞石，亦惓惓欲人知其爲眞，而不欲人以腐草誣之以爲不眞也。使此眞石遇腐人投腐草，不知其性，則此石雖眞，畢竟死于腐人之手決矣。」

佛像菩薩坯胎已就，處士長跪合掌而言曰：「請和尚看安五臟！」和尚笑曰：「且住！我且問爾！爾曾留有後門不？若無門，卽有腹臟，屎從何出？所以你們愚頑，未達古人立像之意。古人立像，以衆生心散亂，欲使之覯佛皈依耳。佛之心肝五臟，非佛罔知，豈是爾等做得出也！且夫世之塑神者必安五臟，穿七孔，何也？爲求其靈而應也，庶幾祈福得福，祈免禍得免禍也。此世人塑神事神之本意也。若我與諸佛菩薩則不然。若我以諸佛菩薩爲心，則吾心靈；衆僧若以諸佛菩薩爲心，則衆僧心靈。借佛菩薩像以時時考驗自己心靈不靈而已。靈則生，不靈則死。是佛菩薩之腹臟常在吾也。」處士又曰：「某日開光，須用活雞一隻刺血點目睛。」和尚曰：「我這裏佛自解放光，不似世上一等魍魎匠、魑魅僧巧立名色，誑人錢財也。爾且去用心粧出，令一切人見之無不生渴仰心，頓捨深重恩愛苦海，立地欲求安樂解脫、大光明彼岸，卽爾塑事畢矣，我願亦畢矣。無多言！再無多言！」故至今未安五臟，未開光。然雖未開光，而佛光重重照耀，衆僧見之，無不渴仰。

至五月五日，和尚閒步廊下，見粧嚴諸佛菩薩及韋馱尊者像，嘆曰：「只這一塊泥巴，塑佛成佛，塑菩薩成菩薩，塑尊者成尊者，欲威則威，欲慈則慈，種種變化成就俱可。孰知人爲萬物之靈，反不如一泥巴土塊乎！任爾千言萬語，千勸萬諭，非聾卽啞，不聽之矣。果然哉，人之不如一土木也！」懷林時侍和尚，請曰：「和尚以人爲土，人聞之必怒；以土比人，人聞之必以爲太過。今乃反以人爲不如土木，則其以和尚爲胡說亂道，又當何如也？然其實眞不如也，非太過之論也。記得和尚曾嘆人之不如狗矣，謂狗終身不肯背主人也。又讀孫堅義馬傳，曾嘆人之不如馬矣，以馬猶知報恩，而人則反面無情，不可信也。今又謂人更土木之不如，則凡有情之禽獸，無情之土木，皆在人上者，然則天亦何故而生人乎？」「噫！此非爾所知也。人之下者，禽獸土木不若，固也；人之上者，且將咸若禽獸，生長草木，又豈禽獸草木可得同乎？我爲下下人說，不爲上上人說。」林復請曰：「上下亦何常之有？記得六祖大師有云：『下下人有上上智』，有上智則雖下亦上；『上上人有沒意智』，沒意智則雖上亦下。上下之位，固無定也。」「噫！以此觀之，人決不可以不愼矣。一不愼卽至此極，頓使上下易位。我與子從今日始，可不時時警惕乎！」沙彌懷林記。

代深有告文 時深有遊方在外

龍潭湖芝佛院奉佛弟子深有，謹以是年日月，禮拜梁皇經懺以祈赦過宥愆事。念本院諸僧雖居山林曠野，而將就度日，不免懶散苟延，心雖不敢以遂非，性或偏護而祇悔。夫出家修行者，必日乾而夕惕；庶檀越修供者，俱履福而有功。早夜思惟，實成虛度。縱此心凜凜，不敢有犯；而衆念紛紛，能無罔知。但一毫放過，卽罪同丘山；況萬端起滅，便禍在旦夕乎？深有等爲此率其徒若孫，敬告慈嚴。慈以憫衆生之愚，願棄小過而不錄；嚴以待後日之譴，姑准自改而停威。則萬曆二十一年十月以前，已蒙湔刷；而從今二十一年十月以後，不敢有違矣。

又告

切以誦經者，所以明心見性；禮懺者，所以革舊鼎新。此僧家遵行久矣。皆以歲之冬十月十五日始，以次年春正月十五日終。自有芝佛院以來，龍潭僧到今，不知凡幾誦而凡幾懺矣，而心地竟不明，罪過竟不免，何哉？今卓吾和尚爲塔屋於茲院之山，以爲他年歸成之所，又欲安期動衆，禮懺誦經。以爲非痛加懺悔，則誦念爲虛文；非專精念誦，則禮懺爲徒說。故此兩事僧所兼修，則此會期僧家常事也。若以兩者目爲希奇，則是常儀翻成曠典，如何可責以寡過省愆之道，望以明心見性之理乎？謂宜於每歲十月，通以爲常。否則每一期會，必先起念；先起念已，然後舉事；既舉事已，然後募化；既募化已，然後成就。如此艱辛，謂之曠典，不亦宜乎！從今以後，不如先期募化有緣菩薩，隨其多寡，以爲資糧。但得二時無饑，卽可百日聚首。於是有僧常覺，慨然任之。不辭酷烈之暑，時遊有道之門；不憚跋涉之勤，日履上聖之室。升合不問，隨其願力，無不頓發菩提妙心；擔荷而來，因其齋糧，可使隨獲菩提妙果。誦經者明心，而施主以安坐自收善報；禮佛者懺罪，而施主以粒米遂廣福田。不唯衆僧不致虛度，雖衆施主亦免唐捐。常覺之功，不既溥乎！但如此歲歲年年，則衆僧有福，施主有福，常覺亦有福。恐以我爲妄語，故告佛使明知之。

禮誦藥師告文

余兩年來，病苦甚多。通計人生大數，如我之年，已是死期。既是死期，便與以死，乃爲正理，如何不賜我死，反賜我病乎？夫所以賜之病苦者，謂其數未至死，尚欲留之在世，故假病以苦之，使之不得過于自在快活也。若我則該死之人：壽至古稀，一可死也；無益於世，二可死也；凡人在世，或有未了業緣，如我則絕無可了，三可死也。有此三可死，乃不卽我死，而更苦我病，何也？聞東方有藥師琉璃光王佛發大弘願，救拔病苦衆生，使之疾病涅槃。卓吾和尚於是普告大衆，趁此一百二十日期會，諷經拜懺道場，就此十月十五日起，先諷藥師經一部四十九卷，爲我祈求免病。想佛願弘深，決不虛妄也。夫以佛願力而我不求，是我罪也。求佛而佛不理，是不慈也；求佛而佛或未必知，是不聽也：非佛也。吾知其決無是事也。願大衆爲我誠心念誦，每月以朔望日念此經，共九朔望，念經九部。嗚呼！誦經至九部，不可謂不多矣；大衆之殷勤，不可謂不虔矣。如是而不應焉，未之有也。但可死，不可病。苦口叮嚀，至三再三，願佛聽之！

移住上院邊廈告文

龍湖芝佛院佛殿之後，因山蓋屋，以爲卓吾藏骨之室。蓋是屋時，卓吾和尙往湖廣會城，居士楊定見及常住僧常中、常通等告神爲之。逮和尙歸，又告神添蓋兩廂，及前廊邊兩廈。草草成屋，可居矣。和尙但念力出衆人，成此大屋，宴然居之，不特心神不安，面貌且有厚顏也。屋成，遂題扁懸其額曰「阿彌陀佛殿」。中塑西方接引佛一尊，高一丈二尺，以爲院僧三時念佛，瞻像皈依之地。南向廂房三間，塑起普陀懸崖，坐觀世音菩薩於崖石波濤之上，以顯急苦難大慈悲之力，使衆僧有所依怙，不生怖畏。前廊五間，中間塑韋馱尊者金像一軀，連座高九尺，專賴其擁護僧衆，使精勤者獲利益，怠昏者用一杵，故扁其額曰「護法尊者之殿」，而觀音則直書「南無觀世音菩薩」七字而已。殿之東西，供養達摩、伽藍二像。門樓北上，其神在上，南向，則爲執金剛神，專聽護法尊者主使。有此種種慈悲威嚴佛菩薩眞容，則和尚借佛背後半間丈室以藏骨，心亦安矣。今尚未塑佛，未敢入居正室，且亦未敢謝土。何也？土木之攻未得止，則動土之事尚有勞也。但欲擇日入居邊厦，不得不告。

禮誦藥師經畢告文

和尚爲幸免病喘，結經謝佛事。念今日是正月十五之望日，九朔望至今日是爲已足，九部經於今日是爲已完。誦經方至兩部，我喘病卽減九分；再誦未及四部，我忍口便能齋素。齋素既久，喘病愈痊；喘病既痊，齋素益喜。此非佛力，我安能然？雖諷經衆僧虔恪無比，實藥王菩薩憐憫重深，和尚不勝禮謝禱告之至。和尚再告：有小僧常通見藥師如來卽愈我疾，亦便發心，隨壇接諷，祈瘡口之速合。乃肅躬而致虔，以此月十六之朝，請大衆諷經一部。嗚呼！佛乃三界之大父，豈以僧無可取而遂棄之；況我實諸佛之的嗣，又豈忍不以我故而不理也！念此僧雖非克肖，在僧中亦無大愆。鐘磬齊臻，鼓鉢動響。經聲昭徹，佛力隨施。兩年未愈之瘡，藥王一旦加被，何幸如之。爲此代懇，不勝瞻依！

代常通病僧告文

龍湖僧常通，爲因病瘡苦惱，禮拜水懺，祈佛慈悲事。重念常通自從出家，卽依三寶。叵耐兩年以來，痰瘤作祟，瘡疼久纏，醫藥徒施，歲月靡效。咸謂必有寃業，恐非肉眼能醫；倘求一時解除，須對法王懺悔。第顧微末，何緣上達於彼蒼；縱出至誠，未必降臨於下地。歷觀前劫，想不能如悟達師之戒律精勤，重重十世以爲高僧；俯念微軀，又不如歌利王之割截身體，節節肢解而無嗔恨。舉足下足，罔非愆尤；日增月增，無可比喻。因忍痛以追思，或明知而故犯。彼已往其奈之何，恐將來當墮無間。所賴衆弟兄等：同心一意，頓興灸艾分痛之眞情；因病生憐，遂起借花獻佛之妄念。以是吉日，禮拜懺文。所仗諸佛爲證明，一懺更不再懺；對大衆而發誓，此身卽非舊身。若已滅罪而更生，何異禽獸；倘再悔罪而復懺，甘受誅夷。伏願大慈大悲，曲加湔刷；大雄大力，直爲洗除。法水暗消，瘡口自合。此蓋佛菩薩憫念保持之恩，與衆弟兄殷勤禮拜之致也。

安期告衆文

一常住中所有事務，皆是道場；所作不苟，盡屬修行。唯愚人不信，不肖者苟且，須賴師長教督之耳。今師不知教督，其徒又不畏愼，則所有事務令誰爲之？必至於廢弛荒散而已。尙賴一二徒子徒孫之賢者自相協力，故龍湖僧院得以維持到今。然中間不無偸惰成性，必待呼喚而後作者；或恃頑不理，雖呼喚之而亦不爲者。未免有三等僧衆在內，則雖欲不荒散，終不可得矣。夫此間僧衆約有四十餘人，各人又受徒子，徒子又收徒孫，日益月增，漸久遂成大叢林，而皆相看不肯作務，則雖有一二賢者，其奈之何！況今正當一百二十日長期，大衆雲集，十方檀越，四海龍象，共來瞻禮者乎？

爲此，將本院僧衆分爲三等，開列於後，庶勤惰昭然，務化惰爲勤，以成善事。報施主之德，助師長之化，結將來之果，咸在於茲矣。勤者，龍象也。懶者，無志也。若安坐而食十方之食，雖呼喚亦不作者，無恥也。皆賴賢師長委曲勸誘之。故有師長則責師長，若師長亦無之奈何，則責韋馱尊者。尊者輕則一杵，重則三杵畢矣，尊者勿謂我太嚴也。唯佛至細至嚴，所以謂之大慈大悲。故經曰楞嚴，又曰華嚴。嚴者所以成悲也，爾韋馱又不可不知也。勿太酸澀，佛法不是腐爛之物。第一等勤行僧有八。此八衆，余所親見者，其常川作務，不避寒暑勞苦極矣。第二等躲懶僧衆三名，第三等奸頑僧衆一名。此二等三等之衆，據我目見如此耳，若懶而能勤，頑而能順，卽爲賢僧矣。但常住徒有人食飯，無人作務，且人數雖多，皆非是作重務之人，則此十餘衆者，可不加勤哉！努力向前，毋受尊者之杵可也。

告土地文

自庚寅動工以來，無日不動爾土，無歲不勞爾神。唯爾有神，凡百有相，遂使羣工竭力，衆僧盡心，以致佛殿告成，塔屋亦就。目今趺坐直上，則西方阿彌陀佛一軀也，金碧輝煌，宛有大人貴相矣。瞻仰而來者能無頓興念佛念法之心乎？卓立在前，則護法韋馱尊者威容也，金甲耀光，已手降魔寶杵矣。專修淨業者能無更堅不懈不退之志乎？又況觀音、勢至咸唱導於吾前，更有文殊、普賢同啓迪於吾後。懸崖千丈，友羅漢直抵上方；少室無餘，面達摩猶在東壁。誰無緩急，大士卽是救苦天尊；孰識平生，雲長尤是護法伽藍。黑海有門，唯法無門，現普陀於眼底；上天有路，唯道無路，覩靈山在目中。十界同虛，判念便分龍虎；六牕寂靜，一棒打殺獅猻。從茲繼繼繩繩，咸願師師濟濟。務同一念，莫有二心。則卓吾之廬，卽是極樂淨土；龍湖上院，偏是華嚴道場矣。此雖仗佛之賜，實亦爾相之能。故特塑爾之神，使與司命並列。虔恭致齋，不酒不肉；殷勤設素，匪葷匪羶。唯茶果是陳，只蔬飯以供。名香必爇，願與司命齊意；好花用獻，當聽韋馱指麾。有惡則書，見過速錄。細微畢舉，毋曰我供汝也而有阿私；

小大同登，毋曰衆汝敬也而有偏黨。幽明協贊，人神同欽。則爾土有力，帝將加升，長守此湖，永相依附矣。

告佛約束偈

龍湖芝佛上院，從新創立道場。上殿阿彌陀佛，下殿韋馱尊者。特地接引衆生，不是等閒作伴。觀音文殊普賢，悲智行願交參。從今皈依得地，皆賴信女善男。韋馱尊者何爲？寶杵當頭立斷。毫髮分明可畏，尤勿容易等閒！爲此與衆約束，不緊不嚴不慢。四時不須起早，黎明報鐘方好。清早金剛一卷，春夏秋冬一樣。二鼓念佛一千，冬春二時爲然。休夏依時自恣，不是倣古模賢。但記誦經念佛，緊閉門戶莫忽！恐惹閒人雜沓，致使誦念間歇。早晨報鐘甫畢，便入諸殿上香。上香必須鳴磬，磬動知是行香。失磬定是失香，面佛罰跪半晌。大衆聞鐘齊起，急忙整頓衣裳。嗽洗諸事各訖，沙彌如前撞鐘。首衆卽便領衆，以次合掌致恭。前後不得參差，先行拜禮韋馱，然後觀音上殿，虔恭禮拜一遍。上殿鋪設經卷，高聲跪誦金剛。誦罷齋畢何爲？依舊諷讀法華。每歲三冬無事，日日華嚴一卷。不許安期抄化，擾害菩薩善良。但得二時粥飯，便當吃緊思量。如果粥飲不繼，沿門持鉢可也。但知聽其自至，便知爲僧便宜。爲僧不須富貴，富貴不須爲僧。爲僧爲己生死，人死於己何與！何必哀死弔喪，替人慶生喜旺，無故遨遊街市，及自上門上戶。不許赴請誦經，不許包攬經誦。不許諷誦玉經，公奪道人衣鉢。不許私習應付，侵占萬壽僧飯。不許放債生利，不許買賤賣貴。一切富貴心腸，盡付龍湖流水。須知回頭無多，縱使忍饑不久。不聞衣祿分定，非人智力能求。何況一身一口，何必過計私憂！

自謂是佛弟子，却學市井下流；自謂禪僧無比，獨坐高貴上頭。猶然蠅營狗苟，無人替代爾羞。我勸諸人莫錯，快急念佛修福。但移此心念佛，便是淸涼極樂。

二十分識

有二十分見識，便能成就得十分才，蓋有此見識，則雖只有五六分才料，便成十分矣。有二十分見識，便能使發得十分膽，蓋識見旣大，雖只有四五分膽，亦成十分去矣。是才與膽皆因識見而後充者也。空有其才而無其膽，則有所怯而不敢；空有其膽而無其才，則不過冥行妄作之人耳。蓋才膽實由識而濟，故天下唯識爲難。有其識，則雖四五分才與膽，皆可建立而成事也。然天下又有因才而生膽者，有因膽而發才者，又未可以一概也。然則識也、才也、膽也，非但學道爲然，舉凡出世處世，治國治家，以至於平治天下，總不能舍此矣，故曰「智者不惑，仁者不憂，勇者不懼」。智卽識，仁卽才，勇卽膽。蜀之譙周，以識勝者也。姜伯約以膽勝而無識，故事不成而身死；費禕以才勝而識次之，故事亦未成而身死。此可以觀英傑作用之大略矣。三者俱全，學道則有三教大聖人在，經世則有呂尙、管夷吾、張子房在。空山岑寂，長夜無聲，偶論及此，亦一快也。懷林在旁，起而問曰：「和尙於此三者何缺？」余謂我有五分膽，三分才，二十分識，故處世僅僅得免於禍。若在參禪學道之輩，我有二十分膽，十分才，五分識，不敢比於釋迦老子明矣。若出詞爲經，落筆驚人，我有二十分識，二十分才，二十分膽。嗚呼！足矣，我安得不快乎！雖無可語者，而林能以是爲問，亦是空谷足音也，安得而不快也！

因記往事

向在黄安時，吴少虞大頭巾曾戲余曰："公可識林道乾否？"蓋道乾居閩、廣之間，故凡戲閩人者，必曰林道乾云。余謂爾此言是駡我耶，是贊我耶？若説是贊，則彼爲巨盗，我爲清官，我知爾這大頭巾決不會如此稱贊人矣。若説是駡，則余是何人，敢望道乾之萬一乎？

夫道乾横行海上，三十餘年矣。自浙江、南直隸以及廣東、福建數省近海之處，皆號稱財賦之産，人物隩區者，連年遭其荼毒，攻城陷邑，殺戮官吏，朝廷爲之旰食。除正刑、都總統諸文武大吏外，其發遣囚繫，逮至道路而死者，又不知其幾也，而林道乾固横行自若也。今幸聖明在上，刑罰得中，倭夷遠遯，民人安枕，然林道乾猶然無恙如故矣。稱王稱霸，衆願歸之，不肯背離。其才識過人，膽氣壓乎羣類，不言可知也。設使以林道乾當郡守二千石之任，則雖海上再出一林道乾，亦決不敢肆。設以李卓老權替海上之林道乾，吾知此爲郡守林道乾者，可不數日而即擒殺李卓老，不用損一兵費一矢爲也。又使卓老爲郡守時，正當林道乾横行無當之日，國家能保卓老決能以計誅擒林道乾，以掃清海上數十年之逋寇乎？此皆事之可見者，何可不自量也？

嗟乎！平居無事，只解打恭作揖，終日匡坐，同於泥塑，以爲雜念不起，便是眞實大聖大賢人矣。其稍學姦詐者，又攙入良知講席，以陰博高官，一旦有警，則面面相覷，絶無人色，甚至互相推委，以爲能明哲。蓋因國家專用此等輩，故臨時無人可用。又棄置此等輩有才有膽有識之者而不錄，又從而彌縫禁錮之，以爲必亂天下，則雖欲不作賊，其勢自不可爾。設國家能用之爲郡守令尹，又何止足當勝兵三十萬人已耶？又設用之爲虎臣武將，則閫外之事可得專之，朝廷自然無四顧之憂矣。唯舉世顛倒，故使豪傑抱不平之恨，英雄懷罔措之戚，直驅之使爲盜也。余方以爲痛恨，而大頭巾乃以爲戲；余方以爲慚愧，而大頭巾乃以爲譏：天下何時太平乎？故因論及才識膽，遂復記憶前十餘年之語。吁！必如林道乾，乃可謂有二十分才，二十分膽者也。

某曰：「如此則林道乾無識乎？無識安能運才膽而決勝也？」夫古之有識者，世不我知，時不我容，故或隱身於陶釣，或混跡於屠沽，不則深山曠野，絕人逃世而已，安肯以身試不測之淵也？縱多能足以集事，然驚怕亦不少矣。吾謂當此時，正好學出世法，直與諸佛諸祖同遊戲也。雖然，彼亦直以是爲戲焉耳。以彼識見，視世間一切大頭巾人，舉無足以當於懷者，蓋逆料其必不能如我何也，則謂之曰二十分識亦可也。

四海

丘文莊謂自南越入中國始有南海，而西海竟不知所在。余謂禹貢言「聲教訖於四海」者，亦只是據見在經歷統理之地而紀其四至耳。所云四海，即四方也。故又曰「四方風動」，則可見矣，豈眞有東西南北之海，如今南越之海的然可覩者哉？

今據見在四方論之：四川天下之正西也，雲南則天下之西南，陝西則天下之西北。一正西，一正北，一西南，皆不見有海也。由陝西而山西，據大勢則山西似直正北之域矣，而正北亦無海也，唯今薊、遼鄰山東，始有海。從此則山東爲東方之海，山東抵淮、揚、蘇、松以至錢塘、寧、紹等處，始爲正東之海。東甌至福建，則古閩越地也，稍可稱東南海矣。廣東卽南越地，今其治爲南海郡，盡以爲正南之海矣，不知閩、廣壤接，亦僅可謂之東南海耳。由此觀之，正西無海也，正北無海也，正南無海也，西北西南以至東北皆無海，則僅僅正東與東南角一帶海耳，又豈但不知西海所在耶？

且今天下之水皆從西出，西水莫大於江、漢。江有四：有從岷來者，有從沱來者，有從黑、白二水來者。漢有二：有從嶓冢來者，有從西和徼外來者。此皆川中之水，今之所指以謂正西是也。水又莫大於黃河，黃河經過崑崙。崑崙乃西蕃地，是亦西也。雖雲南之地今皆指以爲西南，然雲南之水盡流從川中出，則地高於川中可知矣。高者水之所瀉，流之所始，而東南一海咸受之，則海決在下流之處，雲南、四川、山、陝等去海甚遠，皆可知也。雲南、川、陝之外，其地更高，又可知也。不然，何以不順流而西，往彼西海，而乃迢遞逶迤盡向東南行耶？則知以四川爲正西者，亦就四方之勢概言之耳。今雲南三宣府之外，有過洋闊機大布道自海上來者，此布我閩中常得之，則雲南旋遶而東，又與福建同海。則雲南只可謂之東南，而不得謂之西南，又可知矣。

吾以是觀之，正南之地尚未載之輿圖，況西南耶？故余謂據今人所歷之地勢而論之，尚少正南與西南、正西與西北、正北與北東諸處者，以不見有海故卜之也。以天下三大水皆從川中出卜之，而知其難以復尋西海於今之世也。西海旣不可尋，則又何名何從而祀海也？然則丘文莊欲祀北海於京之東北，楊升菴欲祀西海於滇之西南，皆無義矣，其誰享之？嗚呼！觀於四海之說，而後知世人之所見者小也，況四海之外哉！

嘗謂君子無怨，唯小人有之；君子有德必報德，而小人無之。夫君子非無怨也，不報怨也；非不報怨也，以直報怨也。苟其人可惡而可去，則報之以可惡可去之道焉；苟其人可好而可用，則報之以可好可用之道焉。其惡而去之也，好而用之也，直也，合天下之公是也。其或天下不知惡而去之、好而用之也，而君子亦必去之、必用之，是亦直也，合天下之公理也。夫是之謂「以直」。既謂之直，則雖無怨於我者，亦必如是報之矣，則雖謂聖人未嘗報怨焉亦可也。若曰「以德報怨」，則有心矣，作僞矣，聖人不爲也。至於人之有德於我者，則志在必報，雖以聖人爲有心，爲私厚，不計矣。何也？聖人義重者也。義重故可以託孤，而況託知己之孤乎？義重故可以寄命，而況寄有德之命乎？故曰「以德報德」。唯其人有必報之德，此世道所以攸賴，國家所以有託，綱常所以不墜，人倫所以不滅也。若小人非不報德也，可報則報，不可報則亦已而勿報，顧他日所值何如耳。苟禍患及身，則百計推托，逃避無影矣，雖有德，將安知乎？唯有報怨一念，則終始不替。然苟勢盛於我，財多於我，我又可藉之以行立，則怨反爲德，又其常也。蓋十百千萬咸如斯也。此君子小人界限之所以判也。故觀君子小人者，唯觀其報怨報德之間而已。故余嘗以此定古今君子小人，而時時對人言之不省也。除此之外，君子小人有何分別乎？吾見在小人者更爲伶俐而可用也。

或曰：「先生既如此說矣，何先生之待小人也過嚴，而惡惡執怨也反過甚乎？」余曰：「不然，我之惡惡雖嚴，然非實察其心術之微，則不敢有惡也。縱已惡其人，苟其人或又出半言之善焉，或又有片行之當焉，則我之舊怨盡除，而親愛又隨之矣。若其人果賢，則初未嘗不稱道其賢，而欲其亟用之也。何也？天之生才實難，故我心唯恐其才之不得用也，曷敢怨也。是以人雖怨我，而欲害我報我者終少，則以我心之直故也。」

或曰：「先生之愛才誠然矣，然其始也取人太廣，愛人太驟，其既也棄人太急，而終之收錄人也亦太狹。曷不論定而後賞，勿以始廣而終狹乎？」吁！不然也。夫人實難知，故吾不敢以其疑似而遂忽之，是故則見以爲廣；而眞才難得，故吾又不敢以疑似而遂信之，是故則見以爲狹耳。若其入眼卽得，無復疑似，則終身不忒，如丘長孺、周友山、梅衡湘者，固一見而遂定終身之交，不得再試也。如楊定見，如劉近城，非至今相隨不舍，吾猶未敢信也。直至今日患難如一，利害如一，毁謗如一，然後知其終不肯畔我以去。夫如是，則余之廣取也固宜。設余不廣取，今日又安得有此二士乎？夫近城篤實人也，自不容以有二心；楊定見有氣人也，故眼中亦常常不可一世之士。夫此二人，皆麻城人也。友山麻城人，而麻城人不知之也。衡湘麻城人，而麻城人不知之也。若丘長孺之在麻城，則麻城諸俗惡輩直視之爲敗家之子矣。吾謂周友山則世之所稱布帛菽粟是也，其不知也宜也。梅衡湘則古今所稱伯樂之千里馬，王武子之八百駿是也，其不知也亦宜也。若丘長孺，雖無益於世，然不可不謂之麒麟鳳凰、瑞蘭芝草也。據長孺之爲人，非但父母兄弟靠不得，雖至痛之妻兒亦靠他不得也。非但妻兒靠不得，雖自己之身亦終靠他不得。其爲無用極矣。然其人固上帝之所篤生，未易材者也。觀其不可得而親疎敬慢也，是豈尋常等倫可比耶？故余每以麟鳳芝蘭擬之，非過也。若楊定見二子者，譬則樓臺殿閣，未易動搖，有足貴者。且高明之家，吉人之都，是非好惡，又自明白。

或曰：「公之知梅衡湘，似矣，然人之所以不知者，以其權智太審也。夫人而專任權智，則可以生人，亦可以殺人，如江淮河海之水然矣。」余謂衡湘雖大樣，然心實細謹，非曹孟德等比也。必如曹孟德等，方可稱之爲江淮河海之水，如之何而遂遽以譽衡湘也哉！嗚呼！此數公者，我固知之，而數公固各不相知也。非有日月星辰洞然皎然，如郭林宗、許子將、司馬德操者出，安能兼收而並用之耶？

或曰：「如先生言，必如此數者，然後可以用於世耶？」曰：「不然也。此其可大用者也，最難得者也，未易多有者也。子但見麻城一時有此數人，便以爲易易矣，不知我費了多少心力方得此數人乎？若其他則在在皆有，時時可用，自不待費力以求之矣。猶之鳥獸草木之生，周遍大地，任人選取也。」

余既與諸侍者夜談至此，次日偶讀升菴鳳賦，遂感而論之曰：「書稱麟鳳，稱其出類也。夫麟鳳之希奇，實出鳥獸之類，亦猶芝草之秀異，實出草木之類也。雖曰希奇秀異，然亦何益於人世哉！意者天地之間，本自有一種無益於世而可貴者，如世之所稱古董是耶？今觀古董之爲物，於世何益也？夫聖賢之生，小大不同，未有無益於世者。苟有益，則雖服箱之牛，司晨之雞，以至一草一木，皆可珍也。」故因鳳賦而推廣之，列爲八物，而鳥獸草木與焉。吁！八物具而古今人物盡於是矣。八物伊何？曰鳥獸草木，曰樓臺殿閣，曰芝草瑞蘭，曰杉松栝柏，曰布帛菽粟，曰千里八百，曰江淮河海，曰日月星辰。

夫鳥獸草木之類夥矣，然無有一羽毛一草木而不堪人世之用者。既已堪用矣，則隨所取擇，總無棄物也。是一物也。

夫宮寺樓閣，山舍茅廬，基址一也，而高低異；本植一也，而小大異；居處一也，而廣狹異。同是鄉人而鄉不如，則以宮室產業之良矣。譬之於鳥則賓鴻，於獸則獵犬，於草則國老，於木則從繩。同於鳥獸草木，而又不同於鳥獸草木，則以其爲鳥獸草木本類之獨著耳。是一物也。

夫芝草非常，瑞蘭馨香，小人所棄，君子所喜，設於世無君子亦已。譬之玩物，過目則已，何取於溫？譬之好音，過耳則已，何取於飽？然雖無取於溫飽，而不可不謂之希奇也。是一物也。

夫青松翠柏，在在常有，經歷歲時，棟梁遂就。噫！安可以其常有而忽之！與果木鬬春，則花不如，與果木鬬秋，則實不如。吁！安可以其不如而易之！世有清節之士，可以傲霜雪而不可以任棟梁者，如世之萬年青草，何其滔滔也。吁！又安可以其滔滔而擬之！此海剛峰之徒也。是亦一物也。

夫智者好奇，以布帛菽粟爲不足珍；賢者好異，以布帛菽粟爲無異於人。唯大智大賢反是，故以其易飽易煖者自過吾之身，又以其同飽同煖者同過人之日。所謂易簡而得理，無爲而成化，非若人之徒歟？眞若人之徒也。是亦一物也。

夫馬牛麟鳳，俗眼視之，相去故甚遠也。然千里之駒，一日而致；八百之牛，一日而程。麟乎鳳乎，雖至奇且異，亦奚以異爲也？士之任重致遠者，大率類此。而世無伯樂，祇謂之馬牛而不知其能千里也，眞可慨也！是又一物也。

夫能生人又能殺人，能貧人又能富人，江淮河海是也。利者十五，而害者亦十五。利害相半，而趨者不倦。今世用人者知其害而不察其利，是欲堙塞天下之江河而不用之也。宋王介甫欲決梁山泊以爲良田，而思無置水之處。劉貢父大聲叫曰：「再鑿一梁山泊則可置此水矣！」然則今日江淮河海之士，既以有害而不用矣，將安所置之哉？是亦一物也，今未見其人也。

夫智如日月，皎若辰星，照見大地，物物賦成。布帛菽粟者，決不責以霜杉雪柏之操；八百千里者，決不索以異香奇卉之呈。名川巨浸，時或汎濫崩衝；長江大河，實藉其舟楫輪灌。高樓涼殿，巍然煥然，誰不欲也，獨不有鳥獸魚鼈與之咸若，山川草木亦令多識乎？器使之下，可使無不獲之夫。則知日月星辰灼然兼照，眞可貴矣。此一物者，實用八物，要當以此物爲最也，今亦未見其人也。

嗚呼！此八物湯也，以爲藥則氣血兼補，皆有益於身；以救世則百工效用，皆有益於治。用人者其尚知此八物哉！毋曰彼有怨於我也，彼無德於我也，雖有千金不傳之秘，長生不老之方，吾只知娼嫉以惡之，而唯恐其勝己也已。吁！觀於八物之說，而後知世之用人者狹也，況加之娼嫉之人歟！

五死篇

人有五死，唯是程嬰、公孫杵臼之死，紀信、欒布之死，聶政之死，屈平之死，乃爲天下第一等好死。其次臨陣而死，其次不屈而死。臨陣而死勇也，未免有不量敵之進，同乎季路。不屈而死義也，未免有制於人之恨，同乎睢陽。雖曰次之，其實亦皆烈丈夫之死也，非凡流也。又其次則爲盡忠被讒而死，如楚之伍子胥，漢之鼂錯是矣。是爲不知其君，其名曰不智。又其次則爲功成名遂而死，如秦之商君，楚之吳起，越之大夫種是矣。是爲不知止足，其名亦曰不智。雖又次於前兩者，然既忠於君矣，雖死有榮也；既成天下之大功矣，立萬世之榮名矣，雖死何傷乎？故智者欲審處死，不可不選擇於五者之間也。

縱有優劣，均爲善死。

若夫臥病房榻之間，徘徊妻孥之側，滔滔者天下皆是也。此庸夫俗子之所習慣，非死所矣，豈丈夫之所甘死乎？雖然，猶勝於臨終扶病歌詩，杖策辭別，自以爲不怖死，無顧戀者。蓋在世俗觀之，未免誇之爲美談，呼之爲考終。然其好名說謊，反不如庸夫俗子之爲順受其正，自然而死也。等死於牖下耳，何以見其節，又何以見其烈，而徒務此虛聲爲耶？

丈夫之生，原非無故而生，則其死也又豈容無故而死乎？其生也有由，則其死也必有所爲，未有岑寂寂，臥病床褥間，扶柩推輦，埋於北邙之下，然後爲得所死矣。蒼梧殯虞，會稽尸夏，聖帝明王亦必由之，何況人士歟！第余老矣，欲如以前五者，又不可得矣。夫如此而死既已不可得，如彼而死又非英雄漢子之所爲，然則將何以死乎？計唯有做些小買賣耳。大買賣如公孫杵臼、聶政者既不見買主來到，則豈可徒死而死於床褥之間乎？且我已離鄉井，捐童僕，直來求買主於此矣，此間既無知己，無知己又何死也？大買賣我知其做不成也，英雄漢子，無所洩怒，既無知己可死，吾將死於不知己者以洩怒也。謹書此以告諸貌稱相知者，聞死來視我，切勿收我屍！是囑。

傷逝

生之必有死也，猶晝之必有夜也。死之不可復生，猶逝之不可復返也。人莫不欲生，然卒不能使之久生；人莫不傷逝，然卒不能止之使勿逝。既不能使之久生，則生可以不欲矣。既不能使之勿逝，則逝可以無傷矣。故吾直謂死不必傷，唯有生乃可傷耳。勿傷逝，願傷生也！

戒衆僧

佛說波羅蜜。波羅蜜有六，而持戒其一也。佛說戒、定、慧。戒、定、慧有三，而戒行其先也。戒之一字，誠未易言。戒生定，定生慧。慧復生戒，非慧離戒；慧出於戒，非慧滅戒。然則定、慧者成佛之因，戒者又定、慧之因。我釋迦老子未成佛之先，前後苦行一十二年，其戒也如此，汝大衆所知也。我釋迦老子既成佛之後，前後說法四十九年，其戒也如此，亦汝大衆所知也。若謂佛是戒空，戒是佛縛，既已得道成佛，不妨毁律破戒，則舍精舍，歸王宮，有何不可，而仍衣破衲，重持鉢，何爲者哉？須知父母乳哺之恩難報，必須精進以報之。所謂一子成道，九族生天，非妄言也。十方顆粒之施難消，必須精進以消之，所謂披毛戴角，酬還信施，豈誑語耶！

然則戒之一字，衆妙之門；破戒一言，衆禍之本。戒之一字，如臨三軍，須臾不戒，喪敗而奔；戒之一字，如履深谷，須臾不戒，失足而殞。故知三千威儀，重於山岳；八萬細行，密如牛毛。非是多事強爲，於法不得不爾故也。毋曰「莫予覯也」，便可閒居而縱恣。一時不戒，人便已知，正目而視者，非但一目十目，蓋千億目共視之矣。毋曰「莫予指也」，便可掩耳而偷鈴。一念不戒，鬼將誅之，旁觀而嗔者，非但一手十手，蓋千億手共指之矣。

嚴而又嚴，戒之又戒。自今以往，作如是觀：坐受齋供，如吞熱鐵之丸，若不膽顫心寒，與犬豕其何異！行覓戒珠，如入清涼之閣，若復魂飛魄散，等乞丐以何殊！如此用心，始稱衲子。如水行舟，風浪便覆；如車行地，攲斜卽敗。風浪誰作？覆沒自當。攲斜誰爲？顚仆自受。凡我大衆，其愼之哉！除年長久參者無容贅示，間有新到比丘未知慚愧，不得不更與申明之耳。凡此大衆，幸各策厲，庶稱芝佛道場；猛著精神，共成龍潭勝會可矣。

六度解

我所喜者學道之人，汝肯向道，吾又何說？道從六度入。六度之中，持戒禪定其一也。戒如田地，有田地方有根基，可以爲屋種田。然須忍辱。忍辱者，謙下以自持，虛心以受善，不敢以貢高爲也。如有田地，須時時澆糞灌水，方得有秋之穫。不然，雖有田地何益？精進則進此持戒忍辱兩者而已。此兩者日進不已，則自然得入禪定眞法門矣。既禪定，不愁不生智慧而得解脫也。故知布施、持戒、忍辱眞禪定之本，而禪定又爲智慧解脫之本。六者始終不舍，如濟渡然，故曰六度。此六度也，總以解脫爲究竟，然必須持戒忍辱以入禪定，而後解脫可得。及其得解脫也，又豈離此持戒忍辱而別有解脫哉！依舊卽是前此禪定之人耳。如離禪定而說解脫，非唯不知禪定，而亦不知解脫矣。以此見生死事大，決非淺薄輕浮之人所能造詣也。試看他靈山等會，四十九年猶如一日，持戒忍辱常如一年。今世遠教衰，後生小子拾得一言半句，便自猖狂，不敬十方，不禮晚末，說道何佛可成。此與無爲教何異乎？非吾類也。

觀音問

答澹然師

昨來書，謂：「觀世音大士發大弘願，我亦欲如是發願：願得如大士圓通無障礙。聞庵僧欲塑大士像，我願爲之，以致皈依，祇望卓公爲我作記也。」余時作筆走答云：「觀音大士發大弘願，似矣。但大士之願，慈悲爲主：以救苦救難爲悲，以接引念佛衆生皈依西方佛爲慈。彼一切圓通無障礙，則佛佛皆然，不獨觀音大士也。彼塑像直布施功德耳，何必問余？或可或否，我不敢與。」余時作答之語如此，然尚未明成佛發願事，故復言之。

蓋言成佛者，佛本自成，若言成佛，已是不中理之談矣，況欲發願以成之哉！成佛者，成無佛可成之佛，此千佛萬佛之所同也。發願者，發佛佛各所欲爲之願，此千佛萬佛之所不能同也。故有佛而後有願，佛同而願各異，是謂同中有異也。發願盡出于佛，故願異而佛本同，是謂異中有同也。然則謂願由于佛可也，而謂欲發願以成佛可乎？是豈中理之談哉！雖然，此亦未易言也。大乘聖人尚欲留惑潤生，發願度人，況新發意菩薩哉！然大乘菩薩實不及新發意菩薩，大願衆生實不及大心衆生，觀之龍女、善財可見矣。故單言菩薩，則雖上乘，猶不免借願力以爲重。何者？見諦未圓而信心未化也。唯有佛菩薩如觀音、大勢至、文殊、普賢等，始爲諸佛發願矣。故有釋迦佛則必有文殊、普賢，釋迦爲佛而文殊、普賢爲願也。有阿彌陀佛則必有觀音、勢至，彌陀是佛而觀音、勢至是願也。此爲佛願，我願澹師似之！

又

佛之心法，盡載之經。經中一字透不得，卽是自家生死透不得，唯不識字者無可奈何耳。若謂經不必讀，則是經亦不必留，佛亦不用有經矣。昔人謂讀經有三益：有起發之益，有開悟之益，又有印證之益。其益如此，曷可不讀也！世人忙忙不暇讀，愚人懵懵不能讀，今幸生此閒身，得爲世間讀經之人而不肯讀，比前二輩反在其後矣。快刻期定志立限讀之，務俾此身眞實可以死乃得。

又

世人貪生怕死，蠅營狗苟，無所不至，若見此僧端坐烈焰之中，無一毫恐怖，或遂頓生念佛念法之想，未可知也。其有益于塵世之人甚大，若欲湖僧爲之津送則不可。蓋凡津送亡僧者，皆緣亡者神識飛揚，莫知去向，故藉平時持戒僧衆誦念經咒以助之。今此火化之僧，必是了然自知去向者，又何用湖僧爲之津送耶？且湖上僧雖能守戒行，然其貪生怕死，遠出亡僧之下，有何力量可以資送此僧？若我則又貪生怕死之尤者，雖死後猶怕焚化，故特地爲塔屋于龍湖之上，敢以未死之身自入于紅爐乎？其不如此僧又已甚遠。自信、明因嚮往俱切，皆因爾澹師倡導，火力甚大，故衆菩薩不覺不知自努力向前也。此其火力比今火化之僧又大矣。何也？火化之僧只能化得自己，若澹師則無所不化。火化僧縱能化人，亦只化得衆人念佛而已，若澹師則可以化人立地成佛，故其火力自然不同。

又

學道人大抵要跟脚眞耳，若始初以怕死爲跟脚，則必以得脫生死、離苦海、免恐怕爲究竟。雖遲速不同，決無有不證涅槃到彼岸者。若始初只以好名爲跟脚，則終其身只成就得一個虛名而已，虛名於我何與也？此事在各人自查考，別人無能爲也。今人縱十分學道，亦多不是怕死。夫佛以生死爲苦海，而今學者反以生死爲極樂，是北轅而南其轍，去彼岸愈遠矣。世間功名富貴之人，以生爲樂也，不待言也。欲學出世之法，而唯在于好名，名只在于一生而已，是亦以生爲樂也，非以生爲苦海也。苦海有八，生其一也。卽今上亦不得，下又不得，學亦不得，不學亦不得，便可以見有生之苦矣。佛爲此故，大生恐怖。試看我輩今日何曾以此生身爲苦爲患，而決求以出離之也。尋常亦會說得此身是苦，其實亦只是一句說話耳，非眞眞見得此身在陷阱坑坎之中，不能一朝居者也。試驗之自見。

又

聞師又得了道，道豈時時可得耶？然眞正學者亦自然如此。楊慈湖先生謂大悟一十八遍，小悟不記其數，故慈湖於宋儒中獨爲第一了手好漢，以屢疑而屢悟也。學人不疑，是謂大病。唯其疑而屢破，故破疑卽是悟。自信菩薩於此事信得及否？彼以談詩談佛爲二事，不知談詩卽是談佛。若悟談詩卽是談佛人，則雖終日談詩何妨。我所引「白雪陽春」之語，不過自謙之辭，欲以激厲彼，俾知非佛不能談詩也，而談詩之外亦別無佛可談。自信失余之意，反以談詩爲不美，豈不誤哉？歷觀傳燈諸祖，其作詩說偈，超逸絕塵不可當，亦可以談詩病之乎？唯本不能詩而强作，則不必；若眞實能詩，則因談佛而其詩益工者又何多也，何必以談詩爲病也？

與澄然

認不得字勝似認得字，何必認得字也？只要成佛，莫問認得字與否，認得字亦是一尊佛，認不得字亦是一尊佛。當初無認字佛，亦無不認得字佛。無認字佛，何必認字；無不認字佛，何必不認字也？大要只要自家生死切耳。我昨與丘坦之壽詩有云：「劬勞雖謝父母恩，扶持自出世中尊。」今人但見得父母生我身，不知日夜承世尊恩力，蓋千生萬劫以來，作忘恩背義之人久矣。今幸世尊開我愚頑，頓能發起一念無上菩提之心，欲求見初生爺娘本面，是爲萬幸，當生大慚大愧乃可。故古人親證親聞者，對法師前高叫大哭，非漫然也。千萬劫相失爺娘，一旦得之，雖欲不慟哭，不可得矣。愼莫草草作語言戲論，反成大罪過也！世間戲論甚多，惟此事是戲論不得者。

答自信

旣自信，如何又說放不下；旣放不下，如何又說自信也？試問自信者是信個甚麽？放不下者又是放不下個甚麽？於此最好參取。信者自也，不信者亦自也。放得下者自也，放不下者亦自也。放不下是生，放下是死；信不及是死，信得及是生。信不信，放下不放下，總屬生死。總屬生死，則總屬自也，非人能使之不信不放下，又信又放下也。於此着實參取，便自得之。然自得亦是自，來來去去，生生死死，皆是自，可信也矣。來書「原無生死」四字，雖是諸佛現成語，然眞實是第一等要緊語也。旣說原無生死，則亦原無自信，亦原無不自信也；原無放下，亦原無不放下也。「原無」二字甚不可不理會：旣說原無，則非人能使之無可知矣，亦非今日方始無又可知矣。若待今日方始無，則亦不得謂之原無矣。若人能使之無，則亦不得謂之原無矣。「原無」二字總說不通也。故知原無生者，則雖千生總不妨也。何者？雖千生終不能生，此原無生也。使原無生而可生，則亦不得謂之原無生矣。故知原無死者，則雖萬死總無礙也。何者？雖萬死終不能死，此原無死也。使原無死而可死，則亦不得謂之原無死矣。故「原無生死」四字，不可只恁麽草草讀過，急着精彩，便見四字下落。

又

一動一靜，原不是我，莫錯認好。父母已生後，卽父母未生前，無別有未生前消息也。見得未生前，則佛道、外道、邪道、魔道總無有，何必怕落外道乎？總無死，何必怕死乎？然此不怕死總自十分怕死中來。世人唯不怕死，故貪此血肉之身，卒至流浪生死而不歇；聖人唯萬分怕死，故窮究生死之因，直證無生而後已。無生則無死，無死則無怕，非有死而强說不怕也。自古唯佛、聖人怕死爲甚，故曰「子之所愼，齋戰疾」，又曰「臨事而懼，若死而無悔者吾不與」，其怕死何如也？但記者不知聖人怕死之大耳。怕死之大者，必朝聞而後可免于夕死之怕也，故曰「朝聞道夕死可矣」。曰可者，言可以死而不怕也；再不復死，亦再不復怕也。我老矣，凍手凍筆，作字甚難，愼勿草草，須時時與明因確實理會。我於詩學無分，祇緣孤苦無朋，用之以發叫號，少洩胸中之氣，無白雪陽春事也。舉世無眞學道者，今幸有爾列位眞心向道，我喜何如！若悠悠然唯借之以過日子，又何必乎？

又

若無山河大地，不成淸淨本原矣，故謂山河大地卽淸淨本原可也。若無山河大地，則淸淨本原爲頑空無用之物，爲斷滅空不能生化之物，非萬物之母矣，可值半文錢乎？然則無時無處無不是山河大地之生者，豈可以山河大地爲作障礙而欲去之也？淸淨本原，卽所謂本地風光也。視不見，聽不聞，欲聞無聲，欲嗅無臭，此所謂龜毛兔角，原無有也。原無有，是以謂之淸淨也。淸淨者，本原淸淨，是以謂之淸淨本原也，豈待人淸淨之而後淸淨耶？是以謂之鹽味在水，唯食者自知，不食則終身不得知也。又謂之色裏膠青。蓋謂之曰膠青，則又是色，謂之曰色，則又是膠青。膠青與色合而爲一，不可取也。是猶欲取清淨本原於山河大地之中，而清淨本原已合於山河大地，不可得而取矣；欲捨山河大地於清淨本原之外，而山河大地已合成清淨本原，又不可得而舍矣。故曰取不得，舍不得，雖欲不放下不可得也。龜毛兔角，我所說與佛不同：佛所說以證斷滅空耳。

又

念佛是便宜一條路，昨火化僧只是念佛得力。人人能念佛，人人得往西方，不但此僧爲然，亦不必似此火化乃見念佛功効也。古今念佛而承佛接引者，俱以無疾而化爲妙。故或坐脫，或立亡，或吉祥而逝。故佛上稱十號，只曰「善逝」而已。善逝者，如今人所言好死是也。此僧火化，雖非正法，但其所言得念佛力，實是正言，不可因其不是正法而遂不信其爲正言也，但人不必學之耳。念佛須以見佛爲願，火化非所願也。

又

無相、無形、無國土，與有相、有形、有國土，成佛之人當自知之，已證涅槃之人亦自知之，豈勞問人也？今但有念佛一路最端的。念佛者，念阿彌陀佛也。當時釋迦金口稱讚有阿彌陀佛，在西方極樂國土，專一接引念佛衆生。以此觀之，是爲有國土乎，無國土乎？若無國土，則阿彌陀佛爲假名，蓮華爲假相，接引爲假說。互相欺誑，佛當受彌天大罪，如今之衙門口光棍，當卽時敗露，卽受誅夷矣，安能引萬億劫聰明豪傑同登金蓮勝會乎？何以問我有無形、相、國土爲也？且夫佛有三身：一者清淨法身，卽今問佛問法與問有無形、相、國土者也，是無形而不可見，無相而不可知者也。是一身也。二者千百億化身，卽今問佛問法問有無形、相、國土，又欲參禪，又欲念佛，又不敢自信，如此者一日十二時，有千百億化現，故謂之化身。是又一身也。卽法身之動念起意，變化施爲，可得而見，可得而知，可得而狀者也。三者圓滿報身，卽今念佛之人滿卽報以極樂，參禪之人滿卽報以淨土，修善之人滿卽報以天堂，作業之人滿卽報以地獄，慳貪者報以餓狗，毒害者報以虎狼，分釐不差，毫髮不爽，是報身也。報身卽應身，報其所應得之身也。是又一身也。今但念佛，莫愁不到西方，如人但讀書，莫愁不取富貴，一理耳。但有因，卽有果。但得本，莫愁末不相當；但成佛，莫愁佛不解語，不有相，不有形，不有國土也。又須知我所說三身，與佛不同。佛說三身，一時具足，如大慧引儒書云：「『天命之謂性』，淸淨法身也。『率性之謂道』，圓滿報身也。『修道之謂教』，千百億化身也。」最答得三身之義明白。然果能知三身卽一身，則知三世卽一時，我與佛說總無二矣。

答明因

昨有客在，未及裁答。記得爾言「若是自己，又何須要認」。我謂此是套語，未可便說不要認也。急寫「要認」數字去。夫自己親生爺娘認不得，如何是好，如何過得日子，如何便放得下，自不容不認得去也。天下豈有親生爺娘認不得，而肯丢手不去認乎？決無此理，亦決無此等人。故我作壽丘坦之詩有云：「劬勞雖謝父母恩，扶持自出世中尊。」尊莫尊于爺娘，而人却認不得者，無始以來認他人作父母，而不自知其非我親生父母也。一旦從佛世尊指示，認得我本生至親父母，豈不暢快！又豈不痛恨昔者之不見而自哀鳴與流涕也耶！故臨濟以之築大愚，非築大愚也，喜之極也。夫既認得自己爺娘，則天來大事當時成辦，當時結絕矣。蓋此爺娘是眞爺娘，非一向假爺娘可比也。假爺娘怕事，眞爺娘不怕事；入火便入火，燒之不得；入水便入水，溺之不得。故唯親爺娘爲至尊無與對，唯親爺娘能入於生死，而不可以生死；唯親爺娘能生生而實無生，能死死而實無死。有此好爺娘，可不早親識認之乎？然認得時，爺娘自在也；認不得時，爺娘亦自在也。唯此爺娘情性大好，不肯强人耳。因復走筆潦倒如此，甚不當。

又

無明「實性卽佛性」二句，亦未易會。夫既說實性，便不可說空身；既說空身，便不宜說實性矣。參參！「但得本，莫愁末。」我道但有本可得，卽便有末可愁，難說莫愁末也。「自利利他」亦然：若有他可利，便是未能自利的矣。既說「父母未生前」，則我身尚無有；我身既無有，則我心亦無有；我心尚無有，如何又說有佛？苟有佛，卽便有魔，卽便有生有死矣，又安得謂之父母未生前乎？然則所謂眞爺娘者，亦是假立名字耳，莫太認眞也！眞爺娘不會說話，乃謂能度阿難，有是理乎？佛未嘗度阿難，而阿難自迷，謂必待佛以度之，故愈迷愈遠，直至迦葉時方得度爲第二祖。當迦葉時，迦葉力擯阿難，不與話語，故大衆每見阿難便卽星散，視之如讐人然。故阿難慌忙無措，及至無可奈何之極，然後舍却從前悟解，不留半點見聞於藏識之中，一如父母未生阿難之前然，迦葉方乃印可傳法爲第二祖也。設使阿難猶有一毫聰明可倚，尚貪着不肯放下，至極乾淨，迦葉亦必不傳之矣。蓋因阿難是極聰明者，故難舍也。然則凡看經看教者，只要舍我所不能舍，方是善看經教之人，方是眞聽明大善知識之人。莫說看經看教爲不可，只要看得瞥脫乃可。

明因曰：諸相原非相，只因種種差別，自落諸相中，不見一相能轉諸相。

諸相原非相，是也，然怎見得原非相乎？世間凡可得而見者，皆相也，今若見得非相，則見在而相不在，去相存見，是又生一相也。何也？見卽是相耳。今且勿論。經云「若見諸相非相，卽見如來」，既見了如來，諸相又向何處去乎？抑諸相宛爾在前，而我心自不見之耶，抑我眼不見之也？眼可見而強以爲不見，心可見而謬以爲不見，是又平地生波，無風起浪，去了見復存不見，豈不大錯！

明因曰：豁達空是落斷滅見，着空棄有是着無見，都是有造作。見得眞爺娘，自無此等見識。然卽此見識，便是真空妙智。

棄有着空，則成頑空矣，卽所謂斷滅空也，卽今人所共見太虛空是也。此太虛空不能生萬有。既不能生萬有，安得不謂之斷滅空，安得不謂之頑空？頑者，言其頑然如一物然也。然則今人所共見之空，亦物也，與萬物同矣，安足貴乎！六祖當時特借之以喻不礙耳。其實我之眞空豈若是耶！唯豁達空須細加理會，學道到此，已大段好了，願更加火候，疾證此大涅槃之樂。

明因曰：名爲豁達空者是誰，怕落豁達空者是誰，能參取豁達空者是誰。我之真空能生萬法，自無莽蕩。曾有偈云：「三界與萬法，匪歸何有鄉，若只便恁麼，此事太乖張。」此是空病，今人有執着諸祖一語修行者，不知諸祖教人，多是因病下藥，如達磨見二祖種種說心說性，故教他外息諸緣，心如牆壁。若執此一語，卽成斷滅空。

眞空旣能生萬法，則眞空亦自能生罪福矣。罪福非萬法中之一法乎？須是眞曉得自無罪福乃可，不可只恁麽說去也。二祖當時說心說性，亦只爲不會認得本心本性耳。認得本心本性者，又肯說心說性乎？故凡說心說性者，皆是不知心性者也。何以故？心性本來空也。本來空，又安得有心更有性乎？又安得有心更有性可說乎？故二祖直至會得本來空，乃得心如牆壁去耳。旣如牆壁，則種種說心說性諸緣，不求息而自息矣。諸緣旣自息，則外緣自不入，内心自不惴，此眞空實際之境界也，大涅槃之極樂也，大寂滅之藏海也，諸佛諸祖之所以相續慧命於不斷者也，可以輕易而錯下注脚乎？參參！

明因云：那火化僧説話亦通，只疑他臨化時叫人誦彌陀經，又說凡見過他的都是他的徒弟。

臨化念彌陀經，此僧家常儀也。見過卽是徒弟，何疑乎？能做人徒弟，方是眞佛，我一生做人徒弟到老。

豫約

小引

余年已七十矣，旦暮死皆不可知。然余四方之人也，無家屬僮僕於此，所賴以供朝夕者，皆本院之僧，是故豫爲之約。約曰：我在則事體在我，人之敬慢亦在我。我若有德，人則敬我，汝等縱不德，人亦看不見也。我若無德，人則我慢，縱汝等眞實有德，人亦看不見也。所係皆在我，故我只管得我立身無愧耳。雖不能如古之高賢，但我青天白日心事，人亦難及，故此間大賢君子，皆能恕我而加禮我。若我死後，人皆唯爾輩之觀矣，可復如今日乎？且汝等今日亦自不暇：終年修理佛殿，塑像請經，鑄鐘鞔鼓，并早晚服事老人。一動一息，恐不得所，固忙忙然無有暇刻矣。今幸諸事粗具，塔屋已成，若封塔之後，汝等早晚必然守塔，人不見我，只看見汝，則汝等一言一動可苟乎哉！汝等若能加謹僧律，則人因汝敬，并益敬我，反思我矣。不然，則豈但不汝敬，將我此龍湖上院卽同興福等寺應付僧一樣看了也，其爲辱門敗種，寧空此院，置此塔，無人守護可矣。吾爲此故，豫設戒約，付常融、常中、常守、懷捷、懷林、懷善、懷珠、懷玉等。若餘幾衆，我死後無人管理，自宜遣之復還原處，不必强也。蓋年幼人須有本師管轄，方可成器；又我死後勢益淡薄，少年人或難當抵也。若能聽約忍饑和衆，則雖十方賢者，亦宜留與共聚，況此數衆與下院之衆乎？第恐其不肯或不能，是以趁早言之。

一、早晚功課

具上院約束册中，不復再列。

一、早晚山門

山門照舊關鎖，非水火緊急，不得擅開；非熟客與檀樾爲燒香禮拜來者，不得擅開。若爲看境而來，境在湖上之山，潭下之水，盡在上院山門之外，任意請看，不勞敲門與開門也。遠者欲做飯吃，則過橋卽是柳塘先生祠，看祠有僧，來客可辦柴米，令跟隨人役燒茶煑飯，彼中自有鍋竈，亦不勞扣門矣。何也？山僧不知敬客禮數，恐致得罪耳。

一、早晚禮儀

除挑水舂米作務照常外，其餘非禮佛卽靜坐也，非看經卽經行念佛也。俱是整頓僧衣與接客等矣，豈可效鄉間老以爲無事，便縱意自在乎？與其嬉笑，無寧恥晗，此實言也。其坐如山，其行如蟻，其立如柱，其止如釘，則坐止行立如法矣。我既不自慢，人誰敢謾我？有飯吃飯，無飯吃粥；有銀則糴，無銀則化。化不出米，則化出飯；化不出飯，則化出粥；化不出粥，則化出菜；化不出菜，則端坐而餓死。此釋迦律儀也。不法釋迦而法積攢俗僧可乎？此時不肯餓死，後日又不飽死不病死乎？總有一日死，不必怕餓死也。

既不怕餓死，又胡爲終日馳逐乎？是故不許輕易出門。除人家拜望禮節與僧家無干，不必出門往看外，若稱要到某庵某處會我師父或師兄師弟者，皆不許，只許師父暫時到院相看，遠者留一宿，近者一飯卽請回。若俗家父母兄弟，非辦齋不許輕易入門相見。若無故而時常請假，欲往黃栢山，欲往東山，欲往維摩庵等處者，卽時驅遣之去。寧可無人守塔，不可容一不守戒約之僧；寧可終身只四五衆，不可妄添不受約一人。夫既不許到師父住處矣，況俗家乎？如此則終日鎖門，出門亦自希矣。不但身心安閒，志意專一，久則自覺便宜，亦不耐煩見世上人矣。有何西方不可到，大事不可明乎？試反而視世間僧日日遨遊街市，當自汗流羞恥之。化他日之錢米，養不惜羞之和尚，出入公私之門，裝飾狗臉之行，與衙門口積年奚殊也！彼爲僧如是，我爲僧不如是，不但修行所宜，體面亦自超越，起人敬畏，何苦而不肯閉門靜坐乎？

既終日閉門，亦自然無客，萬一有仕人或鄉先生來，不得不開門者，彼見我如此，亦自然生渴仰矣，雖相見何妨耶？接鄉士夫則稱老先生，接春元及文學則稱先生，此其待之者重矣。若稱之以老爹相公，反輕之耳。且既爲佛子，又豈可與奴隸輩同口稱聲耶？我自重，人自重我；我自輕，人亦輕我：理之所必至也。閉門靜坐，寂然無聲，終年如此，神猶欽仰，何況於人？太上出世爲眞佛，其次亦不爲世人輕賤，我願足矣。區區藏屍塔屋，有守亦可，無守亦可，何足重乎！若本縣經過有公務者，自有下院衆人迎接，非守塔僧所當聞。若其眞實有高興欲至塔前禮拜者，此佛子也，大聖人也，急宜開門延入，以聖人待之，烹茶而燒好香，與事佛等，始爲相稱。迎送務盡禮：談佛者呼之爲佛爺；講道學者呼之爲老先生；不講學不談佛，但其人有氣概欲見我塔者，則呼之爲老大人。五衆齊出與施禮，三衆即退而辦茶，唯留常融、懷林二人安客坐而陪之：融隅坐，林傍坐，俱用漆椅，不可用凳陪客坐也。有問乃答，不問卽默，安閑自在，從容應對，不敢慢之，不可敬之。敬之則必以我爲有所求，甚不可也。

一、早晚佛燈

夫燈者所以繼明於晝夜，而並明於日月者也。故日能明於晝，而不能照重陰之下；月能明於夜，而不能照殿屋之中。所以繼日月之不照者，非燈乎？故謂之曰日月燈明佛，蓋以佛譬日月燈，稱佛之如燈如日月也。日月有所不照，唯燈繼之，然後無所不照，非謂日月可無而燈獨不可無也。今事佛者相沿而不知其義，以爲常明燈者但是燈光，而不復論有日月，乃晝夜然燈不息，則日月俱廢矣。非但月爲無用之光，而日亦爲無益之明矣。故今只令然燈於夜，晝則不敢然，以佛常如日也。只令然燈於晦，望之前後十餘夜卽不敢然，以佛之常如月也。唯鄰晦朔前後半餘月，然燈徹旦，以佛之常如燈也。則允矣，足稱日月燈明佛矣。

一、早晚鐘鼓

夫山中之鐘鼓，卽軍中之號令，天中之雷霆也。雷雷一奮，則百穀草木皆甲坼；號令一宣，則百萬齊聲，山川震沸。山中鐘鼓，亦猶是也。未鳴之前，寂寥無聲，萬慮俱息；一鳴則蝶夢還周，耳目煥然，改觀易聽矣。縱有雜念，一擊遂忘；縱有愁思，一撾便廢；縱有狂志悅色，一聞音聲，皆不知何處去矣。不但爾山寺僧衆然也，遠者近者孰不聞之？聞則自然悲仰，亦且回心易向，知身世之無幾，悟勞擾之無由矣。然則山中鐘鼓所係匪鮮淺也，可聽小沙彌輩任意亂敲乎？輕重疾徐，自有尺度：輕能令人喜，重能令人懼，疾能令人趨，徐能令人息，直與軍中號令天中雷霆等耳，可輕乎哉！雖曰遠近之所望而敬者僧之律行；然聲音之道原與心通，未有平素律行僧寶而鐘鼓之音不清越而和平也。既以律行起人畏敬於先，又聽鐘鼓和鳴於清晨良宵之下。時時聞此，則時時熏心；朝朝暮暮聞此，則朝朝暮暮感悅。故有不待入門禮佛見僧而潛修頓改者，此鐘鼓之音爲之也，所係誠非細也。不然，我之撞鐘擊鼓，如同兒戲，彼反怒其驚我眠而聒我耳，反令其生躁心矣。

一、早晚守塔

封塔後卽祀木主，以百日爲度，早晚俱燒香，唯中午供飯一盞，清茶一甌，豆豉少許，上懸琉璃。我平生不愛人哭哀哀，不愛人閉眼愁眉作婦人女子賤態。丈夫漢喜則清風朗月，跳躍歌舞，怒則迅雷呼風，鼓浪崩沙，如三軍萬馬，聲沸數里，安得有此俗氣，況出家人哉？且人生以在世爲客，以死爲歸。歸家則喜而相慶，亦自謂得所而自慶也，又況至七八十而後歸，其爲慶幸，益以無涯，若復有傷感者，是不欲我得所也，豈出家人之所宜乎？古有死而念佛相送，卽今人出郭作歌送客之禮，生死一例。苟送客而哀興，豈不重難爲客耶！客既不樂，主人亦何好也？是以再四叮嚀，非怕汝等哭也，恐傷我歸客之心也。唯當思我所嗜者。我愛書，四時祭祀必陳我所親校正批點與纂集鈔錄之書于供桌之右，而置常穿衣裳于供桌之左，早陳設，至晚便收。每年共十三次祭祀，雖名爲祭祀，亦只是一飯一茶一少許豆豉耳。但我愛香，須燒好香；我愛錢，須燒好紙錢；我愛書，須牢收我書，一卷莫輕借人，時時搬出日頭曬曬，乾便收訖。雖莊純甫近來以教子故，亦肯看書，要書但決不可與之。且彼亦不知我死，縱或於別處聞知我死而來，亦不可與以我書。

李四官若來，叫他勿假哭作好看，汝等亦決不可遣人報我死，我死不在今日也。自我遣家眷回鄉，獨自在此落髮爲僧時，卽是死人了也，已欲他輩皆以死人待我了也。是以我至今再不曾遣一力到家者，以爲已死無所用顧家也。故我嘗自謂我能爲忠臣者，以此能忘家忘身之人卜之也，非欺誕說大話也。不然，晉江雖遠，不過三千餘里，遣一僧持一金卽到矣，余豈惜此小費哉？不過以死自待，又欲他輩以死待我，則彼此兩無牽掛：出家者安意出家，在家者安意做人家。免道途之勞費，省江湖之風波，不徒可以成就彼，是亦彼之所以成就我也。何也？彼勞苦則我心亦自愁苦，彼驚懼則我心亦自疑懼；彼不得安意做人家，我亦必以爲使彼不得做人家者我陷之也。是以不願遣人往問之。其不肯遣人往問之者，正以絶之而使之不來也。莊純甫不曉我意，猶以世俗情禮待我，今已到此三次矣。其家旣窮，來時必假借路費，借倩家人，非四十餘日不得到此，非一月日不好遽回，又非四五十日未易抵家。審如此，則我只宜在家出家矣，何必如此以害莊純甫乎？故每每到此，則我不樂甚也，亦以使之不敢復來故也。旣不肯使之來此，又豈肯遣人往彼乎？一向旣不肯遣人往彼，今日又豈可遣人往彼報死乎？何者？總之我死不在今日也。我死旣不在今日，何爲封塔而乃以死待我也？則汝等之當如平日又可知也。待我如平日，事我如生前，言語不苟，行事不苟，比舊更加謹愼，使人人咸曰龍湖僧之守禁戒也如此，龍湖僧之不謬爲卓吾侍者也又如此，其爲喜悦我也甚矣，又何必以不復見我爲苦而生悲愴也？我之形雖不可復見，而我心則開卷卽在矣。讀其書，見其人，精神且千萬倍，若彼形骸外矣，又何如我書乎？況讀其豫約，守其戒禁，則卓吾老子終日對面，十目視之無有如其顯，十手指之無有如其親者，又何必悲戀此一具瘦骨柴頭，以爲能不忘老子也耶？勉之戒之！

我初至麻城，曾承庵創買縣城下今添蓋樓屋所謂維摩庵者，皆是周友山物，余已別有維摩庵創建始末一書寄北京與周友山矣。中間開載布施事頗詳悉，其未悉者又開具緣簿中，先寄周友山于川中。二項兼查，則維摩庵布施功德主，亦昭昭可案覆而審，不得沒其實也。創建始末尚有兩册：一册留龍湖上院爲照；一册以待篤實僧能堅守樓屋靜室者，然後當友山面前給與之。世間風俗日以偸薄，不守本分，雖百姓亦難，何況出家之者。謹守清規，莫亂收徒衆以爲能！縱不能學我一分半分，亦當學我一釐兩釐，何苦勞勞碌碌，日夜不止也。在家之人，尙爲有妻兒親眷等，衣食人情，逼迫無措；我出家人一身亦不曾出一丁銀米之差，若不知休，非但人禍，天必刑之，難逃免也。周友山既捨此庵，不是小事。此庵見交銀七十二兩與曾、劉二家矣，可輕視之歟！

夫友山之所以敬我者，以我稍成一個人也。我之所以不回家，不他往者，以友山之知我也。我自幼寡交，少知遊。稍長，從薄宦於外，雖時時有敬我者，然亦皮膚粗淺視我耳；深知我者無如周友山。故我不還家，不復別往尋朋友也，想行遍天下，亦只如此已矣。且友山非但知我，亦甚重我。夫士為知己死，何也？知己之難遇也。今士子得一科第，便以所取座主為親爺娘，終身不能忘；提學官取之為案首，即以提學官為恩師，事之如事父兄：以其知己也。以文相知，猶然如此，况心相知哉！故天下未有人而不喜人知己者，則我之不歸家又可知矣。今世不察，既以不歸家病我，家中鄉里之人，又以不歸家為我病。我心中只好自問自答，曰：「爾若知我，取我為案首，我自歸矣，何必苦勸我歸也。」然友山實是我師，匪但知我已也。彼其退藏之密，實老子之後一人，我自望之若跂，尤不欲歸也。爾等謹守我塔，長守清規，友山在世，定必護爾，爾等保無恐也。

劉近城是信愛我者，與楊鳳里實等。梅澹然是出世丈夫，雖是女身，然男子未易及之，今既學道，有端的知見，我無憂矣。雖不曾拜我為師，——彼知我不肯為人師也——然已時時遣人走三十里問法，余雖欲不答得乎？彼以師禮默默事我，我縱不受半個徒弟於世間，亦難以不答其請。故凡答彼請教之書，彼以師稱我，我亦以澹然師答其稱，終不欲犯此不為人師之戒也。嗚呼！不相見而相師，不獨師而彼此皆以師稱，亦異矣！

於澹然稱師者，澹然已落髮爲佛子也。於衆位稱菩薩者，衆位皆在家，故稱菩薩也，然亦眞正是菩薩。家殷而門戶重，卽親戚往來常禮，亦自無閒曠之期，安得時時聚首共談此事乎？不聚而談，則退而看經教，時時問話，皆有的據，此豈可以好名稱之！夫卽使好名而後爲，已是天下奇男子所希有之事，況實在爲生死起念，早晚唯向佛門中勤渠拜請者乎？敬之敬之！亦以衆菩薩女身也，又是有親戚愛姤不等，生出閒言長語，不可耳聞也，猶然不一理會，只知埋頭學佛道，作出世人，況爾等出家兒並無一事，安可不究心，安可不念佛耶？

我有西方訣，最說得親切，念佛求生西方者，須知此趣向，則有端的志氣矣。不然，雖曰修西方，亦是一句見成語耳。故念佛者定須看通了西方訣，方爲眞修西方之人。夫念佛者，欲見西方彌陀佛也。見阿彌陀佛了，卽是生西方了，無別有西方可生也。見性者，見自性阿彌陀佛也。見自性阿彌陀佛了，卽是成佛了，亦無別有佛可成也。故修西方者總爲欲見佛耳，雖只得面見彼佛阿彌陀，然既常在佛之旁，又豈有不得見自己佛之理耶？時時目擊，時時耳聞，時時心領而意會。無雜學，無雜事，一日聽之，百日亦聽之；一劫伴之，百萬劫亦與之伴　心志純一，再無別有往生之想矣，不成佛更何待耶？故凡成佛之路甚多，更無有念佛一件直截不蹉者。是以大地衆生，咸知修習此一念也。然問之最聰明靈利肯念佛者，竟無一人曉了此意，則雖念佛何益？既不以成佛爲念，而妄謂佛是決不可成之物，則雖生西方欲以奚爲？縱得至彼，亦自不肯信佛言語，自然復生別想，欲往別處去矣，卽見佛猶不見也。故世之念佛修西方者可笑也，決萬萬無生西方之理也。縱一日百萬聲佛，百事不理，專一如此，然我知其非往生之路也。須是發願欲求生西方見佛，而時時聽其教旨，半言不敢不信，不敢不理會，乃是求往生之本願正經主意耳。以上雖說守塔事，而終之以修淨土要訣，蓋皆前賢之所未發，故詳列之，以爲早晚念佛之因。

一、感慨平生

善因等衆菩薩，見我涅槃，必定差人來看。夫諸菩薩甚難得，若善因者，以一身而綜數產，纖悉無遺；以冢婦而養諸姑，昏嫁盡禮。不但各無間言，亦且咸得歡心，非其本性和平，眞心孝友，安能如此？我聞其才力其識見大不尋常，而善因固自視若無有也。時時至繡佛精舍，與其妹澹師窮究眞乘，必得見佛而後已。故我尤眞心敬重之。此皆爾等所熟聞，非千里以外人，百年以遠事，或出傳說未可信也。爾等但說出家便是佛了，便過在家人了。今我亦出家，寧有過人者，蓋大有不得已焉耳，非以出家爲好而後出家也，亦非以必出家乃可修道然後出家也。在家不好修道乎？緣我平生不愛屬人管。夫人生出世，此身便屬人管了。幼時不必言；從訓蒙師時又不必言；既長而入學，卽屬師父與提學宗師管矣；入官，卽爲官管矣。棄官回家，卽屬本府本縣公祖父母管矣。來而迎，去而送；出分金，擺酒席；出軸金，賀壽旦。一毫不謹，失其歡心，則禍患立至，其爲管束至入木埋下土未已也，管束得更苦矣。我是以寧飄流四外，不歸家也。其訪友朋求知己之心雖切，然已亮天下無有知我者；只以不願屬人管一節，既棄官，又不肯回家，乃其本心實意。特以世人難信，故一向不肯言之。然出家遨遊，其所遊之地亦自有父母公祖可以管攝得我。故我於鄧鼎石初履縣時，雖身不敢到縣庭，然彼以禮帖來，我可無名帖答之乎？是以書名帖不敢曰侍生，侍生則太尊己；不敢曰治生，治生則自受縛。尋思四字回答之，曰「流寓客子」。夫流寓則古今時時有之，目今郡邑誌書，稱名宦則必繼之以流寓也。名宦者，賢公祖父母也；流寓者，賢隱逸名流也。有賢公祖父母，則必有賢隱逸名流，書流寓則與公祖父母等稱賢矣。宦必有名乃紀，非名宦則不紀，故曰名宦。若流寓則不問可知其賢，故但曰流寓，蓋世未有不是大賢高品而能流寓者。晦庵婺源人，而終身延平；蘇子瞻兄弟俱眉州人，而一葬郟縣，一葬潁州。不特是也，邵康節范陽人也，司馬君實陝西夏縣人也，而皆終身流寓洛陽，與白樂天本太原人而流寓居洛一矣。孰謂非大賢上聖而能隨寓皆安者乎？是以不問而知其賢也。然既書流寓矣，又書客子，不已贅耶？蓋流而寓矣，非築室而居其地，則種地而食其毛，欲不受其管束又不可得也。故兼稱客子，則知其爲旅寓而非眞寓，如司馬公、邵康節之流也。去住時日久近，皆未可知，縣公雖欲以父母臨我，亦未可得。既未得以父母臨我，則父母雖尊，其能管束得我乎？故兼書四字，而後作客之意與不屬管束之情暢然明白，然終不如落髮出家之爲愈。蓋落髮則雖麻城本地之人亦自不受父母管束，況別省之人哉！或曰：「既如此，在本鄉可以落髮，又何必麻城？」噫！我在此落髮，猶必設盡計校，而後刀得臨頭。鄧鼎石見我落髮，泣涕甚哀，又述其母之言曰：「爾若說我乍聞之整一日不吃飯，飯來亦不下咽，李老伯決定留髮也。且汝若能勸得李老伯蓄髮，我便說爾是個眞孝子，是個第一好官。」嗚呼！余之落髮，豈容易哉！余唯以不肯受人管束之故，然後落髮，又豈容易哉！寫至此，我自酸鼻，爾等切勿以落髮爲好事，而輕易受人布施也！

雖然，余之多事亦已極矣。余唯以不受管束之故，受盡磨難，一生坎坷，將大地爲墨，難盡寫也。爲縣博士，卽與縣令、提學觸；爲太學博士，卽與祭酒、司業觸。如秦，如陳，如潘，如呂，不一而足矣。司禮曹務，卽與高尚書、殷尚書、王侍郎、萬侍郎盡觸也。高、殷皆入閣，潘、陳、呂皆入閣，高之掃除少年英俊名進士無數矣，獨我以觸迕得全，高亦人傑哉！最苦者，爲員外郎不得尙書謝、大理卿董幷汪意。謝無足言矣，汪與董皆正人，不宜與余抵。然彼二人者皆急功名，淸白未能過人，而自賢則十倍矣，余安得免觸耶？又最苦而遇尙書趙。趙於道學有名。孰知道學益有名而我之觸益又甚也？最後爲郡守，卽與巡撫王觸，與守道駱觸。王本下流，不必道矣。駱最相知，其人最號有能有守，有文學，有實行，而終不免與之觸，何耶？渠過於刻厲，故遂不免成觸也。渠初以我爲淸苦敬我，終反以我爲無用而作意害我，則知有己不知有人，今古之號爲大賢君子，往往然也。記余嘗苦勸駱曰：「邊方雜夷，法難盡執，日過一日，與軍與夷共享太平足矣。仕於此者，無家則難住；攜家則萬里崎嶇而入，狼狽而去。尤不可不體念之！但有一能，卽爲賢者，豈容備責？但無人告發，卽裝聾啞，何須細問？蓋淸謹勇往，只可責己，不可責人，若盡責人，則我之淸能亦不足爲美矣，況天下事亦只宜如此耶！」嗟嗟！孰知余竟以此相觸也哉！雖相觸，然使余得以薦人，必以駱爲薦首也。此余平生之大略也。上之不能如東方生之避世金馬門，以萬乘爲僚友，含垢忍恥，遊戲仕路；最上又不能如胡廣之中庸，梁江總之頭黑，馮道之五代。貪祿而不能忍詬，其得免於虎口，亦天之幸耳！既老而思勝算，就此一著，已非上策，爾等安得知耶！

故余嘗謂世間有三種人決宜出家。非三種而出家，非避難，卽無計治生，利其閒散，可以成就吾之懶也，無足言也。三種者何？蓋世有一種如梅福之徒，以生爲我酷，形爲我辱，智爲我毒，身爲我桎梏，的然見身世之爲贅疣，不得不棄官而隱夫洪崖、玉笥之間者，一也。又有一種如嚴光、阮籍、陳摶、邵雍輩，苟不得比于呂尙之遇文王，管仲之遇齊桓，孔明之遇先主，傅說之遇高宗，則寧隱無出。故夫子曰：「居則曰不吾知也，如或知爾，則何以哉？」又曰：「沽之哉！我待價者也。」是以孔子終身不仕而隱也。其曰「有道則仕，無道則懷」，不過以贊伯玉等云耳。若夫子苟不遇知己善價，則雖有道之世，不肯沽也。此又一種也。夫天下曷嘗有知己之人哉？況眞爲天下知己之主歟！其不得不隱居于巖穴、釣臺、蘇門之山，固其所矣。又有一種，則陶淵明輩是也：亦貪富貴，亦苦貧窮。苦貧窮故以乞食爲恥，而曰「扣門拙言詞」；愛富貴故求爲彭澤令，因遣一力與兒，而曰「助汝薪水之勞」。然無耐其不肯折腰何，是以八十日便賦歸去也。此又一種也。適懷林在傍研墨，問曰：「不審和尙于此三種何居？」余曰：「卓哉！梅福、莊周之見，我無是也。必遇知己之主而後出，必有蓋世眞才，我無是才也，故亦無是見也。其唯陶公乎？」夫陶公淸風千古，余又何人，敢稱庶幾，然其一念眞實，受不得世間管束，則偶與同耳，敢附驥耶！

以上六條，末條復潦倒哀鳴，可知余言之不顧矣！勸爾等勿哭勿哀，而我復言之哀哀，眞情實意，固自不可强也。我願爾等勿哀，又願爾等心哀，心哀是眞哀也。眞哀自難止，人安能止？

寒燈小話

第一段

九月十三夜，大人患氣急，獨坐更深，向某輩言曰：「丘坦之此去不來矣。」言未竟，淚如雨下。某謂大人莫太感傷，因爲鄙俚之語以勸大人。語曰：「這世界眞可哀，乾坤如許大，好人難容載。我勸大人莫太傷懷。古來盡如此，今日安足怪！我量彼走盡天下無知己，必然有時還來。」亂曰：「此說不然。此人聰明大有才，到處逢人多相愛。只恨一去太無情，不念老人日夜難待。」十五夜，復聞人道有一老先生特地往丘家拜訪荆州袁生，且親下請書以邀之。袁生拜既不答，召又不應；丘生又係一老先生通家子，亦竟不與袁生商之。傍人相視，莫不驚駭，以爲此皆人世所未有者。大人謂：「袁生只爲不省人間禮數，取怒於人，是以遨遊至此，今又責之備，袁生安所逃死耶？嗟嗟！袁生之難也，烏得無罪乎！」懷林小沙彌從傍哂曰：「袁家、丘家決定是天上人初來下降人世者，是以不省人世事也。若是世間人，安有不省世間禮數之理？」某謂林言甚辯。大人曰：「林之言是也。夫唯眞天上人，是以不知有人世事。故世間人之所能知者，天人不知；世間人之所能行者，天人不能：是以謂之天人也。夫世間人之所能知能行者，天人既已不知不能，則天人之所知者世間人亦決不知，天人之所能者世間人亦決不能。若慕天人以其所不知不能，而復責天人以世之所共知共能，是猶責人世以知能，而復求其如天人之不知與不能也，不亦難歟！則不惟天人失其爲天人，將世間人亦失其爲世間人矣，是責備之過也。吾謂不如取天人之所獨知獨能者而以與之好，而略其所不知不能之不如世間人者，而不爲之求備焉，則善矣。」因感而賦詩三章，以祛責備者之惑。

不是天人初下世，如何不省世人禮？省得世人禮不難，爾來我往知禮矣。

既不能知人世禮，如何敢到人間世？任爾胸藏萬斛珠，不如百拜頭至地。去年曾有一新郎，兩處奔波苦苦忙。糞掃堆邊都是也，癡人却說郎非常。

第二段

是夜，懷林侍次，見有猫兒伏在禪椅之下。林曰：「這猫兒日間祇拾得幾塊帶肉的骨頭吃了，便知痛他者是和尚，每每伏在和尚座下而不去。」和尚嘆曰：「人言最無義者是猫兒，今看養他顧他時，他卽戀着不去。以此觀之，猫兒義矣！」林曰：「今之罵人者動以禽獸奴狗罵人，强盜罵人，罵人者以爲至重，故受罵者亦自爲至重。吁！誰知此豈罵人語也！夫世間稱有義者莫過於人。你看他威儀禮貌，出言吐氣，好不和美！憐人愛人之狀，好不切至！只是還有一件不如禽獸奴狗强盜之處。蓋世上做强盜者有二：或被官司逼迫，怨氣無伸，遂爾遁逃；或是盛有才力，不甘人下，倘有一個半個憐才者使之得以效用，彼必殺身圖報，不肯忘恩矣。然則以强盜罵人，是不爲罵人了，是反爲讚嘆稱美其人了也。狗雖人奴，義性尤重，守護家主，逐亦不去；不與食吃，彼亦無嗔，自去吃屎，將就度日。所謂『狗不厭家貧』是也。今以奴狗罵人，又豈當乎？吾恐不是以狗罵人，反是以人罵狗了也。至於奴之一字，但爲人使而不足以使人者，咸謂之奴。世間曷嘗有使人之人哉？爲君者漢唯有孝高、孝文、孝武、孝宣耳，餘盡奴也。則以奴名人，乃其本等名號，而反怒人何也？」和尚謂：「禽獸畜生强盜奴狗既不足以罵人，則當以何者罵人乃爲恰當？」林遂引數十種如蛇如虎之類，俱是罵人不得者。直商量至夜分，亦竟不得。乃嘆曰：「嗚呼！好看者人也，好相處者人也，祇是一付肚腸甚不可看，不可處！」林曰：「果如此，則人眞難形容哉！世謂人皮包倒狗骨頭，我謂狗皮包倒人骨頭。未審此駡何如？」和尚曰：「亦不足以駡人。」遂去睡。

第三段

守庵僧每日齋，皆取給于城内外人家供給盞飯，推其餘乃以飯往來方僧道侶。是日，道侶中有一人再來索食，守僧怒駡不已。大人聞之，謂某輩曰：「不與食亦罷，何太辱駡也？況又盞飯之餘乎！」因論及常志等，謂：「常志每借得銀物，隨手輒盡，此其視守僧之駡道人較勝矣。且常志等平日亦自謂能輕財好施，當過守僧十倍也。」某謂：「此説未當，要不過伯仲之間耳。彼守僧之駡道人，傷於太儉者也。但知爲施主惜餘飯，而不知爲施主廣積福；但知化飯之難，欲以飽其徒，不知受駡之苦，反以傷佛心：是太儉之故也。若常志輩，但見假借名色以得人之銀若甚容易，而不知屢借名色以要人之銀，人實難堪。況慷他人之慨，費别姓之財，於人爲不情，於己甚無謂乎？是太奢之過也。奢儉俱非，何以稱常志之勝？」大人曰：「若如子言，則輕財之名不美乎？彼固慕輕財之名而後爲之者也。」某曰：「嗟哉！是何言歟！夫古之言輕財者必曰重義，未有無故而輕財者也。故重義者必輕財，而輕財者以重義故，是以有輕財重義之説，有散財結客之説。是故范純佑麥舟之予，以石曼卿故；非石曼卿則一麥不肯妄費矣。魯子敬有一囷三千米之予，以周公瑾故；非公瑾則一粒不肯妄費矣。爲公瑾是以結客故散財，爲石曼卿是以重義故輕財。今得人錢財，視同糞土，豈爲謀王圖霸，用之以結客乎？抑救災恤患，而激於義之不能以已也？要不過縱酒色之慾，滋豪奴之貪，亂而不理，懦而不敢明耳，何曾有一文施及於大賢之待嗣舖者！此爲浪費縱慾，而借口輕財，是天下之浪子皆輕財之夫也，反不如太儉者之爲得，故曰『與其奢也寧儉』。」

第四段

九月二十七日，林隨長者遊至西城，發足欲往萬壽寺。寺有僧，長者每遊必至方丈。是日忽逢暴雨，勢似天以同來，長者避雨于秀士門下。不一盞茶，雨過，然平地皆水，可以行舟矣。林啓長者曰：「此驟雨，水未退，不如升堂一坐，稍待水退乃往。」長者登堂，坐于中堂之上。時有老僕卽欲入報，長者遽止之曰：「勿報！我躱雨至此，權坐一時，切勿報！不報，我尚多坐一時；若報，主人出，我不過一茶卽起矣。」偶宅中有老姆從內出，見是長者，不覺發聲曰：「是卓吾老爹，何不速報！」便番身入內，口中道：「卓吾老爹在堂，快報知！快報知！」于時主人出，安座已。坐未一茶，長者果起。至道中，問林曰：「何此家婦人女子盡識李卓吾耶？」林曰：「偏是婦人女子識得，具丈夫相者反不識也。此間男子見長者個個攢眉。」長者曰：「如爾言，反比不得婦人耶？」林曰：「不然。男子慣見長者，故作尋常看，此老婦人乍見耳，乍見是以生希有想、歡喜想也。長者但自念果尋常乎，希有乎，不必問林也。若說男子不如婦人，非矣。」長者曰：「爾言是！爾言是！」疾行至萬壽寺，會其僧。其僧索書。書數紙已，其徒又索聯句。長者肩聯句曰：「僧卽俗，俗卽僧，好個道場；爾爲爾，我爲我，大家遊戲。」是夜雨不止，雨點大如車輪。長者肩輿淋漓帶雨而歸，大叫于輿上曰：「子看我與爾共作雨中遊，何如？」林對曰：「眞可謂遊戲三昧，大神通自在長者矣！」

玉合

此記亦有許多曲折，但當要緊處却緩慢，却泛散，是以未盡其美，然亦不可不謂之不知趣矣。韓君平之遇柳姬，其事甚奇，設使不遇兩奇人，雖曰奇，亦徒然耳。此昔人所以歎恨於無緣也。方君平之未得柳姬也，乃不費一毫力氣而遂得之，則李王孫之奇，千載無其匹也。迨君平之旣失柳姬也，乃不費一時力氣而遂復得之，則許中丞之奇，唯有崑崙奴千載可相伯仲也。嗚呼！世之遭遇奇事如君平者，亦豈少哉！唯不遇奇人，卒致兩地含寃，抱恨以死，悲矣！然君平者唯得之太易，故失之亦易；非許俊奇傑，安得復哉？此許中丞所以更奇也。

崑崙奴

許中丞片時計取柳姬，使玉合重圓；崑崙奴當時力取紅綃，使重關不阻：是皆天地間緩急有用人也，是以謂之俠耳。忠臣俠忠，則扶顚持危，九死不悔；志士俠義，則臨難自奮，之死靡他。古今天下，苟不遇俠而妄委之，終不可用也。或不知其爲俠而輕置之，則亦不肯爲我死，爲我用也。

俠士之所以貴者，才智兼資，不難於死事，而在於成事也。使死而可以成事，則死眞無難矣；使死而不足以成事，則亦豈肯以輕死哉！貫高之必出張王，審出張王而後絕吭以死者是也。若崑崙奴旣能成主之事，又能完主之身，則奴願畢矣，縱死亦有何難；但郭家自無奈崑崙奴何耳。劍術縱精，初何足恃。設使無劍術，郭家四五十人亦能奈之何乎？觀其酬對之語可見矣。況彼五十人者自謂囊中之物，不料其能出此網矣。一夫敢死，千夫莫當，況僅僅五十人而肯以活命換死命乎？直潰圍出，本自無阻，而奈何以劍術目之！謂之劍術且不可，而乃謂之劍俠，不益傷乎！劍安得有俠也？人能俠劍，劍又安能俠人？人而俠劍，直匹夫之雄耳，西楚霸王所謂「學劍不成，去，學萬人敵」者是也。夫萬人之敵，豈一劍之任耶！彼以劍俠稱烈士者，眞可謂不識俠者矣。嗚呼！俠之一字，豈易言哉！自古忠臣孝子，義夫節婦，同一俠耳。夫劍之有術，亦非眞英雄者之所願也。何也？天下無不破之術也。我以術自聖，彼亦必以術自神，術而逢術，則術窮矣。曾謂荆卿而未嘗聞此乎？張良之擊秦皇也，時無術士，故子房得以身免；使遇術者，立爲齏粉矣。故黄石老大嗔怪于圯橋之下也。嗣後不用一術，只以無窮神妙不可測識之術應之。滅秦興漢，滅項興劉，韓、彭之俎醢不及，蕭何之械繫不及，呂后之妬悍不及，功成名遂而身退，堂堂大道，何神之有，何術之有，況劍術耶？吾是以深悲魯勾踐之陋也，彼其區區，又何足以知荆卿哉！荆卿者，蓋眞俠者也，非以劍術俠也。

拜月

此記關目極好，說得好，曲亦好，眞元人手筆也。首似散漫，終致奇絕，以配西廂，不妨相追逐也，自當與天地相終始，有此世界，卽離不得此傳奇。肯以爲然否？縱不以爲然，吾當自然其然。詳試讀之，當使人有兄兄妹妹，義夫節婦之思焉。蘭比崔重名，尤爲閒雅，事出無奈，猶必對天盟誓，願終始不相背負，可謂貞正之極矣。興福投竄林莽，知恩報恩，自是常理。而卒結以良緣，許之歸妹，興福爲妹丈，世隆爲妻兄，無德不酬，無恩不答。天之報施善人，又何其巧歟！

紅拂

此記關目好，曲好，白好，事好。樂昌破鏡重合，紅拂智眼無雙，虬髯棄家入海，越公並遣雙妓，皆可師可法，可敬可羨。孰謂傳奇不可以興，不可以觀，不可以羣，不可以怨乎？飲食宴樂之間，起義動慨多矣。今之樂猶古之樂，幸無差別視之其可！

焚書卷五

讀史

曹公二首

曹公欲以愛女嫁丁儀，五官中郎將曰：「婦人觀貌，而丁儀目眇，恐愛女不悅。」後公與儀會，因坐而劇談，勃然起曰：「丁掾好士，卽使其兩目盲，猶當嫁女與之，何況但眇？是兒誤我！」嗚呼！曹公愛才而忘其眇，愛才而忘其愛，愛才而忘其女之所不愛，若曹公眞可謂愛才之極矣！然丁掾亦何可當也？夫人以目眇爲病，而丁掾獨以目眇見爲奇，吾是以知曹公之具眼矣。是故獨能以隻眼視丁掾也。是故丁掾可以失愛女，而不可以失岳翁！縱可以不稱岳翁，而不得不稱以知己之主！

又

魏武病頭風，方伏枕時，一見陳琳檄，卽躍然起曰：「此愈我疾！此愈我疾！」夫文章可以起病，是天下之良藥不從口入而從心授也。病卽起於見文章，是天下之眞藥不可以形求，而但可以神領也。夫天下之善文章，如良醫之善用藥，古今天下亦不少矣。故不難於有陳琳，而獨難於有魏武。設使呈陳琳之檄於凡有目者之前，未必不皆以爲好，然未必遽皆能愈疾也。唯愈疾，然後見魏武之愛才最篤，契慕獨深也。故吾不喜陳琳之能文章，而喜陳琳之遇知己，蓋知己甚難，雖琳亦不容不懷知己之感矣。唐之明皇，豈不是能文章者？然杜甫三大禮賦，浩然「不才」詩，已棄之如秦、越人矣，況六朝之庸主哉！況沈、謝引短推長，僧虔禿筆自免，孝標空續辨命哉！

楊修

史稱丞相主簿楊修謀立曹植爲魏嗣，曹丕患之，以車載廢簏，內吳質與之謀。修以白操，丕大懼，質曰：「無害也。」明日復以簏載絹而入，推驗無人，操由是疑。又修每當就植，慮有關白，忖度操意，豫作答教十餘條，敕門下隨問應答。於是教裁出，答即入，操怪之，乃收殺修。此爲實錄矣。或以修聰敏異常，又與袁氏爲婚，故曹公忌之。夫曹公愛才，今古所推，雖禰正平之無狀，猶爾相容，陳孔璋之檄辱及父祖，且收以爲記室，安得有此？且有此，安得兼羣雄而幷天下也？其欲謀立臨淄，爲丕等所譖是的，蓋臨淄本以才捷愛幸，秉意投修，故修亦自以植爲知己。植既數與修書，無所避忌，修亦每於操前馳騁聰明，則修之不善韜晦，自宜取敗。修與禰正平、孔北海俱相知，俱是一流人，故俱敗。

反騷

朱子曰：「雄少好辭賦，慕司馬相如之作，怪屈原文過相如，至不容，作離騷，自投江而死，悲其文，讀之未嘗不流涕焉。以爲君子得時則大行，不得則龍蛇，遇不遇命也，何必湛身哉！乃作書往往摭騷文而反之，自崏山投諸江以弔屈原云。」李生曰：離騷，離憂也；反騷，反其辭，以甚憂也，正爲屈子翻愁結耳。彼以世不足憤，其憤世也益甚；以俗爲不足嫉，其嫉俗愈深。以神龍之淵潛爲懿，則其卑鄙世人，驢騾下上，視屈子爲何物，而視世爲何等乎？蓋深以爲可惜，又深以爲可憐，痛原轉加，而哭世轉劇也。夫有伯夷之行，則以餓死爲快；有士師之沖，則以不見羞汙爲德：各從所好而已。若執夷之清而欲兼柳之和，有惠之和又欲并夷之清，則惠不成惠，夷不成夷，皆假焉耳。屈子者夷之倫，揚雄者惠之類，雖相反而實相知也，實未常不相痛念也。彼假人者豈但不知雄，而亦豈知屈乎？唐柳柳州有云：「委故都以從利兮，吾知先生之不忍。立而視其顛覆兮，又豈先生之所志？窮與達其不渝兮，夫唯服道而守義。吁嗟先生之貌不可得兮，猶彷彿其文章。託遺編而嘆喟兮，渙余涕其盈眶。哀今之人兮，庸有慮時之否臧？退默默以自服兮，曰吾言之而不行！」其傷今念古，亦可慼也！獨太史公屈原傳最得之。

史記屈原

夫爲井者泄淤泥而瑩清泉，可以汲矣，而乃不汲，眞不能不令人心惻也。故知王明則臣主並受其福，不明則臣主並受其辱，又何福之能得乎？然則懷王客死於秦，屈原沉沒於淵，正並受其辱者耳，曷足怪也！張儀侮弄楚懷，直似兒戲，屈原乃欲託之爲元首，望之如堯、舜、三王，雖忠亦癡。觀者但取其心可矣。昏愚庸主有何草制可定，左右近侍絕無與原同心者，則原亦太孤孑而無助矣。且所草稿既未定，上官大夫等安得見之？既得而見，則是吾示天下以公也。公則無有我人，又何待奪，又何奪之而不與乎？卽推以爲上官大夫之能可也，不待彼有奪意斯善矣。此以人事君之道，臣之所以廣忠益者，眞大忠也，甚不可以不察也。

漁父

細玩此篇，畢竟是有此漁父，非假設之辭也。觀其鼓枻之歌，迥然清商，絕不同調，未卽頓顯拒絕之跡，遂去不復與言，可以見矣。如原決有此見，肯沉汨羅乎？實相矛盾，各執一家言也。但爲漁父則易，爲屈子則難，屈子所謂邦無道則愚以犯難者也。誰不能智，唯愚不可及矣。漁父之見，原亦知之，原亦能言之，則謂爲屈原假設之詞亦可。

招魂

朱子曰：「古者人死，則以其上服升屋履危，北面而號曰：『皋某復。』遂以其衣三招之而下以覆尸。此禮所謂復也。說者以爲招魂復魂，有禱祠之道，盡愛之心，蓋猶冀其復生耳。如是而不生，則不生矣，於是乃行死事。而荊楚之俗，乃或以施之生人，故宋玉哀閔屈原放逐，恐其魂魄離散，遂因國俗，託帝命，假巫語以招之。其盡愛致禱，猶古遺意，是以太史公讀之而哀其志焉。」李生曰：上帝命巫陽占筮屈平所在，與之魂魄。巫陽謂屈原放逐江南，魂魄不復日久，不待占而後知，筮而後與也。但宜卽差掌夢之官往招其魂，速之來歸耳。夫返魂還魄，生死肉骨，天帝專之，乃使陽筮之，帝之不足爲明矣。故陽謂帝命難從，而自以己情來招引之也。天帝亦遂辭巫陽，而謝不能復用屈原焉。蓋玉自比巫陽，而以上官、子蘭等比掌夢之官，以懷、襄比天帝，辭意隱矣。其招之辭只述上下四方不可久處，但道故國土地、飲食、宮室、聲妓、宴遊之樂，宗族之美，絕不言當日事，可謂至妙至妙。善哉招也！痛哉招也！樂哉招也！同時景差亦有大招辭。至漢時淮南小山作招隱士。朱子曰：「淮南王安好招致賓客，客有『八公』之徒，分造詞賦，以類相從，或稱大山，或稱小山，漢藝文志有淮南王羣臣賦四十四篇是也。」王逸云：「小山之徒閔傷屈原身雖沉沒，名德顯聞，與隱處山澤無異，故作招隱士之賦以彰其志。」

誡子詩

「明者處世，莫尚於中。優哉游哉，於道相從。首陽爲拙，柳惠爲工。飽食安步，以仕代農；依隱玩世，詭時不逢。才盡身危，好名得華。有羣累生，孤貴失和。遺餘不匱，自盡無多。聖人之道，一龍一蛇。形見神藏，與物變化，隨時之宜，無有常家。」卓吾子曰：既云隨時之宜，則首陽非拙；既云無有常家，則何必柳下而後爲工？班固贊曰：「劉向言少時數問長老賢人通於事及朔時者，皆曰：『朔口諧倡辯，不能持論，喜爲庸人誦說。』故令後世多傳聞者。而揚雄亦以朔『言不純師，行不純德，其流風遺書蔑如』也。然朔名過實者，以其詼達多端，不名一行，應諧似優，不窮似智，正諫似直，穢德似隱。非夷、齊而是柳下惠，戒其子以尚容。……其滑稽之雄乎！」卓吾子曰：向既稱朔口諧辯倡，則是論勝也，而曰「不能持論」何哉？向之所謂論者，向去朔未遠，千載而上，恍然猶將見之，而問於長老之在朔時者，向可知也。當朔時，朝野無半人知朔，唯武帝知朔，故朔有諫必聽。彼同時諸長老，誰是知朔者而問朔也？不見設客難乎？吁！「言不純師，行不純德，其流風遺書蔑如」乎不也？雄之爲人益可知矣。卑卑弄其脣吻，欲以博萬世之名，視朔奚啻霄壤！余此參駁，當爲朔、雄實錄。

非有先生論

遇得其人，則一言以興；遇不得其人，則一言遂死。千載遇少而不遇多，此志士所以在山，仁人所以盡養壽命也。唯其不忍爲，是以莫肯爲，歌咏彈琴，樂而忘死，宜矣。然則東方生蓋亦幸而遭遇漢武者也。人謂大隱居市朝，以東方生爲朝隱。噫！使非武帝愛才知朔如此，敢一日而居市朝之間哉？最先避世而歌德衰者朔也。

子虚

班固曰：「史遷稱春秋推見至隱，易本隱以之顯，大雅言王公大人而德逮黎庶，小雅譏小己之得失，其流及上：所言雖殊，其合德一也。相如雖多虛辭濫說，然其要歸，引之節儉，此與詩之諷諫何異？揚雄以爲靡麗之賦勸百而諷一，猶騁鄭、衛之音，曲終而奏雅，不已戲乎！」余謂揚雄此言非但不知人，亦且不知文：非但不知文，亦且不知言；非但不知言，亦且不知諷矣。既不知諷，宜其劇秦而美新也。

賈誼

班固贊曰：「劉向稱賈誼言三代與秦治亂之意，其論甚美，通達國體，雖古之伊、管未能遠過也。使時見用，功化必盛，爲庸臣所害，甚可悼痛！追觀孝文玄默躬行，以移風俗，誼之所陳略施行矣。及欲改定制度，以漢爲土德，色上黄，數用五，及欲試屬國，施五餌三表以繫單于，其術固以疏矣。誼亦天年早終，雖不至公卿，未爲不遇也。凡所著述五十八篇，掇其切要於事者著於傳云。」

李卓吾曰：班氏文儒耳，只宜依司馬氏例以成一代之史，不宜自立論也。立論則不免攙雜别項經史聞見，反成穢物矣。班氏文才甚美，其於孝武以前人物，盡依司馬氏之舊，又甚有見，但不宜更添論贊於後也。何也？論贊須具曠古隻眼，非區區有文才者所能措也。劉向亦文儒也，然筋骨勝，肝腸勝，人品不同，故見識亦不同，是儒而自文者也。雖不能超於文之外，然與固遠矣。

漢之儒者咸以董仲舒爲稱首，今觀仲舒不計功謀利之云，似矣。而以明災異下獄論死，何也？夫欲明災異，是欲計利而避害也。今既不肯計功謀利矣，而欲明災異者何也？既欲明災異以求免於害，而又謂仁人不計利，謂越無一仁又何也？所言自相矛盾矣。且夫天下曷嘗有不計功謀利之人哉！若不是眞實知其有利益於我，可以成吾之大功，則烏用正義明道爲耶？其視賈誼之通達國體，眞實切用何如耶？

班氏何知，知有舊時所聞耳，而欲以貶誼，豈不可笑！董氏章句之儒也，其腐固宜。雖然，董氏特腐耳，非詐也，直至今日，則爲穿窬之盜矣。其未得富貴也，養吾之聲名以要朝廷之富貴，凡可以欺世盜名者，無所不至。其既得富貴也，復以朝廷之富貴養吾之聲名，凡所以臨難苟免者，無所不爲。豈非眞穿窬之人哉！是又仲舒之罪人，班固之罪人，而亦敢於隨聲雷同以議賈生，故余因讀賈、鼂二子經世論策，痛班氏之溺於聞見，敢於論議，遂爲歌曰：駟不及舌，愼莫作孽！通達國體，劉向自別。三表五餌，非疎匪拙。彼何人斯？千里之絕。漢廷諸子，誼實度越。利不可謀，何其迂闊！何以用之？皤皤鶴髮。從容廟廊，冠冕珮玦。世儒拱手，不知何說。

鼂錯

班固贊曰：「鼂錯銳於爲國，遠慮而不見身害。其父睹之，經於溝瀆，亡益救敗，不如趙母指括以全其宗，悲夫！錯雖不終，世哀其忠，故論其施行之語著於篇。」

卓吾曰：鼂錯對策，直推漢文於五帝，非諛也，以其臣皆莫及也。故曰：「五帝神聖，其臣莫及，而自親事。」親事則不可不知術數矣。今觀其時在廷諸臣，僅賈生耳。賈生雖千古之英，然與文帝遠矣，是豈文帝咸有一德之臣乎？夫既不得如五霸之佐，賢於其主，又不得如三王之臣，與主而俱賢，則孝文眞孤立無輔者矣。是故鼂錯傷之，而推之以與五帝並也。然謂漢文無輔則可，謂其不知術數則不可。夫治國之術多矣，若謂人盡不知術數，必欲其皆就己之術數，則亦豈得謂之知術數哉？漢文有漢文之術數也，漢高有漢高之術數也，二五帝霸又自有二五帝霸之術數也。以至六家九流，凡有所挾以成大功者，未常不皆有眞實一定之術數。唯儒者不知，故不可以語治。雖其間亦有一二偶合，然皆非性定神契，心融才會，眞若執左劵而後爲之者也。是故因其時，用其術，世無定時，我無定術，是之謂與時消息而已不勞，上也。執其術，馭其時，時固無常，術則有定，是之謂執一定以應於不窮，次也。若夫不見其時，不知其術，時在則術在，而術不能違時；術在則時在，而時亦不能違術：此則管夷吾諸人能之，上之上也。若鼂錯者，不過刑名之一家，申、商之一術，反以文帝爲不知學術，而欲牽使從己，惑矣！

夫申、商之術，非不可平均天下，而使人人視之盡如指掌也，然而禍患則自己當之矣。故錯以其殘忍刻薄之術，輔成太子；而太子亦卒用彼殘忍刻薄之術，還害其身。嗚呼！孰知錯傷文帝之無輔，而其父反以傷鼂錯之無父乎！是故國爾忘家，錯唯知日夜傷劉氏之不尊也。公爾忘私，而其父又唯知日夜傷鼂氏之不安矣。千載之下，眞令人悲傷而不可已，乃班固反譏其父不能學趙母，謬哉！

絶交書

此書若出相知者代康而爲之辭則可；若康自爲此詞，恐無此理。濤之舉康，蓋所謂眞相知者；而康之才亦實稱所舉。康謂己之情性不堪做官，做官必取禍，是也；謂濤不知己而故欲貽之禍，則不是。以己爲鴛雛，以濤爲死鼠，又不是。以舉我者爲不相知，而直與之絕，又以己爲眞不愛官，以濤爲愛官者，尊己卑人，不情實甚，則尤爲不是矣。嗚呼！如康之天才，稍加以學，抑又何當也，而肯襲前人之口吻，作不情之遁辭乎？然此書實峻絕可畏，千載之下，猶可想見其人。毋曰余貶康也，全爲上上人說耳。

養生論

嵇、阮稱同心，而阮則體妙心玄，一似有聞者，觀其放言與孫登之嘯可覩也。若向秀注莊子，尤爲已見大意之人，眞可謂莊周之惠施矣。康與二子遊，何不就而問道？今讀養生論，全然不省神仙中事，非但不識神仙，亦且不識養生矣。何以當面蹉過如此耶？以此聰明出塵好漢，雖向、阮亦無如之何，眞令人恨恨。雖然，若其人品之高，文辭之妙，則豈「七賢」之所可及哉！

琴賦

白虎通曰：「琴者禁也。禁人邪惡，歸於正道，故謂之琴。」余謂琴者心也，琴者吟也，所以吟其心也。人知口之吟，不知手之吟；知口之有聲，而不知手亦有聲也。如風撼樹，但見樹鳴，謂樹不鳴不可也，謂樹能鳴亦不可。此可以知手之有聲矣。聽者指謂琴聲，是猶指樹鳴也，不亦泥歟！

尸子曰：「舜作五絃之琴，以歌南風，曰：『南風之薰兮，可以解吾民之慍兮。』」因風而思民慍，此舜心也，舜之吟也。微子傷殷之將亡，見鴻雁高飛，援琴作操，不敢鳴之於口，而但鳴之於手，此微子心也，微子之吟也。文王既得后妃，則琴瑟以友之，鐘鼓以樂之，向之展轉反側，寤寐思服者，遂不復有，故其琴有關雎。而孔子讀而贊之曰：「關雎樂而不淫。」言雖樂之過矣，而不可以爲過也。此非文王之心乎？非文王其誰能吟之？漢高祖以雄才大略取天下，喜仁柔之太子既有羽翼，可以安漢，又悲趙王母子屬在呂后，無以自全，故其倚瑟而歌鴻鵠，雖泣下霑襟，而其聲慷慨，實有慰藉之色，非漢高之心乎？非漢高又孰能吟之？

由此觀之，同一心也，同一吟也，乃謂「絲不如竹，竹不如肉」，何也？夫心同吟同，則自然亦同，乃又謂「漸近自然」，又何也？豈非叔夜所謂未達禮樂之情者耶！故曰：「言之不足，故歌詠之；歌詠之不足，故不知手之舞之。」康亦曰：「復之不足，則吟詠以肆志；吟詠之不足，則寄言以廣意。」傅仲武舞賦云：「歌以詠言，舞以盡意。論其詩不如聽其聲，聽其聲不如察其形。」以意盡於舞，形察於聲也。由此言之，有聲之不如無聲也審矣，盡言之不如盡意又審矣。然則謂手爲無聲，謂手爲不能吟亦可。唯不能吟，故善聽者獨得其心而知其深也，其爲自然何可加者，而孰云其不如肉也耶！

吾又以是觀之，同一琴也，以之彈於袁孝尼之前，聲何夸也？以之彈於臨絕之際，聲何慘也？琴自一耳，心固殊也。心殊則手殊，手殊則聲殊，何莫非自然者，而謂手不能二聲可乎？而謂彼聲自然，此聲不出於自然可乎？故蔡邕聞絃而知殺心，鍾子聽絃而知流水，師曠聽絃而識南風之不競，蓋自然之道，得手應心，其妙固若此也。

幽憤詩

康詣獄明安無罪，此義之至難者也，詩中多自責之辭何哉？若果當自責，此時而後自責，晚矣，是畏死也。既不畏死以明友之無罪，又復畏死而自責，吾不知之矣。夫天下固有不畏死而爲義者，是故終其身樂義而忘死，則此死固康所快也，何以自責爲也？亦猶世人畏死而不敢爲義者，終其身寧無義而自不肯以義而爲朋友死也，則亦無自責時矣。朋友君臣，莫不皆然。世未有託孤寄命之臣既許以死，乃臨死而自責者。「好善闇人」之云，豈別有所指而非以指呂安乎否耶？當時太學生三千人，同日伏闕上書，以爲康請，則康益可以死而無責矣。鍾會以反虜乘機害康，豈康尚未之知，而猶欲頤性養壽，改絃易轍於山阿巖岫之間耶？此豈嵇康頤性養壽時也？余謂叔夜何如人也，臨終奏廣陵散，必無此紛紜自責，錯謬幸生之賤態，或好事者增飾於其間耳，覽者自能辯之。

酒德頌

法言曰：「螟蛉之子，蜾蠃祝之曰『類我類我』，久則肖之矣。速哉七十子之肖仲尼也。」李軌曰：「螟蛉桑蟲，蜾蠃蜂蟲。蜂蟲無子，取桑蟲蔽而殪之，幽而養之，祝曰『類我』，久則化成蜂蟲矣。」此頌唯結語獨新妙，非法言引用意，讀者詳之！今人言養子爲螟蛉子即此。然則道學先生、禮法俗士，舉皆蜂蟲之螟蛉子哉！猶自謂二豪，悲歟！

思舊賦

向秀思舊賦，只說康高才妙技而已。夫康之才之技，亦今古所有；但其人品氣骨，則古今所希也。豈秀方圖自全，不敢盡耶？則此賦可無作也，舊亦可無爾思矣。秀後康死，不知復活幾年，今日俱安在也？康猶爲千古人豪所歎，而秀則已矣，誰復更思秀者，而乃爲此無益算計也耶！且李斯歎東門，比擬亦大不倫。「竹林七賢」，此爲最無骨頭者，莫曰先輩初無臧貶「七賢」者也。

楊升菴集

余讀先生文集，有感焉。夫古之聖賢，其生也不易，其死也不易。生不易，故生而人皆仰；死不易，故死而人爾思。於是乎前而生者，猶冀有待於後世；後而生者，又每歎恨於後時；同時而生者，又每每比之如附驥，比之如附青雲。則聖賢之生死固大矣。

余讀先生文集，欲求其生卒之年月而不得也。遍閱諸序文，而序文又不載。彼蓋以爲序人之文，只宜稱贊其文云耳，亦猶序學道者必大其道，敍功業者必大其功，敍人品者必表揚其梗概，而豈知其不然乎？蓋所謂文集者，謂其人之文的然必可傳於後世，然後集而傳之也。則其人之文當皎然如日星之炳煥，凡有目者能覩之矣，而又何藉於敍贊乎？彼敍贊不已贅乎？況其人或未必能文，則又何以知其文之必可傳，而遂贊而序之以傳也？故愚嘗謂世之敍文者多，其無識孫子欲借他人位望以光顯其父祖耳。不然，則其勢之不容以不請，而又不容以不文辭者也。夫文而待人以傳，則其文可知也，將誰傳之也？若其不敢不請，又不敢辭，則敍文者亦只宜直述其生卒之日，與生平之次第，使讀者有考焉斯善矣。

吁！先生人品如此，道德如此，才望如此，而終身不得一試，故發之於文，無一體不備，亦無備不造，雖游其門者尚不能贊一辭，況後人哉！余是以竊附景仰之私，欲考其生卒始末，履歷之詳，如昔人所謂年譜者，時時置几案間，儼然如遊其門，躡而從之。而序集皆不載，以故恨也。況復有矮子者從風吠聲，以先生但可謂之博學人焉，尤可笑矣！

蜻蛉謠

古今人情一也，古今天下事勢亦一也。某也從少至老，原情論勢，不見有一人同者，故余每每驚訝，以爲天何生我不祥如此乎！夫人性不甚相遠，而余獨不同，非不祥而何？余初仕時，親見南倭、北虜之亂矣；最後入滇，又熟聞土官、傜、僮之變矣。大概讀書食祿之家，意見皆同，以余所見質之，不以爲狂，則以爲可殺也。今讀先生集，記姜公事。姜公之心正與余合，而先生取之如此，則知先生唯不用，用必爲姜公無疑矣。生雖後時，見符前哲，亦可以證余生之非不祥也。因喜錄此。

唐貴梅傳

升菴先生孝烈婦唐貴梅傳曰：「烈婦姓唐，名貴梅，池州貴池人也。笄年適朱，夫貧且弱。有老姑悍而淫，少與徽州富商有私。弘治中，富商復至池，見婦悅之，密以金帛賂姑。姑利其有，誨婦淫者以百數，弗聽；迫之，亦弗聽；加以箠楚，又弗聽；繼以炮烙，體無完膚，終不聽。姑乃以婦不孝訟於官。通判慈谿毛玉受賂，倍加刑焉。婦幾死，然終不聽也。商猶慕其色，令姑保出之。親黨咸勸婦曰：『何不吐實？』婦曰：『若然，全吾名而汙吾姑乎？』乃夕易桂襡，雉經於後園古梅樹下。姑不知也。及旦，手持桑杖，將入室挺之。且罵且行，曰：『惡奴！早從我言，得金帛享快樂，今定何如也？』入室無見，尋至樹下，乃知其死，因大慟哭。親黨咻曰：『生既以不孝訟，死乃稱嘔心，何以慟哭爲？』姑曰：『婦在，吾猶有望；婦死，商人必倒贓。吾是以哭，非哭惡奴也。』尸懸於樹三日，顏如生，樵夫牧兒見者咸墮淚。每歲梅月之下，隱隱見其形。有司以府官故，終不敢舉節。余舅氏喻士積薄遊至池，聞其事，作詩弔之，歸屬愼爲傳其事。嗚呼！婦生不辰，遭此悍姑。生以梅爲名，死於梅之株。冰操霜清，梅乎何殊？既孝且烈，汗靑宜書。有司失職，咄哉可吁！乃爲作傳，以附露筋碑之跗。」

卓吾子曰：先王教化，只可行於窮鄉下邑，而不可行於冠裳濟濟之名區；只可行於三家村裏不識字之女兒，而不可行於素讀書而居民上者之君子。池州通判毛玉，非素讀書而居民上之君子乎？慈谿爲縣，又非毛玉所産之巨邑名區乎？今通判貪賄而死逼孝烈以淫，素讀書而沐教化者如此；孝烈唐貴梅寧死而不受辱，未曾讀書而沐聖教者如彼：則先王之教化亦徒矣。「孝烈」二字，楊太史特筆也。夫貴梅之死烈矣，於孝何與？蓋貴梅所以寧死而不自白者，以姑之故也。不然，豈其不切齒痛恨於賄囑之商，而故忍死以爲之諱哉？書曰「孝烈婦」，當矣。死三日而尸猶懸，顏如生，衆人雖知而終不敢舉，每歲之暮，白月照梅，隱隱如見，猶冀有知者乎？吁！今之官府，不但此等之死不肯代白，縱有別項容易表白者，亦必有勢與力而後肯。孰知數千里之外，無干與之人，不用請求而遂以孝烈傳其事也？楊太史當代名流，有力者百計欲借一言以爲重而不得，今孝烈獨能得太史之傳以自昭明於百世，孝烈可以死矣。設使當其時貴池有賢者果能慨然白之於當道，亦不過賜額掛匾，了一故事耳矣，其誰知重之乎？自此傳出，而孝烈之形，吾知其不復重見於梅月之下也！升菴之聞，聞於其舅喻士積。士積夙遊貴池，親見其事，曾爲詩以弔之，故升菴作傳，具載士積見聞始末，以士積可信也。然則此傳不但孝烈藉以章顯，士積亦附以著名矣，傳豈徒作耶！

嗟嗟！毛通判當日之爲，亦只謂貪其賄而人莫知也——貴梅已死，而誰爲白也。孰知不白於貴池而卒白於新都乎？今升菴文集盛行於世，夫誰不知傳其事於此集之中者？貴池人士咸知有贓吏毛玉受賄而死逼孝烈以淫也，慈谿人士亦咸知有鄉官毛玉受賄而死逼孝烈以淫也。毛玉唯無孫子則已，苟有子，則必不敢認毛玉以爲父；苟有孫，則必不敢認毛玉以爲祖矣。蓋同鄉少年傾慕太史之日久矣，讀其書，閱其事，則必私相告語。私相告語，未有不竊笑而背罵者。夫毛玉之心，本欲多積金錢以遺其孫子，使孫子感己也，又安知反使孫子不敢認己也哉！太史之傳，嚴於先王之教化明矣。余謂此傳有裨於世教者弘也，故復亟讀而詳錄之，以爲孝烈之外傳云。

茶夾銘

唐右補闕綦毋旻著代茶飲序云：「釋滯消壅，一日之利暫佳；瘠氣耗精，終身之害斯大。獲益則歸功茶力，貽害則不謂茶災。」余讀而笑曰：「釋滯消壅，清苦之益實多；瘠氣耗精，情慾之害最大。獲益則不謂茶力，自害則反謂茶殃。」吁！是恕己責人之論也。乃銘曰：我老無朋，朝夕唯汝。世間清苦，誰能及子？逐日子飯，不辨幾鍾；每夕子酌，不問幾許。夙興夜寐，我顧與子終始。子不姓湯，我不姓李，總之一味清苦到底。

李白詩題辭

升菴曰：「白慕謝東山，故自號東山李白。杜子美云『汝與東山李白好』是也。劉昫修唐書，乃以白爲山東人，遂致紛紛耳。」因引曾子固稱白蜀郡人，而取成都志謂白生彰明縣之青蓮鄉以實之。卓吾曰：「蜀人則以白爲蜀產，隴西人則以白爲隴西產，山東人又借此以爲山東產，而修入一統志，蓋自唐至今然矣。今王元美斷以范傳正墓志爲是，曰：『白父客西域，逃居綿之巴西，而白生焉。』是謂實錄。」嗚呼！一個李白，生時無所容入，死而百餘年，慕而爭者無時而已。余謂李白無時不是其生之年，無處不是其生之地。亦是天上星，亦是地上英。亦是巴西人，亦是隴西人，亦是山東人，亦是會稽人，亦是潯陽人，亦是夜郎人。死之處亦榮，生之處亦榮，流之處亦榮，囚之處亦榮，不遊不囚不流不到之處，讀其書，見其人，亦榮亦榮！莫爭莫爭！

伯夷傳

眞西山云：「此傳姑以文取。」楊升菴曰：「此言甚謬。若道理有戾，卽不成文，文與道豈二事乎？益見其不知文也。本朝又有人補訂伯夷傳者，異哉！」又曰：「朱晦翁謂孔子言伯夷『求仁得仁，又何怨』，今太史公作伯夷傳，滿腹是怨，此言殊不公也。」卓吾子曰：「何怨」是夫子說，「是怨」是司馬子長說。翻不怨以爲怨，文爲至精至妙也。何以怨？怨以暴之易暴，怨虞、夏之不作，怨適歸之無從，怨周土之薇之不可食，遂含怨而餓死。此怨曷可少也？今學者唯不敢怨，故不成事。

岳王幷施仝

宋贈鄂王岳飛謚忠武，其文曰：「李將軍口不出辭，聞者流涕；藺相如身雖已死，凜然猶生。」又曰：「易名之典雖行，議禮之言未一。始爲忠愍之號，旋更武穆之稱。獲覩中興之舊章，灼知皇祖之本意。爰取危身奉上之實，仍采戡定禍亂之文。合此兩言，節其一惠。昔孔明之志興漢室，子儀之光復唐都，雖計效以或殊，在秉心而弗異。垂之典册，何嫌今古之同辭；賴及子孫，將與山河而並久。」楊升菴曰：「今天下岳祠皆稱武穆，此未定之謚也。當稱忠武爲宜。」又曰：「朱文公云：『舉世無忠義，這些正氣忽自施全身上發出來。』故續綱目書施全刺秦檜不克而死，亦文公遺意也。近有人云：『今之岳祠多鑄賊檜像，跪縛門外。當更鑄施全像，立在左，持刀砍檜乃得。』」李卓吾曰：此論甚當，甚有益風教。倘禮官言官肯上一疏，則忠武之謚，曉然於百世；施全之忠，暴白於聖朝矣。不然，人人未得知也。

張千載

廬陵張千載，字毅甫，别號一鶚，文山之友也。文山貴時，屢辟不出。及文山自廣敗還，至吉州城下，千載潛出相見，曰：「丞相往燕，千載亦往。」往卽寓文山囚所近側，三年供送飲食無缺。又密造一櫝，文山受命日，卽藏其首，訪知夫人歐陽氏在俘虜中，使火其屍，然後拾骨實囊，舁櫝南歸，付其家安葬。是日，文山之子夢其父怒曰：「繩詎未斷！」其子驚覺，遽啓視之，果有繩束其髮。李卓吾既書其事，遂爲之贊曰：不食其祿，肯受其縛！一繩未斷，如錐刺腹。生當指冠，死當怒目。張氏何人，實囊舁櫝。生死交情，千載一鶚！

李涉贈盜

唐李涉贈盜詩曰：「相逢不用相迴避，世上如今半是君。」劉伯溫詠梁山泊分贓臺詩云：「突兀高臺累土成，人言暴客此分贏。飲泉清節今寥落，何但梁山獨擅名？」漢書云：「吏皆虎而冠。」史記云：「此皆劫盜而不操戈矛者。」李卓吾曰：此皆操戈矛而不畏官兵捕盜者。因記得盜贈官吏亦有詩一首，並錄附之：

未曾相見心相識，敢道相逢不識君？一切蕭何今不用，有贓撞到後堂分。肯憐我等夜行苦，坐者十三行十五。若謂私行不是公，我道無私公奚取？君倚奉公戴虎冠，誰得似君來路寬？月有俸錢日有廩，我等衣食何盤桓！君若十五十三俱不許，我得持殭分廩去，驅我爲盜寧非汝！

封使君

古傳記言漢宣城郡守封卲，一日化爲虎，食郡民。民呼曰封使君，卽去不復來。其地謠曰：「莫學封使君，生不治民死食民！」張禺山有詩云：「昔日封使君，化虎方食民；今日使君者，冠裳而吃人。」又曰：「昔日虎使君，呼之卽慚止；今日虎使君，呼之動牙齒。」又曰：「昔時虎伏草，今日虎坐衙。大則吞人畜，小不遺魚蝦。」或曰此詩太激。禺山曰：「我性然也。」升菴戲之曰：「東坡嬉笑怒駡皆成詩，公詩無嬉笑，但有怒駡耶？」李卓吾復譃之曰：果哉怒駡成詩也！升菴此言，甚於怒駡。

宋統似晉

先生謂宋統似晉，余謂宋多賢君，晉無一主，卽宋藝祖以比司馬炎何如也？唯其仁柔，是以怯弱，然愛民好士之報，天亦不爽矣。徽、欽雖北轅，與懷、愍青衣行酒，跣足執蓋，實大逕庭。天之厚宋，亦可知也。唐雖稍得，然無主不亂，個個出走。自五丁開道以來，巴蜀遂爲唐帝逃竄後戶，與漢已大不侔矣。故謂宋比漢不得則可，謂比唐不得則不可，况比晉乎？晉之司馬懿，一名柔奸家奴也，更加以司馬師之强悍，司馬昭之弒奪，而何可以比藝祖？司馬炎一名得志狹邪也，更濟以賈南風之淫妬，問公私之蝦蟆，而何可以比太宗？況仁宗四十年恭儉哉，神宗勵精有爲哉！所恨宋主無一剛耳。故余謂唐、宋一也，比之晉則已甚。若康節不答國祚之問，唯取架上晉紀以示，見徽、欽事符懷、愍，南渡事似江東，非以是遂爲晉比也。

逸少經濟

先生謂逸少「識慮精深，有經濟才，而爲書名所蓋，後世但以翰墨稱之，藝之爲累大哉！」卓吾子曰：藝又安能累人？凡藝之極精者，皆神人也，況翰墨之爲藝哉！先生偏矣！或曰：先生蓋自寓也。

孔北海

「北海大志直節，東漢名流，而與『建安七子』並稱；駱賓王勁辭忠憤，唐之義士，而與『垂拱四傑』爲列。以文章之末技，而掩其立身之大閑，可惜也！」卓吾子曰：文章非末技，大閑豈容掩？先生差矣！或曰：先生皆自況也。

經史相爲表裏

經、史一物也。史而不經，則爲穢史矣，何以垂戒鑑乎？經而不史，則爲說白話矣，何以彰事實乎？故春秋一經，春秋一時之史也。詩經、書經，二帝三王以來之史也。而易經則又示人以經之所自出，史之所從來，爲道屢遷，變易匪常，不可以一定執也。故謂六經皆史可也。

鍾馗即終葵

楊升菴曰：「考工記云：『大圭首終葵。』注：『終葵，椎也。齊人名椎曰終葵。』蓋言大圭之首似椎也。

金石錄以爲晉、宋人名。夫以終葵爲名矣，後又訛爲鍾馗。俗又畫一神像帖於門首，執椎以擊鬼。好怪者便傅會說鍾馗能啖鬼。畫士又作鍾馗元夕出遊圖，又作鍾馗嫁妹圖。文士又戲作鍾馗傳，言鍾馗爲開元進士，明皇夢見，命工畫之。按孫逖、張說文集有謝賜鍾馗畫表，先於開元久矣，亦如石敢當，急就章中虛擬人名也。俗便立石於門，書『太山石敢當』，文人亦作石敢當傳。昧者相傳，便謂眞有其人矣。」卓吾子曰：莫怪他謂眞有其人也，此物比眞人還更長久也。且先生又安知不更有鍾馗其人乎？終葵二字，亦是後人名之耳。後人可以名終葵，又後人獨不可以名鍾馗乎？假則皆假，眞則皆眞，先生勿太認眞也！先生又曰：「蘇易簡作文房四譜云：『虢州歲貢鍾馗二十枚。』愼按：硯以鍾馗名，亦卽考工記終葵大圭之義，蓋硯形如大圭耳。」李卓吾曰：蘇易簡又以進士鍾馗而訛呼石爲鍾馗矣。硯石爲鍾馗，鍾馗爲進士，進士爲大圭首，大圭首爲椎，總之一椎而已，先生勿勞也！

段善本琵琶

唐貞元中，長安大旱，詔移兩地祈雨。街東有康崑崙，琵琶號爲第一手，自謂街西無己敵也。登樓彈新翻調綠腰。及度曲，街西亦出一女郎，抱樂器登樓彈之，移在楓香調中，妙技入神。崑崙大驚，請與相見，欲拜之爲師。女郎更衣出，乃莊嚴寺段師善本也。德宗聞知，召加獎賞，卽令崑崙彈一曲。段師曰：「本領何雜耶？兼帶邪聲。」崑崙拜曰：「段師神人也。」德宗詔授康崑崙。段師奏曰：「請崑崙不近樂器十數年，忘其本領，然後可授。」卓吾子曰：至哉言乎！學道亦若此矣，凡百皆若此也。讀書不若此，則不如不讀；作文不若此，則不如不作；功業不若此，則未可言功業；人品不若此，亦安得謂之人品乎？總之鼠竊狗偸云耳。無佛處稱尊，康崑崙之流也。何足道！何足道！

樊敏碑後

鐫石，技也，亦道也。文惠君曰：「嘻！技蓋至此乎？」庖丁對曰：「臣之所好者道也，進乎技矣。」是以道與技爲二，非也。造聖則聖，入神則神，技卽道耳。技至於神聖所在之處，必有神物護持，而況有識之人歟！且千載而後，人猶愛惜，豈有身親爲之而不自愛惜者？石工書名，自愛惜也，不自知其爲石工也。神聖在我，技不得輕矣。否則，讀書作文亦賤也，寧獨鐫石之工乎？雖然，劉武良以精鐫書名可也，今世鐫工，又皆一一書名碑陰何哉？學步失故，盡相習以爲當然，可笑矣！故雕鐫者工，則書鐫者姓名，碑蓋藉鐫而傳也。鐫者或未甚工，而所鐫之字與其文，或其人之賢，的然必傳於世，則鐫石之工亦必鐫石以附之。所謂交相附而交相傳也。蓋技巧神聖，人自重之。能爲人重，則必借重於人。然元祐奸黨碑，石工常安民乃懇求勿鐫姓名於其後，又何耶？

詩畫

東坡先生曰：「論畫以形似，見與兒童隣。作詩必此詩，定知非詩人。」升菴曰：「此言畫貴神，詩貴韻也。然其言偏，未是至者。晁以道和之云：『畫寫物外形，要物形不改；詩傳畫外意，貴有畫中態。』其論始定。」卓吾子謂改形不成畫，得意非畫外，因復和之曰：「畫不徒寫形，正要形神在；詩不在畫外，正寫畫中態。」杜子美云：「花遠重重樹，雲輕處處山。」此詩中畫也，可以作畫本矣。唐人畫桃源圖，舒元輿爲之記云：「烟嵐草木，如帶香氣。熟視詳玩，自覺骨戛青玉，身入鏡中。」此畫中詩也，絕藝入神矣。

吳道子始見張僧繇畫，曰：「浪得名耳。」已而坐卧其下，三日不能去。庾翼初不服逸少，有家雞野鶩之論，後乃以爲伯英再生。然則入眼便稱好者，決非好也，決非物色之人也，況未必是吳之與庾，而何可以易識。噫！千百世之人物，其不易識，總若此矣。

黨籍碑

「安石誤國之罪，本不容誅；而安石無誤國之心，天地可鑒。主意於誤國而誤國者，殘賊之小人也，不待誅也。主意利國而誤國者，執拗之君子也，尚可憐也。」卓吾曰：公但知小人之能誤國，不知君子之尤能誤國也。小人誤國猶可解救，若君子而誤國，則末之何矣。何也？彼蓋自以爲君子而本心無愧也。故其膽益壯而志益決，孰能止之。如朱夫子亦猶是矣。故余每云貪官之害小，而清官之害大；貪官之害但及於百姓，清官之害并及於兒孫。余每每細查之，百不失一也。

無所不佩

王逸曰：「行清潔者佩芳，德光明者佩玉，能解結者佩觿，能決疑者佩玦。故孔子無所不佩也。」李卓吾曰：道學原重外飾，蓋自古然矣，而豈知聖人之不然乎？古者男子出行不離劍佩，遠行不離弓矢，日逐不離觿玦。佩玉名爲隨身之用，事親之物，其實思患豫防，文武兼設，可使由而不可使知之道也，與井田寓兵同括矣。意不在文飾，特假名爲飾耳。後人昧其實也，以是爲美飾而矜之。務內者從而生厭曰：「是皆欲爲侈觀者，何益之有！」故於今並不設備，而文武遂判。非但文士不知武備，至於武人居常走謁，亦效文裝矣：寬衣博帶，雍雍如也，肅肅如也。一旦有警，豈特文人束手，武人亦寧可用耶？

荀卿李斯吳公

升菴先生曰："以荀卿大儒，而弟子有焚書坑儒之李斯；以李斯爲師，而弟子有治行第一之吳公。人之賢否，信在自立，不係師友也。"卓吾子曰：能自立者必有骨也。有骨則可藉以行立；苟無骨，雖百師友左提右挈，其奈之何？一刻無人，一刻站不得矣。然既能行立，則自能奔走求師，如顏、曾輩之於孔子然，謂其不係師友，亦非也。

宋人譏荀卿

宋人謂卿之學不醇，故一傳於李斯，卽有坑儒焚書之禍。夫弟子爲惡而罪及師，有是理乎？若李斯可以累荀卿，則吳起亦可以累曾子矣。鹽鐵論曰："李斯與苞丘子同事荀卿，而苞丘子修道白屋之下。"卓吾子曰：使李斯可以累荀卿，則苞丘子亦當請封荀子矣。

季文子三思

文子相三君，其卒也無衣帛之妾，食粟之馬，無重器備，左氏侈然稱之。黄東發曰："行父怨歸父之謀去三家，至掃四大夫之兵以攻齊。方公子遂弑君立宣公，行父不能討，反爲之再如齊納賂焉。又帥師城莒之諸、鄆二邑以自封殖，其爲妾馬金玉也多矣，是卽王莽之謙恭也。時人皆信之，故曰『季文子三思而後行』。夫子不然之，則曰『再思可矣』。若曰：『再尚未能，何以云三思也？』使能再思，不黨簒而納賂，專權而興兵，封殖以肥己矣。文公不得其辭，乃云『思至於三，則私意起而反惑』。誠如其言，則中庸所謂『思之不得弗措也』，管子所謂『思之思之又重思之，思之不通，鬼神將通之』，吳臣勸諸葛恪十思者，皆非矣。」卓吾曰：周公之聖，唯在於思兼。思而不合，則夜以繼日。一夜一日，思又何止三也？朱子蓋惑於聖人愼思之說，遂以三思爲戒。唯其戒三思，是以終身不知聖人之愼思也。我願學者千思萬思，以思此「愼思」二字。苟能得愼思之旨於千思萬思之中，則可以語思誠之道矣，區區一季文子何足以煩思慮乎！

陳恆弑君

升菴先生曰：「孔子沐浴而朝，於義盡矣。胡氏乃云『仲尼此舉，先發後聞可也』。是病聖人之未盡也。果如胡氏之言，則不告於君而擅興甲兵，是孔子先叛矣，何以討人哉？胡氏釋之於春秋，朱子引之於論語，皆未知此理也。岳飛金牌之召，或勸飛勿班師。飛曰：『此乃飛反，非檜反也。』始爲當於義矣。」李卓吾曰：世固有有激而爲者，不必問其爲之果當也；有有激而言者，不必問其能踐言與否也。哀其志可也，原其心可也，留之以爲天下後世之亂臣賊子懼可也。何必說盡道理，以長養亂賊之心乎？若說非義，則孔子沐浴之請亦非義矣。何也？齊人弑君，與魯何與也？魯人尙無與，又何與於家居不得與聞政事之孔子也？不得與而與，是出位之僭也。明知哀公三子皆不可與言而言，是多言之窮也。總之爲非義矣。總之爲非義，然總之爲出於義之有所激也，總之爲能使亂臣賊子懼也，卽孔子當日一大部春秋也，何待他日筆削魯史而後謂之春秋哉？先正蔡虛齋有岳飛班師一論，至今讀之，猶令人髮指冠，目裂眦，欲代岳侯殺秦檜、滅金虜而後快也，何可無此議論也？明知是做不得，說不得，然安可無此議論乎？安得無此議論乎？

王半山

半山謂荆軻豢於燕，故爲燕太子丹報秦。信斯言也，亦謂呂尚豢於周，故爲周伐紂乎？相知在心，豈在豢也，半山之見醜矣。且荆卿亦何曾識燕丹哉！只無奈相知如田光者薦之於先，又繼以刎頸送之於後耳。荆卿至是，雖欲不死，不可得矣。故余有詠荆卿一首云：「荆卿原不識燕丹，祇爲田光一死難。慷慨悲歌爲擊筑，蕭蕭易水至今寒。」又有詠侯生二首云：「夷門畫策却秦兵，公子奪符出魏城。上客功成心遂死，千秋萬歲有侯嬴。」又：「晉鄙合符果自疑，揮鎚運臂有屠兒。情知不是信陵客，刎頸迎風一送之。」蓋朱亥於公子相知不深，又直侯生功成名立之際，遂以死送之耳。雖以死送公子，實以死送朱亥也。醜哉宋儒之見，彼豈知英雄之心乎！蓋古人貴成事，必殺身以成之；捨不得身，成不得事矣。

爲賦而相灌輸

「爲賦」二字甚明，何說未明也？蓋爲賦而相灌輸，非爲商而相灌輸也。爲賦而相灌輸，卽如今計戶納糧運租之類；爲商而相灌輸，乃是驅農民以效商賈之爲。夫既驅農民以效商矣，又將驅何民以事農乎？若農盡爲商，則田盡不闢，又將以何物爲賦而相輸灌也？曷不若令商自爲之，而征其稅之爲便乎？農有租賦之入，商有征稅之益，兩利兼收，愚人亦知，而謂武帝不知耶？蓋當時霍子孟輩，已不曉桑大夫均輸之法之善矣，何况班孟堅哉！俗士不可語於政，信矣。

文公著書

「朱文公談道著書，百世宗之。然觀其評論古今人品，誠有違公是而遠人情者：王安石引用姦邪，傾覆宗社也，乃列之名臣錄而稱其道德文章，蘇文忠道德文章，古今所共仰也，乃力詆之，謂得行其志，其禍又甚於安石。夫以安石之姦，則末滅其已著之罪；以蘇子之賢，則巧索其未形之短。此何心哉？」卓吾子曰：文公非不知坡公也。坡公好笑道學，文公恨之，直欲爲洛黨出氣耳，豈其眞無人心哉！若安石自宜取。先生又曰：「秦檜之姦，人皆欲食其肉，文公乃稱其有骨力；岳飛之死，今古人心何如也，文公乃譏其横，譏其直向前厮殺。漢儒如董如賈，皆一一議其言之疵。諸葛孔明名之爲盜，又議其爲申、韓；韓文公則文致其大顛往來之書，亹亹千餘言，必使之不爲全人而已。蓋自周、孔而下，無一人得免者。憶文公註毁譽章云：『聖人善善速，而惡惡則已緩矣。』又曰：『但有先褒之善，而無預詆之惡。』信斯言也，文公於此，惡得爲緩乎？無乃自蹈於預詆人之惡也？」卓吾子曰：此俱不妨，但要説得是耳。一蘇文忠尚不知，而何以議天下之士乎？文忠困阨一生，盡心盡力幹辦國家事一生。據其生平，了無不幹之事，亦了不見其有幹事之名，但見有嬉笑遊戲，翰墨滿人間耳。而文公不識，則文公亦不必論人矣。

闇然堂類纂引

闇然堂類纂者何？潘氏所纂以自爲鑒戒之書也。余讀而善之，而目力竭于既老，故復錄其最者以自鑒戒焉。夫余之别潘氏多年矣，其初直謂是木訥人耳，不意其能剛也。大抵二十餘年以來，海內之友寥落如晨星，其存者或年往志盡，則日暮自倒，非有道而塞變，則蓋棺猶未定也。其行不掩言，往往與卓吾子相類，乃去華之于今日，其志益堅，其氣益實，其學愈造而其行益修，斷斷乎可以託國託家而託身也。非其暗室屋漏，闇然自修，不忘鑒戒，安能然乎？設余不見去華，幾失去華也。余是以見而喜，去而思，思而不見則讀其書以見之，且以示余之不忘鑒戒，亦願如去華也。夫鑒戒之書，自古有之，何獨去華？蓋去華此纂皆耳目近事，時日尚新，聞見罕接，非今世人士之所常談。譬之時文，當時則趨，過時則頑。又譬之於曲則新腔，於詞則別調，於律則切響，夫誰不側耳而傾聽乎？是故喜也。喜則必讀，讀則必鑒必戒。

朋友篇

去華友朋之義最篤，故是纂首纂篤友誼。夫天下無朋久矣。何也？舉世皆嗜利，無嗜義者。嗜義則視死猶生，而況幼孤之託，身家之寄，其又何辭也？嗜利則雖生猶死，則凡攘臂而奪之食，下石以滅其口，皆其能事矣。今天下之所稱友朋者，皆其生而猶死者也。此無他，嗜利者也，非嗜友朋也。今天下曷嘗有嗜友朋之義哉！既未嘗有嗜義之友朋，則謂之曰無朋可也。以此事君，有何賴焉？

阿寄傳

錢塘田豫陽汝成有阿寄傳。阿寄者，淳安徐氏僕也。徐氏昆弟別產而居：伯得一馬，仲得一牛，季寡婦得寄。寄年五十餘矣，寡婦泣曰：「馬則乘，牛則耕，踉蹌老僕，乃費吾藜羹！」阿寄歎曰：「噫！主謂我力不牛馬若耶？」乃畫策營生，示可用狀。寡婦悉簪珥之屬，得金一十二兩畀寄，寄則入山販漆，期年而三其息，謂寡婦曰：「主無憂！富可立致矣。」又二十年而致產數萬金，爲寡婦嫁三女，婚兩郎，齎聘皆千金。又延師教兩郎，皆輸粟入太學，而寡婦阜然財雄一邑矣。頃之，阿寄病且革，謂寡婦曰：「老奴馬牛之報盡矣。」出枕中二楮，則家計巨細悉均分之，曰：「以此遺兩郎君！」言訖而終。徐氏諸孫或疑寄私蓄者，竊啓其篋，無寸絲粒粟之儲焉。一嫗一兒，僅敝縕掩體而已。余蓋聞之俞鳴和。又曰：「阿寄老矣，見徐氏之族，雖幼必拜，騎而遇諸途，必控勒將數百武以爲常。見主母不睇視，女雖幼，必傳言，不離立也。」若然，則縉紳讀書明禮義者，何以加諸？以此心也，奉其君親，雖謂之大忠純孝可也。

去華曰：「阿寄之事主母，與李元之報主父何以異？余尤嘉其終始以僕人自居也。三讀斯傳，起愛起敬，以爲臣子而奉君親者能如是，吾何憂哉？」

李卓吾曰：父子天性也。子而逆天，天性何在？夫兒尚不知有父母，尚不念昔者乳哺顧復之恩矣，而奴反能致孝以事其主。然則其天定者雖奴亦自可託，而況友朋；雖奴亦能致孝，而況父子。彼所謂天性者，不過測度之語；所謂讀書知孝弟者，不過一時無可奈何之辭耳。奴與主何親也？奴於書何嘗識一字也？是故吾獨於奴焉三歎，是故不敢名之爲奴，而直曰我以上人。且不但我以上人也，彼其視我正如奴矣。何也？彼之所爲，我實不能也。

孔明爲後主寫申韓管子六韜

唐子西云：「人君不論撥亂守文，要以制略爲貴。六韜述兵權，多奇計；管子愼權衡，貴輕重；申、韓覈名實，攻事情。施之後主，正中其病。藥無高下，要在對病。萬全良藥，與病不對，亦何補哉？」又觀古文苑載先主臨終勅後主之言曰：「申、韓之書，益人意智，可觀誦之！」三國志載孟孝裕問郤正太子，正以虔恭仁恕答。孝裕曰：「如君所道，皆家門所有耳。吾今所問，欲知其權略知調何如也。」

由此觀之，孔明之喜申、韓審矣。然謂其爲對病之藥，則未敢許。夫病可以用藥，則用藥以對病爲功，苟其用藥不得，則又何病之對也？劉禪之病，牙關緊閉，口噤不開，無所用藥者也，而問對病與否可歟？且申、韓何如人也？彼等原與儒家分而爲六。既分爲六，則各自成家；各自成家，則各各有一定之學術，各各有必至之事功。舉而措之，如印印泥，走作一點不得也。獨儒家者流，汎濫而靡所適從，則以所欲者衆耳。故汲長孺謂其內多欲而外施仁義，而論六家要指者，又以「博而寡要，勞而少功」八字蓋之，可謂至當不易之定論矣。孔明之語後主曰：「苟不伐賊，王業亦亡。與其坐而待亡，孰與伐之？」是孔明已知後主之必亡也，而又欲速戰以幸其不亡，何哉？豈謂病雖進不得藥，而藥終不可不進，以故猶欲僥倖於一逞乎？吾恐司馬懿、曹眞諸人尚在，未可以僥倖也。六出祁山，連年動衆，驅無辜赤子轉鬬數千里之外，既欲愛民，又欲報主，自謂料敵之審，又不免幸勝之貪，卒之勝不可幸，而將星於此乎終隕矣。蓋唯其多欲，故欲兼施仁義；唯其博取，是以無功徒勞。此八字者，雖孔明大聖人不能免於此矣。

愚嘗論之，成大功者必不顧後患，故功無不成，商君之於秦，吳起之於楚是矣。而儒者皆欲之，不知天下之大功，果可以顧後患之心成之乎否也，吾不得而知也。顧後患者必不肯成天下之大功，莊周之徒是已。是以寧爲曳尾之龜，而不肯受千金之幣；寧爲濠上之樂，而不肯任楚國之憂。而儒者皆欲之，於是乎又有居朝廷則憂其民，處江湖則憂其君之論。不知天下果有兩頭馬乎否也，吾又不得而知也。墨子之學術貴儉，雖天下以我爲不拔一毛不恤也。商子之學術貴法，申子之學術貴術，韓非子之學術兼貴法、術，雖天下以我爲殘忍刻薄不恤也。曲逆之學術貴詐，儀、秦之學術貴縱橫，雖天下以我爲反覆不信不恤也。不憚五就之勞，以成夏、殷之績，雖天下後世以我爲事兩主而兼利，割烹要而試功，立太甲而復反可也。此又伊尹之學術以任，而直謂之能忍詬焉者也。以至譙周、馮道諸老寧受祭器歸晉之謗，歷事五季之恥，而不忍無辜之民日遭塗炭，要皆有一定之學術，非苟苟者。各周於用，總足辦事，彼區區者欲選擇其名實俱利者而兼之，得乎？此無他，名教累之也。以故瞻前慮後，左顧右盼。自己既無一定之學術，他日又安有必成之事功耶？而又好說「時中」之語以自文，又況依倣陳言，規跡往事，不敢出半步者哉！故因論申、韓而推言之，觀者幸勿以爲余之言皆經史之所未嘗有者可也。

焚書卷六

四言長篇

讀書樂并引

曹公云：「老而能學，唯吾與袁伯業。」夫以四分五裂，橫戈支戟，猶能手不釋卷，況淸遠閒曠哉一老子耶！雖然，此亦難強。余蓋有天幸焉。天幸生我目，雖古稀猶能視細書；天幸生我手，雖古稀猶能書細字。然此未爲幸也。天幸生我性，平生不喜見俗人，故自壯至老，無有親賓往來之擾，得以一意讀書。天幸生我情，平生不愛近家人，故終老龍湖，幸免俯仰逼迫之苦，而又得以一意讀書。然此亦未爲幸也。天幸生我心眼，開卷便見人，便見其人終始之槪。夫讀書論世，古多有之，或見皮面，或見體膚，或見血脈，或見筋骨，然至骨極矣。縱自謂能洞五臟，其實尚未刺骨也。此余之自謂得天幸者一也。天幸生我大膽，凡昔人之所忻艷以爲賢者，余多以爲假，多以爲迂腐不才而不切于用；其所鄙者、棄者、唾且罵者，余皆的以爲可託國託家而託身也。其是非大戾昔人如此，非大膽而何？此又余之自謂得天之幸者二也。有此二幸，是以老而樂學，故作讀書樂以自樂焉。

天生龍湖，以待卓吾；天生卓吾，乃在龍湖。龍湖卓吾，其樂何如？四時讀書，不知其餘。讀書伊何？會我者多。一與心會，自笑自歌；歌吟不已，繼以呼呵。慟哭呼呵，涕泗滂沱。歌匪無因，書中有人；我觀其人，實獲我心。哭匪無因，空潭無人；未見其人，實勞我心。棄置莫讀，束之高屋，怡性養神，輟歌送哭。何必讀書，然後爲樂？乍聞此言，若憫不穀。束書不觀，吾何以歡？怡性養神，正在此間。世界何窄，方册何寬！千聖萬賢，與公何冤！有身無家，有首無髮，死者是身，朽者是骨。此獨不朽，願與偕歿，倚嘯叢中，聲震林鶻。歌哭相從，其樂無窮，寸陰可惜，曷敢從容！

五七言長篇

富莫富於常知足

富莫富於常知足，貴莫貴於能脱俗；貧莫貧於無見識，賤莫賤於無骨力。身無一賢曰窮，朋來四方曰達；百歲榮華曰夭，萬世永賴曰壽。

解者曰：常知足則常足，故富；能脱俗則不俗，故貴。無見識則是非莫曉，賢否不分，黑漆漆之人耳，欲往何適，大類貧兒，非貧而何？無骨力則待人而行，倚勢乃立，東西恃賴耳，依門傍户，眞同僕妾，非賤而何？身無一賢，緩急何以，窮之極也。朋來四方，聲應氣求，達之至也。吾夫子之謂矣。舊以不知恥爲賤亦好，以得志一時爲夭尤好。然以流芳百世爲壽，只可稱前後烈烈諸名士耳，必如吾夫子，始可稱萬世永賴，無疆上壽也。

九日同袁中夫看菊寄謝主人

去年花比今年早，今年人比去年老。盡道人老不如舊，誰信舊人老亦好。秋菊總開舊歲花，人今但把新人誇。不見舊日龍山帽，至今猶共說孟嘉？去年我猶在陰山，今年爾復在江南。傍人錯指前身是，一是文殊一瞿曇。花開于我復何有，人世那堪逢重九？舉頭望見鍾山高，出門便欲跨牛首。袁生袁生攜我手，欲往何之仍掣肘。雖有謝公墩，朝朝長在門。雖有堦前塔，高高未出雲。褰裳緩步且相隨，一任秋光更設施。天生我輩必有奇，感君雅意來相期。入門秋色上高堂，烹茶爲具呼兒郎。歡來不用登高去，撲鼻迎風尊酒香。子美空吟白髮詩，淵明采采亦徒疲。何如今日逢故知，菊花共看未開時！

至日自訟謝主翁

明朝七十一，今朝是七十。長而無述焉，既老復何益！雖有讀書樂，患失又患得。患失是伊何？去日已蹉跎。患得是伊何？來日苦無多。聰明雖不逮，精神未有害。筆禿鋒鋩少，指柔龍蛇在。宛然一書生，可笑亦可愛！且將未死身，暫作不死人。所幸我劉友，供饋不停手。從者五七人，素飽爲日久。如此賢主人，何愁天數九！

朔風謠

南來北去何時了？爲利爲名無了時。爲利爲名滿世間，南來北去正相宜。朔風三月衣裳單，塞上行人忍凍難。好笑山中觀靜者，無端絕塞受風寒。謂余爲利不知余，謂渠爲名豈識渠。非名非利一事無，奔走道路胡爲乎？試問長者眞良圖，我願與世名利徒，同歌帝力樂康衢。

題繡佛精舍

聞說澹然此日生，澹然此日却爲僧。僧寶世間猶時有，佛寶今看繡佛燈。可笑成男月上女，大驚小怪稱奇事。陡然不見舍利佛，男身復隱知誰是。我勸世人莫浪猜，繡佛精舍是天台。天欲散花愁汝著，龍女成佛今又來。

十八羅漢漂海偈

十八羅漢漂海，第一胖漢利害。失脚踏倒須彌，抛散酒肉布袋。猶然嗔怪同行，要吃諸人四大。咄！天無底，地無蓋，好個極樂世界。

十八羅漢遊戲偈

不去看經念偈，却來神通遊戲。自誇能殺怨賊，好意翻成惡意。咦！南無阿彌陀佛，春夏秋冬四季。

哭耿子庸

楚國有一士，胸中無一字。令人讀漢書，便道賴有此。蓋世聰明者，非君竟誰與？所以羅盱江，平生獨推許。行年五十一，今朝眞死矣！君生良不虛，君死何曾死！

其二

我是君之友，君是我之師。我年長於君，視君是先知。君言「吾少也」，如夢亦如癡。去去學神仙，中道復棄之。歸來山中坐，靜極心自怡。大事苟未明，兀坐空爾爲。行行還出門，逝者在於斯。反照未生前，我心不動移。仰天一長嘯，兹事何太奇！從此一聲雷，平地任所施。開口向人難，誰是心相知？

其三

太眞終日語，東方容易談。本是閩越人，來此共閑閑。君子有德音，聽之使人慚。白門追隨後，萬里走滇南。移家恨已滿，敢曰青於藍？志士苦粧飾，世儒樂苟安。謂君未免俗，令人坐長嘆。

其四

君心未易知，吾言何惻惻！大言北海若，小言西河伯。緩言微風入，疾言養叔射。麤言雜俚語，無不可思繹。和光混俗者，見之但爭席。浩氣滿乾坤，收斂無遺跡。時來一鼓琴，與君共晨夕。已矣莫我知，雖生亦何益！

五言四句

宿吴門

秋深風落木，清水半池荷。驅馬向何去？吴門客子多。

其二

屋有圖書潤，庭無秋菊鮮。應知彭澤令，一夜不曾眠。

同深有上人看梅

東閣觀梅去，淸尊怨未開。徘徊天際暮，獨與老僧來。

又觀梅

雷雨驚春候，寒梅次第開。金陵有逸客，特地看花來。

鄭樓

谷口鄭子眞，棲遲市門裏。小樓延上客，酒酣猶未已。

薙髮

空潭一老醜，薙髮便爲僧。願度恒沙衆，長明日月燈。

其二

有家眞是累，混俗亦招尤。去去山中臥，晨興粥一甌。

其三

爲儒已半世，貪祿又多年。欲證無生忍，盡抛妻子緣。

其四

大定非關隱，魂淸自可人。而今應度者，不是宰官身。

哭貴兒

水深能殺人，胡爲浴於此？欲眠眠不得，念子于茲死！

其二

不飲又不醉，子今有何罪？疾呼遂不應，痛恨此潭水！

其三

骨肉歸故里，童僕皆我棄。汝我如形影，今朝唯我矣！

哭黄宜人

結髮爲夫婦，恩情兩不牽。今朝聞汝死，不覺情悽然！

其二

不爲恩情牽，含悽爲汝賢。反目未曾有，齊眉四十年。

其三

中表皆稱孝，舅姑慰汝勞。賓朋日夜往，龜手事香醪。

其四

慈心能割有，約己善持家。緣余貪佛去，别汝在天涯。

其五

近水觀魚戲，春山獨鳥啼。貧交猶不棄，何況糟糠妻！

其六

冀缺與梁鴻，何人可比蹤？丈夫志四海，恨汝不能從！

夜半聞雁

改歲以來，老病日侵，計不久矣。夫余七十人也，追思五十以前，抱此麤疎，遨遊四海，兼圖升斗以贍俯仰，憑尺寸以奉高尊。人人皆視爲畏途，余獨坦行闊步二十五載，不少一日，遍交當世名流，無空過者，直至今日，猶然念余不舍也。是世之所難者，余之所易也。及其解組入楚，身退矣，名且隱矣，可謂易而又易矣，乃行畏途覺平妥，逃空虛轉顛躓何耶？豈非理之不可曉者耶！夫余執此道以終始，未嘗一毫改步也。今難者反易，易者反難，雖余亦自不知其故矣。內實自傷，故因聞雁而遂賦之。

孤鴻向北征，夜半猶哀鳴。哀鳴何所爲？欲我如鴻冥。

其二

自有凌霄翮，高飛安不得。如何萬里行，反作淹留客？

其三

獨雁雖無依，羣飛尚有伴。可憐何處翁，兀坐生憂患！

其四

日月湖中久，時聞冀北音。鴻飛如我待，鼓翼向山陰。

後數歲，余竟赴冀北，過山陰，其詞卒驗。

莊純夫還閩有憶

乘龍人歸去，誰復到吾門？薄暮多風雨，知子宿前村。

其二

海物多奇錯，礪房味正淸。夫妻共食噉，不得到痲城。

其三

三子皆聰明，必然早著聲。若能舉孝廉，取道過西陵！

其四

七十古來稀，知余能幾時？君宜善自計，莫念出家兒！

歲暮過胡南老

胡牀掛空壁，窮巷有深居。滿目繁華在，先生獨晏如。

其二

河內著碑銘，瞿塘流頌聲。百年林下叟，隱隱作儀刑。

其三

四鄰簫管沸，大都爲歲除。君看五馬貴，囊有一錢無？

其四

有席雖長穿，有朋亦喜歡。園蔬堪摘矣，不用一錢看。

稽山寺夜坐

松風已可哀，蘿月復飛來。如何當此夜，萬里獨登臺？

慰鄭子玄

鄭子玄不顧雨雪之難，走潞河，欲尋舊交，余懼其或有「嗟來」也，故作詩三章，以慰其行。

雨雪東南行，貧交家上京。當時孔北海，極重鄭康成。

右一章

四顧堪愁絕，連天一月雪。恐抵張家灣，難對貧交說。

右二章

貧賤少親交，許由故棄瓢。許由千古少，蒙袂且相招。

右三章

寓武昌郡寄眞定劉晉川先生

密密梧桐樹，亭亭相與許。中夜聞人聲，疑是見君子。

其二

芒種在今朝，君行豈不遙！農夫歡倒極，雨立迓星軺。

其三

細問去來者，暮宿漢陽城。三日望京山，五日過西陵。

其四

青翠滿池臺，徒增靜者哀。一步一回遠，君今去不來。

其五

方我來歸日，是君傾蓋時。通玄信長者，北海好男兒！

其六

季心何意氣，夜半猶開門。幸免窮途哭，能忘一飯恩！

其七

黃昏入夏口，無計問劉琦。假若不逢君，流落安所之！

其八

南國留棠陰，江城遺白叟。君思用趙人，猶憶江南否？

塞上吟時有倭警

乘槎欲問天，只怕衝牛斗。乘桴欲浮海，又道蛟龍吼。

賦松梅

二八誰家女，曲彈塞上聲。且莫彈此曲！無家人難聽。

其二

皎皎中秋月，無聲誰論價？有色兼有聲，松梅明月下。

贈何心隱高第弟子胡時中

三日三渡江，胡生何忙忙？師弟恩情重，不忍見武昌。

偈二首答梅中丞

本無家可歸，原無路可走。若有路可走，還是大門口。

其二

莫誇家裏富，家富令人醜。若實到家人，一毫亦無有。

懷林答偈附

亦知都府內，事事無不有。只是從外來，令人難長守。

六言四句

雲中僧舍芍藥

芍藥庭開兩朵，經僧閣裏評論。木魚暫且停手，風送花香有情。

其二

笑時傾城傾國，愁時倚樹凭闌。爾但一開兩朵，我來萬水千山。

士龍攜二孫同弱侯過余解粽

解粽正思端午，懷沙莫問汨羅！且喜六龍下食，因知二妙堪多。

其二

元方既難爲弟，季方又難爲兄。如此食糜自可，何必白日飛昇！

其三

我本老而好學，故隨眞人東行。兩家並生才子，自然常聚德星。

其四

泗州說有大聖，金陵亦有元城。何似維明與公，並稱「二李先生」。

七言四句

南池

濟漯相將日暮時，此間乃有杜陵池。三春花鳥猶堪賞，千古文章只自知。

其二

水入南池讀古碑，任城爲客此何時？從前祇爲作詩苦，留得驚人杜甫詩。

太白樓

世事眞同水上浮，金龜好換酒家愁。山東李白今何在？城下唯瞻太白樓。

其二

天寶年間事已非，先生不醉將安歸？當時豪氣三千丈，傾國名花贈玉妃。

恨菊

不是先生偏愛菊，清霜獨有菊花開。滿庭秋色無人見，敢望白衣送酒來？

哭陸仲鶴

二十年前此地分，孤帆萬里出重雲。滇南昔日君憐我，白下今朝我哭君。

其二

歲歲年年但寄書，草萍消息竟何如？巨卿未解山陽夢，垂老那堪策素車！

九日坪上

如鳥飛飛到處棲，今年九日在山西。太行正是登高處，無菊亦應有酒攜。

其二

坪上無花有酒錢，謾將沽酒醉逃禪。若言不識酒中趣，可試登高一問天！

其三

身在他鄉不望鄉，閒雲處處總凄涼！故人若問涼邊事，日射坪田索酒嘗。

除夕道場卽事

衆僧齊唱阿彌陀，人在天涯歲又過。但道明朝七十一，誰知七十已蹉跎！

其二

坪上相逢意氣多，至人爲我飯樓那。燒燈熾炭紅如日，旅夕何愁不易過！

其三

白髮催人無奈何，可憐除夕不除魔！春風十日冰開後，依舊長流沁水波。

閉關

閉關正爾爲參禪，一任主人到客邊。無奈塵心猶不了，依然出戶拜新年。

元宵

元宵眞是可憐宵，獨對孤燈坐寂寥。不是齋居能養性，嗔心幾被雪風搖。

哭懷林

南來消息不堪聞，腸斷龍堆日暮雲！當日雖然扶病去，來書已是細成文。

其二

年少才情亦可誇，暫時不見即天涯。何當棄我先歸去，化作楚雲散作霞。

其三

夢中相見語依依，忘却從前抱病歸。四大皆隨風火散，去書猶囑寄秋衣。

其四

年在桑榆身大同，吾今哭子非龍鍾。交情生死天來大，絲竹安能寫此中！

晉陽懷古

水決汾河趙已分，孟談潛出間三軍。如何智伯破亡後，高赦無功獨首論？

過雁門

盡道當關用一夫，昔人曾此扞匈奴。如今冒頓來稽顙，李牧如前不足都。

其二

千金一劍未曾磨，陡上關來感慨多。關下人稱眞意氣，關頭人說白頭何！

渡桑間

逢人勿問我何方，信宿幷州卽我鄉。明日桑間橫渡去，兩程又見梅衡湘。

初至雲中

錫杖朝朝信老僧，蒼茫山色樹層層。出門祇覺音聲別，不審身眞到白登。

贈兩禪客

孟嘗門下客三千，狗盜雞鳴絕可憐。自脫秦關歸去後，始知二子會參禪。

得上院信

世事由來不可論，波羅忍辱是玄門。今朝接得龍湖信，立喚沙彌取水焚。

重來山房贈馬伯時

一別山房便十年，親栽竹篠已參天。舊時年少唯君在，何處看山不可憐！

古道通三晉

黃河遠綴白雲間，我欲上天天不難。三晉誰云通古道，人今唯見太行山。

中州第一程

程程物色使人羞，同上中原第一樓。太行雖有摧車路，千載人人到上頭。

詠史

荆卿原不識燕丹，祇爲田光一死難。慷慨悲歌唯擊筑，蕭蕭易水至今寒。

其二

夷門畫策却秦兵，公子奪符出魏城。上客功成心遂死，千秋萬歲有侯嬴。

其三

晉鄙合符果自疑，揮鎚運臂有屠兒。情知不是信陵客，刎頸迎風一送之。

却寄

一迴飛錫下江南，咫尺無由接笑談。却羨婆須蜜氏女，發心猶願見瞿曇。

其二

持鉢來歸不坐禪，遥聞高論却潸然！如今男子知多少，盡道官高卽是仙。

其三

盈盈細抹隨風雪，點點紅粧帶雨梅。莫道門前馬車富，子規今已喚春回。

其四

聲聲喚出自家身，生死如山不動塵。欲見觀音今汝是，蓮花原屬似花人。

喜楊鳳里到攝山

十年相守似兄弟，一别三年如隔世。今日還從江上來，孤雲野鶴在山寺。

其二

憶别龍湖才幾時，天涯霜雪淨鬚眉。君今復自龍湖至，鬢裏有絲君自知。

山中得弱侯下第書

秣陵人去帝京遊，可是隋珠復暗投。昨夜山前雷雨作，傳君一字到黄州。

同周子觀洞龍梅

一枝斜倚古垣東，白首逢君出洞龍。莫怪花神爭笑語，周郎昨夜此山中。

湖上紅白梅盛開戲題

始知春意屬閒身，紅白相將入望頻。才到開時君又老，看花不是種花人。

贈周山人

謾道男兒四海身，百錢賣卜不愁貧。卽今欲上黄梅路，誰把十金拋與人？

牡丹時

牡丹才記欲開時，芍藥于今久離披。可是山中無人到，花開花謝總不知。

其二

憶昔長安看花時，牡丹獨有醉西施。省中一樹花無數，共計二百單八枝。

五言八句

初到石湖

皎皎空中石，結茅俯青溪。魚遊新月下，人在小橋西。入室呼尊酒，逢春信馬蹄。因依如可就，筇竹正堪攜。

春宵燕集得空字

高館張燈夜，清尊興不空。故交來昨日，千里動春風。竹影寒塘下，歌聲細雨中。可憐新歲月，偏向舊衰翁。

中秋劉近城攜酒湖上

舉網澄潭下，凭闌看得魚。誰將從事酒，一問子雲廬？水白沙鷗淨，天空木葉疎。中秋今夜月，爾我獨躊躇。

秋前約近城鳳里到周子竹園

竹徑來三友，淸幽半在君。拋書爲對客，把酒好論文。青苔過雨後，獨鶴向人羣。攜手欲同去，相看日未曛。

其二

暑在人還倦，竹深風自涼。茶來頻我酌，酒到與君嘗。徙倚窺馴鹿，聞呼過短牆。沉吟秋日近，容易得相將。

環陽樓晚眺得碁字

不是環陽客，何來席上碁！推窗雲亦去，俯檻月猶遲。水底魚龍醒，花間鳥鵲飢。眼看春又半，雖老亦忘疲。

重過曾家

冰肌仍帶雪，霜鬢更逢梅。花是去年白，人知何日回？一杯臨老客，三度隔牆開。無計就君住，明朝還復來。

送鄭子玄兼寄弱侯

我乃無歸處，君胡爲遠遊？窮途須痛哭，得意勿淹留！旅鬢迎霜日，詩囊帶雨秋。薊門雖落莫，應念有焦侯。

丘長孺生日

似君初度日，不敢少年看。百歲人間易，逢君世上難。三杯生瑞氣，一雨送春寒。對客猶辭醉，尊前有老聃。

謁關聖祠

交契得如君，香烟可斷雲。旣歸第一義，寧復昔三分？金石有時敝，關張孰不聞！我心無所似，只是敬將軍。

觀鑄關聖提刀躍馬像

英雄再出世，烈烈有暉光。火焰明初日，金精照十方。居然圍白馬，猶欲斬顏良。豈料人千載，又得見關王。

秋懷

白盡餘生髮，單存不老心。栖栖非學楚，切切爲交深。遠夢悲風送，秋懷落木吟。古來聰聽者，或別有知音。

閒步

灌園看老圃，秋色似江南。畦沁蔬堪摘，霜黄柿未甘。爾非陳仲子，我豈老瞿曇！聊共班荆坐，憑君說兩三。

立春喜常融二僧至

客久歲云暮，吾衰道自尊。時辰催短速，晷刻變寒溫。人賤時爭席，神傷早閉門。新春看爾到，應念我猶存！

其二

正爾逢春日，到來兩足尊。偷生長作客，僧臘始開門。淡淡梅初放，如如雪可吞。千三四百里，又是一乾坤。

乾樓晚眺

呼朋萬里外，拍手層霄間。塞晚浮烟重，天空歲月閒。斷雲迷古戍，落日照西山。幸有聲歌在，更殘且未還。

其二

凭高一灑衣，望遠此何時？正是中元節，兼聽遊女悲。杯乾旋可酌，曲罷更題詩。願將北流水，彈與鍾子期。

其三

中丞綏定後，攜我共登臨。所喜聞謠俗，非干懷壯心。山雲低薄暮，樓日壓重陰。欲歸猶未可，此地有知音。

贈利西泰

逍遙下北溟，迤邐向南征。刹利標名姓，仙山紀水程。回頭十萬里，舉目九重城。觀國之光未？中天日正明。

六月訪袁中夫攝山

懷人千佛嶺，避暑碧霞顛。試問山中樂，何如品外泉？陰陰籐掛樹，隱隱日爲年。坐覺涼風至，披襟共灑然。

薜蘿園宴集贈鷗江詞伯

爲有玉田飯，任從金粟過。名園花樹早，小徑牛羊多。煑茗通玄理，焚香去染疴。宗侯非曠蕩，若意在烟蘿。

望東平有感

我來齊境上，弔古問東平。雨細河魚出，雲收山鳥鳴。夭桃夾岸去，弱柳送春行。最樂誰堪比？唯君悟此生。

過聊城

誰道百夫長，勝作一書生。渤海新開府，中原盡點兵。倭夷兩步卒，廊廟幾公卿。不見魯連子，射書救聊城？

過武城

絃歌古渡口，經過欲停舟。世變人何往，神傷意不留。文章誇海岱，禮樂在春秋。堪笑延陵札，同時失子游！

其二

先師無戲論，一笑定千秋。白雪難同調，青雲誰見收。春風吹細草，明月照行舟。魯國多男子，幾人居上頭？

七言八句

自武昌渡江宿大別

疎鐘夜半落雲房，今夕何由見武昌？流水有情憐我老，秋風無恙斷人腸。千年芳草題鸚鵡，萬里長江入漢陽。大别原非分别者，登臨不用更悲傷！

曉行逢征東將士却寄梅中丞

烽火城西百將屯，寒烟曉爨萬家村。雄邊子弟誇雕鶚，絕塞將軍早閉門。傍海何年知浪靜，登壇空自拜君恩。雲中今有眞頗牧，安得移來覲至尊？

晚過居庸

重門天險設居庸，百二山河勢轉雄。關吏不聞占紫氣，行人或共説非熊。灣環出水馬蹄澀，回復穿雲月露融。燕市即今休感慨，漢家封事已從容。

九日至極樂寺聞袁中郎且至因喜而賦

世道由來未可孤，百年端的是吾徒。時逢重九花應醉，人至論心病亦蘇。老檜深枝喧暮鵲，西風落日下庭梧。黄金臺上思千里，爲報中郎速進途。

元日極樂寺大雨雪

萬國衣冠共一新，婆娑獨占上方春。誰知向闕山呼日，正是飛花極樂辰？寂寂僧歸雲際寺，溶溶月照隴頭人。年來鬢髮隨刀落，欲脱塵勞却惹塵。

雨中塔寺和袁小修韻

無端滯落此江瀕，雨濕征衫逢故人。但道三元猶浪跡，誰知深院有孤身？才傾八斗難留客，酒賦千鍾不厭貧。自是仙郎佳况在，何妨老子倍精神。

讀羊叔子勸伐吳表

三馬同槽買鄴都，轉身賣與小羌胡。山濤不是私憂者，羊祜寧知非算無？天塹長江權入晉，地分左衽終輸吳。當時王謝成何事？只好清談對酒壚。

讀劉禹錫金陵懷古

王濬樓船下益州，金陵懷古獨稱劉。千尋鐵鎖沉江底，百萬龍驤上石頭。賦就羣公皆閣筆，功成二子莫爲讐。鍾山王氣千年在，不見長江日夜浮！

琉璃寺

琉璃道上日初西，馬遶秋風萬木低。僧舍不關從客去，田家有酒爲誰攜？籬邊小雨催黄菊，山岫明星報曉雞。自有深公爲伴侶，何妨一笑過前溪！

赴京留别雲松上人

支公遯跡此山居，深院巢雲愧不如。自借松風一高枕，始知僧舍是吾廬。風吹竹柏袈裟破，月滿池塘鐘磬虚。獨有宿緣酬未畢，臨歧策馬復躊躇。

望魯臺禮謁二程祠二程俱產於此

日暮西風江上臺，森森古木使人哀。楚雲一夜眞堪賦，魯國何年入望來？千載推賢唯伯仲，百年想像見嬰孩。翛然欲下門庭雪，知是先生愛不才。

李氏焚書跋

卓吾學術淵源姚江。蓋龍谿爲姚江高第弟子，龍谿之學一傳而爲何心隱，再傳而爲卓吾。故卓吾論心隱，尊以爲上九之大人；而其叙龍谿文錄，則曰「先生此書前無往古，今無將來，後有學者可以無復著書矣。」夫卓吾以孔子之是非爲不足據，而尊龍谿乃至是。由是言之，亦可以知卓吾學所從來矣。卓吾此書外，復著有藏書、續藏書、說書、卓吾大德等書。藏書述史，始自春秋，訖於宋、元；續藏書則述明一代萬曆以前事。去歲鄧秋枚購得藏書，李曉暾自金陵購得續藏書，余皆獲讀之。此書則爲錦州張紀庭捐贈國學保存會者，明刊本也。

卓吾曰：「名曰焚書，言其當焚而棄之。」明季此書兩經禁燬：一焚於萬曆之三十年，爲給事中張問達所奏請；再焚於天啓五年，爲御史王雅量所奏請。然而此本則刻於既奉禁燬以後，觀焦弱侯序可知也。嗟夫！朝廷雖禁燬之，而士大夫則相與重鋟之。陳明卿云：「卓吾書盛行，咳唾間非卓吾不歡，几案間非卓吾不適。」當時風尚如此。夫學術者天下之公器，王者徇一己之好惡，乃欲以權力遏之，天下固不怵也。然卽怵矣，而易世之後，鋟卓吾書者如吾今日，則亦非明之列宗所得而如何者。然則當日之禁燬，毋亦多事爾。

卓吾爲人，頗不理於謝在杭、顧亭林、王山史諸賢之論，惟袁中郎著李溫陵傳頗稱道之。余最錄袁傳以附於後。嗟夫！嗟夫！卓吾學與時忤，其書且燬，記其人者或甚其詞，度必有之。亭林、山史因學術之同異，至痛詆其人，以爲叛聖。若是，夫陽明之不能免於世之詆訶，固宜也。戊申三月，順德黃節跋。

增補一

答李如真

弟學佛人也，異端者流，聖門之所深闢。弟是以於孔氏之徒不敢輕易請教者，非一日矣。非恐其闢己也，謂其志不在於性命，恐其術業不同，未必能開我之眼，愈我之疾。我年衰老，又未敢泛泛然爲無益之請，以虛度此有限時光，非敢忘舊日親故之恩，如兄所云「親者無失其爲親，故者無失其爲故」之云也。念弟非薄人也，自己學問未曾明白，雖承朋友接引之恩，切欲報之而其道無由，非能報之而不爲之報也。

承兄遠教，感切難言。第弟禪學也，路徑不同，可如之何！且如「親民」之旨，「無惡」之旨，種種「不厭」「不倦」之旨，非不親切可聽，的的可行。但念弟至今德尙未明，安能作親民事乎？學尙未知所止，安敢自謂我不厭乎？既未能不厭，又安能爲不倦事乎？切恐知學則自能不厭，如饑者之食必不厭飽，寒者之衣必不厭多。今於生死性命尙未如饑寒之甚，雖欲不厭，又可能耶？若不知學，而但取「不厭」者以爲題目工夫，則恐學未幾而厭自隨之矣。欲能如顏子之好學，得歟？欲如夫子之忘食忘憂，不知老之將至，又可得歟？況望其能不倦也乎哉！此蓋或僴老足以當之，若弟則不敢以此自足而必欲人人同宗此學脈也。

何也？未能知學之故也，未能自明己德故也，未能成己、立己、盡己之性故也。惟德有未明，故凡能明我者則親之；其不如己者，不敢親也；便佞者、善柔者皆我之損，不敢親也。既不敢親，則惡我者從生焉，我惡之者亦從生焉，亦自然之理耳。譬如父之於子然，子之賢不肖雖各不同，然爲父者未嘗不親之也，未嘗有惡之之心也。何也？父既有子，則田宅財帛欲將有托，功名事業欲將有寄，種種自大父來者，今皆於子乎授之，安能不以子爲念也？今者自身朝餐未知何給，暮宿未知何處，寒衣未審誰授，日夕竊竊焉唯恐失所尚，無心於得子，又安知有子而欲付托此等事乎？正弟之謂也。此弟於侗老之言不敢遽聆者以此也。弟非薄於故舊之人也，雖欲厚之而其道固無從也。吁！安得大事遂明，輪迴永斷，從此一聽長者之教，一意親民而宗「不厭」「不倦」學脈乎！

且兄祗欲爲仁，不務識仁，又似於孔門明德致知之教遠矣；今又專向文學之場，精研音釋等事，似又以爲仁爲第二義矣。雜學如此，故弟猶不知所請教也，非薄之謂也，念兄未必能開弟之眼，愈弟之疾也。大抵兄高明過于前人，德行欲列于顔、閔，文學欲高于游、夏，政事不數于求、由，此亦惟兄之多能自兼之，弟惟此一事猶惶惶然恐終身不得到手也。人之賢不肖懸絕且千萬餘里，眞不可概論有如是哉！弟今惟自愧爾矣。

答何克齋尚書

（李溫陵集卷一）

某生于閩，長于海，丐食于衛，就學于燕，訪友于白下，質正于四方。自是兩都人物之淵，東南才富之產，陽明先生之徒若孫及臨濟的派、丹陽正脈，但有一言之幾乎道者，皆某所參禮也，不扣盡底蘊固不止矣。五十而至滇，非謀道矣，直餬口萬里之外耳。三年而出滇，復寓楚，今又移寓于楚之麻城矣。人今以某爲麻城人，雖某亦自以爲麻城人也。公百福具備，俗之人皆能頌公，某若加一辭，贅矣。故惟道其平生取友者如此。（李溫陵集卷一）

與焦從吾

此間自楚倥去後，寥寥太甚，因思向日親近善知識時，全不覺知身在何方，相看度日，眞不知老之將至。蓋眞切友朋，死生在念，萬分精進，亦自不知故耳。自今實難度日矣。

去年十月曾一到亭州，以無處館宿，不數日即回。今春三月復至此中，擬邀無念、曾承菴泛舟白下，與兄相從。夫兄以蓋世聰明，而一生全力盡向詩文草聖場中，又不幸而得力，故于死生念頭不過一分兩分，微而又微也如此。且當處窮之日，未必能爲地主，是以未敢決來。然念兄實不容不與弟會者。兄雖強壯，然亦幾于知命矣。此時不在念，他年功名到手，事勢益忙，精力漸衰，求文字者造門日益衆，恐益不暇爲此矣。功名富貴等，平生盡能道是身外物，到此反爲主而性命反爲賓，奈之何？我與兄相處，惟此一事，故不覺如此。（李溫陵集卷二）

又與從吾

無念來歸，得尊教，今三閱月矣，絕無音使，豈科場事忙不暇作字乎？抑湖中無鴻雁，江中少鯉魚也？都院信使不斷，亦可附之，難曰不便也。此中如坐井，舍無念無可談者。雖時時對古人，終有眼昏氣倦時。想白下一字如萬金，兄何故靳不與耶？

念弟實當會兄。古人言語多有來歷，或可通于古未必可通于今者，時時對書，則時時想兄，願得侍兄之側也，此弟之不可少兄者一也。學問一事，至今未了，此弟之不可少兄者二也。老雖無用，而時時疑著三聖人經綸大用，判若黑白，不啻千里萬里，但均爲至聖，未可輕議之，此又弟之不可少兄者三也。若夫目擊在道，晤言消憂，則半刻離兄不得，此弟之所以日望兄往來佳信也。聞霍丘有高中門生，便一往賀，順道至此，慰我渴懷，然後赴京，不亦可歟？萬勿以多事自托也。

福建錄孝弟策冠絶，當與陽明山東試錄並傳。「朱紫陽斷案」至引伯玉四十九、孔子七十從心，眞大手段，大見識，弟向云「善作者純貶而褒意自寓，純褒而貶意自存」是也。兄于大文章殊佳，如碑記等作絶可。蘇長公片言隻字與金玉同聲，雖千古未見其比，則以其胸中絶無俗氣，下筆不作尋常語，不步人脚故耳。如大文章終未免有依倣在。後輩有志向者何人，暇中一一示我，我亦愛知之。世間無根器人莫引之談學，彼不爲名便是爲利，無益也。

（李溫陵集卷二）

又與從吾孝廉

經云：「塵勞之儔，爲如來種。」彼眞正具五力者，向三界中作如意事，入魔王侶爲魔王伴，全不覺知是魔與佛也。願兄早了業緣，速登上第，完世間人，了出世法，乃見全力云。

近居龍湖，漸遠城市，比舊更覺寂寞，更是弟之晚年便宜處耳。嘗謂百姓生而六十，便免差役，蓋朝廷亦知其精力既衰，放之閒食，全不以世間事責問之矣，而自不知暇逸，可乎！

弘明集無可觀者，只有一件最得意事。昔時讀謝康樂，自負慧業文人，頗疑其詩；日于集中見其辨學諸篇，乃甚精細。彼其自志學之年即事遠公，得會道生諸名侶，其自負固宜。然則陶公雖同時，亦實未知康樂，矧遺民諸賢哉！謝公實重遠公，遠公實雅愛謝公，彼謂嫌其心雜不許入社者，俗士之妄語耳。遠公甚愛賢，所見亦高，觀其與人書，委曲過細，唯恐或傷，況謝公聰悟如是，又以師道事遠公，遠公安忍拒之！千載高賢埋沒至今，得我方爾出見于世，此一喜也。王摩詰以詩名，論者雖謂其通于禪理，猶未遽以眞禪歸之，況知其文之妙乎！蓋禪爲詩所掩，而文章又爲禪所掩，不欲觀之矣。今觀六祖塔銘等文章清妙，豈減詩才哉！此又一喜也。

意欲別集儒禪一書，凡說禪者依世次彙入，而苦無書；有者又多分散，如楊億、張子韶、王荆公、文文山集皆分散無存。若僧禪則專集僧語，又另爲一集，與儒禪並行，大約以精切簡要爲貴。使讀者開卷了然，醍醐一味，入道更易耳。

華嚴合論精妙不可當，一字不可改易，蓋又一華嚴也。如向、郭註莊子，不可便以莊子爲經，向、郭爲註；如左丘明傳春秋，不可便以春秋爲經，左氏爲傳。何者？使無春秋，左氏自然流行，以左氏又一經也。使無莊子，向、郭自然流行，以向、郭又一經也。然則執向、郭以解莊子，據左氏以論春秋者，其人爲不智矣。

復耿中丞

四海雖大而朋友實難，豪士無多而好學者益鮮。若夫一往參詣，務于自得，直至不見是而無悶，不見知而不悔者，則令弟子庸一人實當之，而今不幸死矣！僕尚友四方，願欲生死于友朋之手而不可得，故一見子庸，遂自謂可以死矣，而詎意子庸乃先我以死也耶！興言及此，我懷何如也！

公素篤于天倫，五內之割，不言可知。且不待遠求而自得同志之朋于家庭之內，衹予之嘆，豈虛也哉！屢欲附一書奉慰，第神緒忽忽，自心且不能平，而敢遽以世俗遊詞奉勸于公也耶？今已矣！惟念此問學一事，非小小根器者所能造詣耳。夫古人明以此學爲大學，此人爲大人矣。夫大人者，豈尋常人之所能識耶？當老子時，識老子者惟孔子一人；當孔子時，識孔子者又止顏子一人。蓋知己之難如此。使令弟子庸在時，若再有一人能知之，則亦不足以爲子庸矣。

嗟嗟！勿言之矣！今所憾者，僕數千里之來，直爲公兄弟二人耳。今公又在朝矣，曠然離索，其誰陶鑄我也？夫爲學而不求友與求友而不務勝己者，不能屈恥忍痛，甘受天下之大鑪錘，雖曰好學，吾不信也。欲成大器，爲大人，稱大學，可得耶？

答周二魯

士貴爲己，務自適。如不自適而適人之適，雖伯夷、叔齊同爲淫僻；不知爲己，惟務爲人，雖堯、舜同爲塵垢秕糠。此儒者之用，所以竟爲蒙莊所排，青牛所訶，而以爲不如良賈也。蓋其朝聞夕可，雖無異路，至于用世處身之術，斷斷乎非儒者所能企及。後世稍有知其略者，猶能致清淨寧一之化，如漢文帝、曹相國、汲長孺等，自利利他，同歸于至順極治，則親當黄帝、老子時又何如耶？僕實喜之而習氣太重，不能庶幾其萬一，蓋口說自適而終是好適人之適，口說爲己而終是看得自己太輕故耳。

老子曰：「挫其鋭，解其紛，和其光，同其塵。」「處衆人之所惡，則幾于道矣。」僕在黄安時，終日杜門，不能與衆同塵；到麻城，然後遊戲三昧，出入于花街柳市之間，始能與衆同塵矣，而又未能和光也。何也？以與中丞猶有辯學諸書也。自今思之，辯有何益？祇見紛紛不解，彼此鋒鋭益甚，光銳愈熾，非但無益而反涉于吝驕，自蹈於宋儒攻新法之故轍而不自知矣。豈非以不知爲己，不知自適，故不能和光，而務欲以自炫其光之故歟？靜言思之，實爲可恥。故決意去髮，欲以入山之深，免與世人爭長較短。蓋未能對面忘情，其勢不得不復爲閉户獨處之計耳。雖生死大事不必如此，但自愧勞擾一生，年已六十二，風前之燭，曾無幾時，況自此以往，皆未死之年，待死之身，便宜歲月日時也乎！若又不知自適，更待何時乃得自適也耶？且遊戲翫耍者，衆人之所同，而儒者之所惡；若落髮毁貌，則非但儒生惡之，雖衆人亦惡之矣。和光之道，莫甚於此，僕又何惜此幾莖毛而不處于衆人之所惡耶？非敢自謂庶幾于道，特以居卑處辱，居退處下，居虚處獨，水之爲物，本自至善，人特不能似之耳。僕是以勉強爲此舉動，蓋老而無用，尤相宜也。

白下此時，五臺先生在刑曹，而近谿先生亦已到。僕愧老矣，不能匍匐趨侍，兄既同官于此，幸早發興一會之。五臺先生骨剛膽烈，更歷已久，練熟世故，明解朝典，不假言矣。至其出世之學，心領神解，又已多年，而絕口不談，逢人但說因說果，令人鄙笑。遇眞正儒者，如癡如夢，翻令見疑。則此老欺人太甚，自謂海內無人故耳。亦又以見此老之善藏其用，非人可及也。兄有丈夫志願，或用世，或出世，俱不宜蹉過此老也。近老今年七十四矣，少而學道，蓋眞正英雄，眞正俠客，而能回光斂焰，專精般若之門者；老而糟粕盡棄，穢惡聚躬，蓋和光同塵之極，俗儒不知，盡道是實如此不肖。老子云：「天下謂我道大，似不肖。夫惟大，故似不肖；若肖，久矣其細。」蓋大之極則何所不有，其以爲不肖也固宜。人盡以此老爲不肖，則知此老者自希；知此老者既希，則此老益以貴矣。又何疑乎！

僕實知此二老者，今天下之第一流也，後世之第一流也。用世處世，經世出世，俱已至到。兄但細心聽之，決知兄有大受用處也。然此言亦僕之不能自適處也，不眞爲己處也。何也？兄未嘗問我此兩人，又未嘗欲會此兩人者，我何故說此兩人至此極也，豈非心腸太熱之故歟！一笑！一笑！

（李溫陵集卷四）

答周柳塘

耿老與周書云，「往見說卓吾狎妓事，其書尚存，而頃書來乃謂弟不能參會卓吾禪機。昔顏山農于講學會中忽起就地打滾，曰：『試看我良知！』士友至今傳爲笑柄。卓吾種種作用，無非打滾意也。第惜其發之無當，機鋒不妙耳。」又謂「魯橋諸公之會譏鄧令君也，卓吾將優旦調弄，此亦禪機也，打滾意也。蓋彼謂魯橋之學，隨身規矩太嚴，欲解其枷鎖耳。然魯橋之學，原以恭敬求仁，已成章矣。今見其舉動如是，第益重其狎主辱客之憾耳。未信先横，安能悟之令解脱哉！」又謂「卓吾曾強其弟狎妓，此亦禪機也。」又謂「卓吾曾率衆僧入一嫠婦之室乞齋，卒令此婦冒帷簿之羞，士紳多憾之，此亦禪機也。夫子見南子是也。南子聞車聲而知伯玉之賢，必其人可與言者。卓吾蔑視吾黨無能解會其意，故求之婦人之中。吾黨不已之憾，而卓吾之憾，過矣。弟恐此婦聰明未及南子，則此機鋒又發不當矣。」

余觀侗老此書，無非爲我掩醜，故作此極好名色以代我醜耳。不知我生平喫虧正在掩醜著好，掩不善以著善，墮在「小人閒居無所不至」之中，自謂人可得欺，而卒陷于自欺者。幸賴眞切友朋針砭膏肓，不少假借，始乃覺悟知非，痛憾追省，漸漸發露本眞，不敢以醜名介意耳。在今日正恐猶在詐善掩惡途中，未得全眞還元，而侗老乃直以我爲醜，曲爲我掩，甚非我之所以學于友朋者也，甚非我之所以千里相求意也。跡其用意，非不忠厚款至，而吾病不可瘳矣。

夫所謂醜者，亦據世俗眼目言之耳。俗人以爲醜則人共醜之，俗人以爲美則人共美之。世俗非眞能知醜美也，習見如是，習聞如是。聞見爲主于內，而醜美遂定于外，堅于膠脂，密不可解，故雖有賢智者亦莫能出指非指，而況頑愚固執如不肖者哉！然世俗之人雖以是爲定見，賢人君子雖以是爲定論，而察其本心，有眞不可欺者。既不可欺，故不能不發露于暗室屋漏之中，惟見以爲醜，故不得不昭昭申明于大廷廣衆之下，亦其勢然耳。夫子所謂獨之不可不慎者，正此之謂也。故大學屢言慎獨則毋自欺，毋自欺則能自慊，能自慊則能誠意。能誠意則出鬼門關矣。人鬼之分，實在于此，故我終不敢掩世俗之所謂醜者，而自沉于鬼窟之下也。使侗老而知此意，決不忍爲我粉飾遮護至此矣。

中間所云「禪機」，亦大非是。夫祖師于四方學者初入門時，未辯深淺，顧以片言單詞，或棒或喝試之，所謂探水竿也。學者不知，粘著竿頭，不肯捨放，即以一棒趁出，如微有生意，然後略示鞭影，而虛實分矣。後學不知，指爲機鋒，已自可笑。況我則皆眞正行事，非禪也；自取快樂，非機也。我于丙戌之春，脾病載餘，幾成老廢，百計調理，藥轉無效。及家屬既歸，獨身在楚，時時出遊，恣意所適。然後飽悶自消，不須山查導化之劑；鬱火自降，不用參蓍扶元之藥：未及半載而故吾復矣。乃知眞藥非假金石，疾病多因牽強，則到處從衆攜手聽歌，自是吾自取適，極樂眞機，無一毫虛假掩覆之病，故假病自瘳耳。吾已吾病，何與禪機事乎？

既在外，不得不用舍弟輩相隨；弟以我故隨我，我得所托矣。弟輩何故棄妻孥從我于數千里之外乎？心實憐之，故自體念之耳，又何禪機之有耶？

至于嫠婦，則兄所素知也。自我入邑中來，遣家屬後，彼氏時時送茶饋果，供奉肉身菩薩，極其虔恪矣。我初不問，惟有等視十方諸供佛者，但有接而無答也。後因事聞縣中，言語頗雜，我亦怪之，叱去不受彼供，此又邑中諸友所知也。然我心終有一點疑：以爲其人既誓不嫁二宗，雖強亦誓不許，專心供佛，希圖來報，如此誠篤，何緣更有如此傳聞事，故與大衆共一訪之耳。彼氏有嗣子三十餘歲，請主陪客，自有主人，既一訪問，乃知孤寡無聊，眞實受人欺嚇也。其氏年已不稱天之外矣，老年嫠身，係秣陵人氏，親屬無堪倚者，子女俱無，其情何如？流言止于智者，故予更不信而反憐之耳。此又與學道何與乎？念我入麻城以來，三年所矣，除相愛數人外，誰肯以升合見遺者？氏既初終如一，敬禮不廢，我自報德而重念之，有寃必代雪，有屈必代伸，亦其情然者，亦何禪機之有，而以見南子事相證也？大抵我一世俗庸衆人心腸耳，雖孔夫子亦庸衆人類也。人皆見南子，吾亦可以見南子，何禪而何機乎？子路不知，無怪其弗悦夫子之見也，而況千載之下耶！人皆可見，而夫子不可見，是夫子有不可也。夫子無不可者，而何不可見之有？若曰禮，若曰禪機，皆子路等倫，可無辯也。

所云山農打滾事，則淺學未曾聞之；若果有之，則山農自得良知眞趣，自打而自滾之，何與諸人事，而又以爲禪機也？夫世間打滾人何限，日夜無休時，大庭廣衆之中，諂事權貴人以保一日之榮；暗室屋漏之內，爲奴顏婢膝事以倖一時之寵。無人不然，無時不然，無一刻不打滾，而獨山農一打滾便爲笑柄也！侗老恐人效之，便日日滾將去。予謂山農亦一時打滾，向後絶不聞有道山農滾者，則雖山農亦不能終身滾，而況他人乎？卽他人亦未有聞學山農滾者，而何必愁人之學山農滾也？此皆平日杞憂太重之故，吾獨慽山農不能終身滾滾也。當滾時，内不見己，外不見人，無美于中，無醜于外，不背而身不獲，行庭而人不見，内外兩忘，身心如一，難矣，難矣。不知山農果有此乎，不知山農果能終身滾滾乎！吾恐亦未能到此耳。若果能到此，便是吾師，吾豈敢以他人笑故，而遂疑此老耶！若不以自考，而以他人笑，惑矣！非自得之學，實求之志也。然此亦自山農自得處耳，與禪機總不相干也。山農爲己之極，故能如是，儻有一毫爲人之心，便做不成矣。爲己便是爲人，自得便能得人，非爲己之外别有爲人之學也。非山農欲于大衆之中試此機鋒，欲人人信己也。不信亦何害！然果有上根大器，默會深契，山農亦未始不樂也。吾又安知其中無聰明善悟者如羅公其人，故作此醜態以相參乎？此皆不可知。然倘有如羅公其人者在，則一打滚而西來大意默默接受去矣，安得恐他人傳笑而遂已也？笑者自笑，領者自領。幸有領者，卽千笑萬笑，百年笑，千年笑，山農不理也。何也？佛法原不爲庸衆人說也，原不爲不可語上者說也，原不以恐人笑不敢說而止也。今切切于他人笑之恐，而不急急于一人領之喜，吾又不知其何說矣。其亦太狥外而爲人矣。

至于以劉魯橋爲恭敬，又太悖謬。侗老之麁浮有可憐憫者，不妨饒舌重爲註破，何如？夫恭敬豈易易耶！古人一篤恭而天下平，一恭己而南面正，是果魯橋之恭乎？吾特恨魯橋之未恭耳，何曾以恭爲魯橋病也。古人一修敬而百姓安，一居敬而南面可，是果魯橋之敬乎？吾特憾魯橋之未敬耳，何曾以敬爲魯橋病也。甚矣吾之痛苦也！若信如魯橋便以爲恭敬，則臨朝端默如神者決不召禍敗。衞士傳餐，衡石程書，如此其敬且勤也，奈何一再世而遂亡也耶？故知恭敬未易言也。非恭敬之未易言也，以恭敬之未易知也。知而言之則爲聖人；不知而言之而學之，則爲趙括讀父書，優孟學孫叔，豈其眞乎！豈得不謂之假乎！誠可笑也。

弟極知兄之痛我，侗老之念我，然終不敢以庸衆人之心事兄與侗老者，亦其稟性如是；亦又以侗老旣肯出此言以教我矣，我又安敢默默置可否于度外，而假爲世間承奉之語以相奉承，取快于二公一時之忻悅已耶！

寄答留都

觀兄所示彼書，凡百生事，皆是仰資于人者。此言誰欺乎！然其中字字句句皆切中我之病，非但我時時供狀招稱，雖與我相處者亦洞然知我所患之症候如此也。所以然者，我以自私自利之心，爲自私自利之學，直取自己快當，不顧他人非刺。故雖屢承諸公之愛，誨諭之勤，而卒不能改者，懼其有礙于晚年快樂故也。自私自利則與一體萬物者別矣，縱狂自恣則與謹言愼行者殊矣。萬千醜態，其原皆從此出。彼之責我是也。

然已無足責矣。何也？我以供招到官，問罪歸結，容之爲化外之民矣。若又責之無已，便爲已甚，非「萬物一體」之度也，非「無有作惡」也，非心肝五臟皆仁心之蘊蓄也，非愛人無己之聖賢也，非言爲世法、行爲世則、百世之師也。故余每從而反之曰：吾之所少者，萬物一體之仁也，作惡也。今彼於我一人尙不能體，安能體萬物乎？於我一人尙惡之如是，安在其無作惡也？屢反責之而不知痛，安在其有惻隱之仁心也？彼責我者，我件件皆有，我反而責彼者亦件件皆有，而彼便斷然以爲妄，故我更不敢說耳。雖然，縱我所言未必有當于彼心，然中間豈無一二之幾乎道者？而皆目之爲狂與妄，則以作惡在心，固結而難遽解，是以雖有中聽之言，亦並棄置不理。則其病與我均也，其爲不虛與我若也，其爲有物與我類也；其爲捷捷辯言，惟務己勝，欲以成全師道，則又我之所不屑矣。而乃以責我，故我不服之。使建昌先生以此責我，我敢不受責乎？何也？彼眞無作惡也，彼眞萬物一體也。

今我未嘗不言孝弟忠信也，而謂我以孝弟爲剩語，何說乎？夫責人者必己無之而後可以責人之無，己有之而後可以責人之有也。今己無矣而反責人令有，己有矣而反責人令無，又何也？然此亦好意也。我但承彼好意，更不問彼之有無何如；我但虛己，勿管彼之不虛；我但受教，勿管彼之好臣所教；我但不敢害人，勿管彼之說我害人。則處己處彼，兩得其當，紛紛之言，自然冰釋。何如，何如？

然弟終有不容默者。兄固純是仁體矣，合邑士大夫亦皆有仁體者也。今但以仁體稱兄，恐合邑士大夫皆以我爲痲痺不仁之人矣。此甚非長者之言「一體」之意也。分別太重，自視太高，於「親民」「無作惡」之旨亦太有欠缺在矣。前與楊太史書亦有批評，倘一一寄去，乃足見兄與彼相處之厚也。不然，便是敬大官，非眞彼之益友矣。且彼來書時時怨憾鄧和尚，豈以彼所惡者必令人人皆惡之，有一人不惡，便時時讐憾此人乎？不然，何以千書萬書罵鄧和尚無時已也？卽此一事，其作惡何如！其忌刻不仁何如！人有謂鄧和尚未嘗害得縣中一個人，害縣中人者彼也。今彼回矣，試虛心一看，一時前呼後擁，塡門塞路，趨走奉承，稱說老師不離口者，果皆鄧和尚所教壞之人乎？若有一個肯依鄧豁渠之教，則門前可張雀羅，誰肯趨炎附熱，假托師弟名色以爭奔競耶？彼惡鄧豁渠，豁渠決以此惡彼，此報施常理也。但不作惡，便無回禮。至囑！至囑！

（李溫陵集卷四）

書常順手卷呈顧沖菴

無念歸自京師，持顧沖菴書。余不見顧十年餘矣，聞欲攀我于焦山之上。余不喜焦山，喜顧君爲焦山主也。雖然，儻得從顧君遊，卽四方南北可耳，何必焦山？必焦山，則焦山重；若從顧君，則不復知有山，況焦山特江邊一髻者哉！可不必也。

余有友在四方，無幾人也。老而無朋，終日讀書，非老人事，今惟有等死耳。既不肯死于妻妾之手，又不肯死于假道學之手，則將死何手乎？顧君當知我矣，何必焦山之之也耶？南北中邊，隨其所到，我能從焉，或執鞭，或隨後乘，或持拜帖匣，或拿交牀俱可，非戲論也。昔季子葬子于嬴、博之間，子尚欲其死得所也，況其身乎？梁鴻欲埋于要離塚傍，死骨猶忻慕之，況人傑蓋世，正當用世之人乎？吾志決矣。

因無念高徒常順執卷索書，余正欲其往見顧君以訂此盟約也，卽此是書，不必再寫書也。

（李溫陵集卷四）

與管登之書

承遠教，甚感。細讀佳刻，字字句句皆從神識中模寫，雄健博達，眞足以超今絕古。其人品之高，心術之正，才力之傑，信足以自樂，信足以過人矣。雖數十年相別，宛然面對，令人慶快無量也。如弟者何足置齒牙間，煩千里枉問哉？愧感！愧感！

第有所欲言者，幸兄勿談及問學之事。說學問反埋却種種可喜可樂之趣。人生亦自有雄世之具，何必添此一種也？如空同先生與陽明先生同世同生，一爲道德，一爲文章，千萬世後，兩先生精光具在，何必更兼談道德耶？人之敬服空同先生者豈減於陽明先生哉？願兄已之！待十萬劫之後，復與兄相見，再看何如，始與兄談。笑笑。

（李溫陵集卷六）

增補二

復焦弱侯

無念回，甚悉近況。我之所以立計就兄者，以我年老，恐不能待也。既兄官身，日夜無閑空，則雖欲早晚不離左右請教，安能得？官身不妨，我能蓄髮屈己相從，縱日間不閑，獨無長夜乎？但聞兄身心俱不得閑，則我決不可往也無疑也。至於沖菴，方履南京任，當用才之時，值大用之人，南北中外尚未知稅駕之處，而約我於焦山，尤爲大謬。舍穩便，就跋涉，株守空山，爲侍郎守院，則亦安用李卓老爲哉？計且住此，與無念、鳳里、近城數公朝夕龍湖之上，雖主人以我爲臭穢不潔，不恤也。所望兄長盡心供職業！

弟嘗謂世間有三等作怪人，致使世間不得太平，皆由於兩頭照管。第一等，怕居官束縛，而心中又舍不得官。既苦其外，又苦其內。此其人頗高，而其心最苦，直至舍了官方得自在，弟等是也。又有一等，本爲富貴，而外矯詞以爲不顧，實欲托此以爲榮身之梯，又兼採道德仁義之事以自蓋。此其人身心俱勞，無足言者。獨有一等，怕作官便舍官，喜講學便講學，不喜講學便不肯講學。此一等人，心身俱泰，手足輕安，既無兩頭照顧之患，又無掩蓋表揚之醜，故可稱也。趙文肅先生云：「我這個嘴，張子這個臉，也做了閣老，始信萬事有前定。只得心閑一日，便是便宜一日。」世間功名富貴，與夫道德性命，何曾束縛人，人自束縛耳。狂言如此，有可采不？

無念得會顧沖菴，甚奇，而不得一會李漸庵，亦甚可憾！鄒公有教賜我，楊公有俸及我，皆當謝之。然我老矣，伏枕待死，筆墨久廢，且以衰朽田野之老，通刺上國，恐以我爲不祥也。罷罷！自告免狀，知不我怪。向鄒公過古亭時，弟偶外出，不得摳趨侍從，悔者數日。夫金馬玉堂，所至蓬蓽生光，既過三日，餘香猶在，孰不爭先快睹邪？鄙人獨不得與，何緣之寡薄也！

有出門如見大賓篇說書，附往請教。尚有精一題，聖賢所以盡其性題，未寫出，容後錄奉。大抵聖言最切實，最有用，不是空頭語。若如說者註解，則安用聖言爲邪！世間講學諸書，明快透髓，自古至今未有如龍谿先生者。弟舊收得頗全，今俱爲人取去，無一存者。諸朋友中讀經既難，讀大慧法語及中峯廣錄又難，惟讀龍谿先生書，無不喜者。以此知先生之功在天下後世不淺矣。聞有水滸傳，無念欲之，幸寄與之，雖非原本亦可；然非原本，眞不中用矣。方訒菴至今在滇，何耶？安得與他一會面也！無念甚得意此行，以謂得遇諸老。聞山東李先生向往甚切，有絕類離羣之意。審此，則令我寤寐爾思，展轉反側，曷其已耶！袁公果能枉駕過龍湖，明年夏初當掃館烹茶以俟之，幸勿爽約也！楊復所憾與兄居住稍遠，弟向與柳老處，見其心如穀種論及惠迪從逆作，是大作家。論首三五翻，透徹明甚，可惜末後作道理議論，稍不稱耳。然今世要未能作此者，所謂學從信門入是也。自此有路徑可行，有大門可啓，堂堂正正，日以深造，近谿先生之望不孤，而兄等亦得良侶矣。弟雖衰朽，不堪雕琢，敢自外於法席之下耶？聞此老求友不止，決非肯以小成自安者，喜何如也！

我已主意在湖上，只欠五十金修理一小塔，冬盡卽搬其中。祝無功過此一會，雖過此，亦不過使人道他好學、孳孳求友如此耳。大抵今之學道者，官重於名，名又重於學。以學起名，以名起官。使學不足以起名，名不足以起官，則視棄名如敝箒矣。無怪乎有志者多不肯學，多以我輩爲眞光棍也。于此有恥，則羞惡之心自在。今于言不顧行處不知羞惡，而惡人作耍遊戲，所謂不能三年喪而小功是察也，悲夫！

近有不患人之不己知患不知人說書一篇。世間人誰不說我能知人，然夫子獨以爲患，而帝堯獨以爲難，則世間自說能知人者，皆妄也。于問學上親切，則能知人；能知人則能自知。是知人爲自知之要務，故曰「我知言」，又曰「不知言，無以知人」也。于用世上親切不虛，則自能知人；能知人由于能自知。是自知爲知人之要務，故曰「知人則哲，能官人」，「堯、舜之知而不偏物，急先務也」。先務者，親賢之謂也。親賢者，知賢之謂也。自古明君賢相，孰不欲得賢而親之，而卒所親者皆不賢，則以不知其人之爲不賢而妄以爲賢而親之也。故又曰「不知其人，可乎」。知人則不失人，不失人則天下安矣。此堯之所難，夫子大聖人之所深患者，而世人乃易視之。嗚呼！亦何其猖狂不思之甚也！況乎以一時之喜怒，以一人之愛憎，而欲視天下高蹈遠引之士，混俗和光之徒，皮毛臭穢之夫，如周丘其人者哉！故得位非難，立位最難。若但取一概順己之侶，尊己之輩，則天下之士不來矣。今誦詩讀書者有矣，果知人論世否也？平日視孟軻若不足心服，及至臨時，恐未如彼「尚論」切實可用也。極知世之學者以我此言爲妄誕逆耳，然逆耳不受，將未免復蹈同心商證故轍矣，則亦安用此大官以誑朝廷，欺天下士爲哉？毒藥利病，刮骨刺血，非大勇如關雲長者不能受也。不可以自負孔子、孟軻者而顧不如關義勇武安王者也。祇此一書耳，終身之交在此，半路絕交亦在此，莫以狀元恐赫人也。世間友朋如我者絕無矣。世未有蘇長公何如人，故其文章自然驚天動地。世人不知，祇以文章稱之，不知文章直彼餘事耳。世未有其人不能卓立而能文章垂不朽者。弟于全刻抄出作四册，俱世人所未嘗取者。世人所取者，世人所知耳，亦長公俯就世人而作者也。至其眞洪鐘大呂，大扣大鳴，小扣小應，俱繫彼精神髓骨所在，弟今盡數錄出，間時一披閱，平生心事宛然如見，如對長公披襟面語，朝夕共游也。憾不得再寫一部，呈去請教耳。倘印出，令學生子置在案頭，初場二場三場畢具矣。龍谿先生全刻，千萬記心遺我！若近谿先生刻，不足觀也。蓋近谿語錄須領悟者乃能觀于言語之外，不然未免反加繩束，非如王先生字字皆解脫門，得者讀之足以印心，未得者讀之足以證入也。

弟今年六十三矣，病又多，在世日少矣，故所言者皆直致不委曲。雖若倚恃年老無賴，然於相知之前，亦安用委曲爲也！若說相知而又須委曲，則不得謂之相知矣。然則弟終無一相知乎？以今觀之，當終吾身無一相知也。

（李溫陵集卷四）

寄答京友

「才難，不其然乎！」今人盡知才難，盡能言才難，然竟不知才之難，才到面前竟不知愛，幸而知愛，竟不見有若己有者，不見有稱喜讚揚不啻若自其口出者，如孔北海之薦禰正平，跣足救楊彪也。何也？以其非眞惜才也；雖惜才，亦以惜才之名好，以名好故而惜之耳。則又安望其能若己有、不啻若口出如孔北海然也？嗚呼！吾無望之矣！

舉春秋之天下，無有一人能惜聖人之才者，故聖人特發此嘆，而深羨於唐、虞之隆也。然則才固難矣，猶時時有之；而惜才者則千古未見其人焉。孔子惜才矣，又知人之才矣，而不當其位。入齊而知晏平仲，居鄭而知公孫子產，聞吳有季子，直往觀其葬，其惜才也如此，使其得志，肯使之湮滅而不見哉！然則孔子之嘆「才難」，非直嘆才難也，直嘆惜才者之難也。

夫才有巨細，巨才方可稱才也。有巨才矣，而肯任事者爲尤難。既有大才，又能不避禍害，身當其任，勇以行之，而不得一第，則無憑，雖惜才，其如之何！幸而登上第，有憑據，可藉手以薦之矣，而年已過時，則雖才如張襄陽，亦安知聽者不以過時而遂棄，其受薦者又安知不以既老而自懈乎？

夫凡有大才者，其可以小知處必寡，其瑕疵處必多，非眞具眼者與之言必不信。當此數者，則雖有大才，又安所施乎？故非自己德望過人，才學冠世，爲當事者所倚信，未易使人信而用之也。然非委曲竭忠，眞若自己有，眞不啻若口出，縱人信我，亦未必能信我所信之人，慽不得與之並時，朝聞而夕用之也。嗚呼！可嘆也夫！

（李溫陵集卷四）

續焚書

李氏續焚書序

新安汪鼎甫，從卓吾先生十年，其片言隻字，收拾無遺。先生書既盡行，假託者衆，識者病之。鼎甫出其言善篇、續焚書、說書，使世知先生之言有關理性，而假託者之無以爲也。鼎甫亦有功於先生已！

澹園老人焦竑

讀卓吾老子書述

華亭侗初張鼐撰

卓吾死而其書重。卓吾之書重而眞書、贋書幷傳於天下。天下人具眼者少，故眞書不能究其意；而贋書讀之，遂足以禍人。蓋人知卓吾爲後世著書，而不知其爲自己寫照。卓吾之面目精神不可見，而萬世猶能見之者，書也。

卓吾疾末世爲人之儒，假義理，設牆壁，種種章句解說，俱逐耳目之流，不認性命之源，遂以脱落世法之踪，破人間塗面登場之習，事可怪而心則眞，跡若奇而腸則熱。且不直人世毁譽、生死不關其胸中，卽千歲以前，千歲以後，筆削是非，亦不能□其權度。總之，要人絶盡支蔓，直見本心，爲臣死忠，爲子死孝，朋友死交，武夫死戰而已。此惟世上第一機人能信受之；五濁世中那得有奇男子善讀卓吾書，別其非是者！今俗子僭其奇誕以自淫放，而甘心於小人之無忌憚，動輒甲乙筆墨，亂其手澤，而託言卓吾老子之遺書。夫一古人之書耳，有根本者下筆鑒定，則爲畫龍點睛；無根本者妄意標指，則爲刻舟記劍。嗟乎，我安得具眼之人讀卓吾氏之書哉！

或謂卓吾老子削髮奇，畜髮奇，髠而髭鬚奇，誦經而葷血奇，爲不知死則又奇。余謂此非卓吾老子之精神面目也。卓吾卽不髠，不葷，不刎死，奇固自在。然則卓吾之書益難讀矣。今贋而溷者，是學其髠，學其葷血而刀鋸以死也，豈不誤人甚哉！信矣，卓吾之眞書重也。眞書重而贋書可以無辨。

汪鼎甫示我續焚書及說書而並求作三教鈔序。余謂鼎甫報卓吾恩，須訂定其眞書，而列之目，傳於海內。雖然，此其功且在萬世，與眞書不朽，寧止報一卓吾老子恩也！余不及見卓吾而喜讀卓吾書，遂書其語而歸之。

時萬曆戊午秋七月七夕後二日書於廣陵舟中。

續刻李氏書序

鈳從先生遊九年所，朝夕左右未嘗須臾離也。稱事先生之久者無如鈳，宜知先生之眞者亦無如鈳。顧鈳何足以知先生哉！則先生之自知也，先生自與天下萬世人共知之也。

先生一生無書不讀，無有懷而不吐。其無不讀也，若飢渴之於飲食，不至於飫足不已；其無不吐也，若茹物噎而不下，不盡至於嘔出亦不已。以故，一點攙自足天下萬世之是非，而一欬唾實關天下萬世之名教，不但如嬉笑怒罵盡成文章已也。蓋言語眞切至到，文辭驚天動地，能令聾者聰，瞶者明，夢者覺，酲者醒，病者起，死者活，躁者靜，聒者結，腸冰者熱，心炎者冷，柴柵其中者自拔，倔强不降者亦無不意頫而心折焉。何若是感觸之靈通且異也！然卒以此不免，至自引決，則又非鈳之所敢知矣。

嗟乎，人誰不死，獨不得死所耳！一死而書益傳，名益重。蓋先生嘗自言曰：「一棒打殺李卓老，立成萬古之名。」一棒與引決，等死耳，先生豈死名者哉！至於今十有七年，昔之疑以釋，忌以平，怒以消。疑不惟釋且信，忌不惟平且喜，怒不惟消且德矣。海以內無不讀先生之書者，無不欲盡先生之書而讀之者，讀之不已或並其僞者而亦讀矣。夫僞爲先生者，套先生之口氣，冒先生之批評，欲以欺人而不能欺不可欺之人，世不乏識者，固自能辨之。第寖至今日，坊間一切戲劇淫謔，刻本批點，動曰卓吾先生，耳食輩翕然豔之，其爲世道人心之害不淺，先生之靈必有餘恫矣。此則鈳所大懼也。

蓋先生之書未刻者種種不勝擢數。釗既不能盡讀；年來餬口將母，又不暇讀。今不幸先慈棄捐，困苦哀毁之餘，卽欲一讀先生之書而不可得，奈何！徒爾朽藏以供笥蠹，是猶令日月不出而求熄爝火之光，不亦謬乎！此則釗之大罪也。因搜未刻焚書及說書，與兄伯倫相研校讐。焚書多因緣語，忿激語，不比尋常套語，先生已自發明矣。說書先生自敍刻於龍湖者什二，未刻者什八。先以二種付之剞劂，餘俟次第刻之。

萬曆戊午夏仲新安門人汪本釗書於虹玉齋中。

目錄

卷二

序彙

説彙

論彙

卷三

讀史彙

卷四

雜著彙

卷五

詩彙

五言律

七言律

續焚書卷一

書彙

答馬歷山

凡爲學皆爲窮究自己生死根因，探討自家性命下落。是故有棄官不顧者，有棄家不顧者，又有視其身若無有，至一麻一麥，鵲巢其頂而不知者。無他故焉，愛性命之極也。孰不愛性命，而卒棄置不愛者，所愛只於七尺之軀，所知只於百年之內而已，而不知自己性命悠久，實與天地作配於無疆。是以謂之凡民，謂之愚夫焉者也。

唯三教大聖人知之，故竭平生之力以窮之，雖得手應心之後，作用各各不同，然其不同者特面貌爾。既是分爲三人，安有同一面貌之理？强三人面貌而欲使之同，自是後人不智，何干三聖人事，曷不於三聖人之所以同者而日事探討乎？能探討而得其所以同，則不但三教聖人不得而自異，雖天地亦不得而自異也。非但天地不能自異於聖人，雖愚夫愚婦亦不敢自謂我實不同於天地也。夫婦也，天地也，既已同其元矣，而謂三教聖人各别可乎？則謂三教聖人不同者，眞妄也。「囫地一聲」，道家教人參學之話頭也；「未生以前」，釋家教人參學之話頭也；「未發之中」，吾儒家教人參學之話頭也。同乎，不同乎？唯眞實爲己性命者默默自知之，此三教聖人所以同爲性命之所宗也。下此，皆非性命之學矣。雖各各著書立言，欲以垂訓後世，此不知正墮在好爲人師之病上。千古英傑，其可欺乎！又安能欺之乎！噫！已矣，勿言之矣。

承示私度數語，遂敢呵凍作答焉。竊謂象山先生自見宇宙二字，便信此心此理之無所不同，是生而知之聖人也，非從七篇中悟入也，特援七篇中語以自證據耳。若王先生乃自幼參玄，欲志於養生者，雖亦泛觀釋典諸書，總之未得而已。及病起入京，復得甘泉公商略白沙先生之學，然甘泉翁實實未得白沙之傳也。王先生才氣如此，肯甘心於死語，作醉夢人耶！則雖耳聞白沙之學，其神弗王，而故吾自在。直至龍場作宰，隨從二人與己同時病臥乎萬山之中，又思父親見任留都太宰，萬有不測，作萬世罪人，顚倒困踣之極，乃得徹見眞性。是困而知之聖人也，大非象山先生之比也。其屢屢設法教人先知後行，又復言知行合一，復言靜坐，卒以「致良知」三字爲定本，則以時方盛行朱學，雖象山先生亦不免數百年禪學之冤。嗚呼！陸子靜耳何曾聞一句禪語，目何曾見一句禪書乎？冤之甚矣，況王先生哉！反覆思惟，使人人知「致良知」三字出於大學、孟子，則可以脫禍，而其教亦因以行，此則王先生之善巧方便，千古大聖人所當讓美，所當讓德，所當讓才者也。前此而白沙先生，亦曾親見本來面目矣，幾曾敢露出半語乎？然非龍谿先生五六十年守其師說不少改變，亦未必靡然從風，一至此也。此則陽明王先生之幸，亦天下萬世之大幸。然則先生雖曰「困而知」，然及其知之，一也。使當時有一毫四三教之心，亦終無人德之地矣。草草奉復，幸終教之！

復馬歷山

甚快活，甚自在，但形神離矣，雖有快活自在不顧矣。此自是戀臭皮囊者宜爲之，非達人事也。且夫形、神，兩物也，生卽神寓，死卽神離，神有寓有離，形有死有生，則神亦與形等耳。正所謂無始以來認賊爲子者，好修者以爲寶，是以徒勞而罔功；眞修者以爲賊，是以投誠而皈命。如公所言神，正所謂識，神千萬劫被伊拖累，輪轉六道，未嘗暫歇者，顧反寶藏而快樂之耶？孰若一超直入如來地，慶幸何如！

盡大地是一老衆生耳，安有如許多事乎？既自負是老衆生，安有明白，安有糊塗，安有起滅，安有自在。就天地如此，老衆生亦如此；聖人如此，老衆生亦如此。天地、聖人、老衆生，同一杳然。

與馬歷山

昨所見教大學章，因有客在坐，未及裁答。

竊謂大學者，大人之學也。夫人生八歲，則有小學以聽父兄師長之教語，所謂揖讓進退之節，禮、樂、射、御、書、數之文，與夫今者百千萬年先聖後賢之格言皆是也，皆不過爲兒輩設焉者也。至十五而爲大人，則有大人之學，豈復肯同於兒輩日夕甘受大人之涕唾乎？是故大學一書首言大人之學焉。

夫大人之學，其道安在乎？蓋人人各具有是大圓鏡智，所謂我之明德是也。是明德也，上與天同，下與地同，中與千聖萬賢同，彼無加而我無損者也。既無加損，則雖欲辭聖賢而不居，讓大人之學而不學，不可得矣。然苟不學，則無以知明德之在我，亦遂自甘於凡愚而不知耳。故曰：「在明明德。」夫欲明知明德，是我自家固有之物，此大學最初最切事也，是故特首言之。

然吾之明德果安在乎？吾以謂其體雖不可見，而實流行充滿於家國天下之間，日用常行，至親至近，誰能離之。苟能卽親民以明吾之明德，則吾德之本明，不居然而可見乎？故又曰「在親民」焉。

夫道一也，學亦一也，今曰「在明明德」，而又曰「在親民」，分明是兩物矣，物則自然有本末。親民以明吾之明德，雖曰一事也，然一事自有一事之終始，萬事亦各有萬事之終始。始終分而本末見，是二之也。道其可二乎哉，學其可二乎哉！是故要必有至善而爲吾人所止之歸焉，特人未易知此至善之止耳。知此至善之止，則自然定、靜、安、慮，而諸止自得矣。是故苟知所止，則明明德者不爲空虛而無用，卽明德而親民之道已具；親民者不爲汎濫而無功，卽親民而明德之實自彰。苟未知所止，則明德爲雜學之空虛，親民爲俗學之支離，胥失之矣，寧直二之云乎哉！

是故大學之道終歸於至善之止，而以知止爲極功，得止爲效驗云。然則學之而終身不得所止者，亦由未知所止故也。

嗚呼！知止其要矣，致知其功矣，此大人之學所以難在於知止也。師友父兄相與討論而研究之，則無生之樂，無死之苦，千聖萬賢豈外是哉！

與陸天溥

承示足見上達眞功，愧弟遠離教席，不獲時聆新得。既見頭緒，卽加猛火，使眞金一出鑛，不復至入鑛，豈不偉哉！火力既齊，眞性自見，正不宜放手也。甚喜甚慰！

但所云滿考事亢，及一二酬應爲累，歸之業力，則不敢奉命。當知業力卽是道力，一切給由遺价事業，盡是日用火候，溫養聖胎，無二無別。志道據德，依仁游藝，今之學宮匾以名齋，人人只是信口讀過，不肯理會聖人吐心吐膽爲人處，遂使懇切要領之言翻爲匾額剩贅無意味語，殊可笑耳！

夫志道如志的，的在百步之外，尚爾遙遠。據德則己得而據之，然日夜惶惶，猶恐侵奪，終非己有，與我猶二也。依仁則彼我不二矣，然猶未忘一也。到游藝時，則如魚游水，不見其水；如水裹魚，不見有魚。自相依附，不知其孰爲依附；尚無所依，而何據何志之有？尚無有仁，而何德何道之有？到此則遺价給由，種種皆藝也；由給价遺，皆游也。豈不平常！豈不奇妙！日用應緣，但如此做去，則工夫一片，工夫一片則體用雙彰，體用雙彰則人我俱泯，人我俱泯則生死兩忘，生死兩忘則寂滅現前，眞樂不假言矣。

孔子告顏子不改其樂，不改此也。程夫子尋孔、顏樂處，尋此處也。此樂現前，則當下大解脫，大解脫則大自在，大自在則大快活。世出世間，無拘無礙，資深逢源。故曰：「魚相忘乎江湖，人相忘乎道術。」故學至游藝，至矣，不可以有加矣。

管見如此，幸與諸友商之！

與焦弱侯

「說法教主」四字眞難當。生未嘗說法，亦無說法處；不敢以教人爲己任，而況敢以教主自任乎？唯有朝夕讀書，手不敢釋卷，筆不敢停揮，自五十六歲以至今年七十四歲，日日如是而已。關門閉戶，著書甚多，不暇接人，亦不暇去教人，今以此四字加我，眞慚愧矣！

因思每郡國誌有鄉賢則必有名宦，又有流寓者。以賢人爲國之寶，有鄉賢可載則載鄉賢，以爲一邦之重；無鄉賢則載名宦，亦足以爲此邦之重；若無鄉賢，又無名宦，則載流寓之賢，亦足以重此邦。則如生者，雖不敢當說法之教主，獨不可謂流寓之一賢乎？可與麻城之鄉賢名宦並聲於後世矣，何必苦苦令歸其鄉也。是豈無忘賓旅與柔遠人之意哉！果若是，則邵康節當復遞歸范陽，白樂天當復遞歸太原，司馬光當復遞歸夏縣，朱文公當復遞歸婺源，不宜卒葬於沙縣之鄉矣。生雖不敢上同於諸大賢，獨不可比擬於諸賢之流寓乎？天下一家，何所而非鄉縣，恐不宜如此大分別也。

且夫聖人通天下以爲一身，若其人不宜居於麻城以害麻城，寧可使之居於本鄉以害本鄉乎？是身在此鄉，便忘却彼鄉之受害，仁人君子不如是也。既不宜使之說法爲教主於麻城，而令其說法爲教主於久去之鄉縣，是重他鄉而藐視目前，亦又太遠於人情矣！此等見識皆生所不識，故敢與兄商之，以兄彼師也。

與友人論文

凡人作文皆從外邊攻進裏去，我爲文章只就裏面攻打出來，就他城池，食他糧草，統率他兵馬，直衝橫撞，攪得他粉碎，故不費一毫氣力而自然有餘也。凡事皆然，寧獨爲文章哉！只自各人自有各人之事，各人題目不同，各人只就題目裏滾出去，無不妙者。如該終養者只宜就終養作題目，便是切題，便就是得意好文字。若捨却正經題目不做，却去別尋題目做，人便理會不得，有識者却反生厭矣。此數語比易說是何如？

復陶石簣

通州馬侍御，經世才也，正理會出世事業而乏朋侶，然異日者斷斷是國家獲濟緩急人士。吉州太和王大行，非佛不行，非問佛不語，心無二念，動無雜思，他年一尊釋迦是的；不然，亦上品化生矣。今世參禪學道未見有勇猛精進過此者。承天之陳，舊日徽州太守也，用世事精謹不可當，功業日見烜赫，出世事亦留心，倘得勝友時時夾持，進未可量。此京師所親炙勝我師友如此，其餘尚多，未易筆談。梅客生雖眼前造詣勝是三公，但負其奇邁，少許可，亦終爲經世士耳。

接手教卽同見面，接見令兄卽同見公。外淨土訣一本附奉。

與方訒菴

弟自二月初回湖上之廬，卽欲附一書奉慰，素無鴻便，又不見有寧州使者，是以到今也。

征途與共一册，是去冬别後物，似妥當可觀，故久欲奉不能得奉。今春湖上纂讀孫武子十三篇，以六書參考，附著於每篇之後，繼之論著，果係不刊之書矣。夏來讀楊升菴集，有讀升菴集五百葉。升菴先生固是才學卓越，人品俊偉，然得弟讀之，益光彩煥發，流光於百世也。岷江不出人則已，一出人則爲李謫仙、蘇坡仙、楊戍仙，爲唐、宋並我朝特出，可怪也哉！余瑣瑣别錄，或三十葉，或七八十葉，皆老人得意之書，惜兄無福可與我共讀之也。

然兄居位臨民，亦自有眞功德，日積月累，以行菩薩發慈悲、布弘願之事，又非鄙野抱空文無實用者之比矣。知州爲親民之官，寧州爲直隸之郡，江西爲十三省之首。且五品之祿不薄，一日有祿，可以養吾積德累行之身；大夫之官亦尊，一日居尊，得以行吾積德累行之政；五十之年不大，時正窮壯，正好施吾澤民報主之實：蓋皆有志者之所忻望而不能得者。漢時爲吏，至長子孫，亦以其施澤於民者易也。據近民之位，行易施之澤，又何求乎？觀音菩薩以救苦救難爲事業，唯恐不得，正今日之謂矣。若謂同時登第者今爲宰輔，爲卿相，次亦爲都堂、巡撫，未免忻羡怨尤於中，則市井人耳，豈可以語於兄之前哉！則假道學人耳，豈可以語於卓吾子之友之前哉！二月初間所欲聞之兄者，卽此也，願兄勿以遷轉爲念，唯以得久處施澤於民爲心，則天地日月，昭鑒吾兄，名位不期高而自高，子孫不期盛而自盛矣，非誣飾之詞也。

且久處則祿有餘贏，亦可以分給宗族友朋之貧者。我雖貧，然已爲僧，不愁貧也，唯有刻此二種書不得不與兄乞半俸耳。此二書全賴兄與陸天溥都堂爲我刻行，理當將書付去，然非我親校閲入梓，恐不成書耳。兄可以此書卽付陸都堂。豫約眞可讀，讀之便淚流，老子於此千百世不得磨滅矣。恨恨！快快！

復陶石簣

心境不礙，非是意解所到。心卽是境，境卽是心，原是破不得的，惟見了源頭，自然不待分疏而了了在前矣。翁之清氣自是見性人物，翁之定力自是入道先鋒，然而翁之資質稟賦原不甚厚，則此生死一念決當行住坐臥不舍。讀經看教，只取道眼，再不必急求理會，以自有理會得時也。時來如今日春至，雪自然消，冰自然泮，學道之人宜有此等時候。

生因質弱，故儘一生氣力與之敵鬭，雖犯衆怒，被謗訕，不知正是益我他山之石。我不入楚被此萬般苦楚，欲求得到今日，難矣。此觀世音菩薩與我此地，賞我此等人，故我得斷此塵勞，爲今日安樂自在漢耳。

文殊話乃得道後所謂無師自悟，盡是天然，外道者不可不覽。此事於今尚太早，幸翁只看「父母未生前」一語爲急，待有下落，我來與翁印證。近老刻留覽，當如命批請。

寄焦弱侯

我當時送顧中丞入賀，復攜妻室回府，此時已將魂靈付託顧君入京邸去矣。數月間反反覆覆，閉門告老，又走雞足，雖吾宜人亦以我爲不得致其仕而去而悶也。及已准告老矣，又遲回滇中不去，遍遊滇中山，吾豈眞以山水故舍吾妻室與愛女哉！此時禁例嚴，差遣官員俱不敢留滯過家，決知顧當急急趨滇也，是以託意待之一再會耳。

果得一再會，乃別。別至貴州烏撒，聞顧轉浙少參，復留烏撒一月餘日待之，度得方舟並下瀘、戎也，我豈眞以李將軍爲堪託哉！不過假此爲名耳。乃宜人又以我爲捨不得致其仕而去也。嗚呼！此等賢妻尙不可告以衷曲，叫我傳語何人哉！今日略爲道破，亦不得已焉耳。顧雖聰明具眼，又安能知吾心哉！世間勝己者少，雖略有數箇，或東或西，或南或北，令我終日七上八下。老人肚腸能有幾許，斷而復續，徒增鬱抑，何自苦耶！是以決計歸老名山，絶此邪念，眼不親書，耳不聞人語，坐聽鳥鳴，手持禪杖，以冷眼觀衆僧之睡夢，以閒身入煉魔之道場，如是而已！

答友人書

七十之人，亦有何好而公念之，而羣公又念之乎？多一日在世，則多沉苦海一日，誠不見其好也。雖公等常存安老之心，然其如風俗匈奴何哉！匈奴貴少壯而賤老弱，況鰥寡孤獨合四民而爲一身者哉！所喜多一日則近死一日，雖惡俗亦無能長苦吾也。

承論逐日課程，所謂富貴學道難，信矣。第此事甚不容易，甚不容易。昔人有云：「我圖數千戶之侯，尚以爲至艱；而君欲圖作佛，不亦異乎！」雖然，此等說話祇可向吾無志老子一人道耳，以語公與羣公之前，不以爲誕，則必以爲癡矣。然唯公等能聽老人妄語，能以能而問不能，決不以我爲誕爲癡也。往者布施盡是佛光，信受保不虛者。昔人謂念佛有折攝、忻厭二門：非忻彼厭此不生西方，非一佛此折一佛彼攝不生西方。余謂參禪亦然。不眞實厭生死之苦，則不能眞實得涅槃之樂。願公等眞見此樂始可。

復焦弱侯

丁公此舉大快人意！大快生平！亦大有功於朝廷矣。從此大有儆省，大有震懼，不敢慢法以自作殃，何可當哉此疏也耶！

兄事煩冗，且仍舊家食，千萬勿以山中人爲念！出家兒到處有一口飯吃，到處有施主，且將就度暑，稍涼卽來歸也。見楊復老，道僕致謝念我！

與周友山

今年不死，明年不死，年年等死，等不出死，反等出禍。然禍來又不卽來，等死又不卽死，眞令人歎塵世苦海之難逃也，可如何！但等死之人身心俱滅，筋骨已冷，雖未死，卽同死人矣。若等禍者，志慮益精，德行益峻，磨之愈加而愈不可磷，涅之愈甚而愈不可淄也，是吾福也。

夫福來何以受之乎？唯有禮三寶，塑佛誦經，以祈國泰民安，主壽臣賢而已。又何以銷之乎？唯有撙節刻厲，晝夜讀書，期與古先聖哲合德而已。夫旣以此受福，又以此銷福，則禍來又何必避，苦海又安知不是我老者極樂之處耶！

今貝經已印有幾大部矣，佛菩薩、羅漢、伽藍、韋馱等又已儼然各有尊事香火之區矣，獨老子未有讀書室耳。欲于佛殿之後草創一閣，閣下藏書並安置所刻書板，而敞其上以備行吟諷誦，兄能捐俸助我乎？三品之祿，一年助我，兩年貽厥孫謀，未爲不當也。

與方伯雨

雪松昨過此，已付焚書、說書二種去，可如法抄校付陳家梓行。如不願，勿强之。陽明先生年譜及抄在此間梓，未知回日可印行否，想年譜當有也。此書之妙，千古不容言。抄選一依年譜例，分類選集在京者，在龍場者，在南贛者，在江西者，在廬陵者，在思、田者，或書答，或行移，或奏請謝，或榜文，或告示，各隨處附入，與年譜並觀，眞可喜。士大夫擕之以入扶手，朝夕在目，自然不忍釋去，事上使下，獲民動衆，安有不中窾者乎？唯十分無志者乃不入目，稍有知覺能運動，未有不發狂欲大叫者也。待我回日，決帶得來。

佛屋既有條序，可喜可喜！我回，肖川決欲同來。來則自能尋房以居，不待爾等之忙也。雪松去，曾寄銀二兩與鼎甫、懷捷用，內分二錢與懷珠，三錢與三小僧分用。袁中夫有小廝名可用者，最老實，可留住。

我此處又讀易一回，又覺有取得象者，又覺我有稍進處。可知人生一日在世未死，便有一日進益，決無有不日進之理；不有日進，便是死人。雖然，若是聖人，雖死去後與活時等，決時時進。唯時時進，故稱不死底人。

復丘長孺

僕病一月餘矣，大抵旦暮且辭世也。聞有新刻，眼且未見，書坊中人落得不聞僕踪影，且去覓利得錢過日，何苦三千餘里特地寄書與我耶？實無之，非敢吝。

兄欲往朝鮮屬國觀海邦之勝概，此是男兒勝事。然兄之往，直爲資斧計耳。特地尋資斧於朝鮮，恐徒勞，未必能濟兄之急也。雖然，事亦難料。途間只恐逢着微生畝，渠必說些無意味言語，或呼兄而告曰：「丘何爲栖栖者耶！無乃爲佞乎？」千萬勿聽之！過無終，有田子泰之墓。若果有田子泰之忠義，何愁貧也，曹武帝固不能封之以一國矣。若果有伯夷、叔齊之讓位，則文王且將大烹以養之，亦貧不得他也。夷、齊、田疇兄所不屑，想必有班定遠之才烈矣，且試觀之。可富可貴，可貧可賤，可生可殺，乃可以遊於世。

病甚，偶爾作答。數日後，當往灣中就醫，想來時未可得會。據案草草，幸台照！

與焦弱侯

李如眞四月二十六日書到黃安，知兄已到家，藏器待時，最喜最喜！此時正熱，稍涼不知便可乘興扁舟入楚不？得一相見，快樂何如！如眞相見，想悉旅懷。

當接到兄京信時，時夜雷雨，山中偶感事作二絶句，便去，亦可以見古今豪賢之感也。

秣陵人去帝京遊，可是隋珠復暗投。昨夜山前雷雨作，傳君一字到黃州。　獨步中原二十秋，劍光長射斗間牛。豐城久去無人識，早晚知君已白頭。

尊翁老況何似？但能養志，不妨少九鼎之味也，況素淡其平生乎！如眞已到家，其樂可知，茲亦不復贅瀆，但道別後相憶最苦耳。北陵先生當亦時晤，熱甚，亦不暇作書問上。訒菴到京任不？前寄去二解，彼時以兄尚未可歸，故先寄訒丈令送兄覽教，二解不知有當兄心不？南華如可意，不妨刻行；若未也，可卽付之水火。聞時君就居翰兄宅，最得。許兄尚在和州館中乎？和州丁艱，尚不得便附弔去。

復李士龍

名利無兼得之理。超然於名利之外，不與利名作對者，唯孔夫子、李老子、釋迦佛三大聖人爾。舍是，非名卽利，孰能免此，而可以同不同自疑畏耶！但此事無兼得之理，欲名而又狥利，與好利而兼狥名，均爲不智，豈以兄宗孔爲道學先生一生矣，而顧昧此義耶？若七十三歲而令人勿好利，與七十六歲而兼欲好名，均爲不智，均爲心勞日拙也。幸兄詳之，單擇其一可矣。

答劉敬臺

五臺天下名山，又是文殊菩薩道場，卽身在異域不能履其地者，猶神以遊之，乃咫尺而甘心退託，其無志可知也，公何恕我甚也？

疊辱盛教，愧感！愧感！素飯過於香積，非卽文殊化見欲以飯維摩乎？公今眞文殊也。旣飽德，益不願見五臺文殊矣。

與周友山

諸侍者恐我老而卒急卽世，禍及之，因有豫說戒約數條，不覺遂至二十餘葉。雖只豫爲諸侍說約，而末遂幷及余之平生，後人欲見李卓老者，卽此可當年譜矣。日者有友欲爲命梓，若梓出則卓吾縱無外護，亦永遠可住龍湖。蓋言語眞切至到，文詞驚天動地，人自愛而傳，哀而憐我，惜其稿在彼處耳。兄如欲見，徑從彼索，便知老子之心苦矣。

住居隔縣三十餘里，終歲經年未嘗接見一人，聞有罵我「遞解回籍」之語，便以爲至當。謂「不遞解此人，我等終正不得麻城風化」，不知孤遠老叟化飯而食，安坐待斃，於風化何損也！彼其口出「正風化」之語者，皆其身實大壞風化之人。噫！已矣，勿言之矣，於老子無與矣。但老子出家人也，出家之人所如之地，興盡則去，豈待不合。今也不但不合，又已如此如此矣，此而不去，亦眞無恥者。然我若去，何須遞解；我若不去，亦無人解得我去也。何也？我老矣，可以死矣，不須去也，又何遞解以去乎？

又我性本柔順，學貴忍辱，故欲殺則走就刀，欲打則走就拳，欲罵則走而就嘴，只知進就，不知退去，孰待其遞解以去也！蓋此忍辱孝順法門，是我七八歲時用至於今七十歲，有年矣，慣用之矣。不然，豈其七十之老，身上無半文錢鈔，身邊無半個親隨，而敢遨遊旅寓萬里之外哉！蓋自量心上無邪，身上無非，形上無垢，影上無塵，古稱「不愧」「不怍」，我實當之。是以堂堂之陣，正正之旗，日與世交戰而不敗者，正兵在我故也。正兵法度森嚴，無隙可乘，誰敢邀堂堂而擊正正，以取滅亡之禍歟！

觀音問中有二條佛所未言，倘刻出，亦於後生有益。此間澹然固奇，善因、明因等又奇，眞出世丈夫也。男女混雜之揭，將誰欺，欺天乎？即此可知人生之苦矣。此身不向今生度，更來出世爲人，殆矣！鰥寡孤獨，聖人所矜；道德文章，前哲不讓。山居野處，鹿豕猶以爲嬉，而況人乎？此而不容，無地可容此身矣。故知學出世法眞爲生世在苦海之中，苦而又苦，苦之極也，自不容不以佛爲乘矣。

與焦弱侯太史

此月初一日，弟已隨柳老與定林、無念諸僧同登江舟，欲直至建昌，然後由浙江至秣陵會兄，大叙所懷矣，乃忽爾疾作，遂復還舊隱。此點點機會亦且不得如願，弟於世間友朋緣薄，已可知也。今諸公既往，若相聚處少我一人，豈不恨哉！昨閱近谿子集，深歎此老日進一日，脫化如此，故知人不可以無年也決矣。弟豈遂以此一病遽長別乎！若幸獲愈，決以此秋杪相見也。如能來一同上路，更所馳望，但未敢期耳。

日者如眞寄我筆乘二册，中間弟所讀者過半相合，亦又以見兄於友朋無微善而不彰也。然其如弟之大言不慚，空負知人之明何哉！

楚侗令師近有二鳥賦，兄曾見否？弟實感此老不忘我鍼砭也，當時遂妄肆批題，繳而還之，又有數字附克明呈上。今並述之於兄，以爲當否何如？侗老作用，乃大聖人之作用，夫誰不信之者，縱非自心誠然，直取古人格式做去，亦自不妨，如隋王通氏豈非千古人豪乎！但欲以此作用教人，必欲人人皆如此作用乃爲聖人大用，則是本等闊大之樣翻成小樣去矣。是以承教中戲爲題刺，亦無已之意也。入京幸執此呈上，便見區區千里之來，本無所求，有莫知其然而然者。剝膚拐腹，雖羅盱江亦未能如余之眞切苦心也，亦可謂愚矣！盱江乃狀貌一似救焚拯溺之人耳，大抵自求快活者又安肯到處與人作對頭耶！但不如此則終無自成之期，亦終無成人之期。說到此，又翻令人思近老與侗老之爲得也。克明初七日已入京去。世間豪士不多得，得一豪士又祇如是過日，此臨濟門下所以畢竟無臨濟兒也。三聖興化，亦僅僅當門戶耳。

夫所貴乎講學者，謂講此學耳。今不講此學，而但教人學好，學孝學弟，學爲忠信，夫孝弟忠信等豈待教之而能乎？古人卽孝弟等指點出良知良能以示人，今者舍良知而專教人以學孝學弟，苟不如此，便指爲害人，爲誤後生小子，不知何者爲誤害人乎？則自古聖人皆誤害人之王矣，可勝嘆哉！

孔子教人，教人求仁，惟求之而不得，則無可奈何。待價而沽、不欲求售者，以天下之無豪傑也。求豪傑必在於狂狷，必在於破綻之夫，若指鄉愿之徒遂以爲聖人，則聖門之得道者多矣。此等豈復有人氣者，而盡指以爲聖人，益可悲矣夫！

學道人脚跟未穩當，離不得朋友；脚跟既穩當，尤離不得朋友。何者？友者有也，故曰道德由師友有之，此可以見朋之不可離矣。然世間眞友難得，而同志眞實友尤其難得。古人得一同志，勝於同胞，良以同胞者形，而同志者可與踐其形也。孔、孟走遍天下，爲着甚麽？無非爲尋同志焉耳。

昨見侌常吉，誠是足下同志，從此日夕不離，眞實參究大事，未有不同明者。然無常迅速，時不待人，願與常吉勉之！

答來書

來書云：「昨巡道史臨縣，卽對士大夫說：『李卓吾去否？此人大壞風化，若不去，當以法治之。』」又一書云：「今日所聞比前日所言更多，非紙筆能悉。但知史道與耿叔臺極厚，當初做知縣時，受叔臺莫大之恩，到京以叔臺故，拜天臺執門生禮。今日又從黃安看叔臺、天臺而來，卽對衆說此話。以故，鄉士夫等皆信此說，不干尙寶事也。」又一書云：「聞克念有書問周二魯，二魯回書甚辨其無：『龍湖伽藍可表。他先與耿有隙之時，京中人爲耿一邊者我百計調護卓老，爲卓老一邊者我百計調護侗老，爲他費了多少心力，今日乃遭此。隨他打我駡我，我只受而不報。』」

余見此三書，因答之云：此馮亭之計也。耿叔臺爲人極謹愼，若謂史道有問，叔臺不辨有無則可，若說叔臺從而落井下石害我，則不可。蓋彼皆君子路上人，決無有匿怨友人，陽解陰毒之事。又我與天臺所爭者問學耳。旣無辨，卽如初矣，彼我同爲聖賢，此心事天日可表也！

答馬侍御

僕老矣，唯以得朋爲益，故雖老而驅馳不止也。盤山古佛道場，寶積普化，高風千古，何幸得從公一遊耶！時見太丘，令人心醉紀、羣之間，又不意孔北海因是而獲拜兩益之友也。已買舟潞下，邇龍門卽先登矣。先此奉復不備。

與耿楚倥

世間萬事皆假，人身皮袋亦假也。然旣已假合而爲人，一失誠護，百病頓作，可以其爲假也而遂不以調攝先之，心誠求之乎？今日之會，調劑之方也，要在兄心誠求之耳。此成己成物一體之學，侗老所以眞切示人者，兄獨不聞之乎？若謂大休歇人到處自在，只好隨時着衣喫飯度日，則孔聖何以汲汲，孟氏何以遑遑，達磨不必東度，青牛不之流沙，從前祖師棒喝交馳，建立道場，作人天眼，盡爲沒來由底漢矣。此必有不容自已者。韓子曰：「聖賢者，時人之耳目也；時人者，聖賢之身也。」他是文儒，尙是道此，况以賢聖自命者哉！知已終日釣臺，整頓收拾十分全力，用之友朋，而推其餘者以理紛雜，此正所望以承先聖者。恐諸公未悉，故於此日獨申明之云。

與城老

本選初十日吉，欲赴沁水之約。聞分巡之道欲以法治我，此則治命，決不可違也。若他往，是違治命矣，豈出家守法戒者之所宜乎！止矣止矣，寧受枉而死以奉治命，決不敢僥倖苟免以逆治命，是的也。

大抵七十之人，平生所經風浪多矣。平生所貴者無事，而所不避者多事。貴無事，故辭官辭家，避地避世，孤孤獨獨，窮臥山谷也。不避多事，故寧義而餓，不肯苟飽；寧屈而死，不肯倖生。此其志頗與人殊。蓋世人愛多事，便以無事爲孤寂；樂無事，便以多事爲桎梏。唯我能隨寓而安，無事固其本心；多事亦好度日。使我苟不値多事，安得聲名滿世間乎？自天臺與我再合并以來，一年矣，今又幸有此好司道知我，是又不知何處好風吹得我聲名入於分巡之耳也。爲之忻幸者數日，更敢往山西去耶！只有黃安訂約日久，不得不往。原約共住至臘盡，兄無事可與鳳里送我到彼。蓋黃安去此不遠，有治命總不曾避；若山西則出境遠矣，治命或不得達，是以決未敢去。

再爲我謝東里公肯念我，爲我辨釋，生非木石，豈能忘恩哉！但謂湖上之築皆出友山，則誣友山甚矣。友山鄙吝不堪，此處不曾捨半分，唯維摩菴是友山七十金全物耳，所費之數只此矣。此湖上築皆四方大賢及京師尊貴聞有塑佛功德，爭捐俸而來，以圖福報，豈生眞有德以感動之耶！然亦不滿革車之數，所賴衆僧出力，一人可當人家二十人，買辦便宜，一件可抵人家二十件，以此用財少而成功倍耳。既幸落成，佛光燦然，正擬請東公諸公來遊，而忽有沁水之招，是以暫已；今有治命，則遠出不成請諸公尙有日也。

與耿克念

我欲來已決，然反而思之，未免有瓜田之嫌，恐或以我爲專往黃安求解免也，是以復輟不行，煩致意叔臺并天臺勿怪我可。

丈夫在世，當自盡理。我自六七歲喪母，便能自立，以至於今七十，盡是單身度日，獨立過時。雖或蒙天庇，或蒙人庇，然皆不求自來，若要我求庇於人，雖死不爲也。歷觀從古大丈夫好漢盡是如此，不然，我豈無力可以起家，無財可以畜僕，而乃孤孑無依，一至此乎？可以知我之不畏死矣，可以知我之不怕人矣，可以知我之不靠勢矣。蓋人生總只有一個死，無兩個死也，但世人自迷耳。有名而死，孰與無名？智者自然了了。

答友人

承示一貫說，客生稱其高出俗儒萬倍，誠然哉！二祖信心銘有曰：「二由一有，一亦莫守。」余謂本無一，又何守乎？一與二爲對，旣有一，卽便有二，以至十百千萬而不可窮。生死相續，無有窮了，正是坐在生死窟中，而謂能了生死，吾不信也。此乃落下一枝以告曾子，原不是告顏回語。告顏回直告以克己。克己者，無己也。無己可克，故曰克己。嗚呼！無己，盡之矣。若曾子豈可語此，苟不告以一貫，便無可執，便無所守。是以顏子沒而其學遂亡，故曰「今也則亡」，是絕學也，是以哭之慟也。不然，曾子、子思等皆在，何曰「今也則亡」乎？願細審之，莫曰顏子難繼而自委也！

與弱侯焦太史

自去秋八月定林到此，得接翰教，今十餘月矣。四序再更，而音耗缺然，兄其不復教我乎？然弟之念兄深矣。

定林自到此，便住天中山，無說無言，緊守關門，一如在京時候。然向雖未得活，猶成一死和尙也；

今則弄成一個不死不活和尙矣，豈不哀哉！雖是根器生就，亦是志氣全無。今姑俟之，或陶鎔之久，更得成就一不死漢，未可知耳。

此間自八老去後，寂寥太甚，因思向日親近善知識時，全不覺知身在何方，亦全不覺欠少甚麽，相看度日，眞不知老之將至。蓋眞切友朋，生死在念，萬分精進，他人不知故耳。自今實難度日矣！

去年十月曾一到亭州，以無館住宿，不數日又回。今年三月復至此中，擬邀無念初入地菩薩、曾承菴向大乘居士，泛舟至白下與兄相從。遍參建昌西吳諸老宿。重念龍谿老沒矣，近老亦又老矣，五臺老未知仕止如何；兄以蓋世聰明，而一生全力盡向詩文草聖場中，又不幸而得力，所嗜好者眞堪與前人爲敵，故於生死念頭不過一分兩分，微而又微也，如此，又當處窮之日，未必能爲地主，是以未決。所幸菩薩不至終窮，有柳塘老以名德重望爲東道主，其佳婿曾中野捨大屋以居我，友山兄又以智慧禪定爲弟教導之師，眞可謂法施、食施、檀越施兼得其便者矣。此夏當從此度日，未得會兄也。

然念兄實不容不與弟會者，兄雖强壯之年，然亦幾於知命矣，此時不在念，他年功名到手，事勢愈忙，精力漸衰，求文字者造門日已益衆，恐益不暇爲此矣。白下雖多奇士，有志於生死者絕無一人，祇有訒菴一人稍見解脫，而志氣尤劣。彼何人斯，亦欲自處於文學之列乎？他年德行不成，文章亦無有，可悲也！夫文學縱得列於詞苑，猶全然於性分了不相干，況文學終難到手乎？可笑可笑！可痛可痛！雖然，彼人不知自痛而我乃爲之痛，亦可痛可笑也已！雖然，亦要之知自痛耳。功名富貴等，平生盡能道是身外物，到此乃反爲主而性命反爲賓矣。我與兄相處，惟此一事，故不覺重疊如此，幸終教之！

法界觀幸與我一部，付常覺來。定林亦相從在此。

又

高使至，聞尊大人果爾，則老人已得所矣，兄之大孝亦自當從時稱舉也。時未暇稱奠，待高使回，當致微敬。此間事，舍親到具能言之。

侗老入京後有書來，甚與諸老相契，蓋向時有聞名而未見面者，至是更加景仰。以其平懷不作風浪，卽此可知侗老之養矣；而朝廷得人之慶，豈不更可喜哉！以兄樂聞，故幷及。所可惜者，楚倥已作古人矣！兄喪葬畢，須到此一哀之，弟便隨兄還白下也。餘無言。

答李惟清

此間供養甚備，卽是諸公之賜矣。既承供養，又受折禮，毋乃太貪饕乎！將留之以爲回途之費，則衡湘既接我來，自然復送我去，又不須我費念也。若留阿堵於囊中，或有旅次之虞，懷資之恐，重爲兄憂，未可知矣。幸察余之眞誠，使得還璧！

答梅瓊宇

承念極感！生所以出家者，正謂無有牽掛，便於四方求友問道而已。而一住黃、麻二邑遂十六載，可謂違却四方初志矣。故晉川公遣人來接，遂許之。又以此老向者救我之恩不敢忘，相念之勤不能已，可去之會又適相值也。

然友山愛我之心甚於晉老，知己之感亦甚於晉老，其救我之恩雖晉老或未能及，何也？耿門三兄弟，皆其兒女之託，至親也；天臺又其嚴事之師；楚倥又其同志之友；若叔臺之相與親密，又其不待言者也。夫論情則耿門爲至重，論勢則耿門爲尤重，乃友山頓舍至重之親不顧，尤重之勢不管，而極力救護一孤獨無援之老人，則雖古人亦且難之，恐未易於今人中求也。乃今以友山故，幸得與天臺合并，方出苦海卽舍而他去，則生眞忘恩負義之人矣，是豈友山蓋精舍以留生之本意哉！是以生雖往山西，斷必復來。寧死於此，決不敢作負恩人也。

本約以是月初十往，開春便回，不意又聞史道欲以法治我，是又天不准我往山西去也，理又當守候史道嚴法，以聽處分矣。想晉老聞之，亦能亮我。草草奉復，幸一照！

與焦漪園

空菴上人去後，鴻便杳然，想近日又爲北上計矣。時事轉眼卽變，人生易老，何自苦乃爾。自欲爲子孫不可動之謀，而自身不可有，則誠可笑哉！

如眞兄近況何如？侗老道有書促之至天窩，恐此兄纏縛，亦難出門。定林不可不來也，來卽爲久住之計，非惟佞佛有場，坐禪有所，且侗老亦知愛之，不以方外生憎也。煩爲促之一至，萬萬！

如眞兄欲以李、楊舊稿見遺，至今未到。北陵先生年高矣，近亦何狀耶？千里阻隔，徒爾夢寐，非但孤寂無聞，偶開書帙欲以散悶，而奇字奧義，無從問卜，反增悶耳。譬如六家各爲一家，而以名家爲禮官，則是儒家之一支，不成家矣。太史氏謂使人儉而善失眞，善失眞是也，儉豈禮官事乎？墨家以强本節用爲教，故以儉爲家。孟氏以兼愛闢之，又從儉上推一層，是說墨之枝葉，何以服墨之心哉！幸略推言之以教我！諸如此者殊多，筆端難形，故不盡楮。

與耿克念

前書悉達矣，嫌疑之際，是以不敢往，雖逆尊命，不敢辭。幸告叔臺與天臺恕我是感！竊謂史道欲以法治我則可，欲以此嚇我他去則不可。夫有罪之人，壞法亂治，案法而究，誅之可也，我若告饒，卽不成李卓老矣。若嚇之去，是以壞法之人而移之使毒害於他方也，則其不仁甚矣！他方之人士與麻城奚擇焉？故我可殺不可去，我頭可斷而我身不可辱，是爲的論，非難明者。

答駱副使

某麤疎無用人也，又且傲慢好自用。夫自用則不能容物，無用又不能理物，其得爾三載於滇中者，皆我公委曲成全之澤也。物猶知感，而況人乎！優游以來，終年兀坐，戶外事無知者，是以無由致私祝於下執事也。乃過辱不忘，自天及之，何太幸！何太幸！寂寞枯槁，居然有春色矣。

新邑僻陋實甚，然爲居食計，則可保終老，免逼迫之憂。何者？薪米便也。若爲學道計，則豪傑之難久矣，非惟出世之學莫可與商證者，求一超然在世丈夫，亦未易一遇焉。是以開春便理舟楫，動遠遊之興，直下赤壁磯頭矣；而筋力既衰，老病遽作，不得已復還舊隱，且賤眷爲累，亦未易動移也。則其勢自不得不閉戶獨坐，日與古人爲伴侶矣。重念海內人豪如公者有幾，不知何時按臨此土，俾小子復遂傴趨之願，乃以近年學古所獲者一一請正於大方也。

答周友山

我因人說要拆毁湖上芝佛院，故欲卽刻蓋閣於後，使其便於一時好拆毁也。芝佛院是柳塘分付無念蓋的，芝佛院匾是柳塘親手題的，今接蓋上院，又是十方尊貴大人布施俸金，蓋以供佛，爲國祈福者。今貴縣說喈者不見捨半文，而暗囑上司令其拆毁，是何賢不肖之相去遠乎！

我此供佛之所，名爲芝佛上院，卽人間之家佛堂也，非寺非菴，不待請旨勅建而後敢創也。若供佛之所亦必請旨，不係請旨則必拆毁，則必先起柳塘於九原而罪之。又今鄉宦財主人家所蓋重簾、畫閣、斗拱諸僭擬宸居者，盡當拆毁矣，何以全不問也？

與焦弱侯

六月初，曾有書託承差轉達，想當與常順先後到也。日來與劉晉老對坐商證，方知此事無窮無盡，日新又新，非虛言也。王龍谿先生新刻全部，眞是大了手好漢，可謂三教宗師，可惜生同其時者徒貴耳而賤目，使今日有室邇人遠之嘆耳！京中有聰明漢子否？但得回此心向般若門中，卽爲幸事，勿太責備也！

黄岡涂明府先生與劉晉老往復教言二紙，便中附上請正，便知弟此伏中甚有得朋之益，快活不可當，故雖熱不覺熱矣。餘無言。

與馬伯時

外人言語難信，昨史道只對鄧東里一問耳，雖有問，不甚重也，而好事者添揑至於不可言。何足道！何足道！但恐我輩自處實有未是，則自作之孽將安所逃乎？今唯有學佛是眞學佛，做人是眞做人便了，若犯死禍，我自出頭當之，不敢避也。

我此一等與世上人眞不同，設有一點欺心罪過，愧死久矣，不待他人加一言也，況加以法耶！故我一生只是以法自律，復依律以治百姓，是自律最嚴者莫我若也。但自律雖嚴，而律百姓甚寬。今自律之嚴已七十載矣，環視大地衆生再無有一人能如我者矣，誰敢不以律處我而妄意逐我耶？

朝廷之法：死有死律，軍有軍律，邊遠充軍有邊遠充軍律，口外爲民有口外爲民律。非軍非民，只是遞解回籍，則有遞解回籍律；年老收贖則又有收贖律。我今只知恭奉朝廷法律也。要如律，我乃聽。如律必須奏上請旨，雖有司道官，不請旨而敢自擅天子之權乎？

與潘雪松

汪鼎甫讀書人也。會讀書，又肯讀書，正好在此讀書，而家人來催回赴試矣。試中當自識拔，不勞公彙薦，但勞公先容也。

鼎甫沈潛樸實，似一塊玉，最好彫琢，願公加意礱礪之，毋以酸道學灌其耳、假道學羣侶汩其未彫未琢之天也！

與李惟清

日者之來，承諸公賜顧，僕以山野樗散之人當之，太折福矣！夫承顧不敢不拱候，利見大人也；承賜不敢不權拜受，不敢爲不恭也。今已數日也，身既無入公門之禮，而侍者又皆披緇之徒，雖欲躬致謝而親返璧，其道固無由也。計惟有兄可能爲我委曲轉致之，庶諸公不我怒，或不我罪云耳。謹將名帖并原禮各封識呈上，幸卽遣的當人，照此進入，免致往還，使老漢爲虛讓是感！

與馬伯時

熱極，未敢出門。聞一夏殊健，可喜耳。欲知南中諸友近息，此三書可大概也。看訖幸封付大智發還！君家有信，并附上。

所喜者，南中友朋愈駡愈攻而愈發憤；此間朋友未能三分忠告，而皆欲殺我矣。然則人之眞實，志之誠切，氣之豪雄，吾矢發必中，皆可羨者。何也？彼初非有所爲而興，特無朋友攻擊，未免怠緩，故一激卽動如此耳。然則爲名與爲利者，雖日在講學之列，無益矣。

與焦漪園太史

無念旣入京，便當稍留，何爲急遽奔回？毒熱如此，可謂不自愛之甚矣！此時多才畢集，近老又到，正好細細理會，日淘日汰，胡爲乎遽歸哉！豈自以爲至足，無復商度處耶？天下善知識尙未會其一二，而遂自止，可謂志小矣！

心齋刻本璧入，幸查收！此老氣魄力量實勝過人，故他家兒孫過半如是，亦各其種也。然此老當時亦爲氣魄虧，故不能盡其師說，遂一概以力量擔當領會。蓋意見太多，窠臼遂定，雖眞師眞友將如之何哉！集中有與薛中離諸公辯學處，殊可笑咤，可見當時諸老亦無奈之何矣。所喜東崖定本盡行削去也，又以見儒者之學全無頭腦。龍谿先生非從幼多病愛身，見得此身甚重，亦不便到此；然非多歷年所，亦不到此。若近谿先生，則原是生死大事在念，後來雖好接引儒生，撦着論語、中庸，亦謂伴口過日耳。故知儒者終無透徹之日，況鄙儒無識，俗儒無實，迂儒未死而臭，名儒死節狥名者乎！最高之儒，狥名已矣，心齋老先生是也。一爲名累，自入名網，決難得脱，以是知學儒之可畏也。

周濂溪非但希夷正派，且從壽涯禪師來，分明宗祖不同，故其無極、太極、通書等説超然出羣。明道承之，龜山衍之。橫浦、豫章傳之龜山，延平復得豫章親旨，故一派亦自可觀，然攙和儒氣，終成巢穴。獨橫浦心雄志烈，不怕異端名色，直從葱嶺出路。慈湖雖得象山簡易直截之旨，意尚未滿，復參究禪林諸書，蓋眞知生死事大，不欲以一知半解自足已也。至陽明而後，其學大明，然非龍谿先生緝熙繼續，亦未見得陽明先生之妙處，此有家者所以貴於有得力賢子，有道者所以尤貴有好得力兒孫也。

心齋先生之後，雖得波石，然實賴趙老篤信佛乘，超然不以見聞自累。近老多病怕死，終身與道人和尚輩爲侶，日精日進，日禪日定，能爲出世英雄，自作佛作祖而去，而心齋先生亦藉以有光焉故耳。故余嘗謂趙老、羅老是爲好兒孫以封贈榮顯其父祖者也，王龍谿先生之於陽明是得好兒子以繼承其先者也。文王雖至聖，得武、周而益顯；懷讓雖六祖之後已降稱師，乃其傳之馬大師，仍復稱祖。吾以是稱諸老可謂無遺憾。今所未知者，陽明先生之徒如薛中離之外更有何人，龍谿之後當何人以續龍谿先生耳。若趙老則止有鄧和尚一人，然鄧終不如趙，然亦非趙之所開悟者也。

弟閒中無事，好與前輩出氣，大率如此，奈孤居無侶，莫可相問處，以爲至恨耳。

何心老英雄莫比，觀其羈絆縲絏之人，所上當道書，千言萬語，滾滾立就，略無一毫乞憐之態，如訴如戲，若等閒日子。今讀其文，想見其爲人。其文章高妙，略無一字襲前人，亦未見從前有此文字，但見其一瀉千里，委曲詳盡，觀者不知感動，吾不知之矣。奉去二稿，亦略見追慕之切，未可出以示人，特欲兄知之耳。蓋弟向在南都，未嘗見兄道有此人也，豈兄不足之耶，抑未詳之耶？若此人尚不足，天下古今更無有可足之人矣，則其所足者又可知也。

弟以賤眷尚在，欲得早晚知吾動定，故直往西湖下居，與方外有深意者爲友，杜門深處，以盡餘年，且令家中又時時得吾信也；不然，非五臺則伏牛之山矣。蓋入山不深則其藏不密，西湖終非其意也。余觀世間非但眞正學道人少，稍有英雄氣者亦未之見也，故主意欲與眞山眞水交焉。

外近作一册四篇奉正，其二篇論心隱者不可傳。類林妙甚，當與世說並傳無疑，餘未悉。

復劉肖川

尊公我所切切望見，公亦我所切切望見，何必指天以明也。但此時尚大寒，老人安敢出門。又我自十月到今，與弱侯刻夜讀易，每夜一卦，蓋夜靜無雜事，亦無雜客，只有相信五六輩辯質到二鼓耳。此書須四月半可完。又其中一二最相信者，俱千里外客子，入留都攜家眷賃屋而住，近我永慶禪室，恐亦難遽舍撇之，使彼有孤負也。

我謂公當來此，輕舟順水最便，百事俱便，且可以聽易開闊胸中鬱結。又弱侯是天上人，家事蕭條如洗，全不掛意，只知讀書云耳，雖不輕出門，然與書生無異也。公亦宜來會之，何必拘拘株守若兒女子然乎？千萬一來，佇望！望不可不來，不好不來，亦不宜不來，官衙中有何好，而坐守其中，不病何待？丈夫漢子無超然志氣求師問友於四方，而責老人以驅馳，悖矣！快來！快來！

若來，不可帶別人，只公自來，他人我不喜也。如前年往湖上相伴令舅之輩，眞定康棍之流，使我至今病悸也，最可憾也！讀易輩皆精切漢子，甚用心，甚有趣，眞極樂道場也。若來，舟中多帶柴米。此中柴米貴，焦家飯食者六百餘指，而無一畝之入，不能供我，安能飯客。記須帶米，不帶柴亦罷。草草未一一，幸照亮！

復楊定見

文章若未到家，須到家，乃已。既到家，又須看命安命，命苟未通，雖揚雄、東方生且無之奈何，況吾儕乎！平生未嘗有十年二十年工夫，縱得之亦當以僥倖論；不得則其常，未可遽以怨天尤人爲也。在今日只宜自信自修，益堅益厲，務求到家而後已，必得前進而後快，斯爲男兒志氣耳。且既讀書爲弟子員，若不終身守業，則又何所事以度日乎？如種田相似，年年不輟，時時不改，有秋之穫如此，無成之歲亦如此，安可以一耕不穫而遂棄前事耶？念之！念之！

劉公於國家爲大有益人，於朋友爲大可喜人。渠見朋友，形骸俱遺。蓋眞實下問，欲以求益，非借此以要名，如世人之爲也。

與劉肖川

人生離別最苦，雖大慈氏亦以爲八苦之一，況同志乎！惟有學出世法，無離無別，無愛無苦，乃可免也。故曰：「吾知免夫。」尊翁茲轉，甚當，但恐檀越遠去，外護無依，不肖當爲武昌魚，任人膾炙矣。

公心腸肝膽原是一副，而至今未離靑衿行輩，則時之未至，但當涵養以俟，不可躁也。大才當晚成，良工不示人以樸，此非直爲馬伏波寬譬，蓋至理耳。龍谿先生全刻，雖背誦之可。學問在此，文章在此，取科第在此，就功名在此，爲經綸參贊之業亦在此。只熟讀此，無用他求，他求反不精、不得力矣。

與梅長公

公人傑也，獨知重澹然，澹然從此遂洋溢聲名於後世矣。不遇盤根錯節，無以別利器，公宜以此大爲澹然慶。眞聰明，眞猛烈，眞正大，不意衡湘老乃有此兒，又不意衡湘老更有此侄兒也。羡之！慕之！

功名榮華，公分內物，惟有讀聖賢書以增益其所未能爲祝。僕出遊五載，行幾萬里，無有一人可爲至聖大賢者，歸來見爾弟兄昆玉如此如此，眞爲不虛歸矣！

與周貴卿

新刻一册奉覽。久不聞問，知公不以我爲慢也。僕與先公正所謂道義之交者：非以勢交，非以利友；彼我相聚，無非相期至意，朝夕激言，無非肝鬲要語。所恨僕賦性太窄，發性太急，以致乖迕難堪，則誠有之；然自念此心實無他也。雖友朋亦咸諒我之無他，不特先公然也。此則僕所自知，凡僕平生故舊亦無不以此知我者，豈有令先公而不知我乎！世未有以正道與人交，以正言與友朋相告，而反以爲罪者，恐公未諒耳。

復夏道甫

公何念我之甚也，公何念我之甚也！感刻感刻！不肖回期未卜，蓋所在是客，僕本是客，又何必以龍湖爲是客舍耶！但有好主人好供給，卽可安心等死。

江鼎甫府考無名，想時未利耳。然鼎甫原是讀書者，何患不進學耶？有便可勉勵之！再勤學數年便當大捷矣，區區一秀才，何足以爲輕重。同事諸公，乞叱名致意！

與周友山

最恨戒禪師復來作蘇子瞻。戒禪師，雲門嫡孫也，載之傳燈爲雙泉寬第一子，寬受雲門大師印可，方再傳便爾舛錯，復受後有，則傳燈諸有名籍者豈能一一出世了生死乎？旣不能了，則學道何益，僕實爲此懼。

且戒禪師縱不濟事，定勝子瞻幾倍，一來蘇家投胎，便不復記憶前身前事，賴參寂諸禪激發，始能說得幾句義理禪耳，其不及戒禪師不言又可知也。況於文字上添了許多口業，平生愛國憂民上又添了許多善業，臨到常州回首時，不但這幾句義理禪作障業，我知平生許多善業口業一一現前，必定被此二業牽去，又不知作何狀矣。愈來愈迷，求復爲東坡身，我知其不可得也。蓋學道之人本以了生死爲學，學而不了，是自誑也。

老子云：「吾有大患，爲吾有身；若吾無身，更有何患。」古人以有身爲患，故欲出離以求解脫。苟不出離，非但轉輪聖王之極樂極富貴，釋迦老子不屑有之，卽以釋迦佛加我之身，令我再爲釋迦出世，教化諸衆生，受三界二十五有諸供養，以爲三千大千世界人天福田，以我視之，猶入廁處穢，掩鼻閉目之不暇也。何也？有身是苦：非但病時是苦，卽無病時亦是苦；非但死時是苦，卽未死時亦是苦；非但老年是苦，卽少年亦是苦；非但貧賤是苦，卽富貴得意亦無不是苦者。知此極苦，故尋極樂。君不見劉思雲垂絶時乎？但知思雲垂絶之苦，不知其正前呼後擁時，驚心動念，苦已萬倍矣，特送在苦中不自覺耳。彼不學道早求解脱，不必言矣，不知戒禪師何以强顏復出也。果如戒禪師，則與不知參禪學道者一律，未審於何蹉過，幸一教我！

業緣易染，生死難當，僕非病這一番，未必如此着忙。

與夏道甫

有䊢欲染青，當用何值，幸實告我！只與人家一樣值，但恃愛得眞青足矣。爲託程玉峯，此時尚未熱，猶可下手。如許，卽奉值與䊢俱往。如的的須秋，則待秋也，然不如此時爲妙。䊢比布難染，須另說價。

復夏道甫

承惠感感，當不得也！生不敢殺生，肉謹領，活物二謹璧。幸照之！

與焦弱侯

焚書五册，說書二册，共七册，附友山奉覽。乃弟所自覽者，故有批判，亦願兄之同覽之也，是以附去耳。外坡仙集四册，批點孟子一册，幷往請教。幸細披閱，仍附友山還我！蓋念我老人抄寫之難，紙筆之難，觀看之難，念此三難，是以須記心復付友山還我也；且無別本矣。坡仙集差訛甚多，文與可篔簹竹記又落結句，俱望爲我添入。坡仙集雖若太多，然不如是無以盡見此公生平，心實愛此公，是以開卷便如與之面叙也。

古今至人遺書抄寫批點得甚多，惜不能盡寄去請教兄；不知兄何日可來此一披閱之。又恐弟死，書無交閣處，千難萬難捨不肯遽死者，亦祇爲不忍此數種書耳。有可交付處，卽死自瞑目，不必待得奇士然後瞑目也。水滸傳批點得甚快活人，西廂、琵琶塗抹改竄得更妙。念世間無有讀得李氏所觀看的書者，況此間乎！惟有袁中夫可以讀我書，我書當盡與之，然性懶散不收拾，計此書入手，隨當散失。嗚呼！此書至有形粗物，尚徬徨無寄，況妙精明心哉！已矣！已矣！

中夫聰明異甚，眞是我輩中人，凡百可談，不但佛法一事而已。老來尚未肯死，或以此子故。骨頭又勝似資質，是以益可喜。明秋得一名目入京，便相見也。世間有骨頭人甚少，有識見人尤少。聰明人雖可喜，若不兼此二種，雖聰明亦徒然耳。

李氏藏書中范仲淹改在行儒，劉穆之改在經國臣內亦可。此書弟又批點兩次矣，但待兄正之乃佳。弟眞不可一日無兄，亦無一刻不念兄，無一時不若與兄相見者；但其如老人無筋力難移動何哉！入京事，自當過我邪念矣。

寄我三書俱到。無念又作秣陵行，爲訓蒙師，上爲結交幾員官，次爲求幾口好食、幾貫信施鈔而已。我所與者盡只如此，傷哉傷哉，不死何待也！

與友人書

承公問及利西泰，西泰大西域人也。到中國十萬餘里，初航海至南天竺始知有佛，已走四萬餘里矣。及抵廣州南海，然後知我大明國土先有堯、舜，後有周、孔。住南海肇慶幾二十載，凡我國書籍無不讀，請先輩與訂音釋，請明於四書性理者解其大義，又請明于六經疏義者通其解說，今盡能言我此間之言，作此間之文字，行此間之儀禮，是一極標致人也。中極玲瓏，外極樸實，數十人羣聚喧雜，讎對各得，傍不得以其間鬭之使亂。我所見人未有其比，非過亢則過諂，非露聰明則太悶悶瞶瞶者，皆讓之矣。

但不知到此何爲，我已經三度相會，畢竟不知到此何幹也。意其欲以所學易吾周、孔之學，則又太愚，恐非是爾。

寄焦弱侯

明春兄可奉差來也，祇是漢陽尚未有憐我者，苟劉公別轉以去，則江上早晚風波又未可知，恐未可取必於此專候兄來矣。

楊復老未知友山入川，有書與之。弟竊覩書中意，大爲斯道計慮，故大爲弟解紛，此或出自傳聞，當無如是事也。夫耿老何如人哉，身繫天下萬世之重，雖萬世後之人有未得所者心且憐之，況如弟者，其鍾愛尤篤至，乃眼前一失所物耳，安得不惻然相攻擊以務反於經常之路乎？謂我不知痛癢則可，若謂耿老烏藥太峻，則謬甚矣！此葢誤聽風聞，如此間所接三人書稿者。今將三人書稿錄上，便知風聞可笑，大抵如此矣。

夫道本中庸，苟毫釐未妥，便是作怪，作怪卽謂之妖。如何心隱本是一個英雄漢子，慧業文人，然所言者皆世俗之所驚，所行者皆愚懵之所怕，一言行卽爲人驚怕，則其謂之妖，奚曰不宜？若方湛一雖聰明靈利，人物俊俏，能武能文，自足動人，而無實盜名，欲遂以其虛聲鼓賢者使從己，則亦人之妖也，何可怪也！至如弟則任性自是，遺棄事物，好靜惡囂，尤眞妖怪之物，只宜居山，不當入城近市者。到城市必致觸物忤人矣。旣忤人，又安得不謂之妖人乎！獨一念好賢又根諸性，非近大城郭則不可以得勝己之友，故我以爲勝己，人或未然，是以指目爲妖，非但耿老有是言也。弟實感此老之鉗鎚，而可以爲不悅我乎！早晚當過黃安，與共起居數時，庶可以盡此老之益也。

乃者楊復老卽以原壤見推，是何下視原壤而厚推不肖也！夫壤，古之狂也，孔子之所許以爲善人，而日以中行之極望之者也。故曰：「善人，吾不得而見之矣。」渠蓋能不踐舊跡者。及至不可得而後思狷者如伯夷等倫，已非夫子之初心矣，故曰：「吾與點也。」點又不可得，乃思「歸與」，以一貫授一唯之參，而中行遂絕望。觀自言回死則亡，未聞有好學者，則參雖一唯，亦不得謂之好學矣。何也？狷者終非狂士比也，雖擇善固執，終不能心齋而坐忘也，以此故未敢以好學許之。若壤，直不入室耳，使其知學，則固顏子等倫也，安可少也？如弟者執迷不反，已非聰明穎悟之夫；性又狷介，不能會於無方之道；眞虛生浪死之徒耳。而目我爲原壤，則壤之不幸可知也。所賴向往眞誠，求友專切，平居惟躭勝己友朋，不如己者不願與處，是以天資雖或魯鈍，而從此眞積或可幾于一唯之參。但恐時邁年過，歲月不肯待人云耳！與言至此，殊覺刺心，惟願諸老不以老朽棄我，俱如耿老眞切教我，則未死之年，待死之身，或見天日，當世世生生，共爲涅槃勝會，木座上酬樂育深恩，永侍杖屨，不敢自暇矣。非敢爲佞！非敢爲佞！

弟意在漢陽候兄爲多。光山蔡君雖未識荆，但往往聞其好賢樂道，近雖有所聽聞，或恐亦如附上三氏之教言耳。皆以影響爲眞實，無怪其然也。

與鳳里

依教作字二樣，甚不佳，取其人可也。

一身漂泊，何時底定！昨爲白下客，今日便爲濟上翁矣。濟上自李、杜一經過，至今樓爲太白樓，經過淮濟者，泊舟城下卽見太白樓三字儼然如照乘之璧；池經千百載，尙爲南池，又爲杜陵池。池不得湮，詩尙在石。吁！彼又何人，乃能使樓使池使任城之名竟不能滅也！吾輩可以懼矣，眞是與草木同腐也哉！

與伯時馬侍御

奉上樓中匾額一，軒中匾額一；又以「衡門」爲藥徑，「虛白」爲松門各一，幷樓中聯句一對。俱勿刻，但粘帖匾上，使字畫精彩不失，異日當與佳樓並稱天中之絕矣，原非笑也。門匾雖當風雨，然以生桐油漆封其上，堅固垂久，無異石刻。幸照亮之！臨行草此，幸無以俗人不悅故棄！樓成或有高興，與眞樵、青蓮並轡而往，當更妙也。

與友人

顧沖菴畢竟又不用矣，不用當益老。生嘗試評之。顧沖菴具大有爲之才，負大有爲之氣，而時時見大有爲之相，所謂才足以有爲，而志亦欲以有爲者也。梅衡湘亦具大有爲之才，而平時全不見有作爲之意，所謂無爲而自能有爲者也。此二公之別也。然皆當今之傑也，未易多見者也。顧沖菴氣欲蓋人，而心實能下人。梅衡湘時時降下於人，而心實看不見人。此又二公之別也，然亦當今之傑也，未易多見也。在寧夏時，以不干己之事而能出力以成大功，其有爲也如此；今居大同，軍民夷虜若不見有巡撫在其地者，其安靜不爲也又如此：所謂眞人傑者非耶？

顧沖菴老矣，今年六十一矣，再過五六年，恐死矣。老不老，死不死，於英雄何損；但今日邊方漸以多事，眞才日以廢黜，不免令人搤腕而太息耳！余不見沖菴一十八年矣。

與友人

今年病多，以病多，故歸來就塔；既到塔所，病亦旋愈，愈又復病。大抵人老風燭春寒，自然不久。方病時，百念灰冷，唯知安坐以須時，然一愈則種種又生發，可知千古聖賢亦無奈此心何矣。計今所至切者唯有兩事：

一者自老拙寄身山寺，今且二十餘年，而未嘗有一毫補於出家兒，反費彼等辛勤服侍，驅馳萬里之苦。心欲因其日誦法華，卽於所誦經品爲之講究大義，而說過亦恐易忘。次欲爲之書其先輩解註之近理者，逐品詳明，抄錄出來，使之時時觀玩，則久久可明此經大旨矣。又將先輩好詩好偈各各集出，又將仙家好詩、儒家通禪好詩堪以勸戒，堪以起發人眼目心志者，備細抄錄，今亦稍得三百餘紙。再得幾時盡數選出，俾每夕嚴寒或月牕風簷之下長歌數首，積久而富，不但心地開明，卽令心地不明，胸中有數百篇文字，口頭有十萬首詩書，亦足以驚世而駭俗，不謬爲服侍李老子一二十年也。此則余心之獨切者，恐其一旦遂死，不能成，竟抱一生素飽之恨。此是余一種牽腸債也。

又三年南都所刻易因，雖焦公以爲精當，然余心實未了。何者？文王因象以設卦，因卦以立爻，而夫子爲之傳，直取本卦爻之象而敷衍之，卽所繫之辭而解明之，極易看，亦極難看。何者？後儒不知聖人之心，而徒求之於高遠，是以愈離而愈穿鑿，至今日遂不成文理耳，何以能使人人修身齊家而平天下乎？夫文王繫易，在羑里時也。此何時也！字字皆肺腑，一人之心通乎天下古今人之心，然後羑里可出也。故余以爲夫子者實文王之所依賴，不然，雖有易無人讀之矣。何也？不知所以讀也。惟夫子逐字逐句訓解得出，而後文王之易燦然大明於世。然後之讀夫子之易者，又幷夫子之言而失之，則如李卓吾者又夫子所依賴，不然，雖有夫子之善解，而朱文公先輩等必皆目之爲卜筮之書。是以幸不見燬於秦，其精者又徒說道理以誑世，何益於人生日用參贊化育事耶！故余仍於每日之暇，熟讀一卦兩卦，時時讀之，時時有未妥，則時時當自知，今又已改正十二卦矣。此非一兩年之力，決難停妥，是以未甘卽死也。倘期了此二事乃死，故我心中眞無一刻之暇，豈亦不知老之將至者耶！笑笑！非假非假！了此二件，則吾死瞑目矣。

劉晉老人去，曾有書否？我欲託晉老作一書與偶愚，專專勸其回心講和爲佳。此事只可一辨白各人心事而已，安可久也？世人無見識，每每當眞爲之，不知天下之最宜當眞者惟有學道作出世之人一事而已，其餘皆日用食飲之常，精亦得，粗亦得，飽亦得，不甚飽亦得，不必太認眞也。唯公可以語此語者，故便附去。

復梅客生

陶公乞食詩云：「扣門拙言辭。」是屢乞而多慚也。王摩詰誚之云：「一慚之不忍，而終身慚乎！」蓋譏其不忍彭澤之小屈，而屢受屈於扣門耳。

袁二若能終身此道，笑傲湖山，如今之爲，則後來未必無扣門日子；若以次入京，旋來補缺，終不免作進學解以曉諸生，則此刻恐成大言矣。願公勿羨之！得行志時，且行若志，士民仰蓋公之臥治，戎夷賴李牧之在邊，積功累勤，亦佛菩薩所願爲者。若計此時有具眼人能破格欲求千里駿骨，難矣！上元燈火無論多寡，于襄陽二千石不爲少，雲中君油三斤不爲多，總不如窮釋子昏昏黑黑坐而假寐也。一笑。

與潘雪松

本欲往南，又欲往豫章會未會諸友矣。彷徨未定，復同肖川至潞河登舟，獲遂見老丈於城下，雖非僕之得已，然亦可遂謂僕之無可奈何哉！士爲知己者死，卽一見知己而死，死不恨矣。所欲暫傍西山僧舍，已託叔臺丈遣使尋討矣，至日倘遣一使迎我二人，亦大幸也。房費、日費已辦，不勞掛心。

與焦弱侯

耿子健歸，承教言足矣，乃有許多物，不大爲寒士費乎！中間教以勿談世事，此弟所素不知談者，不知兄何所聞而云爾也。

弟自弱冠餬口四方，靡日不逐時事奔走，方在事中猶如聾啞，全不省視之矣，豈以今日入山之深而故喜談樂道之哉！實無有是語也。所謂立言云者，不過一時憤激之詞，非弟事也，弟志也。待木之人，望兄速了業緣，以闡揚光大此學爲不朽事業，不敢專以有盡有漏之圖期兄，故輒及之。文章鳴世與道德垂芳等，然衆生盡時則此名盡，大丈夫不願寢處其中也。

貫齋出京當已久，仲鶴、乾齋諸兄入覲，幷一二會試同志再得相聚。草野之人懶散，不欲馳書京國，然此懷則嘗在左右也。

山中寂寞無侶，時時取史册披閲，得與其人會覿，亦自快樂，非謂有志於博學宏詞科也。嘗謂載籍所稱，不但赫然可紀述於後者是大聖人；縱遺臭萬年，絶無足錄，其精神巧思亦能令人心羨。況眞正聖賢，不免被人細摘；或以浮名傳頌，而其實索然。自古至今多少寃屈，誰與辨雪！故讀史時眞如與百千萬人作對敵，一經對壘，自然獻俘授首，殊有絶致，未易告語。

近有讀史數十篇，頗多發明。入九以後，雪深數尺，不復親近册子，偶一閲子由老子解，乃知此君非深老子者，此老蓋眞未易知也。呵凍作解老一卷，七日而成帙，自謂莫踰，今亦未暇錄去，待春暖凍解，抄出呈上取證何如？

答高平馬大尹

辱示翰誨，寒谷生煖矣。何幸！何幸！僕衰朽殘質，百無一解，乃晉老獨憐其無歸而敬養之山中，初不知僕之非伯夷也。嚴冬十日不出戶矣，肅此奉復，幸唯台照！

答代州劉戶曹敬臺

兩辱遠誨遠饋，恩深愧重矣！生自少無山林之好，既老又無登臨之具，所以跋涉不止者，爲求道也。道在人不在山，使五臺有半個人，僕冒死先登矣，不待今日也。今所恨者，唯是過代雁門不曾摳趨長者門下耳。

答劉晉川

令郎不癡。令郎外似癡而胸中實秀穎，包含大志，特一向未遇明師友耳。自到此，笑語異常，心廣體胖矣。縱尊嫂有舐犢之愛，獨不可以義勸止之乎？何乃同然一辭，效兒女故態也？僕已決意從潞河買舟南適，令郎想必送我到彼，安穩停當，然後回還是的也。

答瀋王

老朽久處龍湖，曠焉索居，無由長進，聞晉川居廬讀禮，謝絕塵緣，故不遠一千五百里往就之。蓋獨學難成，唯友爲益也。世間居官者政務不暇，居家者家政無閑，煢獨一身，幾不免有窮途之慟矣。過隙之晷，擲梭之年七十又二，不知賢王何以教之？恭惟賢王河間懿德，兼以好善又甚東平，正老人所願皈依者，况寵命慨然遠臨之乎！拜嘉之間，三嘆不已。時猶嚴寒，未敢出戶，未卜見期，謹以爲復。

與焦弱侯

近南川和尚去，曾有數字附之，甚欲得好刻班史，又爲至切。聞館東北轉，則會晤有期矣。

此間近得柳老高徒楊門生上壽一書，弟甚喜後輩有人，可爲斯文慶，亦可爲朝廷異日慶，謹以書稿奉覽，俾同喜也。其所著大人不失赤子之心等時文，及幾希、不貳與志伊學顏三論，旣係刻本，則白下自當有之，若猶未有，可煩索取觀之，便見其人也。實可喜！深可喜！斯文寥寥如此，安得不令人生難得之遭乎！此人學已入信位，從此精微圓妙不難矣。幸兄達弟相慕之懷，使其肯以片言教弟，則弟雖家居，當參訪萬倍矣，以參訪未必遇其人也。

外南詢錄一册，奉翟秋潭覽之。秋潭有志者，想近益精進也。幷附問之，未一。

與耿叔臺

令郎令侄決然高中。弟因肖川促歸，遂亦悽然。重念老丈向者之恩未報，今咫尺而不一見，非情也，約以是月同發，一面容顏乃別。從此東西南北，信步行去，所至塡溝壑皆不悔矣。先此奉聞。倘得近西山靜僻小小僧舍一寄信宿，則旅次有歸，出入無虞，指引有使，是所望於執事者，想念故人必無爽也。費已豫備，不缺。

與夏道甫

夏大朋字道甫，別號之曰「孔修」。孔修者何？孔北海之小友王修也。北海大志雄才，博學剛氣，少許可，獨許王修，曰：「今日能冒難來，唯修耳。」言未畢而修至。故北海與修雖年歲相遠，而相得如時輩也。道甫少年郎耳，獨能信余親余，不以麻城人之所以惛余者嫌余，豈以余爲有似於孔北海乎？君之辱愛厚矣，故復號之曰「孔修」，以嘉其意。

與汪鼎甫

我暫時未得即回，爾與方先生、馬先生共住，亦不寂寞也。千萬勿念我，幷諭懷捷等安意守舍，多多念佛！我以劉老先生於我有救命之恩，不忍恝然。行之勞擾不比坐之安閒，爾亦自能悉我意。今早晚可到淮安，有僧室安居，亦自與白下等矣。夏初可望我至也。

與焦弱侯

弟正月末可至黄安，兄如來往弔，可約定林及一二相知者至彼一會，不惟於耿門弔禮不失，亦可以慰渴懷也。至仰至仰！

弟自三月即閉門專爲告歸一事，全不理事矣，至七月初乃始離任，因玆得盡覽滇中之勝，殊足慰也。又得姚安一生爲郭萬民者相從，自三月起，頗有尋究下落處，竊自欣幸，以爲始可不負萬里遊，又更奇耳。此生雖非甚聰慧，然甚得狷者體質，有獨行之意。今於佛法分明有見，雖未知末後一著與向上關捩，然從此穩實，大段非莊純夫比矣。弟南北雲遊，苦未有接手英雄、奇特漢子，此子稍稱心云。雖非無盡、大年諸老可比，然邊地得此，亦足奇矣！

弟書籍古硯等，煩兄爲我查理，倘先寄舟中同來更妙。虛谷聞已受辱，房產盡落人手，恐弟寄物未必存也。李如眞兄曾在閩中，竟不與我一兩字，誠所謂套中人也。倘得至黄安會聚，更妙更妙。餘未一一。因行者係方訒菴堂弟，先欲同弟出去，偶有袁武定回府差便，卽時同行，故於燈下奉訊云耳。李翰兄家事近何如？弟此間日夜追思不已也。

與耿子健

劉肖川到，得道古錄二册，謹附去覽教。尙有二册欲奉弱侯，恐其不欲，故未附去，試爲我問之何如？幷爲道藏書收整已訖，只待梅客生令人錄出，八月間卽可寄弱侯再訂，一任付梓矣。縱不梓，千萬世亦自有梓之者，蓋我此書乃萬世治平之書，經筵當以進讀，科場當以選士，非漫然也。

與焦從吾

弟喜時時獲通二家音問，値常覺僧又甚伶俐好遊。此僧本好遊，又探知弟意如此，故强以此緣簿相請，遂粧綴數語於其前，非其心也。果欲遍閱諸經，何處不可耶？見訒菴兄，幸出此相訊，云湖上語錄有無念從旁錄出，弟以其人好事，故不之禁，又不知其遂印行，且私兄與訒菴也。可笑可笑！今已令其勿行之矣。大凡語言非關係要切，自不宜輕梓以傳；卽關係切要，人亦必傳之，又不待己自傳也。然言語一關切，便無人肯看；縱有看者，擧四海之內不過兩三人耳。豈惟當世，卽後世亦不過兩三人耳。以兩三人之故而費，不如人抄寫一本自覽之爲便。如解老等祇宜欲覽者各抄一册，不宜爲木災也。何如何如？

與汪鼎甫

說書一册，時文古義二册，中間可取者，以其不着色相而題旨躍如，所謂水中鹽味，可取不可得，是爲千古絶唱，當與古文遠垂不朽者也。然亦不多幾首爾。願熟讀之！墨卷無好者，故不往。

復焦漪園

人來得書，時正入山，故喜而有述，旣書扇奉去矣。此地得書難，得君詩尤難，當必有報我瓊瑶者，望之！有詩卽書扇，幷惠我白扇數握，度便時寫寄焉。壽言如命書幅，貯竹筒寄空菴上人去，今空菴復自九江還入山，不果至白下，此筒仍寄團風，故復令耿使便過賚奉，想必達也。

東溟兄時在天窩，近山從之行，但不同至黄安耳。東溟亦不久住此。此兄挫抑之後，收斂許多，殊可喜！殊可喜！雅娱閣詩序當盛傳。文非感時發己，或出自家經畫康濟，千古難易者，皆是無病呻吟，不能工。故此序與高鴻臚銘志及時文引必自傳世。何者？借他人題目，發自己心事，故不求工自工耳。然則卓吾居士傳可少緩耶？弟待此以慰岑寂，平生無知我者，故求此傳甚切也。

倜天爲我築室天窩，甚整。時共少虞、柳塘二丈老焉，絶世嚣，怡野逸，實無别様出遊志念，蓋年來精神衰甚，只宜隱也。古今詩删有剩本，幸寄我，餘見前寄空菴書。幷與如眞、北陵二丈數字，皆煩爲致上焉。楊、李二集幸寄我一覽，又望。

答僧心如

所言夢中作主不得，此疑甚好。學者但恨不能疑耳，疑卽無有不破者。可喜！可喜！

書既與夜異，夢既與覺異，生既與無生異，滅既與無滅異，則學道何爲乎，如何不着忙也？願公但時時如此着忙，疑來疑去，畢竟有日破矣。

與汪鼎甫

我於三月二十一日已到濟寧，暫且相隨住數時，卽返舟來矣。家中關門加謹愼爲妙，爾方先生要爲我蓋佛殿及淨室，此發心我當受之，福必歸之，神必報之，佛必祐之。我於陽明先生年譜，至妙至妙，不可形容，恨遠隔，不得爾與方師同一絕倒。然使爾師弟欠得十分十二分亦快人，若照舊相聚，爾與令師亦太容易了也。

發去焚書二本，付陳子刻。恐場事畢，有好漢要看我說書以作聖賢者，未可知也。如無人刻，便是無人要爲聖賢，不刻亦罷，不要强刻。若焚書自是人人同好，速刻之！但須十分對過，不差落乃好，愼勿草草！又將易因對讀一遍，宜改者卽與改正！且再讀一遍亦自諷誦了一遍，自亦大有益也。

焦先生近時何似？馬伯時今開門從後路，而我乃不得一入其門，可知天下事亦難算就。夜夜相聚讀易，千古快事，十三省兩京未有此會，我亦知必暫散，不能久矣。世間生死事不可類推耶？努力是望，勿作嬰兒態徒憶父母爲！

與袁石浦

坡仙集我有批削旁註在內，每開看便自歡喜，是我一件快心却疾之書。大凡我書，皆是求以快樂自己，非爲人也。

復麻城人

昔李邢州之飲許趙州云："白眼風塵一酒巵，吾徒猶足傲當時。城中年少空相慕，說着高陽總不知。"此詩俗子輩視之便有褒貶，吾以謂皆實語也。

答耿楚倥

人能放開眼目，固無尋常而不奇怪。達人宏識，一見虞廷揖讓，便與三杯酒齊觀；巍巍堯、舜事業，便與太虛浮雲並壽。無他故焉，其見大也。

與劉憲長

如弟不才，資質魯鈍，又性僻懶，倦於應酬，故託此以逃，非爲眞實究竟當如是也。如丈樸實英發，非再來菩薩而何？若果必待功成名遂，乃去整頓手脚，晚矣！

別劉肖甫

"大"字，公要藥也。不大則自身不能庇，安能庇人乎？且未有丈夫漢不能庇人而終身庇於人者也。大人者，庇人者也；小人者，庇於人者也。凡大人見識力量與衆不同者，皆從庇人而生；若徒庇於人，則終其身無有見識力量之日矣。

今之人，皆庇於人者也，初不知有庇人事也。居家則庇於父母，居官則庇於官長，立朝則求庇於宰臣，爲邊帥則求庇於中官，爲聖賢則求庇於孔、孟，爲文章則求庇於班、馬。種種自視，莫不皆自以爲男兒，而其實則皆孩子而不知也。

豪傑、凡民之分，只從庶人與庶於人處識取。

答鄧石陽

穿衣喫飯，卽是人倫物理；除却穿衣喫飯，無倫物矣。世間種種皆衣與飯類耳，故舉衣與飯而世間種種自然在其中，非衣食之外更有所謂種種絕與百姓不相同者也。

與陶石簣

善與惡對，猶陰與陽對，剛與柔對，男與女對。蓋有兩則有對，既有兩矣，其勢不得不立虛假之名以分別之，如張三、李四之類是也。若謂張三是人而李四非人，可歟？

不但是也，均此一人也，初生有乳名，稍長有正名，既冠而字，有別號，是一人而三四名稱之矣。然稱其名則以爲犯諱，故長者咸諱其名而稱字，同輩則以字爲嫌而稱號，是以號爲非名也。若以爲非名，則不特號爲非名，字亦非名，諱亦非名。自此人初生，未嘗有名字夾帶將來也，胡爲乎而有許多名，又胡爲乎而有可名與不可名之別也？若直曰名而已，則諱固名也，字亦名也，號亦名也，與此人原不相干也，又胡爲而諱，胡爲而不諱也？

甚矣，世人之迷也。

復宋太守

千聖同心，至言無二。紙上陳語皆千聖苦心苦口爲後賢後人，但隨機說法，有大小二乘，以待上下二根。苟是上士，則當究明聖人上語；若甘爲下士，只作世間完人，則不但孔聖以及上古經籍爲當服膺不失，雖近世有識名士一言一句，皆有切於身心，皆不可以陳語目之也。願相訂證何如？

與楊定見

世人之愛我者，非愛我爲官也，非愛我爲和尚也，愛我也。世人之欲我殺者，非敢殺官也，非敢殺和尚也，殺我也。我無可愛，則我直爲無可愛之人耳，彼愛我者何妨乎！我不可殺，則我自當受天不殺之佑，殺我者不亦勞乎！

與曾繼泉

我所以落髮者，則因家中時時望我歸去，又時時不遠千里來迫我，以俗事强我，故我剃髮以示不歸，俗事亦決然不肯與理也。又此間無見識人多以異端目我，故我遂爲異端以成彼豎子之名。兼此數者，陡然去髮，非其心也。

與袁石浦

弟今秋一疾幾廢，乃知有身是苦。佛祖上仙所以孜孜學道，雖百般富貴，至於上登轉輪聖王之位，終不足以易其一盼者，以爲此分段之身禍患甚大，雖轉輪聖王不能自解免也，故窮苦極勞以求之。不然，佛乃是世間一箇極拙極癡人矣，舍此富貴好日子不會受用，而乃十二年雪山，一麻一麥，坐令烏鵲巢其頂乎？想必有至富至貴，世間無一物可比尚者，故竭盡此生性命以圖之。在世間顧目前者視之，似極癡拙，佛不癡拙也。

續焚書卷二

序彙

開國小叙

臣李贄曰：我太祖高皇帝蓋千萬古之一帝也。古唯湯、武庶幾近之。然武末受命，非周公則無以安殷之忠臣；湯之受命也晚，非伊尹則決不能免於太甲之顛覆。唯我聖祖起自濠城，以及即位，前後幾五十年，無一日而不念小民之依，無一時而不思得賢之輔。蓋自其託身皇覺寺之日，已憤然於貪官汚吏之虐民，欲得而甘心之矣。故時時用兵，時時禁諭諸將，無一字而非惻怛，亦無一字而不出於忠誠，故天下士咸願歸而附之，而樂爲之死也。余是以首錄開國諸臣，而先之曰開國諸臣總叙者此也。

蓋叙而總之，正以見死事者之衆，皆千古之所未曾有。此必有大根本存焉，非可以人力強而致也。故又曰開國諸臣本根。

知必有本根，則知當時死事者之所以衆矣，而緣起於濠城一劍之提，伽藍神前一珓之卜而已。嗚呼！兵力單弱，子興非夫，眇乎小哉，何所復望於入建業，滅江州，擒士誠，混一江南而平定山東、河北也？夫以其所緣起者寡弱如此，而所成就者神速至大如彼，故又曰開國諸臣緣起焉。

嗚呼！合是三者而觀之，而後知我太祖高皇帝所以取天下之由矣。況自是而後，建文繼之純用恩，而成祖二十有二年則又恩威並著而不謬。仁宗繼之純用仁，而宣宗章皇帝在位十年則又仁義並用而不失。況正統十年之前，昭聖未賓，三楊猶在，尚行二祖三宗之政乎！則我朝仁義立國，愛民好賢，蓋相繼且百有餘歲也，自古開創之君曷嘗有此哉！

臣是以伏讀而詳著之，以見今者聖子神孫所以安享太平之故，當知無忘祖宗功德於無窮也。

史閣叙述

夫子曰：「爲君難，爲臣不易。」此雖一時告定公語，而千萬世君道臣道不越是矣。君之難，難於得臣；臣之難，難於得君。故夫子他日曰：「爲天下得人難。」此言君之所以難也。又曰：「獲於上有道。」此言臣之所以難也。君知其難，則自能旁搜博採，若我太祖高皇帝然，唯務得人而後已；臣知獲上之不易，則自然其難其愼，若我中山徐武寧然，務委曲承順以求合我識主之初心：則難者不難，不易者自易。此必至之理，問學之實，非若世之務爲容悅以賊害其君者之比也。

我國家不設丞相，蓋實慮得臣之難耳。是故汪、胡誅夷，善長亦死。然而臣哉鄰哉，鄰哉臣哉，手足股肱，相待成體，無一時可少者，是以文皇帝復設內閣，而解大紳首當內閣之選焉。解之天才，非但一時傑出，卽先後閣臣亦當推讓之矣。所謂以至聖之主獲至賢之佐，其不易爲何如者！而老成若善長死，才若解大紳亦死，然則吾夫子「爲君難，爲臣不易」之語，遂成眞難而眞不易耶？

蠱之上九曰：「不事王侯，高尚其事。」夫上九居艮止之地，處艮山之高，當外卦之上，正王侯之有事者，乃不事王侯之事，而以高尚爲事焉，是止也，而下之人又卑巽寬裕以成之，致蠱奚疑哉！若我二祖乃萬世大有作爲之君，不肯苟止於上；二臣又萬世不諂之臣，不肯卑巽於下：固宜其若合符契，若簫韶奏而鳳凰鳴也，奚謂而卒不相入也？

蓋觀於蠱上九之象曰：「不事王侯，志可則也。」夫不事王侯之事而以高尚爲事，是蠱也，爲子者反謂其志可則，而切切焉用譽以巽入之。故夫子又於六五之象復提掇而申明之曰：「幹父用譽，承以德也。」夫爲人子者既能用譽以承父之德，則父子之情大通無間，因而照舊幹理，使百執事各司其事，先甲後甲，符合天行而家事治矣。爲父者喜其子之以我爲有德也，自然與子同心，而無阻隔不通之情；爲子者樂其父之能自優游舒泰也，自然於父情意相通，而又安有蠱壞不治之事。正所謂「有子，考无咎」者也，何必以不事事爲父過耶！若必以不事事爲父過，則人亦何貴於有子；若以不事王侯之事爲父德，則又何患乎父子之不通，蠱事之不治。故曰「蠱元亨而天下治」也。元亨者，大通也；利涉者，有事也。有事則治而不蠱矣。

夫上不事事，子猶以爲德而將順之，況勤於有事若我太祖皇帝之爲君，可日夜求過，進無益之庖西萬言以事抵觸，若解大紳等耶！吾以爲當此之時，正所謂「五帝神聖，其臣莫及」，不可不知自揣者。從容其間，以需顧問，縱有所陳，直推尊而表揚之，曰「是唯我后之德焉」，更不必索忠諫之美名，而欲以憂危其主也。何也？履虎尾者必使不至於咥人而後亨，而世實未有履虎而不咥者。或者大紳亦未之思而遽易焉以履其後乎？此實背尚書、大易之訓，雖死何辭也！縉於高皇僅免一咥，至文皇終不得脫矣。

夫大紳，文學之選也，所謂多讀書識義理之人也，乃易與尙書反束而不讀，何耶？非不讀也，讀之而不知其義也，所謂不識字之人是也。夫以千載不易得之君臣，一旦得之，又以不識字之故反失之，不誠可慨耶？二百餘年，若劉忠宣之事泰陵，李文正之當正德，可稱不易之臣矣。若楊新都者，雖能委曲於彬、忠用事之朝，而不能致身以事達禮之主，天資近道而不知學，是最爲可惜之人。

夫學何學也？學然後知爲臣之不易也。故曰：「人不學不知道。」常人猶不可不學，不學則不知道，而況於事君之道，而又況於內閣史臣之道之猶不易者耶！是故謹備述之。

附　史閣款語（劉東星）

劉東星曰：歲辛丑夏，李卓吾同馬誠所侍御讀書山中，余屢遣迎不至，謂余官邸非遨遊之地，官署非讀書之場。是以余爲不讀書也。然余雖不讀書，余有祿俸可以養老，不必皆伯夷所樹也。且余雖曰仕宦，而淸素未脫寒酸氣習，當與馬侍御等，何必分別太過乎？

且聞其病，以好著述故病也。老人甚不宜病，可奈何！所著何書，指示我！於是得史閣二十一篇以歸。其所敍述，專以「爲臣不易」一語，更端言之極盡。余因戲答之曰：「今人正坐不易一語，怠緩了國家大事，使世界無所倚託，今何爲出此言也？動步不敢，見勇往直前者則指爲輕進；動口不敢，見開口見膽者則指爲干名。若皆愼重不易，則斯世何賴，朝廷何賴？」

卓吾子勃然作曰：「我爲上上人說法，不爲此等人說法。此等人乃世間患得失之人，賢者恥之，豈吾所說耶？我爲世間賢人多是如此，必欲進之於大聖人之域，文王、孔子之歸。蓋必如此，然後能濟事，然後能有益於君。此實載在尚書，著在周易，特無人提動，不省耳。公看斯世誰不願爲文王、孔子大聖人者？」

余聞之赧然愧。遂卽梓行以布告天下賢士大夫仁人君子，使知其爲臣之不易蓋如此云。

壽焦太史尊翁後渠公八秩華誕序

李宏甫曰：余至京師，卽聞白下有焦弱侯其人矣；又三年，始識侯。旣而徙官留都，始與侯朝夕促膝窮詣彼此實際。夫不詣則已，詣則必爾，乃爲冥契也。故宏甫之學雖無所授，其得之弱侯者亦甚有力。夫侯千古人也，世之願交侯者衆矣：其爲文章欲以立言則師弱侯；爲制科以資進取，顯功名不世之業則師弱侯。又其大者，則曰：「是啜菽飲水以善事其親者也，是立德也。」故世之爲不朽故以交於侯者，非一宏甫也，然惟宏甫爲深知侯，故弱侯亦自以宏甫爲知己。

萬曆十年春，是爲侯家大人後渠八十之誕。先是，九年冬，侯以書來曰：「逼歲當走千里，與宏甫爲十日之飮。」已而果然，飮十日而別。別至中途，復以書來曰：「家大人三歲失怙恃，備嘗艱辛，能自立，不至隕穫。十六襲祖廕，掌軍政四十年。爲人伉直，不以一言欺人，亦不疑人欺之，心事如直繩，可一引而盡。蓋平生無違心之言與違心之行者，自竑所見，惟家大人一人耳。中年，始舉伯兄，專意督教，務欲有成。至竑爲兒，教事一付伯兄，曰：『家有讀書種子，當不斷絕矣。』及伯兄爲令，所入俸盡廢之官，媢黨或謂家大人，大人曰：『兒所持是也。』平生布衣糲飯，澹然自居，故能無求於世，無怨於人。有吳主簿者，部運至留都，密以八百金寄家大人。一日暴殞，家人失金所在，家大人舉而歸之，仍爲護其喪，還至通州，通州人至今不知也。年六十，卽獨居一室，絕葷酒不茹，日惟禮佛誦經而已。近者復以禮誦之半捹室宴坐，期於冥契而未得也。家有竹林，俯青溪之勝，擧頭則鍾山在焉。大人時時杖屨出入，婚嫁應酬一切不問，人以爲皂帽布裙，行窺園囿，有管幼安之風，故友楊道南目爲古逸民，豈非謂其遺世自立，而世之垢氛有不得而緇之耶！蓋家大人之少也，溷蹟於軒冕而不知其榮；其壯也，教子以讀書而不求其利；其老也，歸心禪誦而惟深信於因果。信心而游，盡意而已，當於無懷、葛天世求之，非今人也。擧世識眞者少，誰能辨別之！敢述大都以請於門下，倘得闡發道眞，一攄幽隱，當傳示雲仍，永以爲好，非獨家大人得蒙度脫已也。」

余觀侯之言如此，不但謂余知侯，且謂余能知大人也。雖然，余縱知侯，其何能有加於侯之大人也哉！夫侯之所以事大人者，非直菽水之歡云也，吾謂大人之不朽者，盡在侯矣。余友侯也，且藉侯以不朽，而況大人！且大人不聞程太中乎？天下至今知有太中者，以程伯子也。大人深心念佛，亦知有淨飯王矣，天下至今知有淨飯王者，以黃面老子瞿曇也。由此觀之，大人之不朽者可知矣。夫有子如侯，而後大人得以享其逸，則其謂之逸民也固宜。

雖然，大人年已八十矣，行則超耋耄而進期頤也。誦經則神勞，禮佛則形勞，今者獨居宴坐，又其宜也。夫宴坐則逸，知逸則宜，知宜則順，是爲冥契。

釋子須知序

余自出滇，卽取道適楚，以楚之黃安有耿楚倥、周友山二君聰明好學，可藉以夾持也。未踰三年而楚倥先生沒，友山亦宦遊中外去。余悵然無以爲計，乃令人護送家眷回籍，散遣僮僕依親，隻身走麻城芝佛院與周柳塘先生爲侶。柳塘，友山兄，亦好學，雖居縣城，去芝佛院三十里，不得頻頻接膝，然守院僧無念者以好學故，先期爲柳塘禮請在焉，故余遂依念僧以居。日夕唯僧，安飽唯僧，不覺遂二十年，全忘其地之爲楚，身之爲孤，人之爲老，鬚盡白而髮盡秃也。

余雖天性喜寂靜，愛書史，不樂與俗人接，然非僧輩服事唯謹，飲食以時，若子孫之於父祖然，亦未能遽爾忘情，一至於斯矣。

余今年七十又五矣，旦暮且死，尚置身册籍之中，筆墨常潤，硯時時濕，欲以何爲耶？因與衆僧留别，令其抄錄數種聖賢書眞足令人啓發者，名曰釋子須知，蓋以報答大衆二十餘年慇懃，非敢曰爲僧說法也。

壽劉晉川六十序

歲丁酉春正月，劉晉川之壽六十，其弟若姪先二日爲壽於堂，呼余。余不知其爲壽筵也，蒙袂踏雪而至。晉川曰：「此吾弟姪爲余慶六十者也，公可無一言乎？」余謂壽必有宴飲，宴足矣，徒言奚爲？晉川曰：「壽人以言，古之道也，公其何辭？」余謂有德乃有言，公爲少宰，所交皆海內豪英，豈無連篇巨椽爲公祝頌者，而何待余言，且余又非能言者哉！晉川曰：「子不嘗爲王氏祖母壽九十乎？九十固上壽，六十亦中壽也。」

夫壽者受也，壽之上中下一視其所受，故觀其所受，而上壽中壽下壽皆可不問而知之。若夫鄰姻族黨之所稱壽者，不過以九十爲上壽，六十爲中壽耳矣，此則鄰里、姻戚、子姓、族屬諸人皆能爲公道之，而何待余也耶！

今夫執爵餽食，擎跽上獻；跪而陳果，趨而載羹；愛日如年，惜陰若歲：願我雙親結髮齊眉，百年偕老。此則人子之所以壽其父母也。長枕大被，猶若共乳；易衣分痛，念昔同胞。怡怡如也，翕翕如也。鶺鴒急難，步卽相隨；茱萸徧插，離卽相思。是日也，念昔者之方孩，感今日已成翁。雙親不見，見兄維親；怙恃何在，有弟怙余。此則兄弟之所以相爲壽也。出而迎賓，入而拜舞；羅八珍於堂前，陳百戲於階下；笙歌迭奏，簫鼓繼作。此則若余輩之所以壽其伯父與叔父也。此謂家讌，咸以上壽爲期，卽過百歲，未以爲足者也。

若夫親鄰族黨之壽，則必有以矣。思吾散九百之卿祿，不須乞物而布惠；頓令闔郡之咸貴，不難施地爲學宮。義田尚在，麥舟非遠。於是乎感德懷恩，舉手加額；遙祝則望門而拜，稱觴則接踵而趨；念桑梓之有人，恨敬共之唯晚。此則鄰里鄉族之所爲壽者又如此矣。

夫子壽如此，兄弟之相爲壽如此，姪輩壽如此，以至姻親族黨，其壽皆如此矣，余若更以百歲爲公壽，不既贅乎！夫余忝在友朋者也，今公亦以余爲眞友朋也，余雖欲辭，而友朋之義不得辭，但恐言之而公不肯信耳。雖然，余試言之，公試聽之。以公聰明，想亦未有不信者也。

夫堯、舜與禹，天下之上壽也，而至今在。太原狄梁公、白樂天，聞喜裴晉公，汾陽文潞公，古今之中壽也，而至今在。此雖未可同日語壽，然皆公之鄉人，皆與天地相終始，雖中壽亦上壽也。堯平陽，舜蒲坂，而大禹安邑，與沁上壤接，文潞公諸賢不以上壽遜讓三聖，而謂公肯讓太原、聞喜、汾陽四賢者乎？吾不信也。夫此四賢亦猶人耳，即可立躋上壽，亦以所受者宏也。上壽如海，百川日注而不盈，以有尾閭以洩之，已復散爲百川，故終日注，終日洩，而不溢不竭也。此大受之量也，非與其能受，與其能洩也。若江若河則異矣：上流若一月日霖雨不止，即衝沙頹岸，壞屋廬田土，損民不小矣；賴其終朝赴海，不暫停止，故他處無傷。所傷者一二，而所利濟者千百，則歸海之功，能洩之驗，於斯尤著。

吾故曰：「壽者受也。」三聖如海，四賢如江河，其壽皆與天地長久，雖中壽亦上壽也。此之謂朋友之壽。其朋友者如此，公其以余爲眞朋友乎？若曰：「李卓吾雖不知其於白樂天諸賢何如也，而能切切焉以是願余，余決不敢以爲贅。」願書之以爲劉某上壽。

老人行叙

老人之遁跡於龍湖也，亦多年矣，舍而北遊，得無非計乎？何其愈老而愈不憚勞也？夫老人之本心，其大較可知也。大較余之初心，不是欲人成佛，便是欲人念佛耳，而人多不信，可如何！或信矣，而衆魔復害之，使之卒不敢信，可如何！因而謗佛沸騰，憂患叢生，終歲閉戶而終歲禦寇有由也，余雖不欲卒老於行，又可得耶！

余是以足跡所至，仍復閉戶獨坐，不敢與世交接。既不與世接，則但有讀書耳。故或諷誦以適意，而意有所拂則書之；或俯仰以致慨，而所慨勃勃則書之。故至坪上，則有道古錄四十二章書；至雲中，則有孫子參同十三篇書；至西山極樂僧舍，則有淨土訣三卷書。隨手輒書，隨書輒梓，不能禁也。又有坡公年譜幷後錄三卷，陳正甫約以七八月余到金陵來索。又有藏書世紀八卷，列傳六十卷，在塞上日，余又再加修訂，到極樂卽付焦弱侯校閱，託爲叙引以傳矣。今幸偕弱侯聯舟南邁，舟中無事，又喜朋盍，不復爲閉戶計矣，括囊底，復得遺草，彙爲一册，而題曰老人行，不亦宜歟！

夫老人初心，蓋欲與一世之人同成佛道，同見佛國而已，著書立言非老人事也。而書日益多，言日益富，何哉？然而老人之初心至是亦徒然耳。則雖曰老人行，而實則窮途哭也，雖欲不謂之徒然不可矣。

雖然，百世之下，倘有見是書而出涕者，堅其志無憂羣魔，強其骨無懼患害，終始不惑，聖域立躋，如肇法師所謂「將頭臨白刃，一似斬春風」，吾夫子所謂「有殺身以成仁」者，則所著之書猶能感通於百世之下，未可知也。則此老行也，亦豈可遂謂之徒然也乎哉！

重刻五燈會元序

宋季，靈隱太川禪師濟公，以五燈浩博，乃集學徒作會元以惠後人。至元至正四年，杭天竺萬壽禪寺住持番易、釋廷俊，因會稽沙門業海淸公見五燈會元板燬，罄衣鉢以倡施者，於是康里公首捐俸以助，而板刻復成，故廷俊序之，此第二梓也。至我明嘉靖，平湖陸太宰五臺公，始諸徑山慈上人之請，爲疏勸化，復鋟五燈會元之板，則爲第三梓矣。唯茲板印行，而五燈罕覯。余念楊億通宗高禪，李遵勗時爲同參，氣蓋宇內，廣燈、傳燈既經二老手訂筆叙，必有大可觀者，余雖老，猶將翻而閱之，以快沒齒也。

抑廷俊又有言曰：「至元間，于越雲壑瑞禪師，嘗作心燈錄，最爲詳盡，中間特援丘玄素所製塔銘。

以龍潭信公出馬祖下，以致沮抑，不大傳世，識者惜焉。」噫！是余又未曾見瑞公所作心燈錄矣。

壽王母田淑人九十序

卓吾居士曰：楚之麻城有梅姓者，實爲世家名族，余過其家門不見有匾額，當孔道不見有牌坊，但見有石樓巍然出雲，書曰「百歲坊」云。其上爲二方。其一方書曰：「曾大父某，壽若干歲；曾大母某氏，壽若干歲。」其第二方書曰：「大父某，壽若干歲；大母某氏，壽至百歲以上。」梅氏同胞親昆弟六人：長卽客生；其四弟五弟六弟年少壯，絕聰偉，時時試爲文學特等；其二弟三弟皆一時同領鄉薦。而客生又與其二弟幷其妹婿一時同登進士，一爲臺諫，一爲給諫，亦頗光榮矣；而過門不見匾額，過街不見牌坊，倘不有「百歲」石樓橫截當路，卽不知此中乃梅氏之居也。豈客生之意專以百歲爲榮歟？意富與貴亦人世常有，而唯壽爲難歟？故知洪範五福，一曰壽，非徒然也。抑以子子孫孫所以貴且賢者，皆其大母與其大父福壽之所遺，以故欲表而揚之，以見其所自歟？然則客生之意遠矣。此余旅寓龍湖之日，所見「百歲坊」，所聞梅氏母者如此。

今萬曆二十五年丁酉，余復旅寓沁水之坪上，而獲見劉晉川之婿王洽者。王洽見余，每爲余道其祖母田淑人之壽：見今九十歲，其修齋誦經，念佛作福，勤儉好施，聰明快便，猶五六十歲時也。夫王洽之父，卽太參公王正吾也；其從祖父，卽冢宰王公。家世如此，而王洽每以祖母壽考福德歷歷爲余詳言之不已，豈亦有大同之意乎？

今余將往大同矣，倘過陽城入門而化飯，則必請見爾祖母於堂而親祝之曰：「作福須勤，念佛尤當勤也。」又祝曰：「作福則生天，壽雖千億，尚有量也；念佛則皈依西方佛，而以蓮花爲父母，其壽不可量也。」又祝而言曰：「念經必誦阿彌陀經，誦觀音經，誦金剛經。」

今往見大同，必爲梅大同頌之矣。他日倘再至麻城，余必大張之曰：「是『百歲坊』也，吾雖聞其壽，未獲見其人也；是梅氏之大母也，雖壽至百歲以上，猶未爲無量也。吾今親見王氏祖母，吾又親祝之，吾實見無量壽佛來矣。」

自刻說書序

李卓吾曰：余雖自是，而惡自表暴，又不肯借人以爲重。

既惡表暴，則宜惡刻書，而卒自犯者何？則以此書有關於聖學，有關於治平之大道，不敢以惡表暴而遂已也。既自刻矣，自表暴矣，而終不肯借重於人，倘有罪我者，其又若之何？此又余自是之病終不可得而破也。寧使天下以我爲惡，而終不肯借人之力以爲重。

雖然，倘有大賢君子欲講修、齊、治、平之學者，則余之說書，其可一日不呈於目乎？是爲自刻說書序。

選録睽車志叙

余自在秣陵時與焦弱侯同梓感應篇，後隱於龍湖精舍，復輯因果錄。今弱侯罷講官，余又與之連舟南行。舟中閒適，弱侯示余郭伯象睽車志。余取其最儆切者，日間細書數紙，以與衆僧觀省，夜則令衆僧誦法華經，念往生神咒，幷度脫水神水鬼，則晝夜皆明鬼事矣。

方誦經畢，回向發願文，必叙所因，余因而直書曰：「焦弱侯狀元與余聯舟」云云。弱侯曰：「此二字可勿用也！」余謂鬼神有尚賢者，不書可矣；倘不然，則狀元二字亦可使致敬，何妨乎？弱侯曰：「嚇鬼而已可矣。」余笑曰：「謂神之敬之則可，謂其可嚇則不可。使公眞能嚇鬼，今亦不上此舟矣。」因大笑，遂書之以爲睽車志引。

睽車志多，余所手錄者，不過十之一，不知者以爲好怪，其知者則以爲可與因果錄感應篇同觀。若能與感應篇同觀，則此睽車志豈曰「載鬼一車」也乎哉？固太上之旨矣。

說弧集叙

睽車志，志鬼也。疑其爲鬼，則以人與鬼異，遂張弧而欲射之。說弧集，集鬼也。集諸鬼說，直以人與鬼同，遂說弧而不之射焉。

夫人直至於明不見人，幽不見鬼，則幽、明、人、鬼一以貫之矣，何生死之可了，又何涅槃之可期？彼爲無鬼之說者，又安知其非通於性命之奧者乎？

南詢錄叙

豁渠上人姓鄧，蜀之內江人也。蜀人多爲我言：「上人初爲諸生，卽以諸生鳴。其自抱負也已甚，平生未嘗輕以實學推許前輩，故亦不肯謬以其身從諸生後，强談學以爲名高。雖蜀有太洲先生者，文章氣節偉然可觀，上人亦未以實學許之。以故，師事趙老者在朝盈朝，居鄉滿鄉，上人竟不屑往焉。此其自負也其倔强也如此。其大可笑者：趙老以內翰而爲諸生談聖學於東壁，上人以諸生而爲諸生講舉業於西序，彼此一間耳，朝夕聲相聞，初不待傾耳而後聽也。雖趙老與其徒亦咸謂鄧豁已矣，無所復望之矣，然鄧豁卒以心師趙老而稟學焉。」

吾以是觀之，上人雖欲不聞道，不可得也。雖欲不出家，不遠遊，不棄功名妻子以求善友，抑又安可得耶！吾謂上人之終必得道也，無惑也。今南詢錄具在，學者試取而讀焉。觀其間關萬里，辛苦跋涉，以求必得，介如石，硬如鐵，三十年於茲矣。雖孔之發憤忘食，不知老之將至，何以加焉！

余甚愧焉，以彼其志萬分一我無有也。故復錄而叙之以自警，且以警諸共學者。中間所云「茅舍獨坐，鷄犬明心」，雖曰水到渠成，而其端實自趙老發之。吾固哀其志而決其有成，又以見趙老之眞能得士也。

序篤義

以上皆篤義者。義固生於心也：張堪有知己之言，文季卽以信於心；唯王修能冒難而來，言未卒而修至。義固生於心也，豈好義而爲者之所能至乎？

是故視之如草芥，則報之如寇讐，不可責之謂不義；視之如手足，則報之如腹心，亦不可稱之謂好義。是故豫讓決死於襄子，而兩失節於范氏與中行，相知與不相知，其心固以異也。故曰「士爲知己者死」，而況乎以國士遇我也。士之忘身以殉義者，其心固如此。又曰：「吾可以義求，不可以威劫。」可義求，是故澹臺子羽棄千金之璧；不可劫以威，是故鮫可斬，璧終不可強而求。士之輕財而重義者，其心固如此。

附　序言善篇（劉東星）

劉晉川曰：言善篇者何？卓吾老子取其將死而言善也。夫苟其言之善矣，奚待將死，將自幼至壯，自壯至老，未有一言之不善者。若待將死而後善，則恐雖死亦未必善也。

吾謂卓吾子欲人之聽之也，故獨以言善名其篇，而豈眞謂將死而後善哉！夫言者身之符，心之聲也。其言之善，則必其身之善；其身之善，則必其心之善。卓吾子之心之身之善，余既久相與處而知之審矣，奚待於言，而又奚待於將死之言乎？但時無先師孔子設教於上以爲之表章，故使卓吾子泯泯悶悶，遂嘔棄於人世。不然，卓吾子者固爲人謀而必忠，與朋友交而必信，傳而必習，戰戰兢兢，臨深履薄，恒恐一毫之失墜，所謂其君用之則安富尊榮，其子弟從之則孝弟忠信，卓吾子之身之心皆兼而有之矣，奚獨言善，又奚獨將死也！

是書凡六百餘篇，皆古聖要語，卓吾彙而輯之，欲以開來學而繼往聖，余尚未見，見其小引三首與言善篇目而已。客冬，卓吾子大困於楚，適有馬侍御者自潞河冒雪入楚，往攜之以出，同居通州，朝夕參請身心之偕善。余愧羈留淮濟，不能如侍御撻之速也。卓吾子曰：「公勿言！公勿言！此正余他山之石，此正余將死而大獲進德修業之益也。」嗚呼！此非卓吾子之言之善乎，天下之善言更復有過於是者乎！向非身心之善眞有同於曾參，眞加於人數等，雖欲強勉以爲此言不得矣。遂因其語而書之，以爲言善篇小引。

道教鈔小引

凡爲釋子，但知佛教而不知道教。夫道家以老君爲祖，孔夫子所嘗問禮者。觀其告吾夫子數語，千萬世學者可以一時而不佩服於身，一息而不銘刻於心耶？若一息不銘刻，則驕氣作，態色著，淫志生，禍至無日矣。余老且死，猶時時犯此症候，幾爲人所魚肉，況如楊生定見者筋骨雖勝余，識見尤後於余，而可不切切焉佩以終身歟！

老子道德經雖日置案頭，行則攜持入手夾，以便諷誦，若關尹子之文始眞經，與譚子化書，皆宜隨身者，何曾一毫與釋迦差異也？故獨編錄之以示釋子之有志向，而其欲以示楊定見也尤切。

聖教小引

余自幼讀聖教不知聖教，尊孔子不知孔夫子何自可尊，所謂矮子觀場，隨人說研，和聲而已。是余五十以前眞一犬也，因前犬吠形，亦隨而吠之，若問以吠聲之故，正好啞然自笑也已。五十以後，大衰欲死，因得友朋勸誨，翻閱貝經，幸於生死之原窺見斑點，乃復研窮學、庸要旨，知其宗貫，集爲道古一錄。於是遂從治易者讀易三年，竭晝夜力，復有六十四卦易因鋟刻行世。

嗚呼！余今日知吾夫子矣，不吠聲矣；向作矮子，至老遂爲長人矣。雖余志氣可取，然師友之功安可誣耶！既自謂知聖，故亦欲與釋子輩共之，蓋推向者友朋之心以及釋子，使知其萬古一道，無二無別，眞有如我太祖高皇帝所刊示者，已詳載於三教品刻中矣。

夫釋子既不可不知，況楊生定見專心致志以學夫子者耶！幸相與勉之！果有定見，則參前倚衡皆見夫子，忠信篤敬行乎蠻貊決矣，而又何患於楚乎？

書蘇文忠公外紀後

卓吾曰：蘇長公以文字故獲罪當時，亦以文字故取信於朋友，流聲於後世，若黄、秦、晁、張皆是也。略考仁、英、神、哲之朝，其中心悦而誠服公者，蓋不止此，蓋已盡一世之傑矣，黄、秦、晁、張特其最著者也。然則爲黄、秦、晁、張者，不亦幸乎！雖其品格文章足以成立，不待長公而後著，然亦未必灼然光顯以至於斯也。

余老且拙，自度無以表見於世，勢必有長公者然後可託以不朽。焦弱侯，今之長公也，天下士願藉弱侯以爲重久矣。嘗一日顧謂弱侯曰：「公能容我作一老門生乎？」弱侯笑曰：「我願以公爲老先生也。」余謂：「余實老矣，公年又少余十五歲，則余實先公而生，其爲老先生無疑。但有其實無其名，我不願也。唯願以老先生之實託老門生之名，而恒念無四子之才之學，即欲冒託門下以成其名，又安可得耶？」時有從旁贊曰：「黄山谷有云：『管城子無食肉相，孔方兄有絶交書。』今公管城如之，孔方如之，正今之山谷老人矣。」余喜而揖曰：「有是哉，幸然爲我授記也！」遂記其語於此。

書應方卷後

此焦弱侯爲靈公書也。余館於靈公精舍。先是弱侯數與靈公道余，故余遂館於靈公。靈公今得弱侯數語，靈公不朽矣。先己丑爲羅念菴先生，先生深於道；此萬曆己丑爲焦弱侯先生，先生亦深於道，人品略相似而契悟勝之，才學勝之，筆畫不如念菴先生婉媚，而古拙迥别。六十年間出此兩人，又適當己丑之期，靈公共善寶藏之！

書小修手卷後

歲辛丑，余在潞河馬誠所所，又遇袁小修三弟，雖不獲見太史家兄，得見小修足矣，況復見此卷乎！

小修勸我勿喫葷。余問之曰：「爾欲我不用葷何故？」曰：「恐閻王怪怒，別有差委，不得徑生淨土耳。」余謂：「閻王喫葷者，安敢問李卓吾耶！我但禁殺不禁嘴，亦足以免矣。孟子不云七十非肉不飽？我老，又信儒教，復留鬚，是宜吃。」小修曰：「聖人爲祭祀故遠庖廚，亦是禁吃葷者。其言非肉不飽，特爲世間鄉間老耳，豈爲李卓老設此言乎？願勿作此搪塞也！」余謂：「我一生病潔，凡世間酒色財半點污染我不得。今七十有五，素行質鬼神，鬼神決不以此共見小醜，難問李老也。」小修曰：「世間有志人少，好學人益少，今幸我明世界大明升天，人人皆具隻眼，直思出世爲學究竟大事。先生向棲止山林，棄絕人世，任在喫葷猶可；今日已埋名不得，盡知有卓吾老子棄家學道，作出世人豪矣，十目共視，十手共指，有一毫不愼，卽便退心，有志者以爲大恨。故我願先生不茹葷，以興起此一時聰明有志向之者。忍一時之口嘴，而可以度一世人士，先生又何憚不爲？」余翻然喜曰：「若說他等皆眞實向道，我願斷一指，誓不喫葷！」

西征奏議後語

劉子明宦楚時，時過余。一日見邸報，東西二邊並來報警，余謂子明：「二俱報警，孰爲稍急？」子明曰：「東事似急。」蓋習聞向者倭奴海上橫行之毒也。余謂：「東事尚緩，西正急耳。朝廷設以公任西事，當若何？」子明徐徐言曰：「招而撫之是已。」余時嘿然。子明曰：「於子若何？」余卽曰：「剿除之，無俾遺種也。」子明時亦嘿然。遂散去。

蓋天下之平久矣，今者非但所用非所養，所養非所用已也。自嘉、隆以來，余目擊留都之變矣，繼又聞有閩海之變，繼又聞有錢塘兵民之變，以及鄖陽之變矣。當局者草草了事，招而撫之，非謂招撫之外無別智略可以制彼也。彼桀驁者遂欲以招撫狃我，謂我於招撫之外，的無別智略可爲彼制，不亦謬乎！今者若循故習，大不誅殺，竊恐效尤者衆，聞風興起，非但西夏足憂也。且西夏密邇戎虜，尤爲關中要區，第未審此意當待何日乃可向人言之耳。

已而西事日急，朝廷日徵四方之兵，樞密大臣選鋒遣將，似若無足以當其選者。於時梅侍御客生獨薦李成梁，又不合當事者意，復成道傍之築矣。事在燃眉，可堪議論之多耶！嗣後警報愈急，閱時愈久，客生不得已乃復疏而上之：「此賊當早撲滅，失今不圖，遲至秋，勢必滋蔓，滋蔓則愈費力矣。若徒以不信李成梁故，臣請監其軍以往。」於是上遂許之。余時聞此，喜見眉睫，走告子明曰：「西方無事矣！客生以侍御監軍往矣！」子明時又嘿然，蓋子明雖知余言之可信，實未審客生之爲何如也。意者彼我相期，或類今世人士之互爲標榜者耳。吁！此何事也，而可以牝牡索駿，坐斷成事於數千里之外耶！時有如子明輩者頻頻相見，亦皆以西事爲憂。余皆告之曰：「軍中旣有梅監軍在，公等皆可不必憂矣！」諸公亦又嘿然，蓋諸公非但不知客生，且不知余，而又能信余之言也？

未幾而西夏之報至矣，事果大定，獻俘於廣闕下，報捷於京師，論功稱賞，亦可謂周遍咸矣。褒崇之典，封爵之勝，垂綸廣蔭，同載並舉，而客生回朝半歲，曾不聞有恩蔭之及，猶然一侍御何也？余實訝之而未得其故，後於他所獲讀所爲西征奏議者，乃不覺拊几歎曰：「余初妄意謂客生西事我能爲之，縱功成而不自居，我亦能之。不知其犯衆忌，處疑謗，日夕孤危，置身於城下以與將佐等伍，而卒能成奇功者也！」余是始愧恨，以謂千不如客生，萬不如客生，再不敢復言世事矣。因密語相信者曰：「西夏之事不難於成功，而難於以監軍成功。何也？監軍者，無權者也，自古未有不專殺生之權而可以與人鬬者也。又不難於以監軍成功，而難乎任訕謗於圍城之日，默無言於獻捷之後也。」

嗚呼！客生既能爲人之所不能爲矣，而世人猶然不知也。方客生之蒙犯矢石於堅城之下也，兵糧不給，虜騎來奔，設奇運謀，賊反以城自獻矣，而世人猶然不見也；況乎監軍之命初下，西征之檄始飛，而我乃呶呶然斷成事於數千里之外，而欲其必信我，不亦惑歟！雖然，天下之事固有在朝不知，而天下之人能知之，亦有一時之天下不能知，至後世乃有知者，但得西方無事，國家晏然，則男兒志願畢矣，知與不知何預吾事！余是以密書此語於西征奏議之後，以俟後世之欲任事者知所取則焉。

說彙

汝師子友名字說

莊純夫長兒名祖耳，字汝師；中子名惠施，字子友。果是親兄弟，不必同名字也。連登上第而外人不知，則不生嫉妬；其爲賢聖而世俗不知，則不生論議。不然，不曰「兄爲程伯子，優其弟程正叔也」；則曰「陳元方難兄而季方難弟也」，又曰「季方難爲弟而元方難爲兄也」。種種論議，皆從同名字來。

何必同名字，果其才同，則八元、八愷不同名，八龍、八士不同名，何必同名字也？學同業，術同方，友愛同氣，同以下人爲心，同以上人爲志，此宜同者却不知同，顧唯知有名字之同。如世俗兄弟同名同字，同相爭鬬，同告狀，唯恐其不得不同，烏用乎名字之同也？是爲不必同名與字說。

窮途說

卓吾和尚曰：天下唯知己最難，吾出家以來，本欲遍遊天下，以求勝我之友。勝我方能成我，此一喜也。勝我者必能知我，此二喜也。有此二喜，故不憚棄家入楚。

入楚得楚倥力，楚倥亦甚知我。不幸楚倥死，乃去新邑，入舊縣。入舊縣又得周友山力，友山又是眞實勝我者，故友山亦甚知我。夫勝我者必知我，知我者必定勝我，兼此二喜，余安得舍此而他去也耶？况年紀又老，脚力不前，路費難辦乎？是以就龍湖而棲止焉：一以近友山，一以終老朽，如此而已矣。

住龍湖爲龍湖長老者，則深有僧；近龍湖居而時時上龍湖作方外伴侶者，則楊定見秀才。余賴二人，又得以不寂寞，雖不可以稱相知，然不可以不稱相愛矣。老死龍湖，又何疑焉！

兩年以來，深有稍覺滿足，近又以他事怪其徒常聞，逃去別住，余乃作書寄之，大略具在三嘆餘音稿中矣。楊定見勸我言曰：「和尚且坐一坐！」蓋念我年老費力，又以深有自是，決不聽我故也。復引論語「不可則止」之語以重勸余，余謂「不可則止」之語在後，而「忠告善道」之語在先，今不聞忠告善道而先以「不可則止」自止何耶？況此語本爲疎交泛交而發，若深有與我三人者，聯臂同席十餘年矣，學同術，業同方，憂樂同事，徒弟徒孫三四十人視我如大父母，眞骨血一般，建塔蓋殿，卽己事不若是勤也。其平日情義如此，今縱忠告而不聽，尤當繼之以泣，況未嘗一言，而遂以爲不可乎？余謂連爾亦當作一懇切書與之，諸徒弟徒孫輩亦當連名作一書與之，彼見衆人俱以爲言，卽有內省之念矣。況深有原是一老實之人，只爲無甚見識，又做人師父，被人承奉慣了，便覺常聞非耳。若人人盡如常聞之言，彼必定知悔也。且深有未打常聞之先，本無失德也，雖不言可也。今既亂以皮鞭打常聞矣，猶然不得快活，復怨怒上山，造言揑詞，以爲常聞趕之，日夜使其徒衆搬運糧食上六七十里之高山，不管夏至之時人不堪勞，則爲惡極而罪大也，是以不容坐視而不作書以告之也。若如子所言，是何心行乎？

定見尚不省，乃謂和尚尚不聽我等之言，而欲深有聽和尚之言，必不得也，況人都說是和尚趕他上山去耶！余謂既說是我趕他去，則爾此書尤不容於不作也。不但救深有，亦且救我，使我得免熱趕之罪，是一舉而救我二人，尤不可以不作書矣。卽他不聽，而彼此之心已盡，我熱趕之罪得免，不亦美乎！縱然是我趕他上山去，我今又去接他下山來，乃所宜也，乃是眞大人之所爲也，乃反以我爲不必何耶？

法華方便品說

此增上慢者不知佛之方便，而遂信以爲佛之貞實，一聞妙法，能無畏乎？此世尊所以三止舍利弗之請而不告，五千比丘所以遂退而不返也。

夫此妙法，如優曇鉢華時一見耳，三乘聖人猶不可以遽語，而況於增上慢之人哉！舍利弗雖曰聲聞之選，然植根深矣，沐浴膏澤也久矣，其爲慶快，當有不言而喻者，惜乎不一記述當時所以深信之妙法也！所有記者，安知卓吾子讀之不望涯而亦返乎？然苟有妙法可記，卓吾老子雖欲不返，亦不可得也。

是經二十八品，品品皆說妙法蓮華，至求其所謂妙法蓮華者竟不可得。嗚呼！此所以爲妙法蓮華也歟！

金剛經說

金剛經者，大般若經之一也。吾聞經云：「金最剛，能催伏魔軍，普濟羣品，故謂之金剛云。」人性堅利，物不能壞，亦復如是。故忍和尚爲能大師說此經典，至應無所住而生其心，豁然大悟，便爾見性成佛，一何偉也！

說者謂朱夫子曾闢此語，以爲得罪於吾聖門，不知朱子蓋有爲也，蓋見世人執相求佛，不知卽心是佛，卒以毁形易服，遺棄君親之恩而自畔於教，故發此語，初非爲全忠與孝，能盡道於君臣父子之間者設也。使其人意誠心正而倫物無虧，則雖日誦金剛，亦何得罪之有？今觀朱夫子平生博極羣書，雖百家九流靡不淹貫，觀其註參同契可見矣。然則學者但患不能正心耳。

夫誠意之實，在毋自欺；心之不正，始於有所。有所則有住，有住則不得其正，而心始不得自在矣。

故曰「心不在焉，視不見，而聽不聞」，而生意滅矣。惟無所住則虛，虛則廓然大公，是無物也。既無物，何壞之有？惟無所住則靈，靈則物來順應，是無息也。既無息，何滅之有？此至誠無息之理，金剛不壞之性，各在當人之身者如此。而愚者不信，智者穿鑿，宋人揠苗，告子助長，無住眞心，妄立能所，生生之妙幾無息滅，是自欺也。故經中復致意云：「應生無所住心。」是心也，而可與不忠不孝削髮異服者商量面目哉！

五宗說

青原有曹洞、雲門、法眼三宗，南獄有潙仰、臨濟二宗，所謂五家宗派是也。是五宗也，始于六祖而盛于馬祖，蓋自馬祖極盛，而分派始益遠耳。故江西馬大師亦以祖稱，以其爲五家之宗祖也。雖藥山諸聖咸嗣石頭之冑，而機緣契悟，實馬大師發之，馬祖之教不亦弘歟！唯其有五宗，是以其傳有五燈。因其支分派別，源流不絕，則名之曰宗；因其重明繼燄，明明無盡，則稱之曰燈：其實一也。此五宗之所由以大，而五燈之所由以傳以續也。在我後人，寧可不知其所自耶！若永嘉眞覺大師與南陽忠國師，雖未暇叙其後嗣，然其見諦穩實，不謬爲六祖之宗明甚，乃傳燈者卽以己意抑而載之旁門，何其謬之甚歟！余故首列而并出之。

隱者說

時隱者，時當隱而隱，所謂邦無道則隱是也。此其人固有保身之哲矣，然而稍有志者亦能之，未足爲難也。

若夫身隱者，以隱爲事，不論時世是也。此其人蓋若有數等焉：有志在長林豐草，惡囂就寂而隱者；有懶散不耐煩，不能事生產作業，而其勢不得不隱者。以此而隱，又何取於隱也？等而上之，不有志在神仙，願棄人世如陶弘景輩者乎？身遊物外，心切救民如魯連子者乎？志趣超絕，不屈一人之下，如莊周、嚴光、陶潛、邵雍、陳摶數公者乎？蓋身雖隱而心實未嘗隱也。此其隱蓋高矣，然猶未大也，必如阮嗣宗等始爲身心俱隱，無得而稱焉。

嗟夫！大隱居朝市，東方生其人也。彼阮公雖大，猶有逃名之累，尚未離乎隱之迹也。吾謂阮公雖欲爲東方、馮道之事而不能，若馮公則眞無所不可者矣。

三教歸儒說

儒、道、釋之學，一也，以其初皆期於聞道也。必聞道然後可以死，故曰：「朝聞道，夕死可矣。」非聞道則未可以死，故又曰：「吾以女爲死矣。」唯志在聞道，故其視富貴若浮雲，棄天下如敝屣然也。然曰浮雲，直輕之耳；曰敝屣，直賤之耳：未以爲害也。若夫道人則視富貴如糞穢，視有天下若枷鎖，唯恐其去之不速矣。然糞穢臭也，枷鎖累也，猶未甚害也。乃釋子則又甚矣：彼其視富貴若虎豹之在陷阱，魚鳥之入網羅，活人之赴湯火然，求死不得，求生不得，一如是甚也。此儒、道、釋之所以異也，然其期於聞道以出世一也。蓋必出世，然後可以免富貴之苦也。

堯之讓舜也，唯恐舜之復洗耳也，苟得攝位，卽爲幸事，蓋推而遠之，唯恐其不可得也，非以舜之治天下有過於堯，而故讓之位以爲生民計也。此其至著者也。孔之疏食，顏之陋巷，非堯心歟！自顏氏沒，微言絕，聖學亡，則儒不傳矣。故曰：「天喪予。」何也？以諸子雖學，未嘗以聞道爲心也。則亦不免仕大夫之家爲富貴所移爾矣，況繼此而爲漢儒之附會，宋儒之穿鑿乎？又況繼此而以宋儒爲標的，穿鑿爲指歸乎？人益鄙而風益下矣！無怪其流弊至於今日，陽爲道學，陰爲富貴，被服儒雅，行若狗彘然也。

夫世之不講道學而致榮華富貴者不少也，何必講道學而後爲富貴之資也？此無他，不待講道學而自富貴者，其人蓋有學有才，有爲有守，雖欲不與之富貴，不可得也。夫唯無才無學，若不以講聖人道學之名要之，則終身貧且賤焉，恥矣，此所以必講道學以爲取富貴之資也。然則今之無才無學，無爲無識，而欲致大富貴者，斷斷乎不可以不講道學矣。今之欲眞實講道學以求儒、道、釋出世之旨，免富貴之苦者，斷斷乎不可以不剃頭做和尚矣。

論彙

論交難

以上皆易離之交，蓋交難則離亦難，交易則離亦易。何也？以天下盡市道之交也。夫既爲市矣，而曷可以交目之，曷可以易離病之，則其交也不過交易之交耳，交通之交耳。是故以利交易者，利盡則疎；以勢交通者，勢去則反，朝摩肩而暮掉臂，固矣。

夫唯君子超然勢利之外以求同志之勸，而後交始難耳，況學聖人之學而深樂夫得朋之益者，則其可交必如孔子而後可使七十子之服從也。何也？七十子所欲之物，唯孔子有之，他人無有也；孔子所可欲之物，唯七十子欲之，他人不欲也。如此乎其欲之難也，是以終七十子之身不知所掉臂也。故吾謂孔子固難遇，而七十子尤難遘也。

吾又以是觀之，以身爲市者自當有爲市之貨，固不得以聖人而爲市井病；身爲聖人者自當有聖人之貨，亦不得以聖人而兼市井。吾獨怪夫今之學者以聖人而居市井之貨也！陽爲聖人，則炎漢宗室既以爲篡位而誅之；陰爲市井，則屠狗少年又以爲穿窬而執之。非但滅族於聖門，又且囚首於井里，比之市交者又萬萬不能及矣。吾不知其於世當名何等也！

强臣論

臣之強，強於主之庸耳，苟不強，則不免爲舐痔之臣所讒，而爲弱人所食噉矣。死卽死而噉卽噉可也，目又安得瞑也，是以不得已於強也。顏魯公唯弗強也，卒以八十之年使死於讒；李懷光唯不得已於強也，卒以入赴王室之難而遂反於讒：皆千載令人痛恨者。甚矣，主之庸可畏也！然則所謂強臣者，正英主之所謂能臣，唯恐其禮待之不優者也。

喬玄之言曰：「君治世之能臣，亂世之奸賊。」吾以是觀之，使老瞞不遭漢獻，豈少一匡之勳歟？設遇龍顏，則三傑矣。奈之何舐痔固寵者專用一切附己之人，日事讒毀，驅天下之能臣而盡入於奸賊也！敦之咎王導曰：「不聽吾言，幾致滅族！」夫晉元帝其初蓋奴虜不盡之琅邪耳，非王導無以有江左，至明也。一有江左，卽以刁協爲腹心，而欲滅王氏何耶？晉孝武亦幼沖之主也，非謝安出東山，則桓溫之逆謀其遂必矣，後乃代溫位而居其任，故能却百萬之師，殺苻融而降苻朗也。既幸無事，而道子之讒遂行，又何耶？安唯恐不免於讒賊之口也，盡室以行，步丘是避，造汎海之裝於廣陵之下，欲由此還東矣，乃未就而疾作，傷哉！於是桓玄篡位，劉裕代晉，強者終能自強，而不敢強者終岌岌以死也。

夫天下強國之臣，能強人之國而終身不謀自強，而甘岌岌以死者，固少也。是以英君多能臣而庸君多強臣也，故言強臣而必先之以庸君也。

譎奸論

譎莫譎於魏武，奸莫奸於司馬宣王。自今觀之，魏武狡詐百出，雖其所心腹之人不吝假睡以要除之；而司馬宣王竟奪其頷下之珠，不必遭其睡也。故曹公之好殺也已極，而魏之子孫即反噬於司馬。司馬之嚙曹也亦可謂無遺留矣，而司馬氏之子孫又即啖食於犬羊之羣。青衣行酒，徒跣執蓋，身爲天子，反奴虜於鮮卑，戮辱於厥廷之下也。一何慘毒酷烈，令人反袂掩面，含羞而不忍見之歟！然則天之報施善人竟何如哉？吾是以知天之報施果不爽也；吾又以知譎之無益，奸之受禍也。故作譎奸論以垂鑒焉。

續焚書卷三

讀史彙

陳靜誠

夫子曰：「不在其位，不謀其政。」此常理也。然世間固有謀其政而不在其位者，則常理之所未有，從古之所未有，而於靜誠陳公僅見之矣。後此若姚恭靖亦可謂能處身於遇主之際者，而戀戀一少師之榮，終身役役於殿陛而不肯去，則亦稍優於劉誠意而已，其視公不太遠乎！

嗚呼！胡惟庸之藥不待嘗也，天官之九級不待歷歷下上也，故吾以陳靜誠爲我朝名臣之第一人也。

劉伯溫

公中忌者之毒，以太直故；晚而上之顧寖薄，以太剛故。其不肯爲子房之和光同塵，曲己藏身明矣。此其人品識見實居留侯之前，而世人惑於聞見，反以公爲不逮子房，非也。

一進一退自有定數，一勝一負自有定時，而況於生死大事也！迷者俟命而行，達人知天已定。公旣精曉天文，安有不知己之死日在洪武八年，而己死之年僅六十又五也？今觀公之封天文秘書以授子璉也，且責令璉亟上之矣；又爲書以授次子仲璟，而曰必待惟庸敗後乃可密聞。至十三年，上竟誅惟庸，累坐夷滅者數萬，果思公言，召璉拜官，而璉遂卒，孫廌繼之襲封誠意伯，增祿五百石，且予世券。公一時剛直之所貽，不可以觀乎？而仲璟復奏公遺疏，拜閤門使。璉與廌咸卒於洪武二十五年之前，而仲璟獨著節於靖難之後。公爲開國功臣，仲璟爲死難忠臣，世濟其直，剛終難屈，孰謂公之獨授書於仲璟也爲無意？我故曰：「皆天也。」公唯知天而已，不然，何貴於知天文！

宋景濂

上問公何以不受乞文之餽，公對曰：「天朝侍從受小夷金，非所以崇國體。」余謂公失對矣，公亦不宜待問而後對也。方請文時，公卽宜疏列其事，言「屬國遣使求文，須奏請天朝，待皇上允許，勑令某臣撰作，乃敢作。臣等旣奉勑而後撰文，則日本必不可以有所餽而得文也。若受其餽，卽爲私交。願聖上頒降撰文而令來使齎還所餽之金」。如此，則朝廷尊嚴，小國懷畏，聖上必且大喜矣，而公何不知也？余觀上之曲宴公，嘗歎曰：「純臣哉爾濂！今四夷皆知卿名，卿自愛！」嗚呼，危哉斯歎！芒刺眞若在背，而公又尙不知，何也？

已告老而歸，仍請歲歲入朝，欲以醉學士而奉魚水，此其意不過爲子孫宗族世世光寵計耳，愛子孫之念太殷也。孫愼怙勢作威，坐法自累，則公實累之矣；且幷累公，則亦公之自累，非孫愼能累公也。使旣歸而卽杜門作浦江叟，不令一人隸於仕籍，孫輩亦何由而犯法乎？蓋公徒知溫室之樹不可對，而不知殺身之禍固隱於魚水而不在於溫樹也。俗儒亦知止足之戒，徒守古語以爲法程，七十餘歲，死葬夔峽，哀哉！

李善長

李善長安敢望蕭酇侯哉！特其一時同起豐沛，跡相類耳。漢祖百戰以取天下，年年遠征，乃令酇侯獨守關中。數千里給餉增兵不絕，厥功大矣，且日夜惶惶，恐一言不合，一舉措不慎，卒無以當上心，保首領。最後僅僅爲民請上林空地，片語稍拂上意，然亦有何罪而遂致械繫，略不念故人勳舊之情也！誰謂漢祖寬仁大度者？吾以爲必如我太祖乃可稱寬仁大度也。

夫君逸臣勞，理也，亦勢也。我二祖之勤勞不敢自暇逸，三十一年如一日，二十二年如一年者也。昔之治天下於有天下之後者，曾有若是者耶！二祖之勤勞以治天下如此，故亦望人之輔之也，亦不顧家顧親戚而爲之也；而善長諸臣無有一人能體其心者。今觀歐陽駙馬所尙者，太后親生公主也，一犯茶禁，卽置極典，雖太后亦不敢勸。其不私親以爲天下榜樣，亦大昭揭明白矣。善長等到此時，豈猶未知太祖之心耶？善長若猶未知太祖之心，而又何望於善長之弟，與善長之姪若孫若親戚奴僕等耶！今善長且已屢致論列矣，猶眷戀崇貴顯要，不忍請老何也？年已七十有七，方且揚揚然借兵夫，起大第，以明得意。嗚呼！一介草茅，當四十一歲時救死且不暇，於今何如也，而猶以爲未足耶？得自經死牖下，千幸且萬幸，何足憐！

或曰：「設身處地當如何？」曰：「當漢祖大封功臣之日，何乃三傑中人材，亦只封文終侯，未嘗敢與韓彭等埒也。我又何人，偃然而徑據於中山王之上乎？百頓首力辭封，甘心退讓，自處於劉誠意之下，則帝必喜。且夫歲入祿米五千餘石，何人不贍了也，推其半以分給叔兄弟姪，宗黨友朋，毋使一人與職任事，得以怙勢作威福，則怨奚自生，禍從何至？是謂損福以滅禍，滅福以致福，此天之道而人之事也。」若王國用之疏，自妙；然以之陳於我太祖之前，總是隔靴搔癢。

花將軍

花將軍既死，郜夫人安得獨完？然能知花將軍之不可無後，孫侍兒之決可託子，則其獨具隻眼爲何如也！嗚呼！郜氏往矣，孫氏而後其苦可知也。付託在躬，雖明知生不如死，而有口亦難說矣。吾以爲孫氏可敬也。嗚呼！在天爲風雲，在地爲雷雨；死則爲雷老，生則爲花雲；總則一人而已，而又何怪耶！

韓成

紀信誑楚，楚滅漢興，天下既定，恤典何曾！嗚呼！此漢祖基業所以僅僅四百餘載也。韓成誑漢，照映今古，惟帝念哉，刻骨痛苦。嗚呼！此太祖高皇帝之業所以歷萬億載而未有艾也。同時死事鄱湖三十六將如丁普郎者，首已斷矣，猶執刀船頭，若戰鬭狀，一何忠且勇也！然帝終以成效忠致死，言念不忘，封成高陽侯，廟祀康郎山，位居首。嗚呼！愛賢樂士，視人猶己，一時英傑無不樂爲之死也宜也。

而說者猶以一二功臣不終之故，大爲帝疑，不知帝之體念諸功臣也亦已無所不至矣，而諸功臣則未必能一一仰體之也。誰其得似中山與開平，又誰其似西平與信國乎？其爲高皇終始眷注何如也！

馮勝

馮勝以大將軍統數十萬衆，出沙漠，平定反側，爲聖天子伸威萬里之外。糧餉不計，死亡勿恤，唯惓惓以不虜掠不擾害爲言。此爲何等事，而我爲何等人乎，而敢娶元妃以自肆，私吏財以自利也？吾謂不卽梟首，已爲大幸，乃猶以爲可侯，吾不知之矣。

且我朝聖祖於凡有功諸臣，賞賚原不薄，體悉原無所不至也。我聖祖起滁陽，入建業，定江南，以至定山東，定河南北，凡十有餘歲，始卽帝位。及卽位，又享國三十有一年。此蓋上帝之所篤生，天固縱之，使多歷年所以福壽我黎民，原非漢、唐、宋首創諸君假仁義以行者之所得比也。並時惟湯信國壽躋七十，餘俱不及，則至於靖難之世，又安得有故將乎？未可遽以是而遂爲不惜才者之憾。吾以爲最惜才者，當無如我明太祖矣。

羅義

此衞卒見識勝方正學十倍。人亦何必多讀書哉！嗚呼！以全盛之天下，金湯之世界，付與講究周禮、精熟大學衍義之大學士，不四年而遂敗。可畏哉書也！

死難諸人

此或爲補鍋匠，或爲河西傭，或爲轉輪藏頂之二十餘人，嘵嘵有聲者，皆未可知也。大臣生事禍國，一至此哉！絕可悲歎！黄子澄、齊泰輩，雖寸斬亦終不足以謝天下矣。

高翔程濟

高公雖與程公同邑相善，但高貴死忠，程貴智免，此兩公所以自謂不同也。然高欲死忠固也；若程者判以其身從君逃難至滿數十載，其忘家忘親忘身之忠又如此，固人臣之大忠也，何得自以爲不同也？夫一以殺身爲忠，反使族屬之親，祖考之骨，亦不得免；一以智術爲忠，乃能致其主脱走，逍遙於物外，老送歸闕，還葬西山，是何心之最忠，慮之最遠，所全最大也！嗚呼！吾願世之爲臣子者心最忠，而世卒莫能知以是爲忠之大云。

劉璟王紳

王忠文之子若孫，眞忠文之子孫也；劉誠意之子，眞誠意伯之子也。快人哉！余獨怪誠意善天文，知難星正過，急勸上登別舟以免，而不知己之難星在胡惟庸頭上來，何也？豈老星官亦但能知人而不能自知耶？要之，總不若姚恭靖老秃卒以僧錄司善世終其身。我見其十六年於朝隨班行禮，賜出宫人，不辭亦不近，熒然一比丘，以故絶無兔死狗烹之疑，又何待泛舟五湖，與夫勞勞攘攘欲從赤松子學辟穀事乎？意者必如姚而後可稱善始善終而善於天文乎！

胡忠安

胡忠安之忠大矣！當永樂在位之二十一年也，猶未放心於建文之遜去；而所託腹心之臣，惟忠安一人。孰知忠安一日在湖、湘，則建文一日得安穩於滇、粤諸山寺耶？留一建文，固無損於事永樂之忠，而反足以結文皇之寵，完君父叔姪之倫。今觀公之告文皇，直言其無足慮而已。嗚呼！誠哉其無足慮也，公豈欺文皇者哉！上疑始釋，建文無恙，吾故以謂胡忠安之忠大矣。

姚恭靖

公官太子少師，推忠輔國協謀宣力文臣，階特進榮祿大夫、勳柱國，追封榮國公，謚恭靖，加贈少師。別號獨菴老人，又自謂逃虛子。

余時年七十五矣，偶至燕，寓西山極樂寺，訪問公遺書遺像甚勤。適有告者曰：「公自輟配享，祀大興隆寺，而今燬矣。今移公像於崇國西偏，甚不稱。」余齋戒擇日，晨往崇國寺瞻禮，見墨蹟宛然，儼有生氣，俯仰慨慕，欲涕者久之。以爲我國家二百餘年以來，休養生息，遂至今日士安於飽煖，人忘其戰爭，皆我成祖文皇帝與姚少師之力也，而其可如此苟簡棄置之哉！而其可如此苟簡棄置之哉！

公像甚精峭，上有題偈，乃公親筆，若以爲古物，亦當守爲世寶，況眞儀乎？意欲移住崇國寺朝夕瞻拜，以致皈依，縱在世不久，亦愈於空抱遺恨也。公有書名道餘錄，絕可觀，漕河尚書劉東星不知於何處索得之，宜再梓行，以資道力，開出世法眼。

岳正

楊邃菴雖以葉文莊壙誌爲未詳，以太白、柳州比擬爲非類，以金緋在躬爲非所以幸先生，字字皆滴血，可畏也！然文莊壙誌亦自好，宜幷錄讀之。又責李文正補傳成於三十年後，其言尤爲眞切。嗚呼！世間白日如過隙，誰能耐煩等爾一落筆遂三十年也！然文正祭文等皆淋漓可誦，有欲知蒙泉岳先生者，定當細閱文正先生之筆，文正眞不謬爲岳先生門下士與佳壻也。其壻經，其女甥壻辰，祭文亦好，且道二人皆是岳先生自幼選擇而成者，豈不快哉！

李賢

既已食君之祿，官居一品，君命起復，卽宜不俟駕行矣，不必怪東怪西，謂彭華嗾使羅倫以代公表白，反使羅倫亦蒙不韙之名也。余謂若欲盡孝，自不宜出仕；既出仕，藉君養親，又持終喪之說以買名，皆無廉恥之甚者。苟在朝不受俸，不與慶賀，不穿吉服，日間入公門理政事，早晚焚香哭臨，何曾失了孝道？況忠以事君，敬以體國，委身以報主，忘私忘家又忘身，正孝之大者，乃反以爲不孝可歟！天順反正八年之間，非文達挺身負荷，則曹、石之徒，依然敗壞潰裂，不可收拾矣，何莫而非文達行孝去處，而必以區區廬墓哭泣乃爲孝耶？吾不知之矣。

李東陽

此段亦是一大議論，但當時洛陽爲首相，其識見亦只是夢陽等，雖文正爲次輔，亦不敢與之商量萬全之策，況韓文九卿諸公哉！故謂當時諸老盡出一時搏擊之習，無一人能爲朝廷計久遠、圖萬全者可也，謂其咸相隨而就夢陽之後不可也。文正雖以才學知夢陽，然夢陽實不知文正。使其能知文正一兩分，則文正不孤矣，何待結識新都，倚託梁、費，而後致身以去耶！故知爲文正者實難，後之學者愼勿容易草草論文正！

楊廷和

世廟初入，據古執禮，公當其時，可謂正直不阿，卓然名世矣，是豈賂璫賣友取容之人乎？此市井之談，愛憎之口，不待辨者。

獨大禮議起，人皆是張、桂而非公，余謂公只是未脱見聞窠臼耳，若其一念唯恐陷主於非禮，則精忠貫日可掬也。故謂公之議有所未當則可，謂公之心有一毫不忠則不可。此趙文肅所以極力爲公表也。

善乎鄭淡泉之論曰："康陵時，劉公鞠躬盡瘁以匡其始，楊公撥亂反正以扶其終。或去或不去，均之爲大臣。"其言當矣。果如或者之説，於司直爲賣友，於劉瑾爲阿勢，則大禮之議，委曲扶同，公自優爲之矣。然公之議大禮也，可以許其忠，而未敢以許其妙。若處康陵之朝，非但人不知其妙，而亦不能信其忠，蓋大忠者不見忠，至妙者人自然不知其妙也。是以當時知公者僅僅有李文正、梁文康、費文憲數人耳。文正必得公而後敢以去，梁、費二公亦必得公而後敢卽安，則公所係何如哉！

余又怪其不能以事康陵者而事永陵也，豈其眞挾定册之功，或恃世宗仁聖，終能聽己也耶？不知之矣。

席書

卽此一事，公之才識已足蓋當世矣。當是時，人之尊信朱夫子，猶夫子也，而能識知朱子之非夫子，唯陽明之學乃眞夫子，則其識見爲何如者！然有識而才不充，膽不足，則亦不敢遽排衆好，奪時論，而遂皈依龍場，以驛丞爲師也。官爲提學，而率諸生以師驛宰，奇亦甚矣。見何超絶，志何峻卓，況不虞賊瑾之虐其後乎！

王驥

弇州謂靖遠材而欲，武略則優。噫！安得有大將之才如驥，又得無欲如弇州言者而用之，使之爲我禦虜征蠻以封侯乎？然既無欲矣，則雖封侯亦其所不欲者，吾又安能使之捨棄性命以爲我征蠻禦虜，而與其所不欲之侯封也？其言謬矣！然其曰：「靖遠差寬，不然，以麓川三大役，塗炭幾天下半，而卒以長世。」此則稍有識見，非復彼時訓導諸人疏語。

夫國家用人，唯用其才，今乃使有才者不得用，卒自託於中貴人有援力者以自見，其爲宰相冢宰本兵，吾謂其慚汗滿面，愧死無地矣，乃反以有欲病人，何哉？又何取於居要路者爲也？

我朝文臣世爵，今唯靖遠猶存，故弇州獨以爲仁德之報，不信彼讒妬之口云。然王越、楊善之爵安可以不復，祿又安可以不世也？世王越、楊善之爵祿，則人才自然思奮，又何必以臨時乏才爲恨耶？

楊善

唯景泰絕無迎太上皇之意，是以太上皇自不待迎而後至，豈景泰君臣當時眞能寓有意於無意之中，而若是吊詭歟！則南宮不錮，太子不廢，門不假奪矣。惜哉！終始一無意思之人耳，乃也先反因之以好來歸，以戕害我兄弟君臣，是眞爲有意而送之來歸也，非果楊善之能也。也先爲巧而我爲拙，也先爲主而我爲賓，不亦太不如人矣乎！

雖然，事勢至此，社稷爲重，君爲輕，身又爲輕焉者也，于忠肅之功，千載不可誣也。故論社稷功則于謙爲首，論歸太上皇功則楊善爲最。然則楊善其眞有意之人哉，故能以無意得之。

王文成

陽明先生在江西與孫、許同時，則爲江西三忠臣。先生又與胡端敏、孫忠烈同舉鄉薦，曾聞夜半時有巨人文場東西立，大言曰：「三人好作事！」已忽不見，則在浙江又爲三大人矣。

且夫古之立大功者亦誠多有，但未有旬日之間不待請兵請糧而卽擒反者，此唯先生能之。然古今亦未有失一朝廷卽時有一朝廷，若不見有朝廷爲胡虜所留者。舉朝晏然，三邊晏然，大同城不得入，居庸城不得入，卽至通州城下亦如無有，此則于少保之勳千載所不可誣也。若英宗北狩，楊善徒手片言單詞，歡喜也先，遂令也先卽時遣人隨善護送上皇來歸。以余觀之，古唯厮養卒，今僅有楊善耳。吁！以善視養卒，則養卒又不足言矣。此皆今古大功，未易指屈，則先生與于與楊又爲千古三大功臣焉者也。

嗚呼！天生先生豈易也耶！在江西爲三大忠，在浙江爲三大人，在今古爲三大功，而況理學又足繼孔聖之統者哉？

王晉溪

弇州謂晉溪公貪財，好睚眦中人。夫滿朝皆受宸濠賂，獨晉溪公與梁公亡有也。楊廷和爲首相，受宸濠賂，擅與護衛，乃嫁禍於梁公，而梁公不辨，卒被劾去；又嫁禍於晉溪公，晉溪公又不辨，卒被誣下獄論死。是孰爲貪財乎？孰爲好睚眦人乎？

嗚呼！晉溪不貪宸濠之賂，而陰用守仁，使居上流以擒濠，明知守仁不以一錢與人，不與一面相識，而故委心用之篤也，少具眼者自當了了，何況弇州素讀書作文人耶！彼不拒江彬者，欲以行彼志耳，是以能使守仁等諸大豪傑士得爲朝廷用也。當時若李充嗣之撫應天，喬宇輩之居南京，陳金等之節制兩廣，卒令宸濠旋起而旋滅，是誰之功乎？嗚呼！此唯可與智者道。

儲瓘

公視陽明先生居然前輩矣。陽明中弘治十二年進士時，公則已太僕少卿，而往來問學若弟子。吁！此公之所以益不可及也。後泰州有心齋先生，其聞風而興者歟！心齋之子東崖公，贄之師。東崖之學，實出自庭訓，然心齋先生在日，親遣之事龍谿於越東，與龍谿之友月泉老衲矣，所得更深邃也。東崖幼時，親見陽明。

附閱古事

裴耀卿疏救楊濬坐贓免笞辱准折贖

贓官死且不怕，況怕杖乎？淸官寧可受死，肯受辱乎？然則決杖贖死，正所以優待贓官而導之贓汚也。雖曰士人，實同徒隸，但論有贓否耳。徒隸之人豈無羞恥本心高出士人之上哉！

子伋子壽

伋與壽所謂視死如歸，以死爲榮者耶！伋、壽皆宣公子，而壽又朔同母子。若說父母種性，不應產此聖兄聖弟明矣。人固不係於種類哉！雖惡種，其能移此二子至孝至友之眞性哉！

衞玠問夢

周禮六夢：曰正夢，曰噩夢，曰思夢，曰寤夢，曰喜夢，曰懼夢。東坡夢齋銘曰：「人有牧羊而復者，因羊而念馬，因馬而念車，因車而念蓋，遂夢曲蓋鼓吹，身爲王公。」夫牧羊之與王公亦遠矣，想之所因，豈足怪乎！

李溫陵曰：周公、樂令、蘇子，皆一偏之談，推測之見，青天白日各自說夢，不足信也。無時不夢，無刻不夢。天以春夏秋冬夢，地以山川土石夢，人以六根、六塵、十二處、十八界夢，夢死夢生，夢苦夢樂，飛者夢於林，躍者夢於淵。夢固夢也，醒亦夢也，蓋無時不是夢矣，誰能知其因乎？雖至聖至神於此，無逃避夢中，若問其因，亦當縮首卷舌，不敢出聲矣。

善哉衞玠形神所不接之問也，使得遭遇達磨諸祖，豈不超然夢覺之關，而何止差疾已也。惜哉好學而無其師，眞令人恨恨！

庚公不遺的盧

不豪則自不達，不達則自非豪，唯達故豪，一也。但世有慕名作達者，似達而非達；亦有效顰爲達者，雖達亦不達。

庾公之不遺的盧也，曰：「昔孫叔敖殺兩頭蛇以爲後人，……效之，不亦達乎！」方叔敖少時，寧知殺兩頭蛇之爲達而後殺之耶？自分必死，故歸而向其母泣。唯自分必死，故寧我見之而死，不欲後人復見之而死也，是之爲眞達也；遂從而殺之，是之爲眞豪也。彼豈有心倣效甚人來耶？

是故阮渾欲學達，而嗣宗不許，惡其效也。山公之薦咸曰：「清眞寡欲，萬物不能移也。使在官人之職，必妙絕於時。」識其眞也。噫！是豈易與講道學者談耶！

史魚禽息

二子皆死諫，二子皆迂腐，然二子之所以痛百里奚、蘧伯玉者至矣，所以知百里奚、蘧伯玉者深矣！易曰：「二人同心，其利斷金。」蓋二人不用於世，二子之目不瞑也；與其知二人而不用，不如用二人而身死也。惜才如此，何死生之可言乎？金雖堅，安足斷耶！

嗚呼！世未有貞友而不可以事君者也。故求忠臣者，尤必之貞友之門。

孔融有自然之性

自然之性，乃是自然眞道學也，豈講道學者所能學乎？既不能學，又冒引聖言以自揜其不能，視融之六歲便能藏張儉，長來便能作書救盛孝章，薦禰正平，必以不曉事目之矣。

嗟乎！有利於己而欲時時囑託公事，則必稱引萬物一體之說；有損於己而欲遠怨避嫌，則必稱引明哲保身之說。使明天子賢宰相燭知其奸，欲杜此術，但不許囑託，不許遠嫌，又不許稱引古語，則道學之術窮矣。

其思革子

此革子之所以賢也。當其時，三人皆赴楚，幸而同會於赴楚之途，不幸而同風雪於嵚巖之間。積日過時，無所食飲，或不奈飢之與寒，遂病以死，革子蓋幸而得不死者也。幸而不死而得以見楚王，楚王能饗之，未必能用之；縱能用，未必遽以爲相，錫以千金。其身之未敢必其爲如何也，而況使王澤及其二子乎？吾固謂革子之賢不可及也：一進見之頃，奏琴之間，而沒者以慰，生者以榮。成己成物，道在茲矣。

王維譏陶潛

此亦公一偏之談也。苟知官署門闌不異長林豐草，則終身長林豐草，固卽終身官署門闌矣。同等大虛，無所不遍，則不見督郵雖不爲高，亦不爲礙。若王維是，陶潛非，則一陶潛足以礙王維矣，安在其爲無礙、無所不遍乎？

續梵書卷四

雜著彙

東土達磨

東土初祖，卽西天第二十八祖菩提達磨尊者。自西天來東，單傳直指明心見性直了成佛之旨以授慧可，遂爲東土初祖。蓋在西天則爲二十八代尊者相傳衣鉢之祖，所謂繼往聖之聖人也，猶未爲難也；在此方則爲東土第一代祖師之祖，所謂開來學之聖人也，難之尤難焉者也。

嗚呼！絕言忘句，玄酒太羹，子孫千億，沿流不絕，爲法忘軀，可謂知所重矣。

釋迦佛後

釋迦佛說法四十九年，畢竟不曾留一字與迦葉，其與達磨東來不立文字，蓋千載同一致也。迦葉無故翻令阿難結集，遂成三藏教語，流毒萬世。嗟夫！釋迦傳衣不傳法，傳與補處菩薩者，衣也，非法也。傳衣者傳補處；傳補處者，蓋合萬億劫以爲一劫，合萬億世以爲一世，又非止於子孫相繼以爲一世者之比也。此其識見度量爲何如哉！

余偶來濟上，乘興晉謁夫子廟，登杏壇，入林中，見檜柏參天，飛鳥不敢棲止，一草一木皆可指摘而莖數，刺草不生，棘木不長，豈聖人之聖眞能使草木皆香潔，烏鵲不敢入林窠噪哉！至德在躬，山川效靈，鬼神自然呵護，庸夫俗子無識不信，獨不曾履其地乎？何無目之甚也！

夫孔夫子去今二千餘歲矣，孔氏子姓安坐而享孔聖人之澤，況鯉也爲之子，伋也爲之孫，纍纍三墳，俎豆相望，歷周、秦、漢、唐、宋、元以至今日，其或繼今者萬億劫可知也。蓋大聖人之識見度量總若此矣，而又何羨於佛與釋迦乎？

元党懷英有詩云：「魯國餘蹤墮渺茫，獨遺林廟歷城荒。梅梁分曙霞棲影，松牖迴春月駐光。古柏嘗霑周雨露，斷碑猶載漢文章。不須更問傳家事，泰岱參天汶泗長。」至矣哉！宜自思惟：孰與周、秦、漢、唐、宋、元長且久也！

書胡笳十八拍後

此皆蔡伯喈之女所作也。流離鄙賤，朝漢暮羌，雖絕世才學，亦何足道！余故詳錄以示學者，見生世之苦如此，欲無入而不自得焉，雖聖人亦必不能云耳。讀之令人悲歎哀傷，五內欲裂，況身親爲之哉！際此時，唯有一死快當，然而曰「薄志節兮念死難」，則亦眞情矣。故唯聖人乃能處死，不以必死勸人。我願學者再三吟哦，則朝聞夕死，何謂其不可也乎哉！

書遺言後

以上原合爲一手軸，偶因朗目師父之便，錄出以寄焦漪老并諸相知者一覽，則知余終老之概矣。

其地最居高阜，前三十餘丈爲余家，後三十餘丈爲佛殿僧房。仍於寺之右蓋馬誠所讀易精廬一區，寺之左蓋李卓吾假年別館一所。周圍樹以果木，種以蔬菜。蔬圃之外，尚有七八十畝，可召人佃種，以爲僧徒衣食之用。

嗚呼！死有所藏，安其身於地下；生有所養，司香火於無窮：馬氏父子之意蓋如此。

棲霞寺重新佛殿勸化文

竊惟六度萬行，以布施爲第一；三毒五戒，以貪毒爲最先。蓋緣衆生以財爲命，苟未能眞知性命所在，則財未易施也。佛憫此故，乃呼而告之曰：「爾等當皈依自心三寶，勿貪世寶也。何謂三寶？皈依佛，兩足尊，此佛寶也；皈依法，離欲尊，此法寶也；皈依僧，衆中尊，此僧寶也。三寶一心，靡求不應。故有能獻華供我，我知是人必能覩佛世界，坐寶蓮花，見佛成道；有能喜捨一笠，我知是人必能成就慧業，無始習氣，頓然冰消。」

噫嘻！佛豈有誑語乎，人特不信爾。所以者何？蓋以因果之說尙未明了，輪迴之語猶自生疑故也。夫因果之說，種桃之喻也。種桃得桃，必不生李；種李得李，必不生桃。投種于地，寧有僭乎？輪迴之語，因果之推也。果必有因，因復爲果；因必生果，果仍爲因。如是循環，可思議乎？由此觀之，報施之理，感應之端，可以識矣。自種自收，孰能與之；自作自受，孰能禦之。但捨一文，決不虛棄，如其未曾，請從此始，種德君子當知所發心矣。

棲霞寺住持僧清栢，舊曾謀於雲谷老宿，欲大新佛殿未果；今平湖陸公旣已發疏募諸學士大夫，人成斯擧矣，余復何言？不過發明因果大義，獨與一二信心道人共結良因爾。異日金碧騰輝，照映山谷，湖司禮慨然出米五十石以辦頭齋，搶頭福也；辛司禮願施十石，次得福也；皆孟司禮太監意也。李卓吾聞而記之。續有施舍不斷，源源水來，以畢講事唱揚道場。今日辦齋於此，眞不虛矣。

祖心登壇講說妙法蓮華之日，當率衆友來聽，祖心其尙思妙法之難說哉！余將聽焉；今日同會諸友，若方時化、汪本鈳、馬逢暘，亦將聽焉；十方善男信士亦將聽焉。務獅子吼，無野狐禪，則續燈之意不虛，張南湖諸公之意亦不虛矣。是爲祖心說法之由。

題孔子像於芝佛院

人皆以孔子爲大聖，吾亦以爲大聖；皆以老、佛爲異端，吾亦以爲異端。人人非眞知大聖與異端也，以所聞於父師之教者熟也；父師非眞知大聖與異端也，以所聞於儒先之教者熟也；儒先亦非眞知大聖與異端也，以孔子有是言也。其曰「聖則吾不能」，是居謙也。其曰「攻乎異端」，是必爲老與佛也。

儒先億度而言之，父師沿襲而誦之，小子朦聾而聽之。萬口一詞，不可破也；千年一律，不自知也。不曰「徒誦其言」，而曰「已知其人」；不曰「强不知以爲知」，而曰「知之爲知之」。至今日，雖有目，無所用矣。

余何人也，敢謂有目？亦從衆耳。既從衆而聖之，亦從衆而事之，是故吾從衆事孔子於芝佛之院。

讀草廬朱文公贊

吳草廬曰：「義理玄微，蠒絲牛毛。心胸開豁，海闊天高。豪傑之才，聖賢之學。景星慶雲，泰山喬嶽。」

此話也。有可告之人而終不得告，吾寧不思乎！吾謂若見泉者，倘得與魯仲連、藺相如輩游，則其光明俊偉，大有益於人國何如哉！惜哉猶有酸氣，則以一種道學之習漸塞其天耳，然時時露出本色，則以其天者全也。今廷試其狀貌類父，雄傑類父，而謙巽恭讓，獨能委曲和說，合乎上下之交，則余之恨不得與見泉言者，今皆不必與廷試言之矣，余寧不大喜，且爲見泉喜乎！

夫文武不同，而忠孝則一，倘肯效忠盡孝，何人不可，何地不可，何官不可，況堂堂國之參戎歟！況通州京師門戶，虜騎突如其來，不待信宿歟！有賢於此，朝廷之上始可高枕而臥，豈可遽以和好自安妥也？我太祖高皇帝親置藩國於此，直塞口北之門於喉項之間；成祖文皇帝又親建北京於此。聖子神孫，百官萬姓，宗廟陵寢，與虜直隔一牆。如此其重也，而皆徑以付與二三大臣與總兵、參將大將軍，則見泉平生自負所欲爲而不得者，今皆有兒以承之，而又眞能克承之——我所欲言於見泉而不得者，今廷試皆已了了，又絶無俟余言。然則見泉其眞可以自慰矣！

見泉者，佳公子，喜讀書，尤好武事，不知在日會與俞虛江、戚南塘二老游不。此二老者，固嘉、隆間赫赫著聞，而爲千百世之人物者也。今恨無此二老耳，吾將以此二老者望於賢郎，不知見泉兄以爲可否？

說法因由

萬曆庚子春，正月人日，山西劉用相設齋于興善禪寺，適法師祖心在會，余謂佛殿新興，法師宜於此講妙法蓮華以落成之，俾興善有勸，非祖心不可也。祖心許諾，寺主續燈亦喜諾。同與齋次，有張南自謂得再見我見泉，免心中時時有一見泉也，而君逝矣，作古人矣。嗚呼見泉！其眞不復再見矣！

後余遊方至楚，又聞其公子廷試磊落奇氣如見泉。偶一夕，有一姓潘者同一詹軫光舉人偕至湖上見我，我留與一宿，至早欲別去，因問之曰：「君是婺源，曾識潘見泉先生否？」姓潘者立起應曰：「弟子名廷謨，是先君第四子也。」余驚訝，卽起而嘔之曰：「何不早道，使我得一夕歡喜耶！爾且能飲酒放歌，果是潘見泉之子，我當令人沽酒遠村，與爾沉醉，不令爾一夜寂寞也。眞拙人，眞拙人！胡不早告我！」卽令僧雛打掃淨室，留二人讀書其中。月餘日，乃別去。

時見泉三兒廷試，正棄文就武，將所得其父精藝發身遼左，侵侵乎見知於諸大老，勃勃乎嚮用矣。聞其人全與父類，未面也。余乃戲廷謨曰：「爾與爾兄孰似爾先人？」廷謨乃更謙曰：「家兄得其似，余小子不肖矣。」余見其推讓於兄，益使余又欲一見其兄。

歲丁酉、戊戌間，余復遊方至燕、晉，而廷試在遼，猶未得面。南旋至白下，聞廷試徙大同爲遊擊將軍，官漸升矣，地益已遠矣，我益老，終不得與廷試會矣，豈知我仍復偕馬誠所侍御又抵潞河，而廷試遂參戎於此，終當一見也耶！

旣見廷試，則大喜，乃與廷試索諸公所爲見泉先生傳誌等觀之。大抵南溟汪公誌極詳，弱侯祭文及傳亦見交契，總之未得見泉之心也。見泉之心，我知之。余時有一肚皮話欲對見泉吐，恨未同，仍復呑之。雖復呑食此話，然終以見泉不可不聞吾此話也。何也？世間丈夫若潘見泉者少也，非見泉固不必告以此話，若是見泉又不可以不知此話也。我此話惟見泉可使知之，焦弱侯等雖相信，終不可告以經聲自天而下，老穉扶攜，遶殿三匝，拜舞歡呼，共祝今皇億萬萬歲壽，十方讚歎，皆曰「某州某鄉某善男子善女子等信施某某等」，余知爾某等功德非細也。

列衆僧職事

居山以念佛爲主，所有日用事，老成者自然向前力作，不惜勞苦；但年少者又皆係大衆徒弟徒孫，非其本師管束，不必樂趨不倦。以故坐食者多，用力者少，則雖欲不廢弛不得也。今常融既與衆師父商議，分定職守，自然清淨無事，可省煩舌之勞矣。

然余又有說焉。人既衆多，師父不一，師父若肯嚴束徒弟，不致偏護，衆徒子等見其師伯師叔，敬畏尤甚於本師，則自然一體爲善，決無參差。又居山田者勞苦十倍，大衆尤當敬畏。其念經領德行著聞，是又山門之領袖，所謂僧寶者是也，外人聞之而生信心，君子因之而生渴仰，本山得之而加尊重，乃少年輩全不加敬，是皆本師之過矣。苟不知此義，何可共住，卽此是地獄種，畜生業，不待他日他年也。我山中老成者原不如此，但人衆既多，不得不預防以申戒之耳。

人多山小，以後不許再接一個徒弟徒孫，果有聞風而來，千里不遠者，我自能以師事之。不悉。

追述潘見泉先生往會因由付其兒參將

余向在白下門，因焦弱侯得交我見泉潘君，然僅僅數語耳，其得見泉之行事志節，則皆弱侯歷歷爲余道也。弱侯固樂道人善，然浮不得過二分三分；既已親見見泉，面聆數語，則與弱侯言盡合，無半黨浮也，況二分三分乎！於是心中時時有一潘見泉。後余入滇，又三載，得告謝，忽聞見泉來守北勝，余草廬文公先生贊，可以與文公並享兩廡矣。妙矣哉！「繭絲牛毛，泰山喬嶽」八字法也，可謂最善名狀矣。夫兩廡之享不享，何關後賢事！所患者，以吾無可享之實也。使吾有可享之實，雖不與享，庸何傷！祗不免重增譏詆者之罪耳。然好譏詆者原不畏罪也。夫譏詆者既不畏罪，彼不與享者又不相關，則恐泰山喬嶽無以自安於兩廡之間而已！

讀南華

南華經若無内七篇，則外篇、雜篇固不妨奇特也，惜哉以有内七篇也。故余斷以外篇、雜篇爲秦、漢見道人口吻，而獨註内七篇，使與道德經註解並請正於後聖云。

讀金縢

周公欲以身代兄之死，既已明告於神矣，而卒不死何耶？然猶可委曰：「神不許我以死，我豈敢自死乎？我直以明我欲代兄之心云耳，非以祈人之知我欲代兄死也。」則册祝之詞，壇墠之設，珪璧之秉，金匱之納，何爲者哉？諺曰：「平地上起骨堆。」此之謂也。無風揚波，無事生事，一人好名，毒流萬世，卒使管叔流言，新莽藉口。聖人之所作爲，道學之所舉動，吾不知之矣，不有陳賈乎？陳賈曰：「周公使管叔監殷，管叔以殷畔。知而使之，是不仁也；不知而使之，是不智也。」此千古斷案也。不仁不智，從公擇其一者可矣。

李卓吾先生遺言

春來多病，急欲辭世，幸於此辭，落在好朋友之手，此最難事，此余最幸事，爾等不可不知重也。

倘一旦死，急擇城外高阜，向南開作一坑：長一丈，闊五尺，深至六尺卽止。既如是深，如是闊，如是長矣，然復就中復掘二尺五寸深土，長不過六尺有半，闊不過二尺五寸，以安予魄。既掘深了二尺五寸，則用蘆蓆五張塡平其下，而安我其上，此豈有一毫不淸淨者哉！我心安焉，卽爲樂土，勿太俗氣，搖動人言，急於好看，以傷我之本心也。雖馬誠老能爲厚終之具，然終不如安余心之爲愈矣。此是余第一要緊言語。我氣已散，卽當穿此安魄之坑。

未入坑時，且閣我魄於板上，用余在身衣服卽止，不可換新衣等，使我體魄不安。但面上加一掩面，頭照舊安枕，而加一白布中單總蓋上下，用裹脚布廿字交纏其上。以得力四人平平扶出，待五更初開門時寂寂擡出，到於壙所，卽可粧置蘆蓆之上，而板復擡回以還主人矣。既安了體魄，上加二三十根椽子横閣其上。閣了，仍用蘆蓆五張鋪於椽子之上，卽起放下原土，築實使平，更加浮土，使可望而知其爲卓吾子之魄也。周圍栽以樹木，墓前立一石碑，題曰：「李卓吾先生之墓」。字四尺大，可托焦漪園書之，想彼亦必無吝。

爾等欲守者，須是實心要守。果是實心要守，馬爺決有以處爾等，不必爾等驚疑。若實與余不相干，可聽其自去。我生時不著親人相隨，沒後亦不待親人看守，此理易明。

幸勿移易我一字一句！二月初五日，卓吾遺言。幸聽之！幸聽之！

聞之陶子曰：「卓老三月遇難，竟歿於鎭撫司。疏上，旨未下，當事者掘坑藏之，深長闊狹及蘆蓆纏蓋等詎意果如其言。此則豫爲之計矣，誰謂卓老非先見耶！」敬錄之，以見其志。

續焚書卷五

詩彙

五七言古體

捲蓬根

我來極樂國，便閱主人公。極樂主人常在舍，暫時不在與誰同？塵世無根若捲蓬，主人莫訝我孤蹤。南來北去稱貧乞，四海爲家一老翁。憶昔長安看花柳，如花人面今烏有。豈無易酒發朱顏，轉眼相看盡白首。並時不見一人存，何況千年返舊村！風蕭蕭兮冢纍纍，二十七年今來歸。不道有鳥丁令威，不道老翁竟爲誰，但問主人是耶非！

過桃園謁三義祠

世人結交須黄金，黄金不多交不深。誰識桃園三結義，黄金不解結同心。我來拜祠下，弔古欲沾襟。在昔豈無重義者，時來恆有白頭吟。三分天下有斯人，逆旅相逢成古今。天作之合難再尋，艱險何愁力不任。桃園桃園獨蜚聲，千載誰是眞弟兄？千載原無眞弟兄，但聞季子位高金多能令嫂叔霎時變重輕。

五言古體

張陶亭逼除上山既還寫竹贈詩故以酬之

我聞張陶亭，直似陶淵明。淵明求爲令，陶亭有宦情。更有相似處，不醉吟不成。一千五百年，相看兩宿星。俯視文與可，仰接顏眞卿。穠材萃於是，抱脚而長鳴。柴桑饒古調，多藝羨陶亭。定有五男兒，賢於五柳生。歲晚登黃山，言此是蓬瀛。我爲何病來，君胡自商城？慚非白蓮社，誤作苦寒行。贈我七言古，寫君雪裏青。古木倚孤竹，相將結歲盟。張三並李四，既幸得同聲。老病一相憐，遂得附驥名。

哭承庵

我似盧行者，帶髮僧腰石。羨君强壯時，早知夕死迫。獨買給孤園，性命共探賾。陽焰初升中，明然燭幽宅。垢盡則明現，安在踐往跡。三夏久離居，二豎生肘腋。一病不能支，旦暮成古昔。我爲擇交隘，君無衆寡擇。衆愛自心寬，擇交常偪窄。君心何仁厚，我心何褊刻！仁厚天所培，褊急天傾仄。君宜壽於吾，胡爲今反嗇！吾聞木有根，長大蓋千尺。吾聞水有源，深厚著光澤。茲事大不然，彼蒼固難測。忽忽年四十，遂爲遠行客。縱能嗇君壽，詎能夭君德。日聞羅盱江，勉勉眞修慝。一爲豫章行，參訪恣所歷。學問苟如此，何憂不得力！君今雖已矣，百世猶不惑。人生豈無涯，百年會有極。而既反其眞，而我嗟何及！斯文太寂寥，古道罕從入。悠悠天壤間，念我終孤立！

歌風臺

歌風萬古臺，猛士起蒿萊。四紀爲天子，又思猛士來。欲飛無羽翼，特地令心哀。子房學辟穀，四皓出商雒。今日歌大風，明朝歌鴻鵠。爲語戚夫人：高皇是假哭。

登樓篇

是篇別楊生定見、上人無念而作也。楊母及其室人俱深信佛乘，故篇末及之。

登樓不見余，定知余已去。此間相識人，問余去何事。勢利不在余，諸君何勸渠。中有楊定見，三載獨區區。心事如直繩，孤立終不懼。畏首復畏尾，誰能離茲苦。但知道在吾，不顧害有無。上人稱具眼，居士當何如？龐公難難難，龐婆易易易。會得無難易，與吾同居止。

七言古體

贈段善甫

中州自古多才賢，去夏逢君汝水邊。君時讀書二百里，我亦西行有半千。我寓接輿狂歌者，君家原種沈丘田。五百里內賢人聚，一時談笑成偶然。暑退涼生又進路，汝陽台畔敞別筵。觀君意色殊悽愴，使我立馬不能前。別來千里寒冰結，縱有南書魚不傳。梅花寂寂仍含凍，誰知君亦上山巔。出門恰好逢君到，攜君入共主人言。主人別號劉晉川，樂道忘勢畏少年。中原儒雅無君比，翹首願君急着鞭！

盆荷

四山寂寂雨緜緜，一盆之水蓀荷鮮。終日走盤疑可弄，有時傾蓋喜相憐。飄蕭一似忘懷者，高潔眞同不語禪。不用焚香煩首座，何須品色到西天。楊家有藕甜如蜜，精舍移根溉以泉。精舍彌天一月雨，楊家藕田空雲烟。誰知一葉兩三葉，反勝三千與大千。無心出水眞如畫，有意憑欄笑欲然。妙處形容難得似，暗中摸索自相纏。初日徐看謝靈運，清水仍逢李謫仙。杞菊新酣全未醒，茨菰相伴已多年。菡萏何時呈素面，芙蓉正看未花前。世間喜好君知否？不是繁華不着鞭。陶潛非是愛蓮客，慧遠虛拋買酒錢。曾似卓吾精舍裏，一盂之水亦清漣，將詩寄與萬人傳。

五言絕句

客吟四首

昨朝坪上客，今宵雲中旅。旅懷日不同，客夢翻相似。

其二

少小離鄉井，欲歸無與同。正是狎鷗老，又作塞上翁。

其三

故鄉何處是？夏熱又秋涼。涼炎隨時變，何曾是故鄉！

其四

乘槎欲問天，只怕衝牛斗。乘槎欲浮海，又道蛟龍吼。

汝陽道中

日暮汝陽城，旅魂猶暗驚。六年今復來，又是一生平。

觀音閣二首

觀音發大悲，欲作清涼主。如何古希人，不識三伏苦。

其二

寂寂與僧閒，鐘聲曉漏間。綠蔭垂釣者，問我何時還。

郭有道與黄叔度會遇處

今我看碑來，郭黄安在哉！昔人分手去，此地起高臺。

琴臺二首

鳴琴人已去，琴臺猶在此。人今不復來，豈謂無君子！

其二

君子猶時有，斯人絶世無。人琴俱已矣，千載起長吁。

望海二首

望海不見海，海望歘聲起。順風而疾呼，通州二百里。

其二

海口望京師，山河起百二。龔遂至今在，倭夷安足慮！

哭貴兒二首

汝婦當更嫁，汝子是吾孫。汝魂定何往？皈依佛世尊。

其二

汝但長隨我，我今招汝魂。存亡心不異，拔汝出沉昏。

憶黄宜人二首

今日知汝死，汝今眞佛子。何須變女身，然後稱開士。

其二

我有一篇書，頗言成佛事。時時讀一篇，成佛只如此。

初居湖上

雖無妻與子，尚有未死身。祝髮當搔首，遷居爲買鄰。

湖上逢方孝廉

白首澄湖上，逢君問故鄉。何期故人子，相見說高堂。

丘長孺訪余湖上兼有文玉

春風不掃塵，竹徑少行人。何自來君子，而猶現女身。

戲袁中夫

文章驚人手，傲世非丈夫。俠骨香仍在，埋頭好讀書。

和丘長孺醉後别意

難逢是白雪，難别是相知。恨我不能飲，喜君眞醉時。

答袁石公八首

入門爲兄弟，出門若比鄰。猶然下幽谷，來問幾死人。

其二

無會不成别，若來還有期。我有解脱法，灑淚讀君詩。

其三

赤壁賦蘇公，龍湖吟白首。君是袁伏袁，附君成四友。

其四

江陵至亭州，一千三百許。尚有廣陵散，未及共君語。

其五

别不説今朝，去不説遥遥。路逢進履者，定知過圯橋。

其六

江陵一千三，十里詩一函。計程至君家，百函到龍潭。

其七

平生懶著書，書成亦快余。驚風日夜吼，隨處足安居。

其八

多少無名死，余特死有聲。祇愁薄俗子，誤我不成名。

七言絶句

三日風

春來唯見北風多，豈謂清明節未過。莫以行人心事惡，故將風色苦磋磨。

渡黄河

激浪奔雷萬馬追，黄河南出遶長圍。我今欲渡河東去，爲報天風且莫吹。

到任城乃復方舟而進以侍御也

明年三月濟寧州，老病相隨亦可羞。爲逐故人天際去，何妨明月上方舟。

掛劍臺

丈夫未許輕然諾，何況中心已許之。一死一生交乃見，千金只得掛松枝。

聊城懷古二首

十萬聊城一歲餘，魯生唯往數行書。誰言勝却百夫長，我道萬夫終不如。

其二

千金若可當英賢，卿相亦當羈魯連。堪笑東西馳逐者，區區只爲一文錢。

讀杜少陵二首

少陵原自解傳神，一動鄉思便寫眞。不是諸公無好興，縱然興好不驚人。

其二

困窮拂鬱憂思深，開口發聲淚滿襟。七字歌行千古少，五言杜律是佳音。

大同城

此城眞與鐵城同，作者何人郭琥功。更有尙文周太保，至今說著猶悲風。

觀兵城東門

島夷何敢動天兵，魚陣今看出塞行。若使仲由聞得此，結纓直下到王京。

同馬誠所出臨清閘

千艘萬舸臨清州，閉閘開關不自由。非利非名誰肯在，唯君唯我醉虛舟。

彌陀寺

停舟欲問彌陀寺，正是黃霾日上時。岸柳不知人意遠，故牽白髮比青絲。

輪藏殿看轉輪

亦曾思想出風塵，孟浪空嗟歲月新。今日法輪三度轉，依稀如見上方春。

讀書燈

昔日貧儒今日僧，的然於世渾無能。瘿瓢倒掛三雲樹，肉眼頻觀古佛燈。

贈閱藏師僧

休誇繙閱圖遮眼，願爾頻繙到眼穿。若謂尋常難得會，慌忙急上遠公船。

送思修常順性近三上人往廣濟黄梅禮祖塔

先瞻四祖理袈裟，則往黄梅路不遐。祖師若道傳衣了，千萬爲伊討佛牙。

讀李太史集

太史當今第一流，文章經國賽驊騮。傳聞久被豫且制，雲雨何時往見收？

和韻十首

四大無依假此身，須從假處更聞眞。風侵暑蝕非常苦，苦極方知不苦人。

其二

與道彌親與世羣，天空怎得礙行雲。無端守着聲聞耳，不道觀音耳不聞。

其三

飢不喫飯困不眠，勞勞嚷嚷共參禪。世人盡作奇特想，欲就空中覓佛仙。

其四

海上仙方無數新，按方治病總難成。曾知無藥亦無病，藥自輕投病始生。

其五

何因起竈又安爐，終日奔波走畏途。爲語貧兒休外走，家家自有夜明珠。

其六

著意隄防著意搖，天風吹動發眞苗。試看自己光明藏，一點靈犀若爲銷。

其七

唯有程程不耐看，六門休閉夜窗寒。早知天網恢如許，放出樊籠任意歡。

其八

滄海桑田幾變遷，深深海底好揚鞭。庭前柏子猶堪笑，却笑老婆亦解禪。

其九

誰道頽垣能禦寇，我知寇不上頽垣。不如牆壁俱推倒，贏得安閒與夢魂。

其十

我說達磨正是魔，寸絲不掛奈余何！腰間果有雌雄劍，且博千金買笑歌。

讀顧沖菴辭疏

文經武略一時雄，萬里封侯運未通。肉食從來多肉眼，任君擊碎唾壺銅。

春夜

一簾疎雨坐終宵，秉燭相看春已饒。有話不妨人盡吐，五更鷄唱是明朝。

石潭即事四絶

豈爲偸閑坐釣臺，采眞端爲不凡才。神仙自古難逢世，且向關門望氣來。

其二

十卷楞嚴萬古心，春風是處有知音。卽看湖上花開日，人自縱橫水自深。

其三

煖日和烟上碧樓，無情最是此溪頭。傷心欲問前程事，不肯斯須爲我留。

其四

若爲追歡悅世人，空勞皮骨損精神。年來寂寞從人謾，祇有疎狂一老身。

知命偈似蕭拙齋四首

命不在天不在仙，看君溥博似淵泉。從前醒却華胥夢，不到黃粱熟枕邊。

其二

命不在心不在身，洗心何處覓眞人。羲皇有畫不相似，一笑灰飛任暴秦。

其三

命不名文不姓純，純文應已笑文孫。緝熙欲謝忘言者，穆穆徒勞費口脣。

其四

命不曾言我是命，却言是命豈眞乘！我自杖頭終日掛，一錢不復問君平。

因方子及戲陸仲鶴二首

不見中原十二年，雲泥兩路各依然。鵬鶚自有青雲侶，肯向人間問謫仙。

其二

帶髮辭家一老僧，三年長伴佛前燈。歸鴻日夜聲相續，不到滇南不敢憎。

詠古五首

臥薪嘗膽爲吞吳，鐵面鎗牙是丈夫。嗟彼力能扛鼎者，拔山氣蓋竟迷途！

其二

斷臂燃身未足誇，何當垂老問年華。須知一箭雙鵰落，始是封侯拜將家。

其三

牧豕高歌滄海邊，菑川屢薦不稱賢。孰知眞主虛懷日，卽是公孫拜相年。

其四

李杜文章日月高，有身如許厭糠糟。由來造物難多取，但得時名氣自豪。

其五

白頭老子不求名，道德千言萬古稱。今日若論眞得失，此身曾是一流萍。

感事二絶寄焦弱侯

秣陵人去帝京遊，可是隋珠復暗投！昨夜山前雷雨作，傳君一字到黃州。

其二

獨步中原二十秋，劍光長射斗間牛。豐城久去無人識，早晚知君已白頭。

舟中和顧寶幢遺墨四首

柴濕煙濃淚滿襟，黄虀不換古人心。自從涕唾成珠後，一色清光直至今。

其二

酒瓢驢背看山好，兩斛舡頭亦看山。四海閒人今我是，爲君判醉出河間。

其三

白下人傳粉墨痕，虎頭千載復稱尊。我今暫撇西陵路，短髮長衫過石門。

其四

鼎食公然不著忙，兵戈消日對愁腸。漁翁獨釣扁舟去，袖手輪竿臥夕陽。

聽誦法華

誦經縱滿三千部，纔到曹溪一句忘。慚愧兒孫空長大，反將佛語誑衣裳。

繫中八絶

老病始蘇

名山大壑登臨遍，獨此垣中未入門。病間始知身在繫，幾回白日幾黄昏！

楊花飛絮

四大分離像馬奔，求生求死向何門？楊花飛入囚人眼，始覺冥司亦有春。

中天朗月

萬里無家寄旅村，孤魂萬里鎖窮門。舉頭喜見青天上，一大圓光照覆盆。

書幸細覽

可生可殺曾參氏，上若哀矜何敢死！但願將書細細觀，必然反覆知其是。

書能誤人

年年歲歲笑書奴，生世無端同處女。世上何人不讀書，書奴却以讀書死。

老恨無成

紅日滿窗猶未起，紛紛睡夢爲知己。自思懶散老何成，照舊觀書候聖旨。

不是好漢

志士不忘在溝壑，勇士不忘喪其元。我今不死更何待，願早一命歸黃泉。

送汪鼎甫南歸省母并序

丁酉歲，余往西山極樂精舍，而鼎甫復來京師與余相就。今爲歲壬寅，六載矣，念有老母，余送將歸。時余病甚，故書數語於此。使能復來，而余能復在世，則幸甚；使不能復來，抑能來而余復不在世，則此卷親筆亦實有卓吾子長在世間不死矣，可以商證此學也。世間無一人不可學道，亦無有一人可學道者。何也？視人太重，而視己太無情也。視人太重，故終日只盤旋照顧，恐有差池，而自視疎矣。吾子六載一意，不徵逐於外，渾若處女，而於道也其庶幾乎！幸勉之！幸勉之！

扶笻送子一登舟，六載相從豈浪遊！此去綵衣歡膝下，重來必定是新秋。

五言律

樓頭春雨

樓頭一夜雨，客歎主人誇。何意中州彥，能憐四海家。白雲封去路，玄水薦新茶。我自出門日，知道有朝霞。

觀漲

雨意獨悠悠，河頭不斷流。三辰猶滯此，幾日到神州？踟躕横渡口，彳亍上灘舟。身世若斯耳，老翁何所求！

温泉酬唱有序

春日余同馬誠所侍御北行，路出湯坑，商城張子直舜選，攜其甥盛朝衮，其小友陳璧，俟我於此，連飲三日，然後復同往。從我者：麻城楊定見，新安汪本鈳，并諸僧衆十數人；從侍御者：僧通安與其徒孫則自京師。此可以見張與盛與陳之舅若甥與若小友之爲人矣，因爲溫泉酬唱。

大都天下士，已在此山中。愛客能同調，相隨亦向東。洗心千澗水，濯足溫泉宮。老矣無余棄，願師衞武公。

入山得焦弱侯書有感二首

易感平生淚，難忘故舊書。三春鴻雁影，一夜子雲廬。風雨深杯後，杉松對我初。開函如可見，是夢者非歟？

其二

「海內存知己，天涯若比鄰。」古人聊自遣，此語總非眞。問學多奇字，觀書少斲輪。何時策杖履，共醉秣陵春？

雨後訪段嚴庵禪室兼懷焦弱侯舊友二首

郡齋多暇日，乘興一登臨。雨過青山色，僧歸綠柳蔭。關河來遠夢，明月隔同心。爲有清風在，因之披素襟。

其二

伯牙去已久，何處覓知音！獨有菩提樹，時時風雨吟。興來聊倚玉，老去欲抽簪。按劍投蒼壁，憑高感慨深！

鉢盂庵聽誦華嚴並喜雨二首

山中聞勝事，閒寂更逃禪。竺法驚朝雨，經聲落紫烟。淸齋野老供，一食此生緣。千載留衣鉢，盧能自不傳！

其二

華嚴眞法海，彼岸我先登。雨過千峯壯，泉飛萬壑爭。山中迎太守，物外引孤僧。寄語傳經者：誰探最上乘？

哭袁大春坊

獨步向中原，同胞三弟昆。奈何棄二仲，旅櫬下荊門！老苦無如我，全歸亦自尊。翻令思倚馬，直欲往攀轅。

和壁間韻四首

但得菩提路，猶然是化城。黃鶯嬌欲語，百舌轉無聲。天際花初落，水中月正明。身心安樂處，恨在最關情。

其二

若論祖師禪，何勞說大千！野花朝滿徑，語燕晝驚眠。水盡東南勝，山饒王謝前。狂呼絕叫去，或恐是飛仙。

其三

一句阿彌陀，令人出愛河。謝公墩上草，王子竹前坡。不用登山屐，寧容掩鼻歌。人生何太苦，三伏幾時過？

其四

如何初夏日，毒暑便侵淫！地接清涼寺，人懷渴仰心。風高翻恨扇，樹密祇藏禽。豈是羣仙降，相將欲鍊金！

中秋見月感念承庵

一死何容易，依稀四十春。他鄉今夜月，萬里可憐人。客淚金波重，交情玉露新。人琴俱已矣，皎潔爲誰親？

雪後

雪消人不到，孤客頗疑寒。冷眼觀書易，愁懷獨酌難。至長知夜短，人老畏冬殘。應有同心者，呼童煮雪看。

除夕李士龍至得吾字

百年今過半，除夕豈堪吾！不盡平生事，相逢有酒無？歲去天將暮，燈明輿不孤。故人來白下，爲我話東吳。

中秋月

飛鏡何團團，中秋自可觀。舉杯吞玉兔，探影得金丸。肝膽千年在，清光萬古單。惟添頭白雪，頓減旅人歡。

中秋對月寫懷

萬里家山月，今宵擬醉看。一樽同見賞，百罰不辭難。旅鬢疑霜重，歸心生夜寒。無因來入夢，何以託金蘭？

清池白月咏似瀋國王二首

易隆陪乘禮，難接大王風。照膽千秋鑑，觀心五蘊空。清池懸曉日，白月映殘紅。所幸臨衰耳，聞謦猶未聾。

其二

萬里無心客，三春碧殿風。龍鍾眞可笑，矍鑠已成翁。玉畀來天上，金魚汎水中。誰知極樂國，卽在梵王宮。

獨坐

有客開青眼，無人問落花。暖風熏細草，涼月照晴沙。客久翻疑夢，朋來不憶家。琴書猶未整，獨坐送殘霞。

偶遊

獨往眞何事，尋芳病亦瘳。出門隨杖履，藉草倚江洲。好鳥知時節，當杯嘆客愁。歸來千載恨，盡付楚江樓。

乍寒

初疑身似病，中夜起徘徊。炙炭敲生鐵，燒煤動死灰。冰壺何日煖，水鏡爲誰開？亭亭坪上柏，知道歲寒來。

暮雨

一水翻江去，千山送雨聲。忽聽楓葉亂，始訝葛衣輕。萬卷書難破，孤眠魂易驚。秋風且莫吹，蕭瑟不堪鳴！

大智對雨

人烟城外少，寂寂北樓居。風雨三更夢，雲山萬卷書。有僧來問字，無力獨教鋤。八月南窗下，脩然爾共余。

雨甚

甲子無心記，懷人便問年。三秋度沁水，九月到西天。俶傯前溪漲，淒涼萬樹懸。山中饒柿棗，飽噉是神仙。

初雪

試看門庭雪，無風故故輕。登樓誰獨倚，得句老還成。虛白眞堪託，非花不用名。寄言車馬客，此地卽蓬瀛。

至後大雪呼鄰人縫衣帶因感而賦之

獨有嚴冬雪，能希遊子髯。因風時到骨，極目上鈎簾。不以西鄰好，誰當一線添。貧交誠足貴，亦復令人嫌。

送馬誠所侍御北還

訪友三千里，讀書萬仞山。風來知日暖，雨過識春寒。剪燭前窗叟，寄身蕭寺間。今朝柱下史，實度老瞿曇。

初往招隱堂堂在謝公墩下三首

到來招隱處，暑病日相尋。地故稱江左，人猶似越吟。輕風生細竹，初月掛禪林。謝公墩尚在，一眺便沾襟。

其二

盡日阿蘭若，吾生事若何！白雲留客易，黃髮閱人多。鳥爲高飛倦，墩因向晚過。無邊苦作海，曷不念彌陀！

其三

初夏日遲遲，東山一局棋。謝玄臨陣戰，賭墅決便宜。誰識淸談客，能當百萬師。世儒多不曉，君子有餘思。

寄方子及提學二首

何人獨我思？天上故人而。白眼誰能識，雄心老自知。滇雲隨絕足，昆海定新詩。此方多俊逸，長養報明時。

其二

爲郎憐白下，秉憲憶南中。一萬蒼山路，三千魯國風。及門誰第一？時雨遍西東。聞有袈裟石，何由寄遠公？

七言律

直沽送馬誠所兼呈若翁歷山並高張二居士

直沽今日賦將歸，李郭仙舟亦暫違。皓首攀轅慚附驥，青雲得路正當時。起鑪作竈須君事，持鉢沿門待我爲。燕趙古稱多感慨，而翁況復舊相知！

顧沖菴登樓話別二首

知公一別到京師，是我山中睡穩時。今夕生離青眼盡，他年事業壯心知。簾外星辰手可摘，樓頭鼓角怨何遲！君恩未答黃金散，直取精光萬里隨。

其二

惜別聽雞到曉聲，高山流水是同盟。酒酣豪氣呑滄海，宴坐微言入太清。混世不妨狂作態，絕絃肯與俗爲名？古來材大皆難用，且看楞伽四卷經。

望京懷雲中諸君子

翩翩公子下龍城，老別新知百感生。回首不堪流水去，停鞭竊共遠山盟。無情有恨終當死，晚節窮途哭不成。他日若逢青眼客，定知劉孟入神京。

薊北遊寄雲中歐江詞伯

老去何當薊北遊，況兼木葉又驚秋。斷腸流水行人渡，絕域悲風塞草愁。但有新詩長記憶，莫將舊事畏沉浮！知君正是龍門客，不羡當年李郭舟。

江上望黃鶴樓

楓霜蘆雪淨江烟，錦石流鱗淸可憐。賈客帆檣雲裏見，仙人樓閣鏡中懸。九秋槎影橫晴漢，一笛梅花落遠天。無限滄洲漁父意，夜深高詠獨鳴舷。

又八月雨雪似晉老和之

霏霏颯颯笑羣兒，正是新涼暑退時。八月南方多載酒，葛巾紗帽坐彈棋。淸秋或恐難爲抱，白髮應知慰我思。坪上故人如有意，陽春一曲莫辭遲！

李見田邀遊東湖二律

不到西湖已十秋，興來涉越便杭州。眼前空闊烟波冷，天際微茫玉樹浮。兩岸桃花飛小艇，隔溪漁火宿蘆洲。行人本是遨遊客，何況當年李郭舟！

其二

湖上風多白晝陰，水雲深處是禪林。淸歌一曲令人醉，銀燭高燒不自禁。遊子他鄉雙白髮，將軍好客千黃金。莫邪長劍終須試，未許扁舟獨鼓琴。

使往通州問顧沖菴二首

滇南萬里憶磋磨，別後相思聽楚歌。樓拱西山庭履滿，尊空北海酒人多。一江之水石城渡，八月隨潮揚子過。今日中原思將相，謝公無奈蒼生何！

其二

一擲曾輕百萬呼，良宵誰與共歡娛？人來但囑加餐飯，書到亦應問老夫。已約青春爲伴侶，定教白髮慰窮途。請公更把上蒼禱，不信倭夷曾有無。

宿天臺頂

縹緲高臺起暮秋，壯心無奈忽同遊。水從霄漢分荊楚，山盡中原見豫州。明月三更誰共醉，朔風初動不堪留。朝來雲雨千峯閉，恍惚仙人在上頭。

繫中憶汪鼎甫南還

嗟子胡然泣涕洟？相依九載不勝奇。連前三年共九載。非兒轉哭兒何去，久係應添係永思。生死交情爾可訂，游魂變化我須時。纍纍荒草知何處，絮酒炙雞勿用之！